Gerd Hankel

Fernes Unrecht
Fremdes Leid

Von der Durchsetzbarkeit internationalen Rechts

Hamburger Edition

Hamburger Edition HIS Verlagsges. mbH
Verlag des Hamburger Instituts für Sozialforschung
Mittelweg 36
20148 Hamburg
www.hamburger-edition.de

Umschlaggestaltung: Lisa Neuhalfen
Satz aus Alegreya Sans und Serif durch Dörlemann Satz, Lemförde
Druck und Bindung: CPI books GmbH, Leck
Printed in Germany
ISBN 978-3-86854-395-7
1. Auflage September 2024

Inhalt

Abkürzungen

AI	Amnesty International
AJLS	African Journal of Legal Studies
ASEAN	Association of South East Asian Nations
AU	Afrikanische Union
BGBl.	Bundesgesetzblatt
BIP	Bruttoinlandsprodukt
bpb	Bundeszentrale für politische Bildung
DW	Deutsche Welle
ECCC	Extraordinary Chambers in the Courts of Cambodia
EJIL	European Journal of International Law
EMRK	Europäischen Konvention zum Schutze der Menschenrechte und Grundfreiheiten
EU	Europäische Union
FDLR	Forces de Libération du Rwanda
HRW	Human Rights Watch
ICISS	International Commission on Intervention and State Sovereignty
IGH	Internationaler Gerichtshof
IKRK	Internationales Komitee vom Roten Kreuz
ILC	International Law Commission
IStGH	Internationaler Strafgerichtshof
JStGH	Jugoslawien-Strafgerichtshof
NGO	Non-Governmental Organization (Nichtregierungsorganisation/NRO)
OLG	Oberlandesgericht
RDF	Rwanda Defense Force
RPF	Rwandan Patriotic Front (Ruandische Patriotische Front)
R2P	Responsibility to Protect

RGBl.	Reichsgesetzblatt
RStGH	Ruanda-Strafgerichtshof
SR	Sicherheitsrat
StGB	Strafgesetzbuch
StPO	Strafprozessordnung
UN	United Nations
VStGB	Völkerstrafgesetzbuch
ZIS	Zeitschrift für Internationale Strafrechtsdogmatik

Einleitung

Die Szene ist bekannt: Goethes *Faust*, der Tragödie erster Teil. Es ist Ostern. Menschen gehen spazieren, außerhalb der Stadt und in einer Landschaft, die Lebensfreude weckt. Einer von ihnen, ein »Bürger«, sagt:

»Nichts Bessers weiß ich mir an Sonn- und Feiertagen,
Als ein Gespräch von Krieg und Kriegsgeschrei,
Wenn hinten, weit, in der Türkei,
Die Völker aufeinanderschlagen,
Man steht am Fenster, trinkt sein Gläschen aus
Und sieht den Fluss hinab die bunten Schiffe gleiten;
Dann kehrt man abends froh nach Haus,
Und segnet Fried und Friedenszeiten.«

Ein anderer »Bürger« pflichtet bei:

»Herr Nachbar, ja! so lass ich's auch geschehn:
Sie mögen sich die Köpfe spalten,
Mag alles durcheinander gehn;
Doch nur zu Hause bleib's beim alten.«[1]

Ein wohliger Schauder erfasst beide »Bürger«, wenn sie an das kriegerische Geschehen in der Ferne denken. Von einem Erschrecken, dass dort himmelschreiendes Unrecht begangen wird, keine Spur. Mit Hochgefühl genießen sie den Kontrast ihrer sonn- oder feiertäglichen Behaglichkeit zur weit entfernten Gewalt. Für den Bettler, der

1 Zitiert nach Goethe, *Faust. Der Tragödie erster Teil*, S. 27 (V. 860–871).

sich kurz zuvor noch an sie gewendet hat (»Beliebt es euch, mich anzuschauen,/Und seht und mildert meine Not!«),[2] haben sie keinen Blick. Sie sind ganz Teil ihrer bürgerlichen Welt, in der Kämpfe und Kriege in der Türkei für die gehobene Stimmung zu Hause sorgen und zugleich den Wunsch nach Kontinuität in der eigenen friedlichen und geschützten Existenz befördern.

Als »delightful horror« bezeichnete im 18. Jahrhundert Edmund Burke das Phänomen, das Schmerz und Schrecken bei denen auslöst, die ein sicheres Leben leben und aus der Entfernung auf etwas schauen, das in großem Gegensatz zur eigenen Lebenssituation steht.[3] Naturkatastrophen oder eben menschengemachte Katastrophen wie Krieg oder Unglücksfälle, wenn nur weit genug entfernt, bewegen das Gemüt, weil sie aus der Perspektive des Betrachters einen überaus angenehmen (»Nichts Bessers weiß ich mir an Sonn- und Feiertagen [...]«) Kontrast zu einem Leben, das seinen ruhigen Bahnen folgt, bilden. Fremdes Leid als Stimulans.

Wie anders klingen da die Worte, die nach dem 24. Februar 2022 und dem 7. Oktober 2023 zu hören waren. Von ungläubigem Staunen bis hin zur Bestürzung über den eklatanten Völkerrechtsbruch reichten die Reaktionen, als die russische Armee auf Befehl Wladimir Putins die Ukraine überfiel. Blankes Entsetzen dann, als die Hamas Israel angriff, gefolgt von heftiger, anklagender Kritik an der israelischen Kriegführung im Gazastreifen.

Anders klangen bereits die Worte, die UN-Generalsekretär Ban Kimoon im September 2016, wenige Monate vor dem Ende seiner Amtszeit, an die Adresse der kriegstreibenden Kräfte in Syrien richtete, wo seit 2011 der bis dahin auf sinistre Weise bekannteste Krieg geführt wurde. Er warf ihnen vor, »Blut an den Händen« zu haben. Von einflussreichen Mächten im Hintergrund werde die Kriegsmaschinerie geölt, den Preis zahle die Zivilbevölkerung, verraten von einer Regierung, der kein Preis zu hoch sei für den Machterhalt.[4] Die große Mehrheit der UN-Mitgliedstaaten teilte diese Ansicht. Wenig später verab-

---

2 Ebenda (V. 854–855).

3 Vgl. Bliefernetz, *Delightful Horror.*

4 Die Bemerkung Ban Ki-moons findet sich in dem Artikel »Obama warnt vor Spaltung der Welt«, *FAZ* 21.9.2016; vgl. auch https://press.un.org/en/2016/sc12526.doc.htm [3. 6. 2024].

schiedete die UN-Generalversammlung eine Resolution, in der sie die Schaffung einer internationalen, unparteiischen und unabhängigen Stelle beschloss, um die in Syrien seit 2011 begangenen Völkerrechtsverbrechen zu dokumentieren und deren strafrechtliche Ahndung zu ermöglichen. Alle Staaten, Konfliktparteien und Zivilgesellschaften wurden aufgefordert, mit dieser baldmöglichst einzurichtenden Stelle zusammenzuarbeiten.[5] Inzwischen ist sie eingerichtet worden und sammelt Beweise. Kaum noch zu zählen sind die Stellen, die, künftige Strafverfahren im Blick, Beweise für Kriegsverbrechen in der Ukraine sammeln. Ebenfalls zahlreich sind die Staaten und NGOs, die Beweise für Völkerrechtsverbrechen in Israel und im Gazastreifen suchen. Fremdes Leid als Appell.

Natürlich sollte man sich davor hüten, die Botschaft, die aus dieser Form der Intervention spricht, zu entschieden ins Positive zu wenden. Bereits Ban Ki-moon stieß auf Widerspruch. Der nachdrücklichste kam vom russischen Präsidenten Wladimir Putin, der nach der Eroberung Aleppos im Dezember 2016, die eine Ruinenstadt hinterließ, bemerkte: »Das war die größte, ich will das betonen, damit es alle hören, das war die größte humanitäre internationale Rettungsaktion der Neuzeit.«[6] Und auch bei der Verabschiedung der UN-Resolution, obwohl mit großer Mehrheit erfolgt, gab es Enthaltungen und Gegenstimmen, insgesamt 67. Beides gab es auch bei den Resolutionen, die den russischen Angriffskrieg und dessen Folgen zum Inhalt hatten. Von breiter Zustimmung ausgehend mehrte sich die Zahl der Enthaltungen und Gegenstimmen, je konkreter die angedrohten Rechtsfolgen wurden. Als die Russische Föderation zur Leistung von Schadensersatz verpflichtet werden sollte, stimmten am 14. November 2022 nur noch 94 Staaten zu (von 193), 73 enthielten sich, 14 stimmten dagegen, 12 Staatenvertreter waren gar nicht zur Abstimmung erschienen.[7] Völlig uneinheitlich ist das Bild, wenn über den Angriff vom 7. Oktober 2023 und den Krieg im Gazastreifen abgestimmt wird. Mit klaren Worten wird Israels Recht auf Selbstverteidigung bestätigt, die Taten

---

5 Vgl. den Hinweis auf https://www.hrw.org/news/2016/12/21/syria-un-general-assembly-adopts-resolution-war-crimes-investigations [3. 6. 2024].

6 Vgl. http://www.wiwo.de/politik/ausland/wladimir-putin-aleppos-eroberung-war-die-groesste-rettungsaktion-der-neuzeit/19173616.html [3. 6. 2024].

7 Vgl. https://news.un.org/en/story/2022/11/1130587 [3. 6. 2024].

der Hamas werden beiläufig oder gar nicht erwähnt, und auch Israels augenscheinliche Verstöße gegen das humanitäre Völkerrecht werden hinter diplomatischen Formulierungen zum Verschwinden gebracht. Wenden wir uns dann noch der unpersönlichen internationalen Ebene und ihren weiteren Abstufungen zu und hin zu den Menschen und ihren Meinungsbildern, ist mit großer Gewissheit anzunehmen, dass in allen Weltgegenden die den zwei »Bürgern« vergleichbare Einstellung anzutreffen ist, also fremdes Leid auf Gleichgültigkeit oder Abwehr stößt und das Gefühl eigenen Wohlergehens allem anderen vorangestellt wird.

Trotzdem ist heute etwas Grundlegendes anders als zu Goethes Zeiten: Heute gibt es eine Verrechtlichung internationaler Beziehungen, und es existieren vor allem Institutionen, zu deren Aufgaben die Wahrung des Friedens und der internationalen Sicherheit gehört. Die UNO und ihre Unterorganisationen wären hier zunächst zu nennen, gefolgt von den verschiedenen internationalen Gerichtshöfen, Strafgerichtshöfen und den nationalen Gerichten, die ihre Zuständigkeit zur Ahndung von Völkerrechtsverbrechen aus dem Universalitätsprinzip (oder Weltrechtsprinzip) beziehen. Unrecht, in großem Maßstab und/oder mit staatlicher Beteiligung begangen, soll nicht mehr länger Schicksal, unvermeidbarer Teil des Weltgeschehens sein, sondern ein Übel, das den Namen Verbrechen trägt und wie im innerstaatlichen Bereich die Bestrafung des Täters nach sich zieht. Der einzelne Mensch, der Opfer dieses Verbrechens wird, soll nicht länger der machtgestützten Willkür ausgeliefert bleiben, die internationale Gemeinschaft sieht es vielmehr als ihre Aufgabe, sich seiner anzunehmen, sie solidarisiert sich gewissermaßen mit ihm und versucht über ihr politisches und justizielles Eingreifen außerdem, weitere Opfer zu verhindern. Begründet wird das Engagement der internationalen Gemeinschaft damit, dass verbrecherisches Geschehen schlimmsten Ausmaßes die Gemeinschaft »als Ganzes« betreffe, mithin von »internationalem Belang« sei und »das Gewissen der Menschheit«[8] daher fordere, dass diese nicht gleichgültig bleiben dürfe. Mit anderen

8 So in der Präambel zum Vertrag von Rom (1998) zur Begründung eines ständigen internationalen Strafgerichtshofs und in dessen Art. 1, vgl. http://legal.un.org/icc/statute/99_corr/cstatute.htm [3. 6. 2024].

Worten, der Appell soll wahrgenommen werden und zur Handlung drängen.

Ist das immer noch zu positiv beschrieben? Soll hier eine zutiefst widersprüchliche Realität aus dem Wunsch heraus weichgezeichnet werden, einen zivilisatorischen Fortschritt erkennen zu können? Ist es dann nicht vermessen und sogar gefährlich, weitverbreitete Betroffenheit über Unrecht in eine Gewissensfrage für die Menschheit münden zu lassen, die nur durch energisches Handeln adäquat beantwortet werden kann? Argumente dieser Art, die Skepsis rechtfertigen sollen, sind gewöhnlich, wenn eine realistische Sichtweise eingefordert wird, leicht zu finden, was ihnen jedoch nichts von ihrem Gewicht nimmt. Diejenigen, die sie anführen, verweisen auf: den Syrienkrieg und die sich in seinem Verlauf manifestierende internationale Unfähigkeit, den Krieg und damit die von allen Seiten des Konflikts betriebene verbrecherische Eskalation zu beenden; den Krieg in der Ukraine, der die überholt geglaubte Verachtung für das Völkerrecht wieder auf die Tagesordnung der internationalen Politik gesetzt hat; den Angriff auf Israel und den anschließenden Krieg im Gazastreifen, die das Völkerstrafrecht zum Spielball politischer Interessen zu machen drohen und internationale Gegensätzlichkeit verstärken; das Gewicht ökonomischer Zwänge, das Politik im Kollisionsfall zum Erfüllungsgehilfen macht; den, gerne mit dem Hinweis auf den »Gesprächsfaden, der nicht abreißen dürfe«, oder »die Politikfähigkeit, die erhalten bleiben müsse«, verbrämten Opportunismus liberaler Staaten gegenüber notorischen Menschenrechtsverletzern, mit dem Erstere gegen eigene, vertraglich bekräftigte Prinzipien verstoßen; die Unwilligkeit von immer noch gut einem Drittel der 193 Staaten der Erde, unter ihnen Großmächte wie China, Russland oder die USA, sich dem Projekt einer ständigen internationalen Strafgerichtsbarkeit anzuschließen; die wachsende Unzufriedenheit kleinerer und schwächerer Staaten mit der Tätigkeit des Internationalen Strafgerichtshofs, die darin ein in erster Linie gegen sie gerichtetes Instrument sehen.

Aber auch Argumente gegen eine Relativierung des inzwischen erreichten internationalen Standards von Betroffenheit und darauf gründender internationaler Intervention sind leicht zu finden: Die relative Kürze der Zeit, in der der aktuelle Standard erreicht worden ist, lässt eine Dynamik erkennen, die einen Sog entfaltet hat und sich dadurch weiter belebte. Immerhin haben vom Juli 1998 an ca. zwei

Drittel der Staaten (124, Stand April 2024) den Gedanken einer auch für sie zuständigen internationalen Strafgerichtsbarkeit akzeptiert. Ein Internationaler Strafgerichtshof (IStGH) existiert, er ist aktiv und zu einem Bezugspunkt in der internationalen Politik geworden. Viele der Völkerrechtsverbrechen, die seine materielle, gegen Einzelpersonen gerichtete Strafkompetenz ausmachen, sind in multilateralen Verträgen enthalten. Diese Verträge gelten darüber hinaus auch in weiten Teilen gewohnheitsrechtlich und beinhalten sogar zwingendes, von allen Staaten zu beachtendes Recht. Darauf hat in mehreren Entscheidungen der für Staaten zuständige Internationale Gerichtshof (IGH) hingewiesen.

Doch nicht nur nationale und internationale (Straf)Gerichte äußern sich, auch die Staaten selbst haben verschiedene Verfahren geschaffen, die diesem Recht in abgestimmter und handlungsorientierter Kommunikation untereinander zur Beachtung verhelfen sollen. So will die Schutzverantwortung (*responsibility to protect*) Staaten oder die Staatengemeinschaft in die Pflicht nehmen, um das Versinken eines Staates in Chaos und Gewalt zu verhindern. Das Weltrechtsprinzip ermächtigt Staaten, ein Völkerrechtsverbrechen unabhängig vom Tatort und der Staatsangehörigkeit von Tätern und Opfern zu ahnden. Schließlich zeigen noch die Einsetzung von Wahrheits- und Versöhnungskommissionen und ihre durchweg positive Reputation, dass massive Verbrechen von der internationalen Staatengemeinschaft und den hinter ihr stehenden Menschen nicht reaktionslos hingenommen werden.

Wie also ist das Bild, das sich uns beim Umgang mit Unrecht bietet? Hell und strahlend ist es sicher nicht, zumal sich Wichtiges wie die Schutzverantwortung noch im sehr unsicheren Stadium der Absicht und auf ebenso unsicherem (normativem) Boden befindet. Aber dunkel und baldiges definitives Scheitern verkündend ist das Bild auch nicht. Es ist widersprüchlich, sehr sogar, und in dieser großen Widersprüchlichkeit ist offen, in welche Richtung die weitere Entwicklung verlaufen wird. Der Optimismus, der die Welt Anfang der 1990er Jahre erfasst hatte, ist verflogen. Eine neue Weltordnung, getragen von den Prinzipien und Vertragswerken des Völkerrechts, hat es nicht gegeben. Statt zusammenzuwachsen, driften die Staaten auseinander, seit dem 24. Februar 2022 und dem 7. Oktober 2023 mit größer werdender Geschwindigkeit. Machtpolitischer Egoismus und ein möglichst uneingeschränktes Verständnis staatlicher Souveränität sind allem Anschein nach das Gebot der Stunde, Gemeinschaftswerte stehen im Verdacht des Missbrauchs. Die Globalisierung, die die Staaten der Welt einander näher brachte, beschränkte sich augenscheinlich auf den ökonomischen Sektor, jedenfalls führte sie nicht zu einer nachhaltigen Annäherung zwischen den Staaten oder zu einer Stärkung des Rechts. Die Millenniumserklärung der Staats- und Regierungschefs aus dem Jahr 2005, in der diese einleitend versichern: »Wir bekräftigen unseren Glauben an die Vereinten Nationen und unser Bekenntnis zu den Zielen und Grundsätzen der Charta der Vereinten Nationen und des Völkerrechts, die unverzichtbare Grundlagen einer friedlicheren, wohlhabenderen und gerechteren Welt sind, und bekunden erneut unsere Entschlossenheit, ihre strikte Achtung zu fördern«, wirkt heute wie eine traurige Reminiszenz an eine lang vergangene Zeit, von der darin ebenfalls angekündigten Schaffung einer demokratischeren Welt durch »Entwicklung, Frieden und kollektive Sicherheit, Menschenrechte und Rechtsstaatlichkeit und Stärkung der Vereinten Nationen«[9] ganz zu schweigen. Aber selbst wenn in Rechnung gestellt wird, dass die Formulierung des Ergebnisdokuments der Feierlichkeit des Augenblicks (Gründung der UNO vor sechzig Jahren) geschuldet war, ein Ausweis naiv-politischer Träumerei war und ist das Dokument gleichwohl nicht. Man wollte, was man damals sagte, und hielt es für erreichbar, in kleinen Schritten und wechselseitiger Kooperation. Allerdings dürften Vorverständnis und Erwartungen stark differiert haben. Es kann als ausgeschlossen gelten, dass ein ähnliches Dokument im aktuell vorherrschenden Klima des multipolaren Misstrauens und offener Aggression verabschiedet werden würde.

Was bedeutet das für die Zukunft? Wären wir gerade Zeugen einer Zeitenwende, müsste die Prognose auf einen fortdauernden Zustand des nationalen Egoismus und gewaltgeneigter Machtpolitik verweisen.[10] Aber ob wir solche Zeugen sind, ist trotz klarer Indikatoren nicht einfach zu sagen. Unübersehbar ist, dass wir einen Rückfall in die Zeit

---

9 Zum Weltgipfel 2005 vgl. https://www.un.org/depts/german/gv-60/band1/ar60001.pdf [3. 6. 2024].

10 So z. B. mit großer Entschiedenheit Masala, *Weltunordnung*, S. 18–65.

erleben, in der das Völkerrecht, die UNO und ihre Charta lediglich einen dehnbaren Rahmen bildeten. Wie lange der Rückfall anhalten wird? Das ist schwer abzuschätzen. Denn immer gibt es auch Chancen, durch einen kleinen Anstoß den Lauf des Geschehens zu verändern. Und diese Chancen sind nicht kontingenter Art. Es sind vielmehr solche, die sich aus der Alternative ergeben, trotz wenig ermutigender Zeitläufte die andere, ursprünglich Zuversicht begründende Entwicklung stärker zu machen. Nicht in Form eines Plädoyers für eine bloße Fortsetzung dieser Entwicklung, sondern in einer konstruktiv-kritischen Sichtung dessen, was in besonderer Weise für eine Hoffnung begründende Phase im ausgehenden 20. Jahrhundert stand. Als 1998 in Rom das Statut für einen ständigen internationalen Strafgerichtshof angenommen wurde (120 Delegierte stimmten dafür, 7 dagegen, 21 enthielten sich), »[fielen] die sonst so kühlen Konferenzdiplomaten [...] in Euphorie und umarmten einander«, viele römische Bürgerinnen und Bürger liefen auf dem Rathausmarkt zusammen, »um bei der Schlußzeremonie der gelungenen Konferenz zu applaudieren«.[11] Als Zeichen eines weltweiten Umdenkens apostrophiert, hielt die selbst kühne Optimisten überraschende Zustimmung zum geplanten Weltstrafgerichtshof an. Bereits im Frühjahr 2002 war die erforderliche Zahl von 60 Ratifikationen überschritten, der Internationale Strafgerichtshof (IStGH) konnte seine Arbeit aufnehmen.

Es war absehbar, dass diese Arbeit nicht leicht werden würde. Der Weg von einem komplexen Sachverhalt zu einem Urteil ohnehin nicht, daneben aber auch die Auseinandersetzung mit Staaten, die dem Vorhaben einer internationalen Strafgerichtsbarkeit ablehnend bis feindselig gegenüberstanden. Kurz bevor der IStGH Wirklichkeit wurde, hatten die USA die Unterzeichnung des Statuts von Rom rückgängig gemacht.[12] Von einer »utopischen Dummheit« der Europäer war die Rede. Staaten, die mit dem Gerichtshof kooperieren wollten, wurden Sanktionen angedroht, und nicht ohne Häme wurde darauf verwiesen, dass zwei Drittel der Menschheit dem Gerichtshof gewiss fernbleiben

11 Simonitsch, »Welt des Rechts«.

12 Nach Art. 125 Abs. 1 und 2 des Statuts war die Unterzeichnung des Statuts der erste Schritt der Anerkennung. Verbindlich wurde die Anerkennung dadurch, dass der Unterzeichnerstaat das Statut nach seinen innerstaatlichen Regeln ratifizierte, annahm oder genehmigte.

würden.[13] In der Tat sollten sich in den kommenden Jahren auch China, Indien und Russland nicht dem Gerichtshof anschließen.

Ernüchterung ist auch bei denen eingekehrt, die sich zu den Befürwortern der Idee von einer internationalen Strafgerichtsbarkeit zählen. Oder sagen wir besser, ein Realitätssinn hat sich eingestellt, der nicht länger den Weg für das Ziel nimmt und den moralischen Impetus, der das Unternehmen begleitet, vor selbstreferenziellen Entgleisungen bewahrt. Ein Anfang ist gemacht, mehr nicht, und dieser Anfang ist zudem zerbrechlich. Manchmal wird sogar von einem absehbaren Ende des IStGH geunkt. Freisprüche gegen jede Evidenz und Erwartung – und darum umso spektakulärer – würfen unweigerlich Fragen nach der Qualität der Gerichtsarbeit und der Abhängigkeit des Gerichts von der politischen Agenda einflussreicher Staaten auf.[14] Und die angestrebten Anklagen von Wladimir Putin und vielen anderen möglichen Tätern im Ukrainekrieg schüfen große Erwartungen, deren Erfüllbarkeit noch in den Sternen stünde.[15] Die israelische Justiz wird die Straftaten der Hamas aburteilen. Ob es darüber hinaus Strafverfahren vor dem IStGH oder anderen Gerichten wegen Völkerrechtsverbrechen der Hamas oder Israels geben wird, ist nach derzeitigem Stand (Mai 2024) ebenfalls alles andere als ausgemacht. Selbst bei einer Anklage wird der Gegenwind sehr stark sein.

Als Autor der vorliegenden Untersuchung bin ich, darauf weise ich gerne noch einmal hin,[16] von dem Gedanken der Sinnhaftigkeit und Notwendigkeit einer internationalen Strafgerichtsbarkeit überzeugt. Eine jahrelange Tätigkeit in Ost- und Zentralafrika, namentlich in Ruanda, Burundi und der Demokratischen Republik Kongo, und viele Besuche in anderen Regionen der Welt, in denen massive Gewalt seit Jahren zu Hause war und ist, hat mich immer wieder mit Situationen konfrontiert, in denen eine international hergestellte Gerechtigkeit als letzte Hoffnung erschien. Lange war diese Hoffnung ein aus Verzweiflung geborenes Synonym für Resignation, heute ist sie Ausdruck einer Möglichkeit, die Wirklichkeit werden kann. Das ist eben der Unterschied: Wenn Verbrechen, systematisch und in großer Intensi-

---

13 Simonitsch, »Welt des Rechts«; Ostermann, »Im Namen der Freiheit«.

14 Vgl. Maupas, »La CPI survivra-t-elle au fiasco du procès Gbagbo?«.

15 Vgl. die Hinweise bei Hankel, *Putin vor Gericht?*, S. 91–122, 126 f.

16 Ebenda, S. 91.

tät begangen, nicht unter dem Schutzschild staatlicher Souveränität zum Verschwinden gebracht werden und sich auch nicht im internationalen Beziehungsgeflecht auflösen, sondern vor den Augen nationaler und internationaler Öffentlichkeiten verhandelt werden können, dann ist das eine gänzlich andere Sachlage. Und diese Sachlage ist im Ergebnis das, was, kurz gesagt, als ein zivilisatorischer Fortschritt zu bezeichnen ist. Regeln, zum Wohle der Menschheit formuliert, kommen zur Anwendung, nicht grenzenlose Macht und Willkür.

Allerdings hat der Zukunftsoptimismus auch seine Tücken. Die größte und bereits angesprochene besteht derzeit darin, dass die Gegenkräfte sehr stark sind. In ihnen fließen diverse Interessen zusammen, die grundsätzlich eine übergeordnete justizielle Strafinstanz ablehnen. Hinzu kommen widersprüchliches Verhalten oder schlichtweg Fehler seitens ihrer Befürworter, die die Gegenseite argumentativ stärker machen. Zuletzt gibt es noch offene Fragen, die auf den Kern des gesamten Vorhabens zielen. Was bedeutet zivilisatorischer Fortschritt überhaupt? Wer definiert ihn und mit welchem Verständnis oder Vorverständnis? Wie muss das zu ahnende Unrecht sein, damit es in den Fokus nationaler oder internationaler Strafjustiz gerät? Oder, genauer gefragt: Wann wird das Unrecht zu einem Unrecht, das die räumliche Distanz überspringt und das Gewissen der Menschheit berührt, also auch der Menschen, die weit entfernt vom Tatort leben? Welche Anforderungen sind an die jeweiligen Formen der Strafjustiz zu stellen, um zu verhindern, dass die Ahndung des Unrechts bestehende Gräben vertieft oder neue Gräben aufreißt? Ist es überhaupt sinnvoll und realistisch, derartige Anforderungen zu formulieren, oder ist es nicht vernünftiger, die Untiefen des Staatsunrechts vermeiden zu wollen? Damit zusammenhängend dann die weitere Überlegung nach der Art der Gerechtigkeit, die durch die Justiz gesucht werden soll. Das englische und französische »justice« hat eine weitere Semantik als das deutsche Wort »Gerechtigkeit«. Es kann auch das Recht bedeuten, das angewendet werden soll, sowie die Justiz als Instanz, deren vertrauenswürdige Existenz eingefordert wird. Wird es mit Gerechtigkeit gleichgesetzt, beinhaltet es wie im Deutschen auch einen Appell, eine tat- und schuldadäquate Strafe zu verhängen und nicht die Augen vor Taten zu verschließen, die von gleicher Art und Schwere, aber bislang ungeahndet geblieben sind. Unter welchen Umständen dürfen aber diese Taten ungeahndet bleiben? Wie steht es in diesem Fall um den

Grundsatz der Gleichheit vor dem Gesetz und der Gleichbehandlung gleicher Taten? Inwiefern und mit welchen möglichen Folgen berührt ein selektives Vorgehen den Kernbestand des Völkerstrafrechts?

Fragen über Fragen und eine Problemdichte, die es vorderhand angeraten erscheinen lässt, den hier angesprochenen zivilisatorischen Fortschritt mit Zurückhaltung als einen solchen zu bezeichnen. Noch fehlen wichtige Elemente, um das Bild von einem zivilisatorischen Fortschritt zu vervollständigen. Und weil zudem trotz aller ermutigenden Voraussetzungen auch ein Scheitern nicht auszuschließen ist, wird deshalb im Folgenden von der Idee der internationalen Strafgerichtsbarkeit als einer noch im Stadium eines »zivilisatorischen Versuchs« befindlichen ausgegangen. Mitgedacht werden muss dabei selbstverständlich die bereits vorgestellte Annahme, dass »fernes Unrecht« und »fremdes Leid« zu nahem Unrecht und Leid geworden sind, dass die Haltung, schwere und systematisch begangene Verbrechen andernorts seien auf diesen nämlichen Ort beschränkt, keine Gültigkeit mehr hat. In den Worten der *Appeals Chamber* des Jugoslawien-Strafgerichtshofs (JStGH):

> »Universally Condemned Offences are a matter of concern to the international community as a whole. There is a legitimate expectation that those accused of these crimes will be brought to justice swiftly. Accountability for these crimes is a necessary condition to the achievement of international justice, which plays a critical role in the reconciliation and rebuilding based on the rule of law of countries and societies torn apart by international and internecine conflicts.«[17]

Den weiteren Verlauf der Untersuchung geben die genannten Einwände, Bedenken und Fragen vor. Was mit den Wendungen von Verbrechen, die von »internationalem Belang« sind, mit solchen, die die Menschheit »als ganze« betreffen oder das »Gewissen der Menschheit« berühren, gemeint ist, soll im ersten Kapitel dargestellt werden. In Urteilen internationaler Gerichtshöfe und auch nationaler Gerichte, die nach dem Weltrechtsprinzip zuständig sind, sind diese Wendungen

17 IT-94-AR73 (Nikolić), Decision on Interlocutory Appeal Concerning Legality of Arrest (2003), Abs. 25 (https://www.icty.org/x/cases/dragan_nikolic/acdec/en/030605.pdf [3. 6. 2024]).

regelmäßig zu lesen, durchweg in einem Duktus, der das Behauptete als allgemein bekannt voraussetzt.

Bekannt sind Verweise auf das Gewissen der Menschheit oder die Menschheit selbst in der Tat, wenn auch nicht immer in derselben Terminologie. So werden in den Haager Konventionen von 1899 und 1907, den ersten umfassenden internationalen Regelungen über verbotene und gebotene Mittel und Methoden der Kriegführung, in den jeweiligen Präambeln die »Gesetze der Menschlichkeit« und die »Forderungen des öffentlichen Gewissens« zum Maßstab für die Bewertung rechtlich nicht erfasster Sachverhalte erklärt.[18] Das Statut des Nürnberger Militärtribunals fasst die strafbaren Handlungen in Art. 6 (c) unter der Tatbezeichnung »Verbrechen gegen die Menschlichkeit« (*crimes against humanity*) zusammen, was Hannah Arendt im Epilog ihres Buchs »Eichmann in Jerusalem« zu der spöttischen Bemerkung verleitete, es handle sich, da *humanity* im Deutschen mit »Menschlichkeit« und nicht mit »Menschheit« übersetzt und somit den Nazis lediglich ein Mangel an Menschlichkeit bescheinigt worden sei, um »*das* Understatement des Jahrhunderts«.[19] In der Anklageschrift des Nürnberger Hauptkriegsverbrecherprozesses spricht Robert Jackson mal von der »menschliche[n] Zivilisation«, mal von der »Vernunft der Menschheit«, die die Bestrafung der NS-Täter verlangten, da deren Taten »kein Heim in der Welt unberührt« gelassen habe.[20] Und im Urteil des Militärgerichtshofs findet sich der Satz: »Kriegsgefangene wurden mißhandelt, gefoltert und ermordet, nicht nur unter Mißachtung der anerkannten Regeln des Völkerrechts, sondern unter vollständiger Außerachtlassung der elementarsten Vorschriften der Menschlichkeit.« Von den 24 Angeklagten verurteilte es sechzehn wegen der Begehung von Verbrechen gegen die Menschlichkeit.[21] Aber welches Verständnis von Menschlichkeit oder Menschheit stand dahinter? Wie ließ es sich begründen? Mit welchen Folgen?

Die Vorstellung, dass in der Ferne Geschehenes in die Nähe rückt und es über den ersten Affekt einen Nachhall hervorruft, der präsent

18 RGBl. 1901, S. 423 und RGBl. 1910, S. 107.
19 Arendt, *Eichmann in Jerusalem*, S. 324 (Hervorhebung im Original).
20 Internationaler Militärgerichtshof Nürnberg, *Der Nürnberger Prozess*, Bd. 2, S. 115.
21 Internationaler Militärgerichtshof Nürnberg, *Der Nürnberger Prozess*, Bd. 1, S. 254, 314–386.

bleibt, setzt voraus, dass das Geschehene eine bestimmte Eigenschaft haben muss. Die Verletzung eines Normempfindens muss so massiv sein, dass sie Tausende von Kilometern überbrückt und zu einer Erfahrung der Nähe wird. Sie darf nicht kulturell begrenzt oder politisch unsichtbar zu machen sein, sondern sie ist und bleibt im Weltmaßstab vorhanden und fordert eine Reaktion. Diese Reaktion oder, genauer, der Zeitpunkt ihres Einsetzens und ihre Stärke, ist ein komplexer Vorgang, der von Faktoren wie der Verlässlichkeit von Informationen und der Bereitschaft, diese zur Kenntnis zu nehmen, beeinflusst wird. Das zweite Kapitel wird sich darum mit verschiedenen Reaktionsformen auf »fernes Unrecht« beschäftigen. Ob Indifferenz, Intervention (die militärische eingeschlossen) oder die Forderung nach strafrechtlicher Sanktion die Reaktion ist, immer liegen ihr Wertungen zugrunde, die aus der Wahrnehmungsintensität des fernen Unrechts hervorgehen. Das zeigen die zur Verdeutlichung gewählten Beispiele aus dem Gewaltgeschehen seit Beginn der 1990er Jahre. Diese Beispiele zeigen aber auch, wie Entscheidungen von vermeintlichen oder tatsächlichen Sachzwängen und von Opportunitätsgesichtspunkten beeinflusst werden, was wiederum zu der Überlegung führt, ob der »internationale Belang« nach derartigen Kriterien gewichtet werden darf. Ein Menschheitsverbrechen geschehen zu lassen, sei es aus Unwissenheit, Fahrlässigkeit oder mit Absicht, und es danach im Namen der Menschheit zu ahnden, schafft nicht nur ein Glaubwürdigkeitsproblem. Die Gefahr besteht, das Versäumte oder Unterlassene mit Eifer korrigieren zu wollen. Der Vorwurf der Parteilichkeit, vor Eintritt des Geschehens von »internationalem Belang« vielleicht nur sporadisch und aus Kalkül geäußert, stünde dann manifest im Raum.

Formal wäre in diesem Fall das justizielle Handeln gleichwohl legal. Rechtsnormen würden angewendet und individuelle Schuld festgestellt werden. Allerdings wäre die möglichst große Anerkennung des Verfahrens damit keineswegs gegeben. Legitimität und (völker) strafrechtliches Handeln könnten zueinander in Widerspruch stehen. Was das bedeuten kann, soll im dritten Kapitel untersucht werden. In diesem Zusammenhang wird sich erweisen, dass zwischen Berichterstattung, öffentlicher Meinung und staatlichem Verhalten die Sprache als Transportmittel für Informationen von großer Bedeutung ist. Was wie ein Gemeinplatz klingt, zeigt sich in seiner ganzen problematischen Dimension, wenn das Verbrechen des Genozids das fragliche Unrecht ist. Oft als das »Verbrechen aller Verbrechen« bezeichnet, fordert es Eindeutigkeit, wo es nicht immer Eindeutigkeit gibt. Eine Variante dieser Eindeutigkeit ist die unbedingte politisch-moralische Zustimmung zu den Anliegen der Opfer und die ebenso unbedingte Verurteilung der Täter. Graubereiche zuzulassen fällt schwer, mit der Konsequenz, dass die versuchte Ahndung dieses Verbrechens sehr umstritten ist und eine Polarisierung zeitigt, wie sie bei der justiziellen Aufarbeitung von Kriegsverbrechen oder Verbrechen gegen die Menschlichkeit nicht festzustellen ist.

Im vierten Kapitel fließen die bis dahin gewonnenen Erkenntnisse ein in die Aufstellung von sechs Kriterien, die Bedingung dafür sind, dass die Ahndung fernen Unrechts zu einem glaubhaften Unternehmen werden kann. Ein Versuch wird nur dann ein zivilisatorischer Fortschritt sein, wenn er, erstens, von dem Streben nach Objektivität geprägt ist, wenn er, zweitens, den historischen Hintergründen einen angemessenen Stellenwert zuweist, drittens muss er Ausdruck eines widerspruchsfreien Handelns der hinter dem Gericht stehenden Staaten sein, viertens soll eine überlange Verfahrensdauer vermieden werden, und fünftens sowie sechstens sind die Rechte des Täters und des Opfers zu wahren. Dass die Rechte von Tätern und Opfern nicht an der Spitze der Kriterienliste stehen, mag verwundern, erklärt sich jedoch durch die Besonderheit der Verfahren, die international gewollt werden. Bei ihnen sind Aspekte zu berücksichtigen, die in nationalen Verfahren keine oder keine größere Rolle spielen. Wenn dort die Rechte des Täters oder des Opfers zuvörderst zu beachten sind, zwingt der erweiterte makrokriminelle Kontext zu einer anderen Gewichtung, ohne dass im Gegenzug die Täter- und Opferrechte vernachlässigt werden dürfen. Wird diese Gewichtung hingegen nicht ausreichend im Verfahren berücksichtigt, droht es seinen eigentlichen Sinn und Zweck zu verfehlen. Unumstritten ist diese Auffassung nicht. Aber die besseren Gründe sprechen für sie, wie ich zeigen werde.

Allerdings: Wie auch immer man sich in diesem Punkt positioniert – mit dem Ausgang des zivilisatorischen Versuchs, Unrecht an fernen Orten der Welt nicht mehr hinnehmen zu wollen, wird immer zugleich entschieden, für wie glaubhaft er gehalten wird. Der Versuch kann scheitern oder Erfolg haben. Dass das Projekt bereits praktiziert wird, es also »in der Welt ist«, schließt nicht aus, dass es aus ihr wieder verschwindet und nur eine sprachliche Hülle und wehmütige

Erinnerung bleiben. Es kommt darauf an, wie die Wechselbeziehung zwischen der normativen und der faktischen Seite dieses zivilisatorischen Versuchs gestaltet wird. Im fünften Kapitel geht es daher um die Frage, welcher Sinn und Auftrag rechtsmoralischen Normen unter den Bedingungen des Völkerstrafrechts zu entnehmen ist oder, anders gefragt, was mögliche Perspektiven der weiteren Entwicklung und die Voraussetzungen ihres Eintritts sind. Die Antworten münden in empiriegestützte Empfehlungen, die sich als kritisch konstruktiv im Sinne des zivilisatorischen Versuchs der Ahndung des fernen und idealerweise doch so nahen Unrechts verstehen.

I Der »internationale Belang« und das »Gewissen der Menschheit«

Am 15. März 1921 wurde Talaat Pascha, der ehemalige Innenminister und Großwesir des Osmanischen Reichs, auf der Berliner Hardenbergstraße, Ecke Fasanenstraße, erschossen. Täter war Soghomon Tehlirjan, ein 25jähriger Armenier.[1]

Während seiner Amtszeit als Innenminister (1915–1917) befahl Talaat Pascha, zur angeblichen Vermeidung landesverräterischer Kollaboration mit dem russischen Feind, die Ermordung oder die Deportation von hauptsächlich in Anatolien lebenden Armeniern und Armenierinnen. Er setzte dazu bevorzugt jungtürkische Milizen ein, die seiner politischen Bewegung angehörten. Außerdem sorgte er dafür, dass auch die Deportationsanordnungen letztlich als Aufforderung zur Vernichtung zu verstehen waren. Im Sommer 1916, nachdem Talaat Pascha bereits ein Jahr zuvor triumphierend bemerkt hatte, »[d]ie armenische Frage existiert nicht mehr«, hatten ca. 1,1 Millionen Armenierinnen und Armenier ihr Leben verloren.[2] Sie waren verhungert, verdurstet, einzeln oder in Massen zu Tode gebracht worden. Augenzeugen berichteten: »In Musch waren die Straßen mit Körpern von Armeniern besät.« »Sobald ein Armenier sich vor die Tür wagte, wurde er getötet. Selbst alte Männer, Blinde und Invaliden wurden nicht geschont.« »Die Männer, die noch lebendig eingefangen wurden, [...] wurden gleich außerhalb der Stadt erschossen. Die Frauen wurden mit den Kindern nach den nächsten Dörfern gebracht, zu Hunderten in Häuser getan und verbrannt. Andere wurden in den Fluss geworfen.«[3]

1 Hosfeld, *Operation Nemesis*, S. 9, 23.
2 Hosfeld, *Tod in der Wüste*, S. 11, 22, 60, 148–151, 208–210.
3 Ebenda, S. 172.

Jetzt war Talaat Pascha tot. Der Schütze war verhaftet worden und wartete auf seinen Prozess. Die Trauerfeier für den Getöteten fand am 19. März in Berlin statt. Anwesend waren auch die ehemaligen Außenminister Richard von Kühlmann und Arthur Zimmermann. Einige Militärs, die während des Weltkriegs auf türkischer Seite gedient hatten, waren ebenfalls erschienen. Das Auswärtige Amt ließ einen Kranz niederlegen mit der Widmung: »Einem großen Staatsmann und treuen Freund.«[4]

Der Prozess gegen Soghomon Tehlirjan begann am 2. Juni vor dem Landgericht Berlin-Moabit. Politischer Druck bewirkte, dass die Prozessdauer auf zwei Tage beschränkt worden war. Das Auswärtige Amt, tatkräftig daran beteiligt, Talaat Pascha und anderen Organisatoren der Massaker an den Armenierinnen und Armeniern im November 1918 die Flucht nach Deutschland zu ermöglichen, wollte vermeiden, dass »die ganze Frage der aus dem Kriege bereits unliebsam bekannten Armeniergreuel« in der Verhandlung zur Sprache kam. Ebenso war ausdrücklich nicht gewünscht, dass »im Laufe des Prozesses eingehender auf die allgemeine politische Rolle Talaat Paschas und seiner Stellung zu Deutschland eingegangen würde«.[5]

Das Landgericht sprach den Angeklagten Tehlirjan frei. Die Geschworenen waren einstimmig zu dem Entschluss gekommen, dass Tehlirjan schuldlos an der Tat sei. Das »Nein« des Obmanns der Geschworenen auf die Frage des Gerichts nach der Schuld des Angeklagten entsprach voll und ganz den Erwartungen der Verteidigung, die, gestützt auf ein medizinisches Gutachten über die epileptische Erkrankung Tehlirjans, seine eingeschränkte Willensfreiheit zur Tatzeit geltend gemacht hatte. Fragen blieben gleichwohl, denn die offensichtlich vorsätzliche Tatbegehung Tehlirjans ließ nicht auf eine Störung seiner Willensfreiheit schließen. Insofern war es wohl ein überaus nützlicher Hinweis an die Adresse der Jury, als ihr der Verteidiger in seinem Plädoyer zurief: »Welche Jury der ganzen Welt würde Wilhelm Tell verurteilt haben, weil er den Landvogt niedergeschossen hat?«[6] Ein Kommentar in der *New York Times* brachte es auf den Punkt: »Obwohl die Verteidigung von Tehlirjan auf zeitweilige

4 Hosfeld, *Operation Nemesis*, S. 12.
5 Jeweils zitiert nach Hosfeld, »Ein Völkermordprozess wider Willen«, S. 250.
6 Zitiert nach ebenda, S. 251.

Unzurechnungsfähigkeit plädierte, war seine wirkliche Verteidigung die entsetzliche Vergangenheit von Talaat Pascha, wodurch der Freispruch des Armeniers von der Anklage des Mords in deutscher Sicht zum Todesurteil für den Türken wurde.«[7]

Es war eine merkwürdige Situation. Die offizielle Politik in Deutschland wollte die »unliebsam bekannten Armeniergreuel« unter den Teppich kehren, man sieht förmlich den schmallippigen Mund oder die verhalten beschwichtigende Handbewegung aus dem Kreis der Akteure vor sich. Teile der öffentlichen Meinung wollten das Gegenteil, ein Gerichtsverfahren als Tribunal über die Verbrechen der jungtürkischen Bewegung an den Armeniern und Armenierinnen. Am Ende gab es eine Art Unentschieden. Der schnelle Freispruch verhinderte eine Beweisaufnahme zum Verbrechenskontext, der Freispruch an sich rechtfertigte den Vorwurf systematisch begangener Verbrechen durch das Osmanische Reich und seinen Organen.

Hinter dem Unentschieden verbarg sich jedoch etwas, das neu war: ein Ereignis, das nicht lediglich als Irrläufer der Politik, sondern als Unrecht wahrgenommen wurde und das über die Grenzen eines Staates hinaus nachhaltig für Betroffenheit sorgte, weil es sich wegen der zivilen Opfer und ihrer Zahl eben nicht in die herkömmliche Bezeichnung »Kriegsverbrechen« einordnen ließ. Im Friedenvertrag von Sèvres, dem Friedensvertrag mit der Türkei als dem Nachfolgestaat des Osmanischen Reichs, hatten die alliierten Siegerstaaten Großbritannien, Frankreich, Italien und Japan in Artikel 230 gefordert, die Verantwortlichen für die Massaker an den Armeniern[8] auszuliefern, damit sie außerhalb der Türkei vor einem internationalen Gericht abgeurteilt werden könnten. Der Vertrag, den die Türkei am 10. August 1920 unterschrieben hatte, trat jedoch nicht in Kraft. Politisch-militärische Machtkämpfe in der Türkei und ausländische Ratlosigkeit verhinderten es.[9] International waren damit die Anklagen ad acta ge-

7 Zitiert nach ebenda. Vgl. auch Hofmann, »Versuch einer Annäherung«, S. 190.

8 In Art. 230 werden die Armenier nicht namentlich genannt. Ausgeliefert werden sollten diejenigen, die verantwortlich waren »for the massacres committed during the continuance of the state of war on territory which formed part of the Turkish Empire on August 1, 1914«, vgl. https://wwi.lib.byu.edu/index.php/Section_I,_Articles_1_-_260 [3. 6. 2024]. Die Art. 226–229 des Vertrags betreffen die Auslieferung wegen der Begehung von Kriegsverbrechen.

9 Payk, *Frieden durch Recht?*, S. 475–477.

legt (der spätere Friedensvertrag von Lausanne enthielt keine Bestrafungsregelung mehr), aus der Welt waren die Verbrechen allerdings nicht. Das Wissen um sie verfolgte die Täter bis nach Deutschland, wo sie Unterschlupf gefunden hatten. Das Unrecht des Völkermords war plötzlich ganz nah und verlangte eine Antwort. Die Antwort, die das Berliner Landgericht gab, war unvollständig, aber sie war nichtsdestoweniger Teil einer Stimmung, die die »juristische Überzeugung einer wohlbegründeten Gerechtigkeit« in den Gerichtssaal bringen wollte und der es aus diesem Anlass nicht übertrieben schien, die Notwendigkeit der »Erkenntnis des Wesens des Rechts und der Aufgaben der Menschheit und ihrer Zusammenhänge« zu bemühen.[10]

Über die Grenzen des Nationalstaats hinaus schaute auch Robert M.W. Kempner, ein Jurastudent, der das Verfahren verfolgt hatte. Sechzig Jahre später sollte er, der in zwei Nürnberger Kriegsverbrecherprozessen stellvertretender Chefankläger war, im Rückblick schreiben: »Rechtspolitisch war dieser Prozess von besonderer Bedeutung, weil zum ersten Mal in der Geschichte der Grundsatz zur Anerkennung kam, dass grobe Menschenrechtsverletzungen, insbesondere Völkermord, begangen durch eine Regierung, durchaus von fremden Staaten bekämpft werden können und keine unzulässige Einmischung in innere Angelegenheiten eines anderen Staates bedeuten.«[11]

Wenn auch davon auszugehen ist, dass Kempners Erinnerung stark von seinen Nürnberger Erfahrungen geprägt war und er zum Berliner Verfahren eine Traditionslinie legen wollte, die so nicht bestand (die Souveränitätsbeschränkung bei Völkerrechtsverbrechen gab es 1921 nicht, auch der Völkermordbegriff war juristisch noch nicht eingeführt), zuzustimmen ist ihm und den Stimmen aus der Verteidigung in einem Punkt, der wichtig ist, weil er eine Zäsur markiert. In einem Strafverfahren vor einem Gericht, das weit entfernt vom Tatort zusammengetreten ist, ist ein Unrecht nicht nur zum eigentlichen Verfahrensgegenstand geworden, sondern hat auch auf subtile Weise eine Ahndung erfahren. Dass die Ahndung in ihrer Form Widerspruch verdient – schließlich war ein mutmaßlicher Mord mit nicht ganz zweifelsfreien gutachterlichen Mitteln zum Verschwinden

10 So die Verteidigung im Prozess gegen Tehlirjan, zitiert nach Hosfeld, »Ein Völkermordprozess wider Willen«, S. 252.

11 Kempner, »Vor sechzig Jahren vor einem deutschen Schwurgericht«, S. 167.

gebracht worden –, ändert nichts daran, dass die Tat hinter der Tat im Gerichtssaal präsent war. Diese Tat war zudem keine gewöhnliche Tat. Der Täter hatte sie als Organ eines Staates und unter Einsatz von dessen Machtmitteln begangen und sie in eine Dimension getrieben, die im Namen der Menschheit den Ruf nach Gerechtigkeit laut werden ließ.

Dieser Ruf fiel in eine Zeit, in der er nicht neu, aber anders war. Während des Ersten Weltkriegs war immer wieder – und im Zusammenhang mit der sich rasant steigernden Kriegsgewalt in immer kürzeren Abständen – die Menschheit als Anklägerin angerufen worden. Das Erschrecken über die Folgen der neuartigen industrialisierten Kriegführung war groß. Zwar wird der Versuch, die jeweils eigene Kriegführung als nur reaktiv darzustellen, bei den Klagen über den Tabubruch durch den Kriegsgegner gewiss auch ein naheliegendes Motiv gewesen sein. Dennoch war, verglichen mit früheren Kriegen, die Feststellung eines Gewaltüberschusses, der Grundwerten der Menschheit widersprach, ein neues Phänomen. In vielen Kontexten trat es im Ersten Weltkrieg zutage, doch nirgendwo so klar wie bei dem Massenmord an den Armenierinnen und Armeniern.

Nimmt man dieses Phänomen als Ausgangspunkt für eine Rück- und eine Vorschau, versteht man die Bestürzung über den Absturz der Zivilisation zwischen 1914 und 1918 und besonders 1915/16 also als einen Wendepunkt in dem hier skizzierten Sinne, ergeben sich daraus zwei grundsätzliche Fragen, nämlich die nach der Definition von Unrecht, das an entfernten Orten begangen wird, und die nach der Botschaft, die Akte dieses Unrechts aussenden und die darüber entscheiden, wie nahe sie an uns heranrücken. Mit anderen Worten, erklärungsbedürftig ist das Zusammenspiel von Moral, Recht und Gesetz.

Was »fernes Unrecht« ausmacht. Moralische Überzeugungen verdichten sich zu Recht

Fern ist das Gegenteil von nah, und Unrecht ist das Gegenteil von Recht. Das ist eine Feststellung, die banal ist, doch in unserem Zusammenhang weitreichende Folgen hat. Beginnt man mit der Wortbedeutung, sind »nah« und »fern« zunächst geografisch zu verstehen.

Das bedarf keiner Erläuterung. Sodann sind beide Begriff auch emotional zu verstehen. »Nah« kommt uns ein Ereignis, das uns anspricht, nicht gleichgültig lässt und eine Reaktion herausfordert. Es tritt ein in unsere persönliche Sphäre und wird Teil unseres Lebens. Dieser Teil kann vorübergehend präsent sein, er kann aber auch das Leben vollständig verändern, ihm seinen Stempel aufdrücken. Demgegenüber ist ein Ereignis »fern«, wenn es uns nicht berührt oder wenn es nur kurzzeitig für uns präsent ist. Es ist Gegenstand von Gesprächen, löst auch Emotionen aus, wird aber bald wieder vom Alltagsgeschehen verdrängt oder vergessen.

Welcher Art ist das, was uns nahe kommt oder fern bleibt? Und wer ist überhaupt *uns?* Bevor darauf eine Antwort gegeben werden kann, wäre zuerst zu erläutern, was im vorliegenden Kontext mit den Begriffen »Recht« und »Unrecht« gemeint ist. Für den Begriff des Rechts genügen wenige Sätze. In Gegensatz gebracht zum Begriff des Unrechts bezeichnet er etwas Erlaubtes oder normativ Erwartbares. Am Beispiel der Rechtsordnung, die in Deutschland wie in vielen anderen Ländern als Freiheitsordnung verstanden wird, heißt das, dass die äußere Freiheit eines jeden Menschen der Grundbaustein der Rechtsordnung ist. Immanuel Kant formulierte den Grundsatz folgendermaßen: »[H]andle äußerlich so, daß der freie Gebrauch deiner Willkür mit der Freiheit von jedermann nach einem allgemeinen Gesetze bestehen könne.«[12] Eine rechtliche Begrenzung der Freiheit ist erst dann nötig, wenn die Freiheitsausübung des einen die anderer beeinträchtigt. Dazu hält das Recht Sanktionen oder Strafen vor, die durch die Freiheitsrechte aller legitimiert werden und deren Zwangscharakter sie von den Appellen der Moral unterscheiden.[13] Das insofern rechtlich normativ Gebotene ist eine staatsrechtliche Errungenschaft, eine historisch bedeutsame Leistung, jedoch unspektakulär im täglichen Leben, wo es in allen Bereichen (Wirtschaft, Verwaltung, Politik, Kultur, Sport) zu finden ist. Seine Beachtung ist Voraussetzung für das menschliche Zusammenleben. Das Bemühen, Rechtsnormen vorbildlich zu erfüllen, mag auf der Ebene individueller Beziehungen kurzfristig für freudige Zustimmung oder Erstaunen sorgen, sinn-

---

12 Kant, *Sämtliche Werke,* Bd. 6, S. 231 (http://kant.korpora.org/Band6/231.html [1. 6. 2024]).

13 Vgl. Kühl, »Recht und Moral«, S. 487.

voller ist es allerdings bei einem mit entsprechender Macht ausgestattetem Verband (Staat, Körperschaft). Erfüllt dieser Verband das rechtlich Gebotene in besonderer Weise, über das Mögliche und unbedingt Erwartbare hinaus, wird das Verhalten dadurch auch nicht spektakulär, zumindest nicht für eine längere Zeit. Nutznießer und Betrachter einer rechtlichen Übererfüllung gewöhnen sich an den Zustand, er gehört zur Lebensnormalität. Bewohnerinnen und Bewohner Norwegens leben nicht dauerhaft in einem affektiven Sondermodus, weil ihr Staat schon seit Jahren in weltweit einzigartiger Weise Daseinsvorsorge betreibt,[14] ebenso wenig wie Menschen in liberal-demokratischen Staaten sich täglich erneut des Grundrechts- und Menschenrechtsstandards in ihrem jeweiligen Staat erfreuen, der so weit über dem völkerrechtlich vereinbarten Minimum liegt.[15] Beides ist einfach da. Fern ist es nicht, nah sehr wohl, doch nicht als Ergebnis eines affektgeladenen Prozesses.

Demgegenüber ist das rechtlich Verbotene und trotzdem Geschehene, das seine Botschaft sendet, von anderer Natur. Je nach Schwere des Normverstoßes ist die affektive Dimension größer und länger existent. Für ein Ereignis, das in der Nähe eines Menschen stattfindet, versteht sich das von selbst. Eine Tat, die geltendes Recht verletzt und ein krimineller Akt ist, wird auf ihn gewöhnlich eine gravierendere Wirkung haben als eine Wohltat, die er über das ihm rechtlich Zustehende erfährt. Vergessenseffekte treten weit eher bei positiven als bei negativen Emotionen auf.[16] Und je größer die Rechtsverletzung, desto nachhaltiger ist die Wirkung. Psychotraumatologische Erkenntnisse sind hier eindeutig, soweit es sich um unmittelbare Verbrechensopfer handelt. Bei mittelbar Betroffenen, z. B. Angehörigen

---

14 Nach dem Index der menschlichen Entwicklung (Human Development Index/HDI), der jährlich vom Entwicklungsprogramm der Vereinten Nationen (UNDP) veröffentlicht wird und z. B. im Ländervergleich die Lebenserwartung bei der Geburt und die gesundheitliche Versorgung oder das Bildungsniveau misst, belegt Norwegen fast durchweg den ersten Platz von über 180 möglichen Plätzen. Vgl. http://hdr.undp.org/en/countries/profiles/NOR [3. 6. 2024].

15 Abstrakte Formulierungen und Begrifflichkeiten in Menschenrechtsverträgen lassen dem durch sie verpflichteten Staat einen Handlungsspielraum, der je nach Rechts- und Kulturverständnis unterschiedlich gestaltet sein kann. Eine Grenze liegt allerdings dort, wo der elementare Sinngehalt der vertraglichen Regelung unterlaufen und dadurch beseitigt wird.

16 Kuhbandner, *Der Einfluss von Emotionen auf das abrufinduzierte Vergessen*, S. 111.

von Opfern, ist der Befund hingegen weit weniger eindeutig. Wo es zu dem Phänomen der trans- oder intergenerationalen Weitergabe von Traumata kommt, kann sich bei den betroffenen Angehörigen eine enorme emotionale Belastung entwickeln. Wo dies nicht geschieht, ist der Grad an Betroffenheit bedeutend niedriger, in vielen Fällen vergleichbar mit der Betroffenheit Dritter, die beispielsweise aus Zufall in einem lokalen Näheverhältnis zum Verbrechensopfer stehen.[17] Das Unrecht ist präsent, es bewegt emotional, aber es beherrscht nicht das Leben. Es ist Teil dieses Lebens, und als solcher kann es auch eine Erinnerung sein, die sich manchmal einstellt, eine tiefe Gefühlsregung bewirkt und alsbald wieder von den alltäglichen Begebenheiten des Lebens überlagert wird. Eine Wir-Erfahrung aus der Perspektive Dritter bleibt es dennoch, denn die sozial-intuitive moralische Einordnung, von der der Neurowissenschaftler Robert Sapolsky spricht, ist in der Nähe begründet. Sie setzt ein starkes implizites Signal frei, dass der vom Unrecht betroffene Mensch zu uns gehört.[18] Demgegenüber ist es ein weiter Weg, bis dieses Signal bei einem Unrecht, von dem aus der Ferne erfahren wird, ausgelöst wird.[19] Von einem solchen Geschehen zu erfahren, führt dazu, dass die durch unmittelbare Anschauung, mittelbare Zeugenschaft oder direkte Betroffenheit freigesetzten Emotionen abgelöst werden durch Gefühle, die von einer achselzuckenden Registrierung des Geschehens, einer Betroffenheit qua bloßer Zugehörigkeit zur Menschheit also, über Mitgefühl bis hin zu einer Empörung reichen, die nach adäquaten Reaktionen ruft. Ein kognitiver Prozess mit einer Vielzahl von Zwischenstufen findet statt, bis schließlich die Wir-Intuition erreicht ist.[20] Darüber, wie dieser Prozess der Distanzüberwindung verläuft, welches die individuellen Reaktionen sind, entscheidet die Vorstellungskraft des Einzelnen. Es gehe darum, so der Soziologe Luc Boltanski, dass die Person fern des Unrechts sich eine Vorstellung davon macht, wie der vom Akt des Unrechts Betroffene fühlt.[21]

---

17 Vgl. den Hinweis bei Fischer/Riedesser, *Lehrbuch der Psychotraumatologie*, S. 137.

18 Sapolsky, *Gewalt und Mitgefühl*, S. 635.

19 Davon zu unterscheiden ist das Unrecht, das aus der Ferne erfahren wird. Trotz der Distanz wird es zu einem nahen Unrecht.

20 Sapolsky, *Gewalt und Mitgefühl*, S. 634 f.

21 Boltanski, *La Souffrance à distance*, S. 82.

Diese Einsicht ist keineswegs neu. Boltanski selbst verweist auf den schottischen Aufklärer Adam Smith, Henning Ritter lässt in seinem Essay über »Nahes und fernes Unglück« gleich eine ganz Reihe Aufklärer zu Wort kommen, die sich Gedanken darüber gemacht haben, ob sich eines Tages eine den ganzen Globus umfassende Moral der Einfühlung durchgesetzt haben wird.[22] Ihre Zuversicht oder ihre Skepsis gründete auf der Vernunft beziehungsweise Unvernunft des Menschen und ihren jeweiligen Folgen: Fortschritt, der stattfinde, trotz Unterbrechungen und Rückschlägen; oder Stillstand und sogar, verglichen mit den sich immer wieder eröffnenden Möglichkeiten, Rückschritt. So zitiert Ritter die Bemerkung Jean-Jacques Rousseaus: »Die Menschlichkeit ist ein Knoten, den Bürger von Paris mit dem von Peking zu verbinden«, und bei Paul-Henri Thiry d'Holbach lesen wir: »Die Bauern, die Handwerker, die Künstler haben keinen Moralunterricht genommen, aber wenn sie nur ein wenig nachdenken, sind sie, ohne es zu wissen, die Schüler Ciceros. Der indische Färber, der tatarische Hirt, der englische Matrose wissen, was gerecht ist und was ungerecht.«[23] Für die Gegenmeinung lässt er Voltaire auftreten, der sagte: »Allem Anschein nach verdampft das Gefühl der Menschlichkeit und wird schwächer, indem es sich über die Erde ausdehnt und es ist uns nicht gegeben, von den Unglücksfällen bei den Tataren oder in Japan ebenso berührt zu werden wie von dem, was einem europäischen Volk zustößt.«[24]

Die Terminologie ist noch uneinheitlich. Unglück, Unglücksfälle gehen zusammen mit Menschlichkeit oder Moral oder mit Attributen wie gerecht und ungerecht. Aber ein Unglück ist nicht unbedingt ein Verbrechen, es muss nicht menschengemacht sein, sondern ihm kann eine schicksalhafte Verkettung von Umständen zugrunde liegen und ist, wird es dann Unrecht genannt, eine Anklage gegen die Wechselfälle des Lebens oder Ausdruck eines Übels, weil es unverdient erfahren wurde.[25] Unrecht in Verbindung mit einem Verbrechen ist etwas anderes. Es setzt einen massiven Verstoß gegen moralische Kategorien voraus und, um nicht als »überdehnte Hausmoral«, die die

22 Ritter, *Nahes und fernes Unglück*, S. 7, 218 f.
23 Ebenda, S. 44 (Rousseau), 45 (d'Holbach).
24 Ebenda, S. 90.
25 Dazu näher Schefczyk, *Verantwortung für historisches Unrecht*, S. 70–72.

Bürger von Paris und Peking zu »Flurnachbarn« mache,[26] abqualifiziert zu werden, zugleich gegen geltendes Recht. Die Existenz dieses Rechts verstärkt zum einen das in einem Rechtskreis gemeinsame Empfinden, dass das, was geschehen ist, nicht hätte geschehen dürfen. Zum andern macht es, wenn es ein Recht ist, das den Menschen über Staatsgrenzen hinaus und interkulturell aufgrund ihres Menschseins zusteht, das Empfinden zu einem weltumspannenden. Fremdes Leid mindert das eigene Wohlbefinden in der Welt.[27] Die moralische Empörung verbindet sich mit dem Wissen darum, dass das Geschehene im Wortsinne Unrecht ist.

Der Weg dorthin würde weit sein, daran dürfte keiner der Aufklärer gezweifelt haben. Erst müssten, so der italienische Strafrechtsreformer Cesare Beccaria, »die Despotien in die Tiefen Asiens zurückgedrängt sein«, bis dahin bleibe fernes Unrecht fern und nahes nah. Noch einmal Beccaria: »Manche glauben, daß eine grausame Tat, die in Konstantinopel begangen wird, in Paris bestraft werden könne, und zwar aus dem abstrakten Grund, daß, wer die Menschheit beleidigt, es verdient die ganze Menschheit zum Feinde zu haben und überall verabscheut zu werden, als wären die Richter die Rächer der Empfindsamkeit der Menschen und nicht vielmehr der Verträge, durch die sie miteinander verbunden sind. Der Ort der Strafe ist der Ort des Verbrechens, weil allein dort und nicht anderswo die Menschen dazu gezwungen sind, gegen einen einzelnen vorzugehen, um der Gefährdung der Allgemeinheit vorzubeugen.«[28]

Es ist in der geschichts- und rechtswissenschaftlichen Literatur, in denen humanitär-völkerrechtliche Entwicklungen nachgezeichnet werden, weitgehend Konsens, dass das 19. Jahrhundert einen sich in seinem Verlauf zunehmend konkretisierenden Wendepunkt darstellt.[29] Die vielen Gewaltakte, die aus der Menschheitsgeschichte bekannt waren und den (Rechts)Philosophen der Aufklärung hoffnungsvoll oder desillusionierend vor Augen standen,[30] stießen, da mit

26 So der Philosoph Arnold Gehlen, zitiert nach Ritter, *Nahes und fernes Unglück*, S. 45.

27 Vgl. Trentmann, *Aufbruch des Gewissens*, S. 28.

28 Zitiert nach Ritter, *Nahes und fernes Unglück*, S. 87 f.

29 Dafür beispielhaft Osterhammel, *Die Verwandlung der Welt*, S. 723–735; Kolb, »The Protection of the Individual in Times of War and Peace«, S. 321–326.

30 Für einen Überblick siehe Klose, *»In the Cause of Humanity«*, S. 73–78.

kleineren oder größeren Abweichungen und Zuspitzungen bis in die damalige Aktualität begangen (der Siebenjährige Krieg von 1756–1763 mit seinen Massakern an Unterlegenen und wehrlosen Zivilistinnen und Zivilisten kann als Beispiel gelten), auf eine Empörung, die konkrete Maßnahmen einforderte. Auf diese Weise verfestigte sich Moral, oft immer noch von der (nationalen) Perspektive des Betrachters abhängig, zu schriftlich fixierten Vereinbarungen zur Begrenzung von Leid, die nach dem Willen der Unterzeichner transnationale Rechtskraft haben sollten.

Die ersten vertraglichen Versuche zur Begrenzung von menschlichem Leid

Die erste Etappe in der staatenübergreifenden Herausbildung eines »humanitären Gewissens« begann mit dem Kampf gegen den transatlantischen Sklavenhandel, von dem der US-Jurist Henry Wheaton 1836 in der Erstausgabe seiner *Elements of International Law* schrieb: »The African slave trade, once considered not only a lawful, but desirable branch of commerce, a participation in which was made the object of wars, negotiations, and treaties between different European states, is now denounced as an odious crime by the almost universal consent of nations.«[31] Wheaton folgerte die nahezu universelle Zustimmung zum Verbot des Sklavenhandels aus nationalen Verbotsgesetzen und aus entsprechenden internationalen Abkommen, die mit der Erklärung der Wiener Konferenz zum Sklavenhandel begonnen und sich in mehreren zwischenstaatlichen Verträgen fortgesetzt hatten. Das dahinter stehende Verbrechen, das Wheaton in seinem Völkerrechtsbuch noch mit dem pragmatisch aufrüttelnden Attribut »odious« (abscheulich) versehen hatte, prangerte er 1842 in zwei Aufsätzen als ein »crime against humanity« an, das von der internationalen öffentlichen Meinung und allen zivilisierten sowie christlichen Mächten verurteilt würde. Zum ersten Mal war damit, wie Fabian Klose in seiner Studie zum Humanitarismus hervorhebt, ein Begriff genannt worden, der künftig ein Verbrechen charakterisieren sollte, das die Menschheit in ihrem Selbstverständnis trifft und zu einer Reaktion herausfordert.[32]

---

31 Zitiert nach Wheaton, *Elements of International Law*, S. 114.
32 Klose, *»In the Cause of Humanity«*, S. 222.

Der weitere Weg dorthin führte bald weg von den Sklaventransporten in die Neue Welt, deren Grauen Europa nur äußerst indirekt betraf. Wie die Hauptkriegsschauplätze des Siebenjährigen Kriegs waren es Kriege in Europa selbst, die unter Beteiligung europäischer Großmächte unmittelbare Auswirkung auf das »humanitäre Gewissen« des europäischen Teils der Menschheit hatten beziehungsweise allgemein auf die Menschen dort wirkten, wo technischer Fortschritt die Konstruktion von Waffen mit immer größeren Tötungskapazitäten ermöglichte. Die Fähigkeit zur medizinischen Versorgung der Opfer – und als solche galten *nur* die Soldaten der beteiligten Armeen und nicht die Menschen der Zivilbevölkerung – hinkte demgegenüber deutlich hinterher. Das Sterben nach der Schlacht war ein Massenphänomen, Begleiterscheinung eines Krieges, die mit Schicksal, nicht jedoch mit Unrecht in Verbindung gebracht wurde. Ein wichtiger Schritt in dem Versuch, dieses Schicksal zu mildern, war 1851 die Einführung der Injektionsspritze, mit der Opiate als Schmerzmittel verabreicht werden konnten.[33] Er beflügelte den weiteren Schritt, in dem zunehmende medizinische Kenntnisse und das Wissen um Hygienestandards auf persönliches Engagement trafen. Florence Nightingale organisierte Hilfe für verletzte Soldaten im Krimkrieg und sensibilisierte die britische Öffentlichkeit für die Notwendigkeit einer militärischen Verletztenversorgung. Clara Barton engagierte sich in gleicher Weise im amerikanischen Bürgerkrieg und gründete überdies das Amerikanische Rote Kreuz, womit sie eine Initiative aufgriff, für die wie kein zweiter der Name Henry Dunant steht. Nachdem Dunant im Juni 1859 Zeuge der Schlacht von Solferino geworden war, an deren Ende nach nur wenigen Tagen fast 40 000 Tote, Sterbende, Verstümmelte auf dem Schlachtfeld lagen, über- und nebeneinander, von den Überlebenden verlassen und der lokalen Bevölkerung ausgeplündert oder ignoriert, beschloss er, nicht nur selbst helfend einzugreifen und andere zum Eingreifen zu bewegen, sondern sich für die Gründung einer internationalen Gesellschaft einzusetzen, deren Aufgabe in der Hilfe für Kriegsopfer bestehen sollte. »Die Humanität und die Zivilisation verlangen gebieterisch nach dem hier angedeuteten Werke«, schrieb Dunant in der Erinnerung an Solferino.[34]

---

33 Vgl. Osterhammel, *Die Verwandlung der Welt*, S. 704 f.

34 Dunant, *Eine Erinnerung an Solferino*, S. 114

1863 trat in Genf eine Arbeitsgruppe zusammen, aus der das Internationale Komitee vom Roten Kreuz (IKRK) hervorgehen sollte. Bereits ein Jahr später beschlossen 16 Staaten auf einer Konferenz in Genf die Konvention zur Verbesserung des Loses der Verwundeten der Heere im Felde (Erste Genfer Konvention). Neutralität der Feldlazarette, ein neutraler Status auch für alle Personen, die berufsmäßig mit der Pflege und medizinischen Versorgung verwundeter Soldaten befasst sind sowie der Schutz von Zivilistinnen und Zivilisten, die Verwundeten gleich welcher Nationalität Hilfe leisten, waren die wichtigsten Vereinbarungen, die die Staaten in diesem nur aus zehn Artikeln bestehenden Vertrag trafen.[35] Er sei »einer der edelsten Errungenschaften der fortschreitenden Humanität«, lobte der Schweizer Völkerrechtler Johann Caspar Bluntschli den Vertrag in seiner Darstellung des Völkerrechts der »civilisirten Staten«.[36]

Ausdrücklich vom Fortschritt der Zivilisation und von den Gesetzen der Humanität, die mit schrankenlos entfesselter Kriegsgewalt unvereinbar seien, sprach die St. Petersburger Erklärung von 1868.[37] Zum ersten Mal in der Rechts- und Militärgeschichte legten in ihr die europäischen Vertragsstaaten fest, dass unnötiges Leiden im Krieg vermieden werden soll. Explosive Projektile mit einem Gewicht von unter 400 Gramm sollten nicht mehr verwendet werden dürfen. Anlass der russischen Initiative, die der Erklärung zugrunde lag, war die Erfindung von Geschossen, die beim Auftreffen auf weiche Oberflächen explodierten. Anders als die herkömmlichen Artilleriegeschosse wie zum Beispiel Granaten oder Schrapnells konnten sie einfacher und schneller verschossen werden und waren von verheerender Wirkung beim Kontakt mit menschlichen Körpern. Ziel des Krieges sei es, so die Erklärung, den Feind zu schwächen, ihn kampfunfähig zu machen, nicht ihm darüber hinaus Leid zuzufügen. Weil dies mit der neuen Erfindung russischer Militärtechnik unweigerlich verbunden sei, müsse ihr Einsatz vertraglich unterbunden werden.[38] Noch einmal Bluntschli: »Das Völkerrecht verbindet auch die Kriegsparteien wäh-

---

35 Vgl. https://ihl-databases.icrc.org/ihl/INTRO/120 [3. 6. 2024].
36 Bluntschli, *Das moderne Völkerrecht*, S. 329. Die erste Auflage erschien 1867.
37 Vgl. https://ihl-databases.icrc.org/dih-traites/INTRO/130 [3. 6. 2024].
38 Ebenda.

rend des Krieges als Glieder der Menschheit und beschränkt dieselben in der Anwendung der zulässigen Gewaltmittel.«[39]

Die Ernüchterung kam im deutsch-französischen Krieg 1870/71. Vor allem die Bestimmungen der Genfer Konvention wurden massiv missachtet. Der erste Präsident des IKRK, Gustave Moynier, schlug daraufhin 1872 die Schaffung eines internationalen Gerichtshofs vor, vor dem sich Staaten verantworten sollten. Rein moralische Sanktionen reichten nicht aus, so die Folgerung Moyniers, die Beachtung des von den Vertragsstaaten für verbindlich erachteten Rechts müsse strafrechtlich erzwungen werden.[40]

Innerhalb nicht einmal eines Jahrzehnts hatte sich Erstaunliches getan. Der Soldat war als mögliches Opfer in Erscheinung getreten. Hier mögen kalte Nützlichkeitserwägungen mit Blick auf die Verwertbarkeit des ausgebildeten und ausgerüsteten Soldaten die Wahrnehmung bestimmt haben. »Unnötiges Sterben« war ein Kostenfaktor. Dass nun aber auch der Soldat der Gegenseite als mögliches Opfer galt, weist auf mehr als eine nüchtern-militärische Betrachtungsweise hin. Der getötete oder verwundete Soldat erfuhr eine Individualisierung, er trat auf als Mensch, obschon er sein Leben und seinen Körper für ein über seine Person hinausreichendes Anliegen hingegeben hatte.[41]

Frei von einem instrumentellen Verständnis war diese Umdeutung indes auch nicht. Der Grundsatz der Reziprozität braucht für seine Beachtung nicht unbedingt die Einsicht in den Wert menschlichen Lebens, ein Handlungsdruck infolge der Zustimmungsbereitschaft anderer Vertragsparteien reicht aus. Dennoch muss es eine anfängliche Idee gegeben haben, der eine geänderte Vorstellung von dem, was Soldaten zuzumuten ist, zugrunde lag. Und sie muss zwangsläufig Teil der größeren Vorstellung sein, die im sich neu manifestierenden »humanitären Gewissens« fußt. Vom Soldaten als Opfer war es dann nur ein kleiner Schritt zum Zivilisten als Opfer. Vorausgesetzt, er gehörte, wie der Soldat, der eigenen, westlichen Zivilisation an. An

39 Bluntschli, *Das moderne Völkerrecht*, S. 299.

40 Vgl. Neureiter, »Where it all Began – Tracing the Birth of the ICC«.

41 Vgl. Goltermann, *Opfer*, S. 44–64, 81–100. Interessant ist die Parallele, die sie zum Aufkommen der bürgerlichen Liebesheirat im späten 18. Jahrhundert zieht, die Nachfragen nach dem Schicksal Gefallener oder Verwundeter beförderte. Ebenda, S. 65.

deren Überlegenheit ließ, stellvertretend für die herrschende Meinung, der russische Völkerrechtler Friedrich Fromhold Martens 1883 in seinem Buch *Völkerrecht. Das internationale Recht der civilisierten Nationen* keinen Zweifel, sodass »in Betreff der Türkei, China's, Japan's und anderer asiatischer Staaten die Einmischung der Kulturstaaten principiel« rechtmäßig sei, »sobald die christliche Bevölkerung jener Länder barbarischen Verfolgungen und Schlächtereien ausgesetzt ist. Solchenfalls rechtfertigt sich die Intervention durch die Gemeinsamkeit der religiösen Interessen und die Gebote der Humanität [,] d.h. die Principien des natürlichen Rechts, welche im Allgemeinen der Beziehung der cultivirten Nationen zu ungesitteten normiren.«[42]

Es war vor allem das angebliche osmanische »Barbarisierungsprojekt«,[43] das europäische Großmächte in der ersten Hälfte des 19. Jahrhunderts im griechischen Unabhängigkeitskampf intervenieren ließ, gefolgt von Interventionen während der so genannten Großen Balkankrise in der zweiten Hälfte des 19. Jahrhunderts. Interveniert wurde selbstredend militärisch. In der östlichen, vermeintlich unzivilisierten Peripherie Europas waren die Grundprinzipien des Naturrechts, ganz zu schweigen von einem naturrechtlich beeinflussten positiven Recht, abwesend. Man übte praktische Nothilfe, der eigene zivilisatorische Standard ging mit der moralischen und rechtlichen Befugnis einher, den in der Ferne an Leib und Leben Bedrängten zu Hilfe zu kommen. Untereinander, bei annähernd gleichem zivilisatorischem Standard, galt indes das europäische Völkerrecht. Und das jeweilige nationale Strafrecht war davon scharf getrennt. Da es ein Strafrecht unter Zivilisierten war, war an eine Bestrafung wegen Kriegsverbrechen nicht gedacht. Das galt auch für den unter eine andere Hoheitsgewalt geratenen Soldaten, der als Organ seines Heimatstaates gesehen wurde und darum vor Verfolgung wegen vorausgegangener Kriegshandlungen gleich welcher Art zu schützen war.

Weitergehende rechtliche Ambitionen stießen sich an der politischen Realität. Wenn das 1873 gegründete Institut de Droit International hoffnungsfroh behauptete, das Völkerrecht zum »rechtlichen Gewissen der zivilisierten Welt« weiterentwickeln zu wollen und wenn

---

42 Zitiert nach Swatek-Evenstein, *Geschichte der »Humanitären Intervention«*, S. 105.

43 Vgl. Langewiesche, *Der gewaltsame Lehrer*, S. 290.

das 1880 vom selben Institut veröffentlichte »Manual of the Laws of War« den Schutzbereich des Rechts auch auf die unbeteiligte Zivilbevölkerung ausdehnte, die Anwendung des Strafrechts als Sanktionsmittel über die Staatsgrenzen hinaus, wie es das »Manual« selbst vorsah,[44] entsprach nicht den Interessen der Staaten und wurde von diesen abgelehnt. Der noch weitergehende Vorschlag Moyniers, die gemeinsame Rechtsgrundlage auch zur Grundlage einer gemeinsamen Strafinstanz zu machen, geriet nicht einmal in das Stadium einer ernsthafteren Diskussion. Die Verfügung über die eigene Souveränität war für die Staaten eine völkerrechtliche Selbstverständlichkeit. Kooperation ja, aber unter genauer Kontrolle der Preisgabe staatlicher Gewalt. Zweihundert zwischenstaatliche Dispute waren von Schiedsgerichten zwischen 1815 und 1900 geregelt worden. Sie betrafen Grenzstreitigkeiten, Beschlagnahmung von Schiffen oder die Auslegung von Verträgen, kurzum Dinge, deren Lösung im Interesse aller Beteiligten lag.[45] Die Schiedsgerichtsbarkeit war der bei jeweiliger Gelegenheit institutionalisierte Zusammenschluss von Staatenvertretern, um ein Problem einvernehmlich einer belastbaren rechtlichen Lösung zuzuführen. So gesehen können die humanitären Völkerrechtsverträge aus dieser Zeit als die konzeptualisierte Absicht der Staaten begriffen werden, in der Extremsituation des Krieges das Leid der Menschen zu verringern, ebenfalls im wechselseitigen Interesse, aber unter strikter Wahrung staatlicher Souveränitätsrechte.

Vergegenwärtigen wir uns die wichtigen Friedenskonferenzen und Friedensschlüsse, die es von Beginn der Neuzeit bis in den Anfang des 19. Jahrhunderts hinein gab, so spricht aus ihnen der Wunsch oder das Bedürfnis von Staaten, sich zur Beendigung eines Krieges und zur Vermeidung eines neuen Konflikts friedlich zu arrangieren. Völkerrechtsverträge dieser Art waren kein neues Phänomen.[46] Blicken wir auf die Völkerrechtsverträge zur Regelung des Kriegsrechts, die in der zweiten Hälfte des 19. Jahrhunderts abgeschlossen oder entworfen wurden, können wir das jedoch sehr wohl sagen, auch wenn deren Anzahl gering war und ein Menschenbild verriet, das zwischen

44 Institut de Droit international, Art. 84 des »Manual« (https://ihl-databases.icrc.org/applic/ihl/ihl.nsf/ART/140-80085?OpenDocument [3. 6. 2024]).

45 Vgl. von Lingen, *»Crimes against Humanity«*, S. 91 f.

46 Vgl. Hankel, »Friedenskonferenzen/Friedensverträge«, S. 172 f.

»Zivilisierten« und »Wilden« unterschied. Es mag in diesem Kontext widersprüchlich anmuten (zumal gegenüber »Unzivilisierten« der Einsatz militärischer Gewalt zulässig war – natürlich ohne die zivilisierten Völkern vorbehaltenen humanitären Beschränkungen), die Entwicklung in die Nähe eines zivilisatorischen Fortschritts rücken zu wollen, und doch war sie genau das. Beginnend mit der Anschauung großen Leids und der unmittelbaren Betroffenheit Einzelner, gefolgt von der Weitergabe dieser Betroffenheit an Dritte, die ein hinreichendes Vorstellungsvermögen besaßen, sich in das Ausmaß des Leids hineinzufühlen, war ein Projekt realisiert worden, das sich die Minderung dieses Leids zum Ziel gesetzt hatte. Da der Krieg selbst nicht als Unrecht galt, sondern als Teil der Politik, sollten Vorkehrungen getroffen werden, um künftig ein Überschreiten der erlaubten Grenzen des Krieges zu verhindern. Mit der Ratifikation der Verträge und ihre Übernahme in das jeweils nationale Recht gelangte das individuell erfahrene Leid aus der Sphäre der Erfahrungswelt des Individuums heraus und wurde zusätzlich zum moralischen auch zu einem rechtlichen Unrecht. Es war jetzt Angelegenheit einer größeren Gruppe, eines Kollektivs mit gemeinsamen Zielen. An die Stelle betroffener Einzelner traten die Staaten als Parteien des völkerrechtlichen Vertrags. Werte, deren Beachtung im Unrechtsgeschehen von Einzelnen eingefordert wird, waren zu gemeinsamen gemacht worden.[47] Nah und fern verschmolzen und eine allererste Annäherung an einen Zustand war erfolgt, in dem, in den Worten Immanuel Kants, »die Rechtsverletzung an *einem* Platz der Erde an *allen* gefühlt wird«.[48]

Die Verursachung von menschlichem Leid wird zu einem Völkerrechtsverbrechen und eröffnet die Möglichkeit strafrechtlicher Verfolgung

Zu einer nächsten Annäherung sollte es einige Jahrzehnte später kommen, als 1907 auf der Zweiten Haager Friedenskonferenz das »Abkommen, betreffend die Gesetze und Gebräuche des Landkriegs« beschlossen wurde. Artikel 3 des Abkommens besagt: »Die Kriegs-

47 Vgl. dazu Boltanski, *La Souffrance à distance*, S. 35. Boltanski spricht von einem »lien communautaire« (S. 32), einer mit anderen Menschen existierenden, gemeinschaftlichen Verbindung, die das Opfer aus der Anonymität herausholt.

48 Kant, *Zum ewigen Frieden*, S. 24 (Hervorhebungen im Original).

partei, welche die Bestimmungen der bezeichneten Ordnung [Haager Landkriegsordnung, G. H.] verletzen sollte, ist gegebenen Falles zum Schadensersatze verpflichtet. Sie ist für alle Handlungen verantwortlich, die von den zu ihrer bewaffneten Macht gehörenden Personen begangen werden.«[49] »Handlungen« waren hier zu verstehen als rechtswidrige Taten, die, wenn sie in Anbetracht des Schutzbereichs der Landkriegsordnung eine gewisse Schwere hatten, ein Kriegsverbrechen sein konnten. Wobei hier sogleich einschränkend zu bemerken ist, das der Begriff des Kriegsverbrechens seinerzeit in der westlichen Staatenwelt mit großer Zurückhaltung verwendet wurde. Nicht nur hatte er im Selbstverständnis zivilisierter Staaten keinen Platz, man scheute auch den Handlungsdruck, den er im Gefolge einer sich empörenden öffentlichen Meinung entstehen lassen könnte. Man zog es vor, von »schweren Verstößen« oder Ähnlichem zu sprechen, für die der verantwortliche Staat Schadensersatz leisten sollte.[50] Da es über diese keinen Richter gab (*par in parem non habet iurisdictionem*), kam das Strafrecht als Sanktionsmittel, das die Schadensersatzleistung ausgelöst hätte, nicht in Betracht.

Während über das Unrecht zwischenstaatlich begangener Kriegsrechtsverstöße mithin zumindest schon auf der diplomatischen Ebene verhandelt werden konnte, blieb diese Möglichkeit versperrt, sobald es um Taten ging, die von einem Staat an der eigenen, auf seinem Hoheitsgebiet lebenden Bevölkerung oder an der in seinem Machtbereich befindlichen Bevölkerung begangen wurden. Massenmord bis hin zur versuchten Vernichtung ganzer Bevölkerungsgruppen oder systematische Vertreibung blieben Taten, die über die Grenzen des betreffenden Staates hinaus Empörung hervorriefen, in der konkreten Reaktion aber unterschiedliche Folgen hatten. Mal intervenierten Staaten mi-

49 Vgl. https://web.archive.org/web/20081007192848/http://www.brandtcomputer.de/Voelkerrecht/Texte/1910_107.html [1. 6. 2024].

50 Der Begriff *war crime* wurde erst 1906 von Lassa Oppenheim, einem englischen Völkerrechtler deutscher Herkunft, in die internationale Rechtssprache eingeführt. Er listete zwanzig Kriegsrechtsverletzungen auf, die als »Kriegsverbrechen« einzustufen und in dieser Eigenschaft in vier Kategorien einzuordnen seien. Erstens: Verstöße gegen anerkannte Kriegsgesetze durch Kombattanten, zweitens: Vornahme von Kriegshandlungen durch Nichtkombattanten, drittens: Spionage und Kriegsverrat, viertens: Marodieren. Vgl. ders., *International Law*, Bd. 2: *War and Neutrality*, S. 264–266.

litärisch unter dem Signum der Humanität, mal arrangierten sie sich mit den neuen, durch extreme Gewalt herbeigeführten Gegebenheiten. Es war keine Frage des Rechts, sondern mehr eine der Politik, lautete ein Befund, der im Rückblick auf das Interventionsgeschehen des 19. Jahrhunderts formuliert worden war. Machtmissbrauch und Willkür seien dessen ständiger Begleiter gewesen, lautete ein anderer, und sein Autor folgerte daraus: »Die Intervention widerspricht dem heutigen Völkerrecht. Aber dieser Satz hat sich erst im 19. Jahrhundert ausgebildet.«[51] Mit anderen Worten: Nachdem es für Menschen, die der Willkür ihres eigenen Staates ausgesetzt waren, nur eine sporadische und überdies fragwürdige Hilfe gegeben hatte, war es rechtlich nun so, dass es überhaupt keine rechtlich herleitbare Hilfe mehr geben sollte. Die territoriale Souveränitätsgrenze galt absolut.

Wie sich der Unterschied zwischen dem Innen- und Außenverhältnis von Staaten konkret auswirkte, wird an Versuchen deutlich, Verbrechen, die im Ersten Weltkrieg an der Westfront begangen worden waren, zu ahnden. Schon in den ersten Kriegsmonaten hatten die später siegreichen Alliierten angekündigt, diejenigen Deutschen, die für Mord, Grausamkeiten und andere Verstöße gegen das Kriegsrecht verantwortlich seien und diese Taten gegen fremde, alliierte Staatsangehörige begangen hätten, strafrechtlich zur Verantwortung zu ziehen. Während der folgenden Kriegsjahre wurde die Ankündigung viele Male wiederholt, und in Artikel 228 des Versailler Friedensvertrages hieß es schließlich: »Die deutsche Regierung räumt den alliierten und assoziierten Mächten die Befugnis ein, die wegen eines Verstoßes gegen die Gesetze und Gebräuche des Krieges angeklagten Personen vor ihre Militärgerichte zu ziehen.«[52]

Verstöße gegen die Gesetze und Gebräuche des Krieges sollten also bestraft werden, Kriegsverbrechen, wie sie während des Krieges mit zunehmender Erbitterung genannt wurden. Die Vorarbeiten zur Re-

---

51 »An intervention to put a stop to barbarous and abominable cruelty is a question rather of policy than of law«, so Lawrence, *The Principles of International Law,* S. 129. Zur zweiten Meinung: von Liszt, *Das Völkerrecht* (1915), S. 68; ders. auch (S. 70): »Dagegen kann nicht zugegeben werden, daß ein Einmischungsrecht dann schon gegeben sei, wenn nach der, sei es auch begründeten Ansicht eines einzelnen Staates die allgemeinen Interessen der Menschheit oder der Kultur einen Angriff notwendig machen [...]; denn damit würde der Willkür Tür und Tor geöffnet.«

52 Reichsgesetzblatt 1919 I, S. 981.

gelung in Artikel 228 waren von einer alliierten Kommission geleistet worden, die eine Liste von 32 Handlungen erstellt hatte, die schwere Verstöße gegen das Kriegsrecht und somit Kriegsverbrechen darstellten. An der Spitze standen Mord und Massaker, systematischer Terror und die Tötung von Geiseln, gefolgt von Misshandlung der Zivilbevölkerung, Vergewaltigung, Plünderung oder Misshandlung von Verwundeten und Kriegsgefangenen. In ihrer Schlussfolgerung schrieben die Kommissionsmitglieder, dass der Krieg von den Mittelmächten und ihren Verbündeten »auf barbarische oder illegitime Weise geführt worden sei, unter Verletzung der Gesetze und Gebräuche des Krieges und der elementaren Prinzipien der Menschlichkeit«.[53]

Mit der Nennung der »elementaren Prinzipien der Menschlichkeit« spielten sie an auf eine Klausel in der Präambel der Haager Abkommen von 1899 und 1907, die nach ihrem Urheber, dem bereits erwähnten Völkerrechtler Friedrich Fromhold Martens, Martens'sche Klausel genannt wurde. Sie verpflichtete die Vertragsparteien des Abkommens über die Gesetze und Gebräuche des Landkriegs, die in dem Abkommen nicht geregelten Handlungen am Maßstab »der herrschenden Grundsätze des Völkerrechts« zu beurteilen, »wie sie sich aus den unter gesitteten Staaten geltenden Gebräuchen, aus den Gesetzen der Menschlichkeit und aus den Forderungen des öffentlichen Gewissens herausgebildet haben«.[54] Im Versailler Vertrag findet der Ausdruck der »elementaren Prinzipien der Menschlichkeit« oder eine inhaltlich ähnliche Bezeichnung dann keine Erwähnung mehr. Einen gesonderten Tatbestand der »Verbrechen gegen die Menschlichkeit«, der über die Definition der Kriegsverbrechen hinaus andere Verbrechen hätte erfassen und die strafrechtliche Verantwortlichkeit bis hinauf in die Spitze des Deutschen Reichs hätte ausdehnen können, lehnte die Kommission nach einem Gegenvotum ihrer US-amerikanischen Mitglieder, Außenminister Robert Lansing und Völkerrechtsberater James Brown Scott, ab. Sie hatten eingewandt: »The laws and principles of humanity vary with the individual, which, if for no

53 La Documentation Internationale, *La Paix de Versailles*, S. 473 f.; das Zitat steht auf S. 474.

54 Vgl. den Wortlaut des Abkommens von 1899 unter https://web.archive.org/web/20081007200705/http://www.brandtcomputer.de/Voelkerrecht/Texte/1901_423.html [3. 6. 2024].

other reason, should exclude them from consideration in a court of justice, especially one charged with the administration of criminal law.«[55]

So blieb es bei der Anklage wegen Kriegsverbrechen, wie sie, in Form von schweren Verstößen gegen das Kriegsrecht, positiv-rechtlich normiert oder gewohnheitsrechtlich anerkannt waren. Das für die beschuldigten Deutschen zuständige Gericht – die Alliierten hatten die Auslieferung von fast 900 Militärs und Zivilisten gefordert – war zudem kein Militärgericht in einem der alliierten Staaten oder ein alliiertes Militärtribunal (Artikel 229 des Versailler Vertrags bestimmte, dass bei möglichen Kriegsverbrechen in mehr als einem Land nicht einzelne Kriegsgerichte, sondern ein alliiertes Militärtribunal gebildet werden sollte), es war das Reichsgericht in Leipzig, das 1921/22 insgesamt 17 Verfahren gegen frühere Angehörige der kaiserlichen Armee durchführte, alle übrigen Fälle hingegen einstellte.[56] Ein Meinungsumschwung innerhalb von nicht einmal zwei Wochen hatte auf Seiten der Alliierten dazu geführt, Deutschland die Verfahren selbst durchführen zu lassen.[57] Das Prinzip der staatlichen Souveränität mit der damit einhergehenden Souveränität nach innen sollte, trotz etlicher anderslautender Ankündigungen über vier Kriegsjahre hinweg, uneingeschränkt bestehen bleiben. Fast scheint es, als seien die Alliierten dankbar für das deutsche Angebot gewesen, selbst den Tatvorwürfen

---

55 Zitiert nach Schabas, *The Trial of the Kaiser*, S. 152. Der frühere deutsche Kaiser Wilhelm II. wurde in Art. 227 des Versailler Vertrags »wegen schwerster Verletzung des internationalen Sittengesetzes und der Heiligkeit der Verträge unter öffentliche Anklage« gestellt. Die Annahme, darin sei eine strafrechtliche Anklage im Sinne eines möglichen Humanitätsverbrechens zu sehen (Schabas, S. 293–316) und keine auf eine politische Verurteilung zielende Anklage, wird durch den weiteren Gang der Entwicklung (Verweigerung der Auslieferung durch die Niederlande, wachsendes Desinteresse der Alliierten) stark entkräftet. Vgl. Hankel, *Die Leipziger Prozesse*, S. 74–87, sowie ders., »The Versailles Treaty and the Idea of Prosecuting Wars of Aggression«, S. 121–138.

56 Hankel, *Die Leipziger Prozesse*, S. 97–104. Das Reichsgericht sprach zehn Verurteilungen und sieben Freisprüche aus. Die Verurteilungen betrafen Freiheitsstrafen ab sechs Monaten Gefängnis und Zuchthausstrafen von, in einem Fall, vier und fünf Jahren (Hankel, S. 72).

57 Am 5. 2. 1920 erlangte Deutschland Kenntnis von der alliierten Auslieferungsliste, mit Schreiben vom 16. 2. 1920 verzichteten die Alliierten auf die Auslieferung. Vgl. Hankel, *Die Leipziger Prozesse*, S. 41–54.

nachzugehen.[58] Doch wie dem auch sei, das völkerrechtliche Kriegsrecht fand erstmals Eingang in die Rechtsprechung, zwar nicht in Form von originären Tatbestandsnormen, aber auf der Ebene der Rechtswidrigkeit. Den Tatbestand entnahm das Reichsgericht dem deutschen Strafrecht, ob objektiv eine Straftat vorlag oder der Angeklagte in seinem Handeln gerechtfertigt war, entschied es nach dem Kriegsvölkerrecht.

Mit guten Gründen kann man viele der Urteile und Verfahrenseinstellungen des Reichsgerichts kritisieren. Doch es gab zumindest Entscheidungen und eine vorhergehende Auseinandersetzung mit Unrechtsakten, von denen es in Kriegen zuvor durchweg geheißen hatte, sie seien bedauerlicherweise dem typischen Kriegsgeschehen geschuldet.[59] Bei dem zweiten Versuch der Ahndung von Verbrechen, die im Verlauf des Ersten Weltkriegs begangen worden waren, wirkte sich ebendiese Strafkompetenz (als wesentliches Merkmal der staatlichen Souveränität nach innen) indes strafverhindernd aus. Ausgangspunkt war eine alliierte Erklärung vom Mai 1915, in der die beteiligten Mächte (Frankreich, Großbritannien, Russland) unter dem Eindruck der Massaker an den Armenierinnen und Armeniern öffentlich versichert hatten, dass »[a]ngesichts dieser neuen Verbrechen der Türkei gegen Menschlichkeit und Zivilisation die verbündeten Regierungen der Hohen Pforte zu wissen [geben], dass sie für die genannten Verbrechen alle Mitglieder der Regierung sowie diejenigen ihrer Beamten, welche in derartige Massaker verwickelt sein sollten, persönlich verantwortlich machen werden«.[60] Bei dieser Ankündigung blieb es, wie wir wissen. Eine friedensvertragliche Bestimmung, die die Bestrafung der Täter wegen Menschlichkeits- oder Zivilisationsverbrechen sicherstellen sollte, wurde nicht getroffen. Die stattdessen vereinbarte

58 Ebenda, S. 46–51. Dafür spricht außerdem, dass die USA den Versailler Vertrag nicht ratifizierten, dass das Auslieferungsverlangen in Deutschland bis weit in das republikanische Spektrum hinein abgelehnt wurde und in Deutschland die Gefahr sich beschleunigender sozial-revolutionärer Unruhen bestand.

59 Bei Ausnahmen wie dem Verfahren gegen Peter von Hagenbach in Süddeutschland (1474), gegen Sioux in Minnesota (1862) oder gegen Henry Wirz, den Leiter eines Gefangenenlagers in Georgia (1865), ist durchweg nicht sicher, in welchem Ausmaß ein Rachebedürfnis der Sieger im jeweiligen Konflikt Verfahrensablauf und Urteil bestimmten. Vgl. dazu Maguire, *Law and War*, S. 31–42.

60 Zitiert nach Hosfeld, *Operation Nemesis*, S. 283 f.

Bestrafung osmanischer Täter wegen »acts in violation of the laws and customs of war«[61] blieb Makulatur. Wie schon in Bezug auf das Deutsche Reich wurde auch für das untergehende Osmanische Reich kein internationaler Militärgerichtshof gebildet. Hier wie dort war der Widerstand zu groß. Mustafa Kemal »Atatürk«: »Die Ermordung von Menschen und ähnliche Verbrechen kommen in Amerika, Frankreich und England ebenso vor, doch nur die Türkei wird für das Massaker an 800 000 ihrer Staatsbürger zur Rechenschaft gezogen.«[62] Kriegsgerichte in der Türkei befassten sich kurzzeitig mit einigen dieser Verbrechen, dann beschloss das neue nationaltürkische Regime eine Generalamnestie. Zu diesem Zeitpunkt hatten die vormals »verbündeten Regierungen« bereits das Interesse an der »Armenierfrage« verloren.[63]

Offensichtlich hat es einen Unterschied gegeben zwischen einem Unrecht, das den Souveränitätsbereich eines Staates verlässt und einem solchen, das dies nicht tut. Mord, Verstümmelung, Vergewaltigung oder Misshandlung, im Krieg gegen den Feind begangen, vermochten in gewisser Weise eine Schicksalsgemeinschaft zu schaffen. Berichte, verstärkt durch Propaganda, erzeugten Betroffenheit. Das Schicksal anderer war auf das eigene Leben übertragbar. Anders war es in einem Staat, der sich selbst gegen Teile seiner Bevölkerung wandte und an ihnen Verbrechen beging, die nur aus Kriegszeiten bekannt waren. Im ersten Fall wurde aus einem fernen Unrecht ein wie aus der Nähe gefühltes Unrecht, im zweiten blieb es ein nur vorübergehendes Phänomen, von der Tagespolitik in den Hintergrund geschoben. Mit Argwohn und Ablehnung schaute man auf jene Staaten oder Weltregionen, die als unzivilisiert galten, weit entfernt noch von dem Fortschrittsniveau, das die zivilisierte Welt des Westens erreicht hatte und auf das sie so stolz war.

---

61 Art. 226 Abs. 1 des Vertrags von Sèvres vom 10. 8. 1920, vgl. https://wwi.lib.byu.edu/index.php/Section_I,_Articles_1_-_260 [1. 6. 2024]. So lautete auch der Tatvorwurf im britischen Teil der Auslieferungsliste nach Art. 228 des Versailler Vertrages. Für den Fall, dass sie sich in Deutschland aufhielten, sollten neun mögliche Verantwortliche für das Massaker an den Armeniern an Großbritannien ausgeliefert werden, unter ihnen auch Talaat Pascha. Vgl. Bundesarchiv Berlin, ORA/RG, Generalia, Bd. 56, o. S.

62 Zitiert nach Hosfeld, *Operation Nemesis*, S. 292.

63 Akçam, *Armenien und der Völkermord*, S. 92–121.

Nach dem nächsten Weltkrieg, im Londoner Viermächte-Abkommen vom 8. August 1945, veränderte sich die Perspektive. Die Barbarei war massiv in das Zentrum der sich gefestigt glaubenden Zivilisation gerückt, ein Unrecht, das auch in der Nähe dasselbe Muster aufwies wie in der Ferne, mit ihr. Jetzt sollten auch Verbrechen gegen die Menschlichkeit, die ein Staat, NS-Deutschland, in seinem Machtbereich begangen hatte, geahndet werden. In dem Statut für einen internationalen Militärgerichtshof, auf den das Londoner Abkommen verwies, hieß es zwar noch zunächst, diese Verbrechen könnten nur in Verbindung mit dem von Deutschland begonnenen Angriffskrieg oder den von seinen bewaffneten Einheiten begangenen Kriegsverbrechen bestraft werden, doch das wenige Monate später verkündete alliierte Kontrollratsgesetz Nr. 10 hob diese Akzessorietät auf. In seinem Art. II Abs. 1c) lautete das Gesetz: »Verbrechen gegen die Menschlichkeit. Gewalttaten und Vergehen, einschließlich der folgenden, den obigen Tatbestand jedoch nicht erschöpfenden Beispiele: Mord, Ausrottung, Versklavung, Zwangsverschleppung, Freiheitsberaubung, Folterung, Vergewaltigung oder andere an der Zivilbevölkerung begangene unmenschliche Handlungen; Verfolgung aus politischen, rassischen oder religiösen Gründen, ohne Rücksicht darauf, ob sie das nationale Recht des Landes, in welchem die Handlung begangen worden ist, verletzen.«[64]

Nach dem Wortlaut der Definition war die Begehung von Verbrechen gegen die Menschlichkeit auch in Friedenszeiten möglich, ein Gedanke, den die drei Jahre später von der UN-Generalversammlung beschlossene Völkermordkonvention ausdrücklich aufgriff, als sie Völkermordhandlungen, die in großer Nähe zu Tatmodalitäten der Verbrechen gegen die Menschlichkeit stehen konnten, zu Völkerrechtsverbrechen erklärte, gleich »ob im Frieden oder im Krieg begangen«. Das Nürnberger Recht war zuvor schon von der Generalversammlung bestätigt worden, 1950 präsentierte die von der Generalversammlung gegründete Völkerrechtskommission (*International Law Commission*/ILC) dann die sogenannten »Nürnberger Prinzipien«. Eines der Prinzipien war die Strafbarkeit der in der Nürnberger Trias zusammengefassten Tatbestandskomplexe (Verbrechen gegen den Frieden, Kriegsver-

---

64 Vgl. https://www.verfassungen.de/de45-49/kr-gesetz10.htm [25. 5. 2024].

brechen, Verbrechen gegen die Menschlichkeit), weitere Prinzipien waren die individuelle Verantwortlichkeit der Täter, ihre Strafbarkeit unabhängig von ihrer Stellung im Machtgefüge des Staates und ungeachtet möglicher Erlaubnis- oder Rechtfertigungsnormen in der betreffenden staatlichen Rechtsordnung.[65] Darauf aufbauend erarbeitete ein Sonderausschuss der Generalversammlung Entwürfe zur Schaffung eines internationalen Strafgerichtshofs, der 1954 um einen Entwurf für ein internationales Strafgesetzbuch über Verstöße gegen den Frieden und die Sicherheit der Menschheit ergänzt wurde.[66] Dessen erste Paragrafen spiegeln den Versuch, dem staatlichen Aggressionsverbrechen schärfere Konturen zu verleihen, damit noch der Hierarchie folgend, die nach vor allem US-amerikanischem Verständnis dem Londoner Abkommen zugrunde lag.[67] Einen Krieg widerrechtlich zu beginnen markiere den Anfangspunkt allen weiteren Übels, darum sei der Angriffskrieg das größte Verbrechen, er ermögliche erst die Begehung von Kriegs- und Menschlichkeitsverbrechen.

In der öffentlichen Wahrnehmung herrschte hingegen ein anderer Eindruck vor. Nicht die abstrakte Beschwörung der Gefahren einer willkürlichen Verletzung fremder Souveränitätsrechte, sondern konkret die unmittelbare oder mittelbare Erfahrung von Rechtsverstößen, die massiv und nachhaltig in das Leben eingriffen, bestimmten die Vorstellung von Unrecht. Diese Verbrechen, erweitert um die verschiedenen Tatbestände des Völkermords, waren in der zweiten Hälfte des Entwurfs für ein internationales Strafgesetzbuch definiert, mitsamt der Festlegung individueller strafrechtlicher Verantwortlichkeit auch bei Handeln in (höchster) offizieller Eigenschaft oder auf Befehl.[68] Sie waren weitgehend identisch mit den bekannten Kriegs- und Menschlichkeitsverbrechen, und sie sollten auch in den folgenden Jahrzehnten das Bild des Unrechts bestimmen, das so groß war, dass es, auch weit entfernt begangen, eine international abgestimmte Reaktion hervorrufen sollte. Und anders als beim Aggressionsverbrechen, das sich wegen der Bedenken vieler Staaten nicht zu einem konsentierten

65 Die Nürnberger Prinzipien sind z. B. hier wiedergegeben: http://www.von-nuernberg-nach-den-haag.de/seite1/die_nuernberger_prinzipien/ [1. 6. 2024].
66 Vgl. Bassiouni, »Das ›Vermächtnis‹ von Nürnberg«, S. 23.
67 Vgl. http://www.bits.de/ac-archive/voelkerrecht/on/offences.htm [24. 5. 2024].
68 Ebenda.

Tatbestand verdichtete, blieben sie beziehungsweise die Notwendigkeit ihrer Ahndung im internationalen öffentlichen Bewusstsein. Von diesem Bewusstsein befördert (und vereinzelt nur aus eigensinnig nationalen Gründen abgelehnt) trat 1970 das Übereinkommen über die Nichtanwendbarkeit von gesetzlichen Verjährungsfristen auf Kriegsverbrechen und Verbrechen gegen die Menschlichkeit in Kraft.[69]

Tribunale, die sogenannten *Tribunals of Opinion*, befassten sich, gestützt auf die Empörung und Hartnäckigkeit einer breiten internationalen Bewegung, mit einer Reihe von Ländern, in denen Kriege oder kriegsähnliche Konflikte herrschten (Vietnam, Brasilien, Chile, Argentinien, Afghanistan) oder Umweltzerstörungen ein lebensbedrohliches Ausmaß annahmen (Amazonas-Region in Brasilien). Maßstab ihrer rechtlichen Beurteilung waren die Tatmodalitäten der Kriegsverbrechen und Verbrechen gegen die Menschlichkeit, wie sie seit Nürnberg bekannt und anerkannt waren und für ein Unrecht standen, das durch eine Ermittlungs- und Ahndungsinstanz lediglich ephemerer Betroffenheit entzogen werden sollte.[70]

Allerdings erwies sich auch diese Verlagerung auf eine Instanz, die zu kanalisieren und verstetigen versuchte, als ein Schritt, der schnell an Grenzen stieß. Die größte dieser Grenzen war die politische, die während des Kalten Kriegs einer scharfen Trennung zwischen zwei Systemen das Wort redete und das Unrecht jeglichen Ausmaßes ausschließlich auf der jeweils anderen Seite verortete. Diese Wahrnehmung des Unrechts entsprechend politischer Präferenz kollidierte mit der systemübergreifenden, zivilgesellschaftlichen Bewegung, die das Unrecht als das ansah, was es war, als massiven Verstoß gegen gemeinsam geteilte elementare Werte, die in Rechtsnormen eingeflossen waren. Wo für die Politik das Unrecht, durch die Brille des ideologischen Lagerdenkens betrachtet, als durchweg »fern« und nicht zum eigenen Einflussbereich gehörig erschien, empfanden Teile der

69 Vgl. https://www.un.org/en/genocideprevention/documents/atrocity-crimes/Doc.27_convention%20statutory%20limitations%20warcrimes.pdf [1. 6. 2024]. Die Bundesrepublik Deutschland ist dem Übereinkommen nicht beigetreten. Der Grund dafür war die bundesdeutsche Debatte über die Verjährungsfristen von NS-Unrecht, die in den 1960er Jahren begonnen hatte und sehr kontrovers geführt wurde.

70 Vgl. Rigaux, »Internationale Tribunale nach den Nürnberger Prozessen«, S. 151–164.

internationalen öffentlichen Meinung ebendieses Unrecht als »nah«. Die Zumutung, es als politisch tabuisiert hinnehmen zu müssen, setzte alternative Wege zu seiner öffentlichen Erörterung, Anklage und Verurteilung frei. Alternativ und zugleich symbolisch, aber mit einer Botschaft, die klar und gut vernehmbar war.

Ein internationaler Strafgerichtshof entsteht und fernes Unrecht kann zu nahem werden

Gehört wurde diese Botschaft erst, als der Anfang der 1990er Jahre beginnende Krieg in Jugoslawien den westlichen Regierungen das Elend des Krieges näher brachte. Ethnische Säuberungen, Morde und Folterungen, teilweise unmittelbar am Fernsehbildschirm verfolgbar, konfrontierten Menschen und Politik mit einem Ausmaß an Verbrechen, das in Europa, von fast jedem Punkt dort nicht einmal zwei Flugstunden von den Tatorten entfernt, für längst überwunden gehalten war. Ruanda, 1994 Schauplatz eines Völkermords mit mindestens 500 000 Toten, ergänzte, wenn auch mit einiger Verzögerung, diesen Eindruck. Was als fern galt, rückte jetzt auch für die Politik nahe heran, im Wortsinne geografisch für Europa, moralisch als Versagen, das Versprechen des »nie wieder« zu erfüllen, für den Rest der Welt. Die Folge davon, die Einsetzung eines Strafgerichtshofs für das ehemalige Jugoslawien 1993 und eines weiteren Strafgerichtshofs für Ruanda 1994 durch den UN-Sicherheitsrat, brachte nun erstmals nach den Nürnberger Prozessen wieder beides zusammen, den weit verbreiteten und bis in Regierungsspitzen hinein reichenden Schock über die neue Gewalt und das rechtliche Instrument, um den daraus entstehenden Handlungsdruck aufzufangen. Völkermord, Verbrechen gegen die Menschlichkeit und Kriegsverbrechen sollten bestraft werden, Einwände dagegen verblassten mangels überzeugender Alternativen. Selbst die (ehemals) ideologischen Gegner des Westens stimmten zu (China enthielt sich jedoch bei der Abstimmung über die Einsetzung des Strafgerichtshofs für Ruanda), wohl aus der Überlegung heraus, bei der Einsetzung der Strafgerichtshöfe handle es sich lediglich um eine vorübergehende Maßnahme, über die sie als Veto-Mächte zudem die Kontrolle behalten würden.

Doch einmal reaktiviert und wieder in der Welt, wirkte die Idee einer internationalen Strafgerichtsbarkeit weiter. Wenn sich schon die UNO, ohne Gegenstimme einer der Veto-Mächte, zu dieser Idee bekannte, warum sollte nicht das große Ziel, eine ständige internationale Strafgerichtsbarkeit mit weltweiter Zuständigkeit, Wirklichkeit werden können? Das Statut von Rom, 1998 angenommen, schien diese Hoffnung zu bestätigen. Die USA und selbst Russland unterzeichneten das Statut und erklärten damit ihre Absicht, das Statut tatsächlich ratifizieren zu wollen.

Nach der erforderlichen Zahl von Ratifikationen trat das Statut von Rom 2002 in Kraft. Seither hat sich die Zahl der Staaten, die die Gerichtsbarkeit des IStGH anerkennen, kontinuierlich erhöht. Für diese Staaten ist die Frage, wie denn »fernes Unrecht« zu definieren ist, beantwortet. Mit der Folge, dass für sie die Distanz aufgehoben, dass Fernes in die Nähe gerückt ist und eine justizielle Reaktion hervorruft. So hat es zumindest den Anschein. In den Artikeln 6 bis 8 des Statuts sind Völkermord, Verbrechen gegen die Menschlichkeit und Kriegsverbrechen definiert, mit mehr oder weniger derselben Stoßrichtung, wie sie 1945 im Londoner Abkommen und in der Völkermordkonvention enthalten ist, in Bezug auf Kriegsverbrechen jedoch um einiges ausdifferenzierter, da spätere Rechtsentwicklungen, wie sie in den Genfer Konventionen von 1949 oder in den Zusatzprotokollen von 1977 ihren Niederschlag gefunden haben, berücksichtigt wurden. Gemeinsames Kennzeichen dieser drei Verbrechensarten ist, dass sie qualitativ weit genauer erfasst sind als quantitativ. So bezieht sich das Völkermordverbrechen in seinen verschiedenen Begehungsformen auf Gruppen, die »als solche ganz oder teilweise« zerstört werden, Verbrechen gegen die Menschlichkeit werden in ihren diversen Tatmodalitäten »im Rahmen eines ausgedehnten oder systematischen Angriffs auf die Zivilbevölkerung« begangen, und Kriegsverbrechen steht als Oberbegriff für eine Vielzahl von Verbrechen, die in einem bewaffneten Konflikt »in großem Umfang« verübt werden. Die Zahl der Opfer ist bei allen drei Verbrechenstypen groß, und zwar auf unbestimmte Weise so groß, dass das Weltgewissen aufgerüttelt wird. Das Unrecht muss manifest sein. In diesem Sinne spricht auch die Definition des Aggressionsverbrechens, das die Zuständigkeit des IStGH seit Juli 2018 vervollständigt (Artikel 8bis im Statut von Rom), von einer »Angriffshandlung, die ihrer Art, ihrer Schwere und ihrem Umfang nach eine offenkundige Verletzung« der UN-Charta darstellt. Wegen der Zielrichtung dieses Verbrechens, d.h. der Beginn eines bewaffneten Konflikts in klarem Verstoß gegen das völkerrechtliche Gewaltverbot, und des Umstands, dass es sich um ein Führungsverbrechen handelt, also nur von Personen begangen werden kann, die »tatsächlich in der Lage [sind], das politische oder militärische Handeln eines Staates zu kontrollieren oder zu lenken«, soll es hier jedoch vernachlässigt werden. Außerdem sind Unrechtserfahrungen und Unrechtsvorstellungen bislang weit mehr mit Kriegs- und Menschlichkeitsverbrechen verbunden, nicht mit Handlungen, die einen Angriffskrieg ausmachen.[71]

Ist das also das Unrecht, das hier »fernes Unrecht« genannt und anderswo als Unrecht »von internationalem Belang« bezeichnet wird? Taten, die unter die Tatbestände von Kriegsverbrechen, Verbrechen gegen die Menschlichkeit und Völkermord subsumiert werden und deren Täter die internationale Gemeinschaft vor den IStGH stellt, um sie dort im Namen der Menschheit zur Verantwortung zu ziehen? Für diese Annahme spricht die hohe Zahl mittlerweile erreichter Ratifikationen sowie das Recht des UN-Sicherheitsrats (er trägt nach Art. 24 Abs. 1 UN-Charta die Hauptverantwortung für die Wahrung des Weltfriedens und der internationalen Sicherheit), einen Fall vor den Gerichtshof zu bringen. Dass ca. 70 Staaten dem Statut von Rom immer noch fern stehen und Russland sowie die USA ihre Unterschriften zurückgezogen haben, erschüttert diese Annahme nicht. Die Strafwürdigkeit der im Statut aufgelisteten Taten ist auch in vielen internationalen Abkommen anerkannt, angefangen von den Genfer Konventionen bis hin zur Konvention gegen die Folter. Im Dezember 2001 wurde zudem ein neues Konzept vorgestellt, das die Lehren aus dem internationalen Versagen in Ruanda und Srebrenica ziehen wollte, die sogenannte Schutzverantwortung (*Responsibility to Protect*/R2P). Während der IGH noch 1986 in einer Entscheidung betont hatte, dass die Beachtung der Menschenrechte in einem Staat nicht von einem anderen Staat mit militärischer Gewalt erzwungen werden dürfe, sollte es nach dem Konzept der Schutzverantwortung nunmehr möglich sein, zum Schutz elementarer Menschenrechte militärisch in einen Staat zu intervenieren. Die Schutzverantwortung für die eigene Bevölkerung,

---

71 Auf die neue Diskussion über die Schaffung eines Sondertribunals zur Aburteilung des Aggressionsverbrechens von W. Putin und anderen sowie auf dessen Begründung (legale Kriegshandlungen sind trotzdem Unrecht) gehe ich in Kapitel V. ein.

die der Staat eklatant verletzt hatte, sollte mit diesem Schritt auf die internationale Gemeinschaft übergehen. Auf dem UN-Weltgipfel 2005 wurde das Konzept der Schutzverantwortung von den mehr als 150 dort vertretenen Staaten einstimmig angenommen.[72] »Fernes Unrecht« schien »nahes Unrecht« geworden zu sein oder, wenn man es genau nehmen möchte, zu Unrecht, das als solches ohne weitere abschwächende Differenzierung über viele Staatsgrenzen hinweg den Affekt hervorruft, es dürfte nicht geschehen sein und dürfe künftig nicht wieder geschehen.

Erste realpolitische Einwände

Aber heißt eine derartige Folgerung nicht, einen Automatismus zu unterstellen, den es so nicht gibt? Staaten folgen einer eigenen Agenda, was nicht ohne Einfluss auf nationale und internationale Gerichte bleibt. Libyen, 2011 noch zu einem erfolgreichen Anwendungsfall der R2P deklariert, könnte im Rückblick den Abgesang auf dieses humanitäre Konzept eingeläutet haben, weiter beschleunigt durch das Schicksal der Rohingya in Myanmar. Chinas Unterdrückung der Uiguren, die letzten Gazakriege, die Kriege in Afghanistan und im Irak sind Beispiele für die Elastizität »internationaler Betroffenheit«. Der UN-Sicherheitsrat ist erkennbar kein Organ, das frei von nationalstaatlichen Egoismen ist. Machtpolitische Ziele einzelner Staaten werden immer wieder zu Handlungsimperativen, die massives, manifestes Unrecht verdrängen.

Der Instrumentalisierung des R2P-Konzepts entspricht die (versuchte) Gängelung des IStGH. Es hat bisweilen den Anschein, dass er nur aktiv werden darf, wo es genehm ist. Hält er sich nicht an diese Erwartungen, weitet er also ausgehend vom Tatortstaat die Ermittlungen auf Nichtvertragsstaaten aus (dazu muss der Tatortstaat Vertragspartei des Statuts von Rom sein, vgl. dort Art. 12 Abs. 2 und Art. 13 a), sieht er sich großem Druck ausgesetzt, der sich zielgerichtet auch gegen einzelne Mitarbeiter richten kann.[73] Und was den USA im Zuge

---

72 Näher dazu Hankel, »Humanitäre Intervention«, S. 233–239.

73 So hat US-Präsident Trump im Juni 2020 Sanktionen gegen Mitarbeiter des IStGH genehmigt. Anlass war eine Entscheidung der Berufungskammer des IStGH im März 2020, wonach die Anklagebehörde des Gerichts Ermittlungsverfahren wegen möglicher US-amerikanischer Kriegsverbrechen in Afghanistan

der Ermittlungen in Afghanistan recht ist, ist Russland schon seit 2016 billig, als der IStGH Ermittlungen in Georgien begann. Kein Wunder, möchte man meinen, dass die Afrikanische Union (AU), die immerhin mit 33 Staaten (Stand: Mai 2024) den kontinental größten Block der Mitgliedsstaaten des Statuts von Rom bildet, auf zunehmend deutliche Distanz zum IStGH geht. Als nach geeigneten Antworten zur Beendigung der Massaker in der sudanesischen Provinz Darfur gesucht wurde, verwies der UN-Sicherheitsrat nach zahlreichen einzelstaatlichen Initiativen, die alle gescheitert waren, die Situation in Darfur 2005 an den IStGH. Haftbefehle wurden ausgestellt, allen voran für den sudanesischen Staatspräsidenten Omar Al-Bashir, den mutmaßlichen Hauptverantwortlichen für die Verbrechen in Darfur (zwei Haftbefehle 2009 und 2010, u. a. wegen Völkermords). Trotzdem konnte Al-Bashir in den folgenden Jahren ungehindert durch Afrika reisen, kein Staat zeigte Interesse an seiner Festnahme, auch solche nicht, die als Vertragspartei des Statuts von Rom eigentlich dazu verpflichtet gewesen wären. Hoffnungen darauf, dass Al-Bashir nach seinem Sturz im Frühjahr 2019 von der neuen, reformbereiten Staatsmacht endlich an den Gerichtshof in Den Haag überstellt werden würde, trogen bislang. Vordergründig beansprucht die sudanesische Justiz, ihm wegen diverser Delikte den Prozess zu machen, de facto verhindert die AU, der eine gewichtige Rolle im innersudanesischen Befriedungsprozess zukommt, bis heute seine Überstellung. Häufig hat sie in der Vergangenheit die einseitigen Ermittlungen des IStGH kritisiert und dem Gericht die Legitimation für weitere Aktivitäten in Afrika abgesprochen.[74]

In diesem Zusammenhang wäre noch auf die Rolle des Anklägers einzugehen, des Leiters der Anklagebehörde des IStGH (Art. 42 des Statuts von Rom). Auch er entscheidet darüber, ob ein Unrecht verfolgt

---

einleiten darf. Die US-Sanktionen sehen vor, dass Vermögen eingefroren und keine Einreisevisa erteilt werden. Bereits 2019 war der Chefanklägerin des IStGH, Fatou Bensouda, das Einreisevisum für die USA entzogen worden. Vgl. https://www.zeit.de/politik/ausland/2020-06/internationaler-strafgerichtshof-donald-trump-usa-sanktionen [3. 6. 2024]. Die Biden-Administration hat die Sanktionen im April 2021 aufgehoben, das US-amerikanische Verhältnis zum IStGH bleibt trotzdem angespannt, vgl. https://www.hrw.org/news/2021/04/02/us-rescinds-icc-sanctions [3. 6. 2024].

74 Vgl. https://www.theafricareport.com/30061/will-bensoudas-successor-bridge-gap-between-africa-and-the-icc/ [3. 6. 2024].

wird. Er ist die Eingangsinstanz, die auf der Grundlage erhaltener Informationen oder infolge des Ersuchens von Vertragsstaaten darüber befindet, ob eine »hinreichende Grundlage für die Aufnahme von Ermittlungen besteht«.[75] Bis heute ist von der Anklagebehörde eine solche hinreichende Grundlage in über 20 Fällen angenommen worden, zuletzt hinsichtlich möglicher russischer, in der Ukraine begangener Völkerrechtsverbrechen sowie möglicher Völkerrechtsverbrechen im Krieg zwischen Israel und der Hamas. In vielen anderen Fällen kam sie zu dem Ergebnis, dass kein genügender Anlass für die Einleitung von Ermittlungen besteht. An erster Stelle wird bei diesen Entscheidungen die entsprechende, auf Fakten basierende Überzeugung des Anklägers gestanden haben, doch steht auch die Vermutung im Raum (und ist wohl gar nicht zu vermeiden), dass auch andere Aspekte eine Rolle gespielt haben mögen. Gerade wegen ihres besonderen Unrechtscharakters sind die Tatvorwürfe politisch sehr heikel, Staaten haben kein Interesse daran, mit ihnen in Verbindung gebracht zu werden. Daraus mag der Versuch entstehen, Einfluss auf den Ankläger auszuüben, den dieser obendrein nur schwer abwehren kann, denn Staaten sollen dem IStGH gewogen bleiben beziehungsweise Beitrittsperspektiven hinsichtlich noch unschlüssiger Staaten nicht zum Verschwinden gebracht werden. Ein Beispiel: Mitte 2010 erschien der *Mapping Report* der Vereinten Nationen über schwere Menschenrechtsverstöße in der Demokratischen Republik Kongo (DR Kongo) zwischen 1993 und 2003.[76] Bisher hat er keine (internationalen) Ermittlungen anstoßen können. Obwohl der Bericht von Kriegsverbrechen, Verbrechen gegen die Menschlichkeit und sogar dem Verdacht des Völkermords sprach, begangen hauptsächlich von Ruanda, scheinen diese Verbrechen nicht existent zu sein. Mit Inkrafttreten des Statuts von Rom war die DR Kongo bereits dessen Vertragspartei, doch sind die USA und Großbritannien enge politische Verbündete Ruandas, ein Umstand, der augenscheinlich stärker gewichtet wird.

Dass sich moralische Überzeugungen hinsichtlich der Grenzen zerstörerischer Machtausübung zu Recht verdichtet haben, ist folglich eine Sache. Eine nach den genannten Beispielen zu urteilen ganz

---

75 Vgl. Art. 13 c) und 15 des Statuts von Rom.

76 Vgl. https://www.ohchr.org/en/countries/africaregion/pages/rdcprojetmapping.aspx [3. 6. 2024].

offensichtlich andere ist, ob und wie das Recht durchgesetzt wird. Die Definition von Unrecht, das räumliche Distanzen überbrückt, kann noch so präzise sein, das Konzept einer Schutzverantwortung noch so überzeugend in seinen Voraussetzungen, ohne den Willen, den Worten Taten folgen zu lassen, verlieren sie an Wert. Die Durchsetzung von Recht ist ein Prozess, der allem voran einen Handlungswillen voraussetzt. Und dieser Handlungswille ist stark abhängig von der Wahrnehmung des Unrechts. Im Idealfall ist die Rechtsdurchsetzung derart, dass das Unrecht jeden Versuch der opportunistischen Handhabung verbietet. Doch was ist der Idealfall? Wie sehen die Stationen vorher aus? Und wann wird Unrecht nicht einmal als Unrecht erkannt?

Wann »fernes Unrecht« zu uns spricht. Voraussetzungen eines moralisch begründeten Rechtsempfindens

Im Jahr 55 v. Chr. wurden die germanischen Stämme der Usipeter und Tenkterer zum Ziel eines Völkermords. Von einem anderen germanischen Stamm, den Sueben, in ihrem Siedlungsraum bedrängt, hatten sie sich mit Gewalt den Übergang über den Rhein verschafft und waren in Gallien eingedrungen, wo sie den von Caesar implementierten Frieden gefährdeten. Außerdem hatte ihre Reiterei, so die Auskunft Caesars, während der Waffenruhe eine römische Reitereinheit angegriffen und in die Flucht geschlagen. Daraufhin habe er, Caesar, befohlen, Gesandte beider Stämme, die zu ihm ins Lager zu Verhandlungen gekommen waren, festzunehmen und, um ihre Ahnungslosigkeit auszunutzen, die Usipeter und Tenkterer unverzüglich anzugreifen. Sein weiteres Vorgehen beschreibt er wie folgt:

> »14. (1) Er ließ das Heer in dreifacher Schlachtordnung marschieren und legte einen Weg von acht Meilen so schnell zurück, daß er eher zum Lager des Feindes gelangte, als die Germanen erfassen konnten, was vor sich ging. (2) Mit einem Schlag gerieten sie in große Panik, weil wir so schnell anrückten, ihre Führer abwesend waren und sie keine Zeit mehr hatten, zu den Waffen zu greifen, geschweige denn, einen Kriegsrat abzuhalten. Sie waren so verwirrt, daß sie unsicher waren, ob sie lieber mit ihren Truppen gegen den Feind ausrücken oder aber das Lager verteidigen oder

> sofort ihr Heil in der Flucht suchen sollten. (3) Während sich ihre Furcht noch darin zeigte, daß sie schrieen und hin- und herliefen, brachen unsere Soldaten, die der Zorn über den Verrat vom Vortag anstachelte, in das Lager ein. (4) Dort leisteten die, die sich schnell bewaffnen konnten, unseren Soldaten noch einigen Widerstand und kämpften zwischen den Wagen und dem schweren Gepäck. (5) Die übrige Menge aber, die aus Frauen und Kindern bestand, denn die Germanen waren mit ihrer gesamten Bevölkerung aus der Heimat ausgezogen und über den Rhein gekommen, flüchtete sofort nach allen Richtungen. Um sie einzuholen, sandte Caesar die Reiterei hinter ihnen her.«[77]

Am Ende waren etwa 430 000 Menschen, einschließlich Frauen und Kindern, tot. Die Römer hatten nicht einen Mann verloren, einige wenige Soldaten waren verletzt worden.[78] Für Caesar war das eine Rechnung, die vertretbar war. Mehr als das. Hinterlist und Verschlagenheit der germanischen Stämme, die zusammen mit der Unzuverlässigkeit der Gallier eine für die römische Herrschaft gefährliche Mischung ergaben, erzwangen aus seiner Sicht geradezu die Entscheidung für den schnellen, entschlossenen Angriff. Dass bei dieser Gelegenheit mit der Festnahme der germanischen Gesandten in schwerwiegender Weise gegen das römische Völkerrecht verstoßen worden war (Gesandte galten in der Antike als sakrosankt), berichtete er in der Sprache größter Unschuld. Der zielstrebig herbeigeführte hunderttausendfache Tod von Nichtkombattanten, heute würde man Völkermord dazu sagen, war für ihn kein größeres Aufhebens wert. Caesar führte den Krieg »rücksichtslos und ganz auf durchschlagenden Erfolg ausgerichtet«.[79] Cato, Caesars hartnäckigster und konsequentester Widersacher, sprach zwar von gegen Treu und Glauben verübten Verbrechen und stellte im Senat den Antrag, Caesar an die Usipeter und Tenkterer auszuliefern, doch wusste er, dass er damit kein Gehör finden würde, zumal sein Antrag allem Anschein nach auf politischem Kalkül, nicht aber auf humanitärem Empfinden gründete.[80] Das Massaker hatte für

77 Zitiert nach Caesar, *De bello Gallico / Der Gallische Krieg*, S. 191.
78 Ebenda, S. 191; Schauer, *Der Gallische Krieg*, S. 198.
79 Meier, *Caesar*, S. 315.
80 Vgl. Schauer, *Der Gallische Krieg*, S. 198; Canfora, *Caesar*, S. 127 f.; Meier, *Caesar*, S. 343.

Caesar keine nachteiligen Folgen. Im Gegenteil, es festigte seinen Ruf als ein Feldherr und Staatsmann, der die Größe Roms mehrt und das Licht der Zivilisation in dunkelste Regionen trägt. War er für eine siegreich geführte Schlacht wenige Jahre zuvor noch mit einem fünfzehntägigen Dankfest (*supplicatio*) belohnt worden (»was zuvor niemandem zuteil geworden ist«, wie Caesar mit Stolz erwähnt), wurde ihm nun nach der Schlacht gegen die Usipeter und Tenkterer eine zwanzigtägige *supplicatio* bewilligt.[81]

Machen wir einen Zeit- und Ortswechsel. Wir sind in Weimar, am Abend des 24. November 1824. Johann Peter Eckermann besucht Goethe. Er trifft ihn in aufgeräumter Stimmung an, das Gespräch kommt auf Plutarch und dessen Geschichtsschreibung, was Goethe zu der Bemerkung veranlasst: »Die römische Geschichte [...] ist für uns eigentlich nicht mehr an der Zeit. Wir sind zu human geworden, als daß uns die Triumphe des Cäsar nicht widerstehen sollten.«[82] Wenn er auch in vergleichbar apodiktischer Weise auf Griechenland zu sprechen kommt (»So auch die griechische Geschichte bietet wenig Erfreuliches.«),[83] bleibt doch die Frage, warum Goethe zu der Feststellung gelang, die Humanität habe sich so entwickelt, dass Caesars triumphale Siege ihren Glanz verloren hätten und nicht länger den Beifall der Nachwelt verdienten. Offensichtlich ist er überzeugt, dass die Menschen zu seiner Zeit anderen ethischen Prinzipien folgen und darum Handlungen moralisch anders bewerten als noch zu früheren Zeiten. Siege, zu triumphalen aufgewertet, haben aus dieser Perspektive einen schalen Beigeschmack, nicht Glanz und Ruhm stehen im Vordergrund, sondern großes Leid und massenhafter Tod, hervorgerufen einzig und allein zum Ziel der Machtkonsolidierung oder Machtmehrung.

Wie kommt Goethe zu diesem Urteil? Und, ergänzend dazu, für wen beansprucht es Gültigkeit? Tatsächlich für seine Mitmenschen?

Wie auch immer man die literarische Bedeutung Goethes einschätzt (und mit wie viel Zustimmung man die ihm nachgesagte Neigung zum »Sich-selber-Historischwerden«[84] betrachten mag), ge-

---

81 Canfora, *Caesar*, S. 131.

82 Zitiert nach Eckermann, *Gespräche mit Goethe in den letzten Jahren seines Lebens*, Kap. 49.

83 Ebenda.

84 Vgl. Seibt, *Goethes Autorität*, S. 59.

schichtliche Unkenntnis wird ihm nicht vorzuwerfen sein. Die Präsenz der Geschichte und eines auf steten Wandel, nicht auf eruptive, revolutionäre Veränderungen gerichteten Idealbilds von ihr ist das Grundverständnis, das Goethes Werk prägt. Nationale Emphase und Revolutionsverheißungen sind ihm verdächtig. Sie widersprechen dem Gang der Geschichte, die aus sich selbst heraus voranschreitet und immer neue Kulturstufen erreicht. Goethe hat ein klares Bild davon, wie der Verlauf »vernünftigerweise« sein muss. Gegenüber Eckermann erklärt er am 14. März 1830, dass »der Nationalhaß« sich »am stärksten und heftigsten« auf den »untersten Stufen der Kultur« finde. Es sei aber zu derjenigen Stufe emporzuschreiten, »wo er ganz verschwindet und wo man gewissermaßen über den Nationen steht und man ein Glück oder ein Wehe des Nachbarvolkes empfindet, als wäre es dem eigenen begegnet. Diese Kulturstufe war meiner Natur gemäß, und ich hatte mich darin lange befestigt, ehe ich mein sechzigstes Jahr erreicht hatte.«[85]

Goethe sieht sich also selbst als Maßstab. Die eigene Erkenntnis prägt sein Bild von einer kulturellen Entwicklung, die zum Wohle aller verläuft, weil sie für alle von Vorteil ist. Der Gedanke liegt nahe, dass seine Feststellung von entwickelter Humanität ebenso zu verstehen ist. Beides, das friedliche Zusammenleben der Völker und die den Menschen innewohnende Humanität, sind ein Idealzustand, den zu erreichen die vernunftgemäße Einsicht vorschreibt. Goethes Humanitätsfeststellung ist genau das, nämlich die Feststellung eines bereits erreichten Zustands (»human geworden«), in dem das Inhumane keinen Platz mehr hat. Die Weltgeschichte hat eine Form angenommen, in der überwunden Geglaubtes sichtbar wird. Der Blick anderswohin zeigt Not, Elend und Verbrechen in großem Ausmaß. Neben glanzvollem Triumph steht sein Widerpart, der die dunkle und später überwundene Seite desselben Geschehens offenbart, ganz so wie zu Goethes Lebzeiten und nach seiner Überzeugung das hoffnungsvolle Fanal der Französischen Revolution alsbald vom Terror der Revolutionäre eingeholt und verdrängt wurde. Aus einem gewaltsamen Umsturz konnte nichts Gutes kommen, nur Unordnung, die der Gewalt den Weg bis hin zum Exzess ebnete. Darum war Unordnung für Goethe

---

85 Zitiert nach Borchmeyer, »Goethe«, S. 81.

der Quell allen Übels. Und darum auch verband ihn mit Napoleon I. eine bewundernde Sympathie. Statt Revolution von unten Reformen von oben, umsichtig angestoßen, ohne das Staatswesen und die bekannte internationale Ordnung zu erschüttern.[86]

Für einige Zeitgenossen war die mit tiefer klassischer Bildung grundierte, analytische Distanz Goethes zu Leid und Leidenschaft von Völkern geradezu zu einer Pose geronnen. Friedrich von Gentz, als Berater und Sekretär Metternichs einer der Architekten des Deutschen Bundes nach dem Wiener Kongress, befürchtete gar, ihm zu viel Bedeutung zu verleihen, »indem ich ihn mit Widerwillen betrachtete«.[87] Dabei sollte Gentz mit den Karlsbader Beschlüssen von 1819, die seine Handschrift trugen, sich selbst, nach Jahren des bohemienhaften Lebensstils, als vehementer Vertreter einer obrigkeitlichen Ordnung erweisen, die ihre restaurativen Grundsätze mit hoher Energie durchzusetzen versuchte.[88]

Apropos widersprüchliches Verhalten: Goethe ist in seiner Überzeugung von der Existenz einer erreichten Humanitätsstufe nicht so ohne Weiteres beizupflichten, wenn wir genauer auf Handeln und Verantwortlichkeit des von ihm bewunderten Napoleon blicken. Diesem am 11. März 1828 eine außerordentliche »Produktivität der Taten« zuzuschreiben,[89] übergeht das französische Schreckensregime im besetzten Spanien und den Untergang der Grande Armée in den Weiten Russlands, ein von Anfang bis zum Ende ganz und gar nicht humanes Unternehmen.[90] Andererseits wird man zur napoleonischen »Produktivität der Taten« auch die von vielen Reformen begleitete Neuordnung Europas rechnen müssen, einschließlich einer einheitlichen Gesetzgebung, wie auch zugunsten der Karlsbader Beschlüsse von Gentz zu sagen ist, dass sie einem deutschen Nationalismus entgegenwirken wollten, der auf Ausgrenzung und Vernichtung Andersgesinnter oder als anders Empfundener gerichtet war.[91] Dem Inhumanen steht, je

---

86 Vgl. Seibt, *Goethes Autorität,* S. 70–73.
87 Vgl. Mann, *Friedrich von Gentz,* S. 90.
88 Ebenda, S. 329.
89 Vgl. Eckermann, *Gespräche mit Goethe in den letzten Jahren seines Lebens,* Kap. 280.
90 Vgl. die eindrucksvollen Schilderungen bei Zamoyski, *1812,* S. 343–355, 423–453, 483–560.
91 Vgl. Mann, *Friedrich von Gentz,* S. 330.

nach Blickwinkel, Humanes oder auf die Etablierung von Humanität Zielendes gegenüber, und es ist eine Frage der Zeit und der Umstände, wann was im Vordergrund steht. Entscheidend ist, dass etwas grundsätzlich Anderes, Neues gedacht und in die Welt gebracht worden ist. Dort existiert es nun als verschriftlichter Gedanke, als Gebot oder Gesetz oder konkrete Handlung und wirkt – oder wirkt eben nicht, wenn die Zeitläufte sich in die entgegengesetzte Richtung bewegen. Aus der Welt geschafft wird es jedenfalls nicht mehr. In Zeiten der Nichtbeachtung bleibt es als hoffnungsgeladene Erinnerung bestehen. Man kennt die Alternative, weil sie in das kollektive Bewusstsein der Menschheit eingegangen und Teil der zivilisatorischen Entwicklung geworden ist.

Unrecht erkennen und der schwierige Vorgang, Recht zur Anwendung zu bringen

Mit diesem Gedanken möchte ich zurückkehren zu Goethe und zu der Frage nach dem Grund für Goethes Urteil über Caesars Triumphe in Gallien. Goethe kennt die Alternative und er weiß, dass es Zeiten gab, deren Beitrag zur Erfahrungsgeschichte der Menschheit groß und unverlierbar war. Die den Menschen wieder in den Mittelpunkt rückende Renaissance, Shakespeare und seine Darstellung des gewaltempfindlichen Gewissens, die immer wiederkehrende Problematisierung der Gewalt in der Aufklärung markierten Zäsuren, die andere Sichtweisen und Handlungsoptionen aufzeigten, und dies nicht einfach als mögliche Varianten, sondern als jeweils aus Vernunftgründen alternativlos.[92] Von dieser Warte aus rückblickend erscheinen glorreiche Siege als ganz und gar nicht glorreich, und dem Ruhm einiger weniger steht das große Leid vieler gegenüber.

Nur, wer blickt zurück und nimmt diese Veränderung wahr? Goethe spricht davon, dass »wir« zu human geworden sind, dass seine Zeit und die in ihr lebenden Menschen über Gewalt anders empfinden und denken als in früheren Zeiten. Aber betrifft das alle Menschen und überall auf der Welt? Sicher nicht. Denken wir nur an die beiden Bürger auf dem Osterspaziergang, die ihr Wohlbehagen noch dadurch steigern, dass sie an entferntes Kriegsgeschehen denken, das

92 Vgl. Reemtsma, *Vertrauen und Gewalt*, S. 233–256.

nicht auf sie übergreifen kann. »Fernes Unrecht« spricht nicht zu ihnen, wie man es erwarten könnte, es hebt ihre Stimmung. Goethe selbst weist darauf hin und bestätigt so, dass Erkenntnis, Wissen und darauf beruhende Abstraktionsfähigkeit und Vorstellungskraft keine Allgemeingüter sind. »Wir sind zu human geworden« bedeutet nicht, *alle* sind zu human geworden. Es ist die Gesellschaft als Kollektiv, die diese Stufe erreicht hat. Ihre Verfasstheit, ihre Gesetze und die ihnen unterliegende Moral geben vor, wie die Gesellschaft auf Phänomene massiver Gewalt reagiert. Eine Garantie für diese Vorgabe gibt es nicht. Auf die Renaissance folgte der Dreißigjährige Krieg mit seinen vielen bekannten und noch viel mehr unbekannten Gräueltaten. Auf Goethes Diktum (und Napoleons Wandel von einem sozial empfindsamen Gesetzgeber zum brutalen Kriegsherrn) folgte wenige Generationen später der Erste Weltkrieg, dann der Zweite Weltkrieg mit seiner bis dahin unbekannten Verbrechensintensität. In deren Umfeld und Folge fanden weitere Kriege und Massenverbrechen statt, die wie eine immer neue Verhöhnung der Humanität erscheinen mussten. Ob »zivilisierte Staaten«, wie sich die Staaten der klassischen Völkerrechtsepoche nannten, oder »Kulturvölker«, wie sie es nach eigenem Verständnis mit Beginn der modernen Völkerrechtsordnung waren, gegen exzessive Gewalt, systematisch und umfassend praktiziert, waren sie nicht gefeit. Wann Gewalt begangen wurde, wussten sie gleichwohl. Wussten sie auch, wann Unrecht geschah? Wussten sie es so, wie es der deutsche Reichskanzler Theobald von Bethmann Hollweg wusste, als er Anfang 1914 vor dem deutschen Einmarsch in das neutrale Belgien erklärte: »[W]ir sind jetzt in der Notwehr, und Not kennt kein Gebot! Unsere Truppen haben Luxemburg besetzt; vielleicht auch schon belgisches Gebiet betreten. Meine Herren, das widerspricht den Geboten des Völkerrechts [...]. [Aber wir waren] gezwungen, uns über den berechtigten Protest der luxemburgischen und belgischen Regierung hinwegzusetzen. Das Unrecht – ich spreche offen – das Unrecht, das wir damit tun, werden wir wieder gutzumachen suchen, sobald unser militärisches Ziel erreicht ist. Wer so bedroht ist wie wir und um sein Höchstes kämpft, der darf nur daran denken, wie er sich durchhaut!«[93]

93 Bethmann Hollweg, in: *Reichstag*, 1914, Bd. 306, S. 7A.

Unrecht sehen, erkennen und dennoch ignorieren, ist in der Wirkung der Rechtfertigung von Unrecht ähnlich, die dem Unrecht einen Sinn zuzuschreiben versucht, der es aus der Welt schaffen will. Es ist nur kurzzeitig da, verschwindet dann aber hinter der rechtfertigenden Erklärung und bleibt verschwunden. Tatsächliches oder vermeintliches eigenes Leid stellt sich wie eine Mauer vor das Leid anderer, macht es nicht zu einem fernen, sondern zu einem unsichtbaren. Inexistent ist es darum allerdings nicht. Denn Gedanken, die Unrecht definieren, sind gedacht, Versuche, sie zu verbreiten, sind unternommen worden, Texte, die die Begehung von Unrecht verhindern wollen, sind geschrieben und, in Vertragsform gekleidet, von den Parteien dieser Verträge für verbindlich erklärt worden. Ja, und dann geschieht dennoch das, was Sigmund Freud, erneut bezogen auf den Ersten Weltkrieg, fern vom Bethmann Hollweg'schen Pathos, so formulierte: »Der Krieg, an den wir nicht glauben wollten, brach nun aus und er brachte die – Enttäuschung. Er ist nicht nur blutiger und verlustreicher als einer der Kriege vorher, infolge der mächtig vervollkommneten Waffen des Angriffes und der Verteidigung, sondern mindestens ebenso grausam, erbittert, schonungslos wie irgend ein früherer. Er setzt sich über alle Einschränkungen hinaus, zu denen man sich in friedlichen Zeiten verpflichtet, die man das Völkerrecht genannt hatte, anerkennt nicht die Vorrechte des Verwundeten und des Arztes, die Unterscheidung des friedlichen und des kämpfenden Teiles der Bevölkerung, die Ansprüche des Privateigentums.«[94]

Wie schwierig es ist, das Recht *allseits* zur Anwendung zu bringen, zeigte sich wiederum im Kontext des Ersten Weltkriegs. Alleinschuldiger am Ausbruch des Krieges und alleiniger Verantwortlicher für die geschehenen Kriegsverbrechen war nach Ansicht der Alliierten das Deutsche Reich unter Kaiser Wilhelm II. Daran ließen sie, unter Rückgriff auf kriegstypisch einseitige Propaganda, vom ersten bis zum letzten Kriegstag nicht den geringsten Zweifel. Sich selbst sprachen die Alliierten von jedem ernsthaften Verstoß gegen das Kriegsrecht frei. Wenn es auf ihrer Seite Rechtsverstöße gegeben habe, seien diese

---

94 Freud, *Gesammelte Werke. Chronologisch geordnet*, 10. Bd.: *Werke aus den Jahren 1913–1917*, S. 328 f.

als Gegenmaßnahme auf einen deutschen Rechtsverstoß und mithin als Repressalie erfolgt und darum nicht rechtswidrig.[95]

Dass sich Wilhelm II. trotz Artikel 227 des Versailler Friedensvertrags nicht vor einem internationalen Tribunal verantworten musste und dass auch die geforderte Bestrafung mutmaßlicher Kriegsverbrecher unter den deutschen Soldaten und Politikern mit zunehmender Nachlässigkeit behandelt wurde, ist als (erzwungener) Tribut des Rechts an die Politik zu verstehen. Nachdem das Unrecht laut und manchmal propagandistisch verzerrt gesprochen hatte, wurde es nun zum Schweigen gebracht.[96] Die Bestrafung eines ehemaligen Staatsoberhaupts, die nicht Rache, sondern ein Akt nachvollziehbaren Rechts sein sollte, erschien als ein zu gewagter Schritt und gewiss auch als ein beunruhigender Präzedenzfall.[97] Jahrelange Strafverfahren und umstrittene Beweisaufnahmen hätten außerdem ein politisch geschwächtes und instabiles Deutschland zur Folge gehabt, was entschieden nicht den Interessen der alliierten Mehrheit entsprach. Sie hoffte auf den Völkerbund und seine friedenssichernde Kraft, die auch die Friedensstörer der Vergangenheit einbinden würde.

Es kam anders, wie wir wissen. Die häufig durchschimmernde Einseitigkeit in der Unrechtswahrnehmung und Rechtsdurchsetzung verblasste vor dem Unrecht, mit dem Deutschland die Welt im nächsten Krieg konfrontierte. So groß und bis dahin undenkbar war die bewusst und zielgerichtet eingesetzte Gewalt, dass sie das Unrecht der anderen Seite zum Verschwinden brachte und allein der Verweis darauf über Jahre hinaus in den Ruf eines unzulässigen Versuchs der Aufrechnung stand. Ein dunkles Vermächtnis des Zweiten Weltkriegs lautet daher: Es gibt eine Dimension des Unrechts, die eine so eindeutige Botschaft an die Menschen der Welt sendet, dass für lange Zeit nichts dagegen in Anschlag gebracht werden kann. Nicht der Krieg an

95 Vgl. Hankel, *Die Leipziger Prozesse,* S. 23–31, 318–320.

96 Nachdem aus alliierter Sicht die Verfahren vor dem Reichsgericht gescheitert waren – Frankreich sprach von einer »Justizkomödie«, Großbritannien urteilte weniger vernichtend –, machten die Alliierten nicht, wie noch mit Überreichen der Probeliste im Mai 1920 angedroht, wieder ihre Rechte aus dem Versailler Vertrag geltend. Von einer Auslieferung war keine Rede mehr. Belgien und Frankreich führten allerdings noch Abwesenheitsverfahren durch. Vgl. Hankel, *Die Leipziger Prozesse,* S. 481–499.

97 So z. B. für die Niederlande, vgl. Schabas, *The Trial of the Kaiser,* S. 219.

sich ist es, der unweigerlich zu allseitigem Unrecht führt, es ist der von einer Seite begonnene und mit dem Ziel der Vernichtung geführte Krieg, der das von ebendieser Seite begangene Unrecht benennbar und vorstellbar macht. Denn es spricht eine Sprache, die in ihrer Klarheit überall auf der Welt verstanden wird. Mit diesem Verständnis einher geht die Erwartung, dass die Ahndung der Verbrechen möglichst auf dem Fuße folgt, und zwar in einer Weise, die als angemessen und gerecht empfunden wird. Gewalt könnte eine solche Ahndung sein, und ihre Anwendung wurde auch ernsthaft diskutiert. Von einer schnellen Kugel für die Nazi-Führung bis hin zur umstandslosen Liquidierung von mindestens 50 000 NS-Verdächtigen reichten die Vorschläge.[98] Sie wurden fallen gelassen, um nicht die eigenen Kriegsgründe, in denen Begriffe wie Recht oder Zivilisation einen festen Platz hatten, ins Absurde zu führen. Nicht Rache zu üben, sondern die Feinde freiwillig dem »Richtspruch des Gesetzes« zu übergeben, sei »eines der bedeutsamsten Zugeständnisse, das die Macht jemals der Vernunft eingeräumt hat«, lautete die entsprechende Formulierung in der Nürnberger Anklage im Prozess gegen die Hauptkriegsverbrecher.[99]

Ist der Weg der Vernunft einmal beschritten, folgen die nächsten Richtungsanzeigen beinahe zwangsläufig: Eine Verteidigung auch der übelsten Verbrecher muss gewährleistet und das Verfahren muss von möglichst großer Unparteilichkeit gekennzeichnet sein. Nur so lässt sich dem Verdacht begegnen, der Prozess sei nach einem festen Vorverständnis orchestriert, indem entweder Verteidigerrechte beschnitten oder Einwände in Gestalt von Hinweisen auf mutmaßliche Verbrechen der Ankläger für unzulässig erklärt würden.

Wann gegen das Prinzip des *fair trial* verstoßen wird und eine Waffengleichheit zwischen Anklage und Verteidigung nicht mehr besteht, ist relativ leicht festzustellen. Schwieriger ist es zu sagen, wo die Grenzen der Neutralität verletzt worden sind. Wenn, wie im Nürnberger Hauptkriegsverbrecherprozess, die Massenexekutionen von Katyn auf sowjetisches Betreiben nicht als eigenes, dem sowjetischen Volkskommissariat für innere Angelegenheiten (NKWD) zurechenbares Verbrechen präsentiert, sondern als Tatvorwurf fallen gelassen

98 Dazu Weinke, *Die Nürnberger Prozesse*, S. 10–12.
99 Zitiert nach Internationaler Militärgerichtshof Nürnberg, *Der Nürnberger Prozess*, Bd. 2, S. 115.

werden, ist das etwas anderes als die Einsetzung des Kriegsverbrechertribunals von Tokio durch den US-amerikanischen General MacArthur. Im ersten Fall wird man nicht sagen können, durch die Ausblendung stalinistischer Verbrechen sei das Gericht beeinflusst und zu besonderer Härte bei der Ahndung nationalsozialistischer Verbrechen bewegt worden. Im zweiten Fall jedoch war die Parteilichkeit in der Verfahrensführung ein durchgehendes Charakteristikum des Prozesses gegen japanische Hauptkriegsverbrecher. Zielstrebig arbeitete das Tribunal auf eine Verurteilung der Angeklagten hin und nahm dabei zahlreiche offensichtliche Verletzungen des Fair-trial-Prinzips in Kauf.[100]

Das Recht erneut und offen als auch willfähriges Instrument der Machtpolitik: Wie sich diese Konstellation auswirkte, sollte sich während der Jahrzehnte des Ost-West-Gegensatzes zeigen. Unrecht war immer nur das Unrecht der anderen Seite, während eigenes Handeln als bedauerlicherweise notwendige Antwort auf das skrupellose Agieren der Gegenseite präsentiert wurde. Die Reichweite der Unrechtswahrnehmung war begrenzt. Was Propaganda war, was den Tatsachen entsprach, war nicht mit der erforderlichen Sicherheit auszumachen. Skepsis gegenüber Nachrichten, die von Unrechtsgeschehen berichteten, schließlich verbreitete Indifferenz angesichts widersprüchlicher Meldungen bestimmten die Rezeption. Die Versuche, mittels einiger *Tribunals of Opinion* an die Benennbarkeit und Strafbarkeit von großem Unrecht zu erinnern, hatten in der Realpolitik keine erkennbare Wirkung. Sie erinnerten an das Glasperlenspiel einiger Eingeweihter, intellektuell nicht uninteressant und lobenswert in dem Bemühen, die Welt zu einem besseren Ort zu machen, gleichwohl vergeblich eingedenk des Schematismus, mit dem allseits auf unbequeme Nachrichten gleich welchen verbrecherischen Inhalts reagiert wurde. Um an ein eigentlich kaum zu glaubendes Beispiel zu erinnern: Bis 1992, dreizehn Jahre nach Beendigung ihrer genozidalen Gewaltherrschaft, vertraten die Roten Khmer noch Kambodscha in der UNO (die Rote-Khmer-Fahne war erst drei Jahre zuvor vor dem UN-Gebäude ein-

100 Vgl. Ahlbrecht, *Geschichte der völkerrechtlichen Strafgerichtsbarkeit im 20. Jahrhundert*, S. 103–123, sowie, stellvertretend für die abweichenden Meinungen von drei der elf Richter, die abweichende Meinung des indischen Richters Radhabinod Pal unter http://www.sdh-fact.com/CL02_1/65_S4.pdf [1. 6. 2024].

gezogen worden), weil westliche Staaten unter Führung der USA die vietnamesische Intervention in Kambodscha, die das mörderische Pol Pot-Regime militärisch beendete, strikt ablehnten. Aus ideologischer und geopolitischer Opposition erschien ihnen die weitere Anerkennung eines Regimes, das für ca. 1,6 Millionen Morde verantwortlich war, als alternativlos.[101] Das Unrecht, das sich mit den Namen Pol Pot und die Roten Khmer verband und das dem Westen sehr wohl bekannt war, sprach somit zwar, brach sich aber an einer Mauer des schweigenden machtpolitischen Arrangements. Wenn es nicht opportun ist, wird selbst Völkermord[102] zu einem Verbrechen, das begonnen und beendet wird, dann jedoch verschwindet.

Recht und Gesetz im Spiegel der Öffentlichkeit als ein Maßstab für Betroffenheit

Wie ist dieser Opportunismus aufzubrechen? Was verhindert, dass selbst größte Verbrechen einfach unter Politik und ihren angeblichen Imperativen verbucht werden? Indem, so könnte eine erste Antwort lauten, Betroffenheit generiert wird. Betroffenheit über ein Ausmaß von Unrecht, das nicht mehr in die Zeit gehört, weil wir, um Goethe zu bemühen, »zu human geworden [sind]«. Aber Betroffenheit allein genügt nicht. Sie muss sich umsetzen in Handeln, was nur geschehen wird, wenn die Betroffenheit entweder sehr groß und nachhaltig ist oder wenn sie immer wieder neu generiert werden kann, ohne sich nennenswert abzunutzen. Dazu ist Öffentlichkeit erforderlich. Eine Öffentlichkeit, die Forderungen stellt und politischen Druck auf Entscheidungsträger aufbaut. Einen Druck, der darauf hinausläuft, diese die grundsätzliche Zustimmung aufkündigen zu lassen, die sie mögli-

101 Vgl. Barth, *Genozid*, S. 148, 161 f.

102 Ob es in Kambodscha einen Völkermord im Sinne der Genozidkonvention gegeben hat, war lange Zeit umstritten. In Kambodscha wurde die religiöse Gruppe der Buddhisten verfolgt und teilweise vernichtet, das Gleiche gilt für die ethnische Minderheit der muslimischen Cham und für die der Chinesen. Zur gut begründbaren Absicht der Roten Khmer, Völkermord an den genannten Gruppen zu begehen, vgl. Kiernan, *Blood and Soil*, S. 548 f.; am 16. 11. 2018 sprachen die Extraordinary Chambers in the Courts of Cambodia (ECCC) die ersten Urteile wegen Völkermord. Nuon Chea und Khieu Samphan wurden wegen Völkermords an den Cham und der vietnamesischen Minderheit in Kambodscha verurteilt, vgl. https://www.eccc.gov.kh/en/document/court/case-00202-judgement [3. 6. 2024].

cherweise noch für das Verhalten von Politikerinnen und Politikern in dem betreffenden Staat aufbringen, weil die einzelstaatliche Ordnung eine wesentliche Voraussetzung für eine Staatengemeinschaft ist, die ihre rechtliche wie praktische Funktionsfähigkeit bewahren möchte. Letztlich geht es um die Durchsetzung der Einsicht, dass Verbrechen Verbrechen sind und keine Politik.

Was dieser Einsicht zu Hilfe kommt, ist die in den einschlägigen Rechtsnormen sich äußernde ethisch-moralische Bewertung von Gewalthandlungen. Ethisch, weil sie die normative Grundlage bildet für menschliches Verhalten, das in Gewaltsituationen Grenzen unterworfen ist. Moralisch, weil sie in Form des konkreten rechtlichen Verbots diese Grenzen definiert. Ethik und Moral und Recht bilden eine Einheit, das Recht bezieht aus beidem seine Legitimität.[103] Im Prozess der Verrechtlichung (zunächst gewohnheitsrechtlich, dann als schriftlich fixierter Kodex) verfestigte sich die Erwartung, dass die Grenzen des Rechts beachtet werden. Von Station zu Station gewannen der einzelne Mensch und das ihn umgebende Recht eine schärfere Kontur. Auf rudimentäre Schutznormen für Kriegszeiten folgten allgemeine Normen zum Schutz der Menschen, auf diese folgten erneut Schutznormen gegen Kriegsgewalt, präziser als die früheren und unter dem Eindruck der neuen Präsenz der Menschenrechte mit dem Attribut »humanitär« versehen, auf diese sodann Kodizes mit menschenrechtlichen Bestimmungen, aus denen ein subjektiver Status des Individuums im Völkerrecht hergeleitet wurde, daraus schließlich, als zusätzlicher Schutz vor Gewalt und zugleich Pflicht zu deren Verhinderung, die Statute der internationalen Strafgerichte, die komplementär zur einzelstaatlichen Strafgewalt Geltung beanspruchen. Die räumliche Distanz zur evidenten Rechtsverletzung verschwand zunehmend und das Unrecht erhielt den Namen eines Verbrechens. Die gemeinsame Vorstellungskraft der nah und fern Betroffenen, das »Wir« forderte eine Reaktion ein, umso dringlicher, je klarer ein institutioneller Adressat für die geforderte Reaktion vorhanden war.[104]

---

103 Dazu grundlegend Dworkin, *Gerechtigkeit für Igel*, S. 13–24, 676–688.

104 Ebenda, S. 460–475. Obwohl Dworkins Perspektive eine andere ist – er beschränkt sich auf den Aspekt, was wir für Fremde in Not infolge von Hunger oder Krankheiten tun müssen –, kommt auch er zu dem Ergebnis, dass »sehr großes Leid die Dimension der Konfrontation irrelevant zu machen [scheint]«.

Folgen wir dem Historiker Richard Bessel, haben sich die Voraussetzungen für die Entstehung einer Wir-Betroffenheit fortlaufend verbessert. Er sieht in der Gewalt ein Phänomen, das zum Gegenstand intensiver Beschäftigung geworden ist (er spricht von einer »modern obsession«). Am Ende seiner Untersuchung über die Gründe dafür listet er die Punkte auf, die zur Beschäftigung mit dem Phänomen der Gewalt drängten und ein verändertes Verständnis von Gewalt bewirkt haben. An keiner Stelle ist dabei ausdrücklich vom Recht die Rede. Die Auflistung beginnt mit der Feststellung, dass das Ausmaß an Gewalt in der ersten Hälfte des 20. Jahrhunderts für ein großes Erschrecken gesorgt habe, gefolgt von der Erkenntnis, dass das fürchterliche menschliche Potenzial eingehegt werden müsse. Weitere Gründe für die andere Sicht auf Gewalt sind laut Bessel eine beschleunigte wirtschaftliche Entwicklung, die keine Störung durch Krieg oder andere massive Formen der Gewalt vertrage, die Herausbildung von staatlichen Strukturen, die infolge einer verbesserten Gewaltkontrolle den innergesellschaftlichen Frieden zu wahren geeignet seien, ein Anstieg des allgemeinen Lebensniveaus, die stärkere Beteiligung von Frauen an den Angelegenheiten des öffentlichen Lebens, die gestiegene Distanz zu Krieg und allem Militärischen und schließlich die Berichterstattung über Gewalt, die zu einer höheren Sensibilisierung geführt habe.[105]

In der Analyse folgt Bessel weitgehend Steven Pinker, der in einer voluminösen Veröffentlichung wenige Jahre zuvor einen Rückgang der Gewalt im Verlauf der letzten Jahrhunderte konstatierte. Vor allem Alphabetisierung, Weltbürgertum und Bildung hätten zwei Entwicklungen befördert, die Pinker den »sich erweiternden Kreis« und die »Rolltreppe der Vernunft« nennt. Unter Ersterem versteht er einen Prozess, der darin besteht, »dass man den Standpunkt eines anderen einnimmt und sich die Gefühle dieser Person ausmalt, als wären es die eigenen«. Die »Rolltreppe der Vernunft« führt den Menschen hinauf in eine Sphäre, von der aus »die eigenen Interessen und die eines anderen als gleichwertig« betrachtet werden.[106] Erkenntnis und Vernunft hemmen die Bereitschaft, Gewalt anzuwenden. Sie wird als destruktiv empfunden, als den Interessen zuwiderlaufend, wie sie zwanglos

105 Bessel, *Violence,* S. 272–278.
106 Pinker, *Gewalt,* S. 1024.

jeder Gemeinschaft denkender Menschen zu eigen sind, die auf ihr Wohlergehen bedacht ist, das jedoch ohne das Wohlergehen anderer Gemeinschaften auf die Dauer nicht zu haben ist. Auffallend ist auch bei Pinker, dass das Recht und mehr noch das Völkerrecht nur eine sehr untergeordnete Rolle in seinen Überlegungen spielen. Beides erscheint als ein soziales Hintergrundphänomen, das Entwicklungen begleitet oder an ihrem Ende steht, keinesfalls aber eine gestaltende Kraft hat. Wie bei Bessel ist auch bei ihm der Gedanke, dass das Recht aus sich selbst heraus eine Wirkung entfaltet, zwar diffus vorhanden, geht allerdings unter in historiografisch-soziologischen oder sozialpsychologischen Betrachtungen, die die Menschheitsgeschichte angeblich vorantreiben. Welche Bedeutung das Recht und seine Eigendynamik in diesem Prozess haben, bleibt unklar.

Das ist bei Jan Philipp Reemtsma anders. »Das Bild«, schreibt er, »das wir von der Moderne entwerfen, und das die Moderne in gewissem Sinne von sich entwirft, ist das eines fragmentierten und verrechtlichten Machtgefüges, garantiert durch das staatliche Gewaltmonopol.«[107] Hier ist das Recht Begleiter, Festiger und Bewahrer einer allmählichen Gewaltreduktion, es macht das Vertrauen der Menschen in den Prozess der sozialen Pazifizierung überhaupt erst möglich. Rückschläge sind nicht ausgeschlossen. Stärker als Bessel und Pinker hebt Reemtsma die Fragilität dieses Prozesses hervor, die sich auch auf die Ebene des Rechts überträgt. Missbrauch des Gewaltmonopols kann mit massiver und systematischer Gewaltanwendung einhergehen, die sich auflösende Kontrolle von Organisationen mit Gewaltlizenz eine »Rechtsverdünnung« zur Folge haben, von der größer werdende Bevölkerungsteile profitieren wollen.[108] Wieder kommt das Vertrauen ins Spiel, das, gestützt auf die Erinnerung an bedrückende Zeiten außer Kontrolle geratener Gewalt, der Unterscheidung von Recht und Unrecht das Wort spricht und, um mit Freud zu sprechen, auf die im Menschen eigentlich vorhandene »konstitutionelle Intoleranz« gegenüber massiver, organisierter Gewalt hofft.[109] In dieser Stimmung wird das Recht, namentlich das Völkerrecht, stärker gemacht, um einen erneuten Rückfall in die Gewalt zumindest zu er-

---

107 Reemtsma, *Vertrauen und Gewalt*, S. 182.
108 Ebenda.
109 Freud, »Warum Krieg?«, S. 452.

schweren. Gerichtsverfahren sind Teil dieses Prozesses. Sie setzen einen Gegenpunkt zur »kommunikativen Funktion der Gewalt«, indem sie auf der Unterscheidung zwischen Recht und Unrecht beharren und diese der Öffentlichkeit deutlich machen.[110] Dass dieser Gegenpunkt dabei ebenfalls Gewalt sein kann, ist mehr als nur eine Fußnote. Strafrechtliche Urteile greifen in die persönliche Freiheit ein, wollen neue Gewalt verhüten, so wie Kriege geführt wurden, um das Andauern eines verbrecherischen Krieges zu verhindern. In beiden Fällen ist Gewalt gerechtfertigt, wenn ihr Einsatz in Bezug auf den einzelnen Staat rechts- und prinzipiengebunden (denken wir an die Verhältnismäßigkeit zwischen Strafe und Schuld) und in Bezug auf die Staatengemeinschaft völkerrechtlich konsensuell, nach Gründung der Vereinten Nationen also gemäß den Mechanismen der UN-Charta, erfolgt. Das Wort »Partizipationsmacht«, das Reemtsma im Kontext machtgestützter konsensueller Gewaltausübung benutzt,[111] ließe sich auch hier sinnvoll verwenden, allerdings nicht im Sinne einer Kraftquelle für Konformität heischende Mitläufer in jedem noch so üblen Unternehmen, sondern als Ausdruck für die machtvoll anwachsende Zahl derer, die an das Recht als Antwort auf das Unrecht glauben. So gesehen spräche Gewalt dann doch.

Mit dieser Feststellung wären wir bereits mitten in der Antwort auf die Frage, wann fernes Unrecht zu uns spricht. Es spricht zu uns, sofern wir es erfassen können, und erfassen können wir es, wenn Recht und Gesetz als Maßstab dienen. Das war sporadisch schon in weit zurückliegenden Zeiten der Fall. Von der Antike über das Mittelalter bis in die Anfänge der Neuzeit gab es immer wieder Momente, in denen Gewalt als Unrecht, weil dem überkommenen Brauch widersprechend, empfunden wurde. Massaker in Tempeln im und nach dem Peloponnesischen Krieg (im 5. und 4. Jahrhundert v. Chr.), die Tötung von Kriegsgefangenen nach der Schlacht von Azincourt (1415) oder der Sturm auf Magdeburg, begleitet von systematischen Vergewaltigungen und Massakern durch die kaiserlichen Truppen unter Tilly und Pappenheim (1631), wären hier nur einige Beispiele.[112] Wenn

110 Reemtsma, *Vertrauen und Gewalt*, S. 482–488.

111 Reemtsma, »Die Gewalt spricht nicht«, S. 18–22.

112 Zum Peloponnesischen Krieg vgl. Will, *Athen oder Sparta*, S. 108, 286, 303; zum Streit über die Tötung von Kriegsgefangenen nach der Schlacht von Azincourt vgl.

Steven Pinker also schreibt, »Völkermord und Kriegsverbrechen kommen in den historischen Aufzeichnungen nur deshalb nicht vor, weil niemand sie zu jener Zeit für etwas Besonders hielt«,[113] ist das nicht nur pauschal formuliert (Wann beginnen, wann enden historische Aufzeichnungen? Wer ist niemand?), es ist auch unzutreffend. Sein Hinweis auf die Normalität entgrenzten Gewaltgeschehens enthält allerdings einen wahren Kern. Klagen über kriegsrechtswidriges Verhalten wurden sehr bald wieder überlagert von der Normalität der Gewalt in unberechenbarer Intensität. Sitten und Gebräuche waren ein zu unsicheres Fundament für die Erforderung von Rechtsbeachtung. Das Bewusstsein für Unrecht wuchs mit der Präzisierung von verbrecherischen Verhaltensweisen von Herrschaftsverbänden, ihrer entsprechenden Pönalisierung und Sanktionsdurchsetzung. Ohne Verschriftlichung und praktische Umsetzung wäre beides unscharf und abstrakt geblieben. Wenn das Recht seine moralische Seite zeigt und das konkrete Gesetz in seiner Anwendung in Wechselbeziehung zum ethischen Normengefüge der Menschheit steht, werden Recht und Gesetz zu einem öffentlichen Gradmesser für Unrecht. Dann ist es nur ein kleiner Schritt zur Überbrückung der Distanz von »nah« und »fern«.

Was einen zivilisatorischen Versuch ausmacht und von einem zivilisatorischen Fortschritt unterscheidet

In einer ersten Annäherung könnte es heißen, dass ein Versuch ein Stadium auf dem Weg zum Fortschritt markiert. Verläuft er so, wie erwartet und lässt er sich validieren, begründet er einen Fortschritt. Das Attribut »zivilisatorisch« stellt klar, dass ein Fortschritt im positiven Wortsinne gemeint ist. Mit anderen Worten, ein Versuch, der auf die Herstellung eines menschenfeindlichen, zerstörerischen Zustands abzielt, liegt außerhalb des hier gedachten Spektrums, ob er nun naturwissenschaftlich-technisch oder sozialwissenschaftlich an-

---

Keegan, *Das Antlitz des Krieges*, S. 124–129, und zur Vernichtung Magdeburgs und zu den sie begleitenden Kriegshandlungen, die als eklatant rechtswidrig bewertet wurden, vgl. Münkler, *Der Dreißigjährige Krieg*, S. 464–485.

113 Pinker, *Gewalt*, S. 1030.

gelegt ist. Eine weitere Einschränkung gibt das Thema des Unrechts und seiner versuchten Ahndung vor: Der naturwissenschaftlich-technische Bereich spielt nur ganz am Rande und insofern eine Rolle, als er kulturelle Auswirkungen hat, weil er Maß und Art sozial hinnehmbarer Gewalt verändert.

Steven Pinker, eben bereits benannt als Autor einer Studie über das von ihm konstatierte, weltweit seit Jahrhunderten sinkende Gewaltniveau, schreibt in seinem auf diese Studie folgenden Buch über die Notwendigkeit von Aufklärung als Antwort auf seine zahlreichen Kritiker:

> »Nein, Daten anzusehen, die zeigen, dass die Gewalt zurückgegangen ist, und dann zu sagen: ›Die Gewalt ist zurückgegangen‹, ist die Feststellung einer Tatsache. Daten anzusehen, die zeigen, dass die Gewalt zurückgegangen ist, und dann zu sagen: ›Die Gewalt hat zugenommen‹, ist wahnhaft. Daten über Gewalt zu ignorieren und zu sagen: ›Die Gewalt hat zugenommen‹, zeigt, dass man von Tuten und Blasen keine Ahnung hat.«[114]

Sanft geht Pinker mit seinen Kritikern nicht ins Gericht. Das Buch ist als Verteidigung gedacht, nämlich als Verteidigung gegen all diejenigen, die Fortschritte in Technik, Wissenschaft und Humanismus blind abstreiten oder, aus Gründen des eigenen Vorurteils, nicht zur Kenntnis nehmen wollen. Machen wir uns seine Meinung zu eigen, sind die vergangenen Jahrhunderte im Großen und Ganzen eine Geschichte der kontinuierlichen Verbesserung menschlichen Lebens. Kommen uns Zweifel, können wir seine Messungen heranziehen, die eindeutig sind. Ob Gesundheit und Ernährung, Wohlstand, soziale Gleichheit, Bildung und Wissen, Menschenrechte oder Demokratie, überall, so Pinker, zeige die Kurve nach oben. Man müsse sie nur sehen (wollen), was nicht immer einfach sei, denn »der Fortschritt ist geübt darin, seine Spuren zu verwischen«.[115]

Macht man sich tatsächlich auf Spurensuche, stößt man jedoch auf Ungereimtheiten, die den bei Pinker konstatierten Übergang vom zivilisatorischen Versuch hin zum zivilisatorischen Fortschritt da und dort infrage stellen. Den Fortschritt in der Ausbreitung der

---

114 Zitiert nach Pinker, *Aufklärung jetzt*, S. 65.
115 Ebenda, S. 267.

Demokratie davon abhängig zu machen, ob den Menschen in einem Staat ein Beschwerderecht zusteht,[116] ist zu schematisch und greift darum zu kurz. Dass ein Staat, der sein Gewaltmonopol missbraucht und seine kritischen Bürgerinnen und Bürger zum Schweigen bringt, kein demokratischer Staat ist, leuchtet ein. Doch was ist mit einem Staat, der seine Bürgerinnen und Bürger so unter Kontrolle hat, dass sie sich nicht zu beschweren wagen? Trotz verfassungsmäßig verbürgter Rechte auf freie Meinungsäußerung und Wahrnehmung der Rechtsweggarantie? Diesen autoritären Staat wird man nicht als demokratisch bezeichnen können. Ebenso wenig wird man mit einem Anspruch auf ernsthafte Zustimmung behaupten können, dass die Zahl solcher Staaten in den letzten Jahrzehnten zurückgegangen ist. Wie in anderen Untersuchungsfeldern bei Pinker ist es auch hier eine Frage, welche Daten wo gefunden und wie ausgewertet werden.[117] Überhaupt lässt sich grundsätzlich einwenden, dass Daten zwar vieles, aber beileibe nicht alles erfassen. Folglich können sie auch nur einen Ausschnitt wiedergeben, und ihre Erklärungsmacht ist begrenzt. Soweit sie einen moralischen Fortschritt anzeigen,[118] ist zugleich mitzudenken, dass der Fortschritt keinen Bestand haben muss, solange keine sozialen und institutionellen Barrieren vor einem Rückschritt bewahren und der Fortschritt im Geist kultureller Überheblichkeit lediglich und verhängnisvollerweise individuell-utilitaristisch gesehen wird. Als die letzten Überlebenden der Franklin-Expedition, die gegen Mitte des 19. Jahrhunderts nördlich des amerikanischen Kontinents die Nordwestpassage zwischen dem Atlantischen und dem Pazifischen Ozean entdecken wollte, verzweifelt nach Hilfe suchend durch Stein und Eis der Arktis irrten, trafen sie mehrfach auf Inuit, ohne zu erkennen, dass diese sie aus der Todesgefahr hätten retten können. Zivilisatorische Arroganz ließ sie in der Überzeugung verharren, über die bessere Ausrüstung und Kleidung zu verfügen und auch geografisch den Überblick zu haben. Kontaktaufnahme zu den Inuit,

116 Ebenda, S. 265–267.

117 Zum beständigen Anstieg autoritärer Regime in den letzten Jahren mit dem Ergebnis, dass heute nur noch zwanzig Prozent der Weltbevölkerung in liberalen Demokratien leben, vgl. https://freedomhouse.org/report/freedom-world/2022/global-expansion-authoritarian-rule [24. 5. 2024].

118 Vgl. Pinker, *Aufklärung jetzt*, S. 414 f.

»unzivilisierte« Lebewesen in merkwürdiger Kleidung und seltsamer Sprache, schien überflüssig. Sie waren einfach da, so wie Schnee und Eis und Kälte und Eisbären da waren. Inuit berichteten später, dass sie Ende 1850 die letzten lebenden Teilnehmer der Franklin-Expedition gesehen hätten.[119]

Ein zivilisatorischer Versuch setzt notwendigerweise voraus, dass die Möglichkeit einer Veränderung zu etwas Anderem, als besser Erhofftem erkannt wird. Kulturelle Hybris darf nicht blind machen, auch nicht für den Zufall, der in seiner Bedeutung zumindest ansatzweise erkannt werden muss. Gelingt der Versuch, ist er Teil eines Prozesses, der der Zivilisation einen Fortschritt ermöglicht. Kultur sei dabei, einer Unterscheidung des Soziologen Norbert Elias zufolge, etwas außerhalb des Menschen sich Befindendes, das sich »auf geistige, künstlerische, religiöse Fakten« beziehe und, namentlich in der deutschen Sprachwelt, von »den politischen, den wirtschaftlichen und den gesellschaftlichen Fakten« zu trennen sei.[120] Zivilisation dagegen, so Elias, sei so, wie der Begriff im französischen und deutschen Sprachraum verstanden werde, inhaltlich weiter zu fassen, da er dort »auch die Haltung, [...] das ›Behaviour‹ von Menschen« einbeziehe, »gleichgültig, ob sie etwas geleistet haben oder nicht«.[121] Zustimmend zitiert er Kant, der 1784 in seinen »Ideen zu einer allgemeinen Geschichte in weltbürgerlicher Absicht« geschrieben habe: »Die Idee der Moralität gehört zur Kultur. Der Gebrauch dieser Idee aber, welcher nur auf das Sittenähnliche in der Ehrliebe und die äußere Anständigkeit hinausläuft, macht bloß die Zivilisierung aus.«[122]

Zeitgenössische Erklärungen sehen das ganz ähnlich. Wenn sie auch die Schnittmenge zwischen beiden Begriffen betonen, kommen sie doch zu dem Ergebnis, dass die Kultur wertebezogen ist, während die Zivilisation darüber hinaus auf das Leben mit anderen Menschen, auf die wertgebundene menschliche Interaktion abstellt.[123] Allerdings konzedieren sie auch, dass der Begriff der Zivilisation seit der zweiten Hälfte des 20. Jahrhunderts als Differenzbegriff zur Kultur außer

119 Vgl. Palin, *Erebus*, S. 283, 313.
120 Vgl. Elias, *Über den Prozeß der Zivilisation*, Bd. 1, S. 90 f.
121 Ebenda.
122 Zitiert nach ebenda, S. 96.
123 Vgl. für viele: Krijnen, »Wert«, S. 551.

Gebrauch geraten, der Begriff der Kultur mithin der vorherrschende ist.[124] Dass in der vorliegenden Untersuchung gleichwohl am Begriff der Zivilisation festgehalten wird, ist allein der größeren Klarheit geschuldet. Lassen wir die hysterische Übertreibung während des Ersten Weltkriegs, als zwischen der Kultur der Mittelmächte und der Zivilisation der Alliierten ein konfrontativer Gegensatz konstruiert wurde, beiseite und vergegenwärtigen uns die Verwendung beider Begriffe in der Geschichte des Völkerrechts, ist Folgendes festzustellen: Die Gegenüberstellung von »zivilisiert« und dessen Gegenteil, das von »unzivilisiert« bis »barbarisch« alle Zwischenstufen umfasste, war lange Zeit Bestandteil des Völkerrechts. In den Haager Abkommen über das Landkriegsrecht von 1899 und 1907 spricht die Martens'sche Klausel in der Präambel von »civilized peoples«, von »gesitteten Völkern«, die den Maßstab für den Geltungsbereich des Völkerrechts vorgeben, was im Umkehrschluss bedeutete, dass dieser Maßstab gegenüber »unzivilisierten«, »ungesitteten« Völkern nicht mehr bestand. Wer zu diesen zählte, bestimmten die »zivilisierten« Völker, mit fatalen Folgen für die Ausgeschlossenen. In Vorwegnahme eines unterstellten, jederzeit möglichen Absinkens ins »Barbarische« seitens der moralisch ungebundenen »Wilden« dispensierte sich die westliche Welt von rechtlichen Schranken und rechtfertigte so die notfalls erforderliche Selbstbarbarisierung.[125]

Die Haager Abkommen von 1949 und die Zusatzprotokolle enthalten keinen Verweis mehr auf die Sonderstellung zivilisierter Völker, Staaten oder Nationen. Allein das Statut des IGH verwendet in Artikel 38, der die vom Gericht anzuwendenden Rechtsgrundlagen auflistet, noch den Begriff der »civilized nations«. Deren Rechtsgrundsätze, sofern allgemein anerkannt, sollen bei Entscheidungen zur Geltung kommen, was angesichts der heute 193 UN-Mitgliedsstaaten eine nachhallende Diskriminierung ist (das Statut wurde im Juni 1945, mehr als ein Jahrzehnt vor der Dekolonisierung, von der damaligen Staatengemeinschaft angenommen). Das wird man auch von der deutschen Fassung des Artikels 38 sagen müssen, wo der Begriff, dem neueren Sprachgebrauch zufolge, mit »Kulturvölker« über-

124 Ebenda.

125 Vgl. Langewiesche, *Der gewaltsame Lehrer*, S. 348–400.

setzt wurde. In seinem Bericht vom 9. April 2020 schlug der Sonderberichtserstatter der UN-Völkerrechtskommission, gestützt auf eine große Zustimmung der Staaten, in seinem Bericht über Art und Inhalt allgemeiner Rechtsgrundsätze vor, den Terminus »civilized nations« aus Art. 38 zu streichen und durch »community of nations« zu ersetzen.[126] Es ist anzunehmen, dass der Vorschlag angenommen werden wird. In Art. 15 Abs. 2 des Internationalen Pakts über bürgerliche und politische Rechte (1976 in Kraft getreten) erscheint dieser Terminus bereits in Verbindung mit anerkannten allgemeinen Rechtsgrundsätzen.[127]

Spricht das gegen eine Verwendung von »zivilisatorisch«, wo es doch gerade um Völkerrecht und Völkerstrafrecht geht? Immerhin wäre »zivilisatorisch« wegen der etymologischen Nähe zu »Zivilisation« Teil dessen, was als »zivilisiert« bezeichnet wird. Ein Ereignis oder ein Vorgang, in den Rang von »zivilisatorisch« befördert, wäre der Zivilisation zugehörig und machte einen Zustand aus, der »zivilisiert« zu nennen wäre. Das Tor zum einschlägigen semantischen Verständnis wäre geöffnet. Den Gegensatz von zivilisierten und unzivilisierten Staaten oder Völkern und dessen Folgen vor Augen, wäre eine zivilisatorische Veränderung in diesem Sinne auch eine solche, die Kolonialismus und Sklaverei befördert und zum Segen angeblicher Humanität, zur Befreiung der Menschen des afrikanischen Kontinents von ihrer Rückständigkeit, wie sie beispielsweise dem belgischen König Leopold II. vorschwebte, auf unbändige gewaltsame Unterdrückung setzt. Ein solches Zivilisationsverständnis hatte ein bekanntes Vorbild und in ihm spiegelte sich auch das Verhältnis von zivilisatorischem Versuch und einem ebensolchen Fortschritt: Als in der Neuen Welt die eroberten Gebiete für das spanische Königreich in Besitz genommen wurden, ging damit auch die Frage nach der Legitimation dieser brutal ausgedehnten Herrschaft einher. Sie konnte mit einer Sichtweise auf die einheimische Bevölkerung beantwortet werden, wonach mit dieser, da längst nicht gleichwertig, nach Belieben verfahren werden durfte. Azteken konnten grenzenlos gepeinigt oder

126 Vgl. UN-General Assembly, A/CN.4/741, 9. 4. 2020, Abs. 12 und 13.

127 Im Deutschen wird »community of nations« dort mit »Völkergemeinschaft« übersetzt.

vernichtet werden, als seien sie lästiges Ungeziefer.[128] Hier von einem zivilisatorischen Versuch zu sprechen, käme dem Himmler'schen Zynismus von Posen gleich.

Doch als nächste Option konnte auch versucht werden, in der Entdeckung der Neuen Welt eine Herausforderung für das christliche Europa zu sehen. Dann kam es darauf an, den Missionierungs- und Erziehungsauftrag gegenüber der als ungebildet und in jeder Hinsicht als minderwertig wahrgenommenen Bevölkerung Mittelamerikas umzusetzen. Das *Requerimiento* von 1513, das Erklärungen über die Schenkung aller westindischen Inseln und des Festlandes durch den Papst an die Katholischen Könige enthielt und den Einheimischen »vorgelesen« wurde, verstand den gerechten Krieg nicht zunächst als Friedensangebot, sondern von Anfang an als Diktat für die indigenen Menschen. Bei Nichtannahme des Angebots war der Massenmord vorab gerechtfertigt.[129] Auch hier wird man nicht von einem zivilisatorischen Versuch sprechen können.

Eine weitere Option war, Rechtstitel zu entwickeln, mit denen die Herrschaft in das erweiterte Weltbild integriert und legitimiert werden konnte. Der spanische Jurist und Theologe Francisco de Vitoria (ca. 1483–1546) ist der Name, der mit dem Versuch, ein Völkerrecht zu konzipieren, das über das überlieferte und auf die Bedürfnisse der alten Grenzen des Imperiums Karls V. zugeschnittene *ius gentium* hinausreicht, allen voran in Verbindung zu bringen ist. Dieses *ius gentium*, ein aus dem göttlichen Recht entwickeltes Naturrecht, war im Ausgang der Renaissance durch das von Menschen zu verantwortende Vernunftrecht ohnehin schon unter Druck geraten, Vitoria gab diesem Druck noch eine zusätzliche Stoßrichtung, indem er den Universalansprüchen europäischer Herrschaft das Recht der Menschen in den neu eroberten Gebieten gegenüberstellte.[130] In welchen einzelnen Schritten er das machte, muss hier nicht erläutert werden. Wichtiger ist

128 Vgl. Todorov, *Les Morales de l'Histoire*, S. 34, 51–77, ders., *Die Eroberung Amerikas*, S. 155–220.

129 Das *Requerimiento* des Kronjuristen Palacios Rubios endete mit den Worten: »Wir bezeugen feierlich, daß das Blutvergießen und die Schäden, die daraus erwachsen, allein euch zur Last fallen, nicht seiner Majestät, nicht mir und nicht diesen Rittern, die mit mir gekommen sind.« Vgl. Engl, »Das ›Requerimiento‹: Vom ›gerechten Krieg‹ gegen die Indios«, S. 208–211 (Zitat auf S. 211).

130 Vgl. Habermas, *Auch eine Geschichte der Philosophie*, Bd. 1, S. 908–915.

das Ergebnis, nämlich dass jedem Menschen, nicht nur dem weißen Europäer, die grundlegenden subjektiven Rechte zukommen. »Die Erkennbarkeit der natürlichen sittlichen und des in ihr gründenden Naturrechts besteht nach Vitoria für die Menschen insgesamt, nicht nur für diejenigen, die im Glauben an Gott [...] [die ihnen] gegebenen Weisungen kennen. [...] [A]ngesichts der Entdeckung der neuen Welt kam dem eine zusätzliche, auch politische Bedeutung zu. Im Hintergrund steht die Subjektstellung der dortigen Menschen, der Indios.«[131]

Wer wollte hier einen zivilisatorischen Fortschritt in Abrede stellen. Aber wir ahnen es. Vor der Realität der kolonialen Herrschafts- und Ausbeutungspraxis kann man die geforderte Gleichstellung von Europäern und Indigenen für »puren Hohn« halten.[132] Auch folgerte Vitoria selbst aus der Gleichwertigkeit von Indigenen und Europäern als menschliche Wesen nicht den Verzicht darauf, die Ersteren durch die »Verkündung des Evangeliums« und »europäischer Herrschaft« von dem Zustand einer »kindlichen« und »primitiven« Existenz in ihren Gesellschaften zu befreien. Einschränkend fügte er jedoch hinzu: »Persönlich zweifele ich nicht daran, dass die Spanier gezwungen waren, Waffengewalt anzuwenden, um ihre dortige Arbeit fortzusetzen; doch fürchte ich, dass mehr Maßnahmen ergriffen wurden, als das menschliche und göttliche Gesetz gestatten.«[133] Diese vorsichtige Kritik an dem vorherrschenden Verständnis des monotheistisch basierten Naturrechts verweist in zweifacher Hinsicht auf die Bedeutung Vitorias. Zum einen erkennt er in dem Anderen eine Rechtsperson, eine autonome sogar, obschon sie noch der Lenkung hin zur vernunftgemäßen Einsicht, wie sie durch göttliches Gesetz vorgegeben worden ist, bedarf. Zum anderen bezog er die Herrschaftsverbände indigener Völker in das Völkerrecht ein. Auch hier war das gottgebundene Naturrecht die oberste Rechtsquelle und die entsprechend vernunftgelenkte Einbeziehung außereuropäischer Völker das erstrebte Ziel.[134]

131 Böckenförde, zitiert nach Habermas, ebenda, S. 918.
132 So auch Habermas, ebenda.
133 Zitiert nach Paech/Stuby, *Völkerrecht und Machtpolitik*, S. 51.
134 Ebenda, S. 50; Habermas, *Auch eine Geschichte der Philosophie*, Bd. 1, S. 918.

Ein zivilisatorischer Prozess verläuft also – zeitgleich – in verschiedene Richtungen. Grausame Unterdrückung und Vernichtung aus dem Bewusstsein der Überlegenheit und zugleich ihr altruistisches Gegenteil, die Erarbeitung von inklusiven Konzepten für eine weniger grausame Welt. Will man dieses Phänomen auf der Folie eines zivilisatorischen Versuchs oder zivilisatorischen Fortschritts einordnen, hieße das: Vitorias Arbeiten zur Verbesserung der Rechtsstellung und Lebenssituation der Indigenen waren ein zivilisatorischer Versuch. Die Gegenstimmen waren laut und einflussreich.[135] Allerdings weist der bei ihnen durchgehende arrogante Ethnozentrismus bereits auf die entscheidende Schwäche der vorgebrachten Argumentation hin. Rechte ausschließlich auf Seiten des europäischen Machtzentrums anzusiedeln, die nicht dort lebenden Menschen völlig rechtlos zu stellen, widersprach auch damals schon dem Verständnis dessen, was Zivilität ausmacht, wozu in erster Linie die Abneigung gegen willkürliche, exzessive Gewalt und die Parteinahme für deren Opfer zählte. Dahinter mag ein nun »naiver Ethnozentrismus« stehen, wie er laut Tzvetan Todorov zum Beispiel in den Kommentaren Michel de Montaignes (1532–1592) zutage tritt,[136] doch der zivilisatorische Anspruch jedenfalls, wie ihn Vitoria konzipierte, blieb nicht im Versuchsstadium stecken. 1542 erließ Karl V. Befehle, die u. a. die gute Behandlung der Indigenen anordneten und ihre Versklavung untersagten.[137] Madrid war jedoch weit entfernt, der Widerstand der Konquistadoren und Siedler groß und die Kontrollmöglichkeiten eingeschränkt, die Realität in den eroberten Gebieten folglich noch für viele Jahre eine andere. Vitorias Gedanken aber waren in der Welt und konnten weiterwirken. Natürlich nicht bruchlos und frei von Rückschlägen. Aber sie wurden verstärkt und schließlich abgelöst von anderen Gedanken, die sich, festzumachen an Theologen, Philosophen und Juristen, in den Vordergrund schoben und ihrerseits weiterwirkten. Eine banale Feststellung, aber das Resultat dieses Prozesses ist ganz und gar nicht banal: Der

135 Vgl. Todorov, *Les Morales de l'Histoire*, S. 79–81.

136 So mit überzeugenden Gründen Todorov, ebenda, S. 97 f.

137 Zu den sogenannten »Leyes Nuevas«, den Neuen Gesetzen, vgl. https://www.laguia2000.com/edad-media/las-nuevas-leyes [1. 6. 2024]. Vgl. auch Engl, »Das ›Requerimiento‹«, S. 206.

Blick auf den Menschen wurde schärfer und das Verständnis seiner Rechte größer, auf eschatologisch gerahmtes Denken folgte das Vernunftrecht, positive Rechtsnormen traten an die Stelle des monotheistischen Naturrechts, und die Naturwissenschaften beförderten nachmetaphysisches Denken. Es verhielt sich so, in den Worten von Jürgen Habermas, »dass sich die Entwicklung der Weltbilder in groben Zügen als ein Lernprozess begreifen lässt, der zur schrittweisen Revision jener für die Architektur eines Weltbildes bestimmenden Konzeption führt«[.][138] Zivilisatorische Versuche fanden statt und bewirkten allein oder mit anderen Versuchen einen zivilisatorischen Fortschritt. Wie das auf Autonomie und Gleichheit abzielende »neue« Völkerrecht so führte die »Dezentrierung des europäischen Selbstverständnisses« (Habermas) auch zu einer neuen Sicht auf den Menschen. Der Andere war nicht einfach nur ein Lebewesen, er wurde dem, der sich allein für einzigartig gehalten hat, zunehmend ähnlich. Die *Bill of Rights* der sich 1776 unabhängig erklärenden nordamerikanischen Staaten, die französische Menschenrechtserklärung von 1789 und die danach einsetzende Antisklavereibewegung waren Spiegel dieser Entwicklung.[139]

Ein Begriff, der im Zuge dieser beginnenden menschenrechtlichen Kodifizierung an Bedeutung gewann, war der der *humanity* oder *humanité*. Er war allerdings nicht schon etwa Fluchtpunkt der menschenrechtlichen Diskussion, gewissermaßen die terminologische Verdichtung von Rechten, für die ein Oberbegriff gefunden worden war. Er war vielmehr das Ergebnis einer immer mehr Menschen erfassenden, dann die Wissenschaft und Politik erreichenden Sensibilisierung, die auf Inklusion des Anderen ausgerichtet war. Dessen menschliches Wesen sollte sichtbar gemacht werden, »sie sind wie wir« lautete die Botschaft von Geschichten, die anschaulich vom Leidensweg versklavter Menschen berichteten.[140] Ein prominenter Unterstützer der Abolition dazu 1806 vor dem britischen Oberhaus: »My Lords; if we were to define humanity, what should we say it was? What are its attributes; what is its character? ›A sympathy of feeling for the distress of others – a desire to accomplish good ends by good means‹.«[141]

---

138 Habermas, *Auch eine Geschichte der Philosophie*, Bd. 2, S. 561.

139 Vgl. Paech/Stuby, *Völkerrecht und Machtpolitik*, S. 56–71, 634–637.

140 Vgl. Klose, *»In the Cause of Humanity«*, S. 30, 80–82.

141 Zitiert nach ebenda, S. 81.

Nehmen wir den zeittypischen, fürsorglich-paternalistischen Ton heraus, lässt sich unschwer freilegen, was mit der Verwendung des Begriffs *humanity* gedacht wurde. Es sind die allen Menschen gemeinsamen Werte, die zusammen den »Genuss des Lebens und der Freiheit«, wie es in der *Virginia Declaration of Rights* heißt, gewährleisten sollen und die die »natürlichen Rechte« bilden, von denen die französische Menschenrechtserklärung spricht und mit denen sie all das meint, was zum Menschsein gehört.[142] Wenn die Martens'sche Klausel die Geltung des Kriegsvölkerrechts in bislang ungeregelten Situationen unter Beachtung der »laws of humanity« fordert, markiert *humanity* eine Forderung auch für gewalttätige Zeiten. Dem tendenziell barbarischen Erfindungsreichtum der Kriegsmanier wollten die »Gesetze der Menschlichkeit« Grenzen setzen, indem sie im Laufe der Kriegsgeschichte immer stärker zu bestimmen suchten, was anderen Menschen, dem bewaffneten oder unbewaffneten Kriegsgegnern, angetan werden durfte und was nicht.[143] Aus den »Gesetzen der Menschlichkeit« wurden die »Prinzipien der Menschlichkeit« im Ersten Zusatzprotokoll von 1977 zu den Genfer Konventionen, und sie sollten, so der Kommentar dazu, zweierlei bewirken: Die Annahme, dass das, was nicht verboten ist, erlaubt sei, ist falsch. Und infolge des technologischen Fortschritts künftig mögliche Methoden und Mittel der Kriegführung unterliegen ebenfalls der Klausel.[144] Dass dies auch den Fall erfasst, in dem die Menschheit oder größere Teile von ihr insgesamt zum Angriffsziel werden können, stellte der IGH schließlich 1996 in einer Entscheidung über die Zulässigkeit des Einsatzes von Atomwaffen oder der Drohung damit fest.[145]

Aber wäre ein solcher Akt des Einsatzes von Atomwaffen dann ein »Verbrechen gegen die Menschheit« oder, weil gegen die »Prin-

---

142 »The enjoyment of life and liberty«, vgl. *Section I* der *Virginia Declaration of Rights* (http://www.nationalcenter.org/VirginiDeclaration.html [3. 6. 2024]), und die »droits naturels, inaliénables et sacrés de l'homme«, vgl. die Präambel der *Déclaration des Droits de l'Homme et du Citoyen* (https://www.elysee.fr/la-presidence/la-declaration-des-droits-de-l-homme-et-du-citoyen [3. 6. 2024]).

143 Vgl. Oppenheim, *International Law,* Bd. 2: *War and Neutrality,* S. 85 f.

144 Der Kommentar zu Art. 1 Abs. 2 des Ersten Zusatzprotokolls findet sich hier: https://ihl-databases.icrc.org/applic/ihl/ihl.nsf/Comment.xsp?action=openDocument&documentId=7125D4CBD57A70DDC12563CD0042F793 [3. 6. 2024].

145 Vgl. *Legality of the Threat or Use of Nuclear Weapons, Advisory Opinion,* I.C.J. Reports 1996, S. 226, Abs. 78.

zipien der Menschlichkeit« verstoßend, ein »Verbrechen gegen die Menschlichkeit«?[146] Ginge es nach Hannah Arendt, wohl eindeutig Ersteres. Den Menschlichkeitsbegriff im Kontext des gezielten Massenmordens zu verwenden, liefe auf eine Untertreibung dieser Verbrechen hinaus.[147] Und diese Untertreibung wäre gleichzusetzen mit Verharmlosung und geriete in eine bedenkliche Nähe zu solchen Kräften, denen die alliierten Nürnberger Urteile nicht passten und die darum versuchten, diese politisch und juristisch als überaus fragwürdige Neuerungen zu denunzieren. Zieht man allerdings die Geschichte des *humanity*-Begriffs heran, erschließt sich nicht, warum die deutsche Übersetzung »Verbrechen gegen die Menschheit« die einzig angemessene sein soll. Dass Art und Ausmaß der infrage stehenden Verbrechen die Menschheit insgesamt betreffen können, dürfte außer Zweifel stehen. Physisch bei einem Atomschlag, moralisch bei anderen systematisch und im großen Maßstab begangenen Verbrechen. Doch auch die Menschlichkeit wäre betroffen. Unschwer wäre für alle Menschen vorstellbar – und selbstverständlich nicht nur für Menschen in der europäisch geprägten, nördlichen Hemisphäre, sondern auch für Menschen in anderen Kulturen –, was die intensive und massenhafte Zufügung von Leid und Schmerz bedeutet. Ausgehend von der eigenen Wahrnehmung körperlicher Integrität und dem Bewusstsein eigener Empfindlichkeit wüchse die Überzeugung, dass eine derartige Grenzüberschreitung nicht geschehen dürfe, da sie dem widerspräche, was das Menschliche ausmache. Die dahinter stehende Vorstellung ist nicht eindeutig definiert, wird es auch nie sein, denn das Verständnis von Gewalt und ihrer verbrecherischen Zuspitzung unterliegt räumlichen und zeitlichen Veränderungen.[148] In jedem Fall eines entstehenden Verständnisses kommt es jedoch darauf an, dass eine »Perspektivenübernahme« stattgefunden hat, dass im Anderen der gleiche Andere erkannt worden ist.[149] Darin eine zivilisatorische Leistung zu sehen, dürfte nicht übertrieben sein. Dass

146 Darüber hinaus kann der Einsatz von Atomwaffen, je nach seiner angestrebten oder offensichtlichen Wirkung, auch ein Kriegsverbrechen oder Völkermord sein.

147 Dazu auch Huhle, »Vom schwierigen Umgang«, S. 1. Nachfolgend greife ich Gedanken aus Hankel, *Putin vor Gericht?*, S. 50–53, auf.

148 Vgl. Goltermann, »Gewaltwahrnehmung«, S. 29–31.

149 Vgl. Habermas, *Auch eine Geschichte der Philosophie*, Bd. 2, S. 792 f.

die Versklavung von Menschen unmenschlich ist, hat beginnend mit den Schriften der Abolitionisten des 18. Jahrhunderts bis hinein in das Statut von Rom seinen Niederschlag gefunden. Das gleiche ist in derselben Zeitspanne vom Verbot der Folter zu sagen. Beide Handlungen sind heute, wenn unter den Voraussetzungen des Artikels 7 im Statut von Rom begangen, Verbrechen gegen die Menschlichkeit. Und auch der Einsatz von Atomwaffen ließe sich leicht unter Verbotsnormen dieses Artikels subsumieren.

Ist es folglich nur eine Geschmacksache, ob man bestimmte Verbrechen als »Verbrechen gegen die Menschheit« oder »Verbrechen gegen die Menschlichkeit« bezeichnet? Es hat ganz den Anschein, so zu sein. Keinesfalls impliziert die Verwendung des Menschlichkeits-Begriffs eine Untertreibung. Im Gegenteil könnte mit guten Gründen behauptet werden, dass er genauer und treffender die Begründung für die Verbrecheneinordnung angibt. Ein Gegeneinwand wäre, dass es ihm an der Prägnanz des Menschheits-Begriffs fehlt. Wie dem auch sei. Wenn ich auch weiterhin von »Verbrechen gegen die Menschlichkeit« spreche, lassen sich jedenfalls gute Gründe dafür ins Feld führen.

Wie ein zivilisatorischer Fortschritt gesichert werden kann

Zurück zum Thema zivilisatorischer Versuch beziehungsweise Fortschritt: Die Entdeckung der Menschlichkeit und ihre Umwandlung in eine rechtliche Kategorie war ein zivilisatorischer Fortschritt. Ohne die tastenden Versuche, ihn mit Inhalten zu füllen, hätte es den Berliner Prozess gegen den Armenier Soghomon Tehlirjan nicht gegeben. Die NS-Verbrechen machten deutlich, wie schnell und brutal die Versuche gestoppt und in bekannte finstre Zeiten hinein zurückgedrängt werden konnten. Mit der Konvention über die Verhütung und Bestrafung des Völkermords vom 9. Dezember 1948 und der Allgemeinen Erklärung der Menschenrechte vom 10. Dezember des gleichen Jahres wurden nur wenig später markante Zeichen gegen einen zivilisatorischen Absturz gesetzt. Dass sie im Folgenden ignoriert wurden, Völkermorde und Menschenrechtsverletzungen geschehen konnten, gehört offensichtlich zum Verlauf der Menschheitsgeschichte. Die Gewissheit wäre abwegig, dass sich menschliche Ingeniosität nicht mit Vehemenz gegen die Menschheit oder Teile derselben wenden könnte. Die Versuche allerdings, diesen Zäsuren zum Bösen Herr zu werden, sie in einen Fortschritt münden zu lassen, der weiter nach vorne weist, sind von einer ebensolchen Evidenz.

Wenn also den Zäsuren zum Bösen auch Zäsuren zum Guten gegenübergestellt werden können,[150] ist die Überlegung naheliegend, wie die Zäsuren zum Guten so nachhaltig gemacht werden können, dass die Zäsuren zum Bösen seltener werden, vielleicht sogar ganz verschwinden (so gibt sich die Charta der UN in ihrer Präambel »[...] fest entschlossen, künftige Geschlechter vor der Geißel des Krieges zu bewahren [... und den] Glauben an die Grundrechte der Menschen, an Würde und Wert der menschlichen Persönlichkeit [...] zu bekräftigen.«). In der praktischen Politik ist bei der Ankündigung einer besseren, gewaltfreieren Welt natürlich Vorsicht geboten. Wie schon Johann Gottfried Herder wusste und bei ihm als vorweggenommene Kritik an Goethe (und auch an Pinker) zu lesen ist, ist es Ausweis unhistorischen Denkens, die eigene Zeit, das in ihr Erreichte und Anerkannte zu überschätzen, indem einer weiteren linearen Entwicklung zum immer Besseren das Wort geredet wird. Andererseits sieht er auch Hoffnung. Gegen die Wucht der Kontingenzen setzen er und ihm nachfolgende Philosophen des 18. und 19. Jahrhunderts das, was sie als zivilisatorischen Fortschritt erkennen, ob es nun naturgeschichtlich, sozial oder moralisch-sittlich begründet wird.[151] Nur, wie kann dann der zivilisatorische Fortschritt Fortschritt bleiben, wie kann er neue Versuche generieren, die so bewehrt sind, dass sie bestehen bleiben und sich zu einem Stadium des Fortschritts verdichten? Die Antwort, selbstredend ohne Gewähr, aber mit hoher Plausibilität und Überzeugungskraft, ergibt sich aus einer Kombination von zwei konzeptionell breit angelegten Überlegungen. Die eine stammt von dem Soziologen und Sozialphilosophen Hans Joas, die andere von dem bereits mehrfach genannten Jürgen Habermas. Beide Überlegungen stehen ursprünglich nicht schroff nebeneinander, doch wechselseitige Verbindungen bleiben nur angedeutet, von Joas durchaus mit einiger Skepsis.

150 Vgl. den Vortrag von Jan Philipp Reemtsma »Zäsuren zum Bösen – Zäsuren zum Guten« aus dem Jahr 2006, gehalten auf der Tagung »Zivilisationsbruch und Gesellschaftskontinuität. Die Ambivalenz des Menschenmöglichen im 20. Jahrhundert« im Deutschen Hygiene-Museum Dresden.

151 Vgl. Habermas, *Auch eine Geschichte der Philosophie*, Bd. 2, S. 421–427; Reemtsma, *Helden und andere Probleme*, S. 277–295.

»Sakralität« lautet das Schlüsselwort bei ihm.[152] »Ich schlage vor«, schreibt Joas zur Erläuterung, »den Glauben an die Menschenrechte und die universale Menschenwürde als das Ergebnis eines spezifischen Sakralisierungsprozesses aufzufassen – eines Prozesses, in dem jedes einzelne menschliche Wesen mehr und mehr und in immer stärker motivierender und sensibilisierender Weise als heilig angesehen und dieses Verständnis im Recht institutionalisiert wird.«[153] Es geht ihm also nicht darum, Sakralität ausschließlich religiös zu verstehen, sondern das für Sakralität Charakteristische auf säkulare Gehalte zu übertragen. Dies seien, so Joas, die subjektive Evidenz und die affektive Intensität.[154] Zur Verdeutlichung beider Kategorien zieht er das Verbot der Folter und der Sklaverei heran. Nicht die – zudem mit vielen Ausnahmen versehene – Abschaffung der Folter 1740 in Preußen durch eine Kabinettsorder Friedrich II., auch nicht die rechtsphilosophischen Einwände der Aufklärung gegen die Folter, wie sie vor allem von Cesare Beccaria erhoben wurden (in seinem 1764 erschienen Buch *Dei delitti e delle pene*/»Über Verbrechen und Strafen«), seien es gewesen, die um 1830 zur prinzipiellen Unzulässigkeit der Folterpraxis in Europa geführt hätten. Die intellektuelle Vorgeschichte reiche weiter zurück, Herrscher und Aufklärer hätten die Gunst der Stunde genutzt, um die Abschaffung der Folter zu befördern. Und die Gunst der Stunde habe sich eingestellt, weil es eine kulturelle Verschiebung gegeben habe, »durch die die menschliche Person selbst zum heiligen Objekt [wurde]«.[155] Es habe sich, so lässt sich Joas weiter paraphrasieren, ein emotionaler Widerwille gegen die Folter entwickelt, der nicht in Beziehung zu einem etwa gleichzeitig verlaufenden Rechtediskurs gestanden habe. Wo der Widerwille seinen Anfang genommen habe, sei nicht eindeutig zu bestimmen, im Laufe seiner Ausformung hätte sich jedenfalls die Fähigkeit zur Empathie erweitert und die Sensibilität für die Leidensfähigkeit des menschlichen Körpers, auch des

152 Joas, *Die Sakralität der Person*. Anders als die nur schwach motivierende Moral, die, so Joas (S. 99 f.; 145 f.), nach Habermas durch zwingendes und positives Recht ergänzt werden muss, sieht Joas in der Sakralität der Person die erforderlichen Kräfte zur Motivation.

153 Ebenda, S. 18.

154 Ebenda.

155 Ebenda, S. 81 f.

Körpers des Verbrechers, erhöht. Die Erkenntnis, dass der menschliche Körper nicht unbeschränkter Verfügungsgewalt unterliege, sei zunehmend zu einem Gemeingut geworden, eine Summe subjektiver Evidenzen gewissermaßen, hervorgerufen durch intensive affektive Betroffenheit. Und im Gefolge dieses Prozesses seien zu dessen Absicherung und Bekräftigung die entsprechenden Rechte niedergeschrieben worden.[156]

Die Übertragung dieser Beobachtungen auf die Antisklavereibewegung bestätige, so Joas, diesen Befund. Die zunächst zu nennende moralische Mobilisierung sei das Ergebnis von drei zusammenlaufenden Umständen: Sklaverei sei zur Sünde erklärt worden, eine »kognitive Verschiebung« habe individuelle Verantwortlichkeit entstehen lassen (»Stammt, was wir konsumieren, wirklich aus einem Land, in dem Sklaven oder Zwangsarbeiter an der Produktion beteiligt sind?«) und die Bewegung habe einen transnationalen Charakter gehabt. Erst danach, ergänzend und nicht von entscheidendem Gewicht, stoße das Recht zur Bewegung und erweitere den bereits durch die emotionale Motivation breit ausgefüllten Raum der Mobilisierung um den Teil der rationalen Motivation.[157]

Beide, Folter- wie Sklavereiverbot, sind nach Joas folglich das Ergebnis eines intensiven affektiven Prozesses, der zu einer Wertegeneralisierung geführt hat. Weit mehr als ein rationaler Diskurs ist Wertegeneralisierung eine Kommunikation über Werte, die nicht unbedingt in einem völligen Konsens münden muss. Und es sind in erster Linie die affektiven Seiten dieser Kommunikation, die »eine dynamische wechselseitige Modifikation und Anregung zur Erneuerung der je eigenen [Werte]Tradition« bewirken.[158] Wegen ihrer Beziehungen zueinander auf ein Dreieck projiziert, sagen die Überlegungen von Joas damit Folgendes: Unrecht und Gewalt werden erkannt und artikuliert, die affektiv konnotierten Werte liefern die für den universellen Geltungsanspruch erforderliche argumentative Begründung, nationale sowie globale Kodifizierungen berechtigen Menschen aus verschiedenen Kulturen zur Inanspruchnahme derselben Rechte.[159]

156 Ebenda, S. 99–101.
157 Ebenda, S. 140–146.
158 Ebenda, S. 263 f.
159 Ebenda, S. 280 f.

Ein wenig plakativ könnte man sagen, dass das, was für Hans Joas die Sakralität der Person, für Jürgen Habermas die Idee der Gerechtigkeit ist. So sagt Habermas, nachdem er – angefangen von der Abschaffung der Sklaverei über die Gewährleistung von religiöser Toleranz, Meinungsfreiheit und sexueller Gleichberechtigung bis hin zum Natur- und Klimaschutz und einem fairen Weltwirtschaftssystem – moralisch gerechtfertigte Ziele genannt hat: »Um diese verbreiteten Intuitionen zu begründen, brauchen wir uns nicht auf einen Pluralismus von Werten zu beziehen. Werte sind grundsätzlich interkulturell umstritten, sie können jedenfalls nicht mit Gründen, die allgemeine Geltung beanspruchen, in eine transitive Ordnung gebracht werden. Für die Begründung von Prinzipien, mit denen solche Beispiele als ebenso viele moralische Fortschritte gerechtfertigt werden können, genügt die Idee der Gerechtigkeit, die eine Gleichbehandlung verschiedener Fälle in den jeweils relevanten Hinsichten verlangt.«[160] Und diese Idee der Gerechtigkeit sei eine moralische und abstrakte insofern, als infolge von Schüben des »moralischen Lernens« soziale Exklusion durch Inklusion ersetzt werde. Um bei den Beispielen des Folterverbots und der Abschaffung der Sklaverei zu bleiben: im Ausgegrenzten, Rechtlosen und Verdinglichten wird die gleiche Person erkannt und anerkannt, als die man sich selber versteht. Zu erklären, so Habermas, sei diese Verschiebung »mit dem *Akt der Bindung* unserer Willkür an die aus praktischer Vernunft gewonnene Einsicht, [wodurch] sich das richtige moralische Urteil im autonomen Handeln [*erfüllt*]«.[161] Frage man weiter, was zu dieser Selbstbindung motiviere, so seien dies entweder Normen mit einer Sollgeltung beziehungsweise das daraus entstandene Pflichtgefühl oder – eher noch, weil ein global verbreitetes Pflichtgefühl, das als Folge des nachmetaphysischen Denkens seines transzendentalen Status beraubt ist, keine verlässliche Grundlage sein kann – *das Selbstverständnis* des Menschen als eines *autonomen Vernunftwesens.*[162] Habermas: »Das Selbstverständnis des Menschen als eines autonomen Vernunftwesens kann vor allem aus den historischen Spuren jener moralisch-praktischen Lernprozesse Mut schöpfen, die sich im Zuwachs an institutionalisierten Freihei-

160 Zitiert nach Habermas, *Auch eine Geschichte der Philosophie,* Bd. 2, S. 791.
161 Zitiert nach ebenda, S. 803 (Hervorhebungen im Original).
162 Ebenda, S. 803–805.

ten und heute vor allem in den Praktiken und rechtlichen Gewährleistungen demokratischer Verfassungsstaaten verkörpern. Diese empirischen Gründe können das Vertrauen in die eigenen Kräfte stützen.«[163]

Joas ist nicht überzeugt von Universalisierungshoffnungen, die sich auf die Sphären des Rechts und der normativen Moral richten.[164] Habermas wiederum zweifelt das universal verbindende Potenzial von Werten an und hält den Weg der um sich greifenden Selbstbindung kraft normativer Motivierung für den richtigen. Beide berufen sich auf die Historie, die ihr mächtigster Verbündeter ist.

Zwei Einwände liegen hier nahe. Der erste fragt danach, ob die in unterschiedliche Richtungen verlaufenden Überlegungen von Joas und Habermas überhaupt noch Geltung behaupten können, sobald sie auf schwere Verbrechen bezogen werden, ob, anders gesagt, nicht das Erreichbare schon erreicht worden ist. Heute sind nicht nur Folter und Sklaverei, sondern alle anderen Handlungen, die in ihrer Schwere die gesamte Menschheit betreffen können, pönalisiert. Entsprechende Vorschriften finden sich in nahezu allen nationalen Rechtsordnungen und Konventionen sowie Verträgen, und sie zeugen von einer ausgeprägten internationalen Rechtsverbundenheit. Dem Einwand könnte man entgegenhalten, dass zwischen der einvernehmlich erklärten Strafbarkeit schwerer Völkerrechtsverbrechen und der Schaffung von Institutionen zur Durchsetzung des angeblich globalen Strafanspruchs eine Lücke besteht. Denken wir hier nur an die Weigerung immer noch Dutzender Staaten, dem Statut des IStGH beizutreten oder diesen anzuerkennen. Auch ist gut möglich, dass in Zukunft die Liste der Verbrechen gegen die Menschlichkeit erweitert wird, zum Beispiel um Verbrechen gegen das Klima oder Verbrechen von Staatsführungen gegen die eigene Bevölkerung in Gestalt von Korruption oder Plünderung des Nationalvermögens. Sich selbst beziehungsweise ihre politische oder militärische Führung dem Recht oder moralisch-normativen Pflichten zu unterwerfen, ist für viele Staaten ein weiterhin unerträglicher Gedanke, ganz zu schweigen davon, dass Verbrechensdefinitionen und Modalitäten

---

163 Zitiert nach ebenda, S. 806.

164 Vgl. Joas, *Die Sakralität der Person*, S. 255 f.

ihrer Durchsetzung von einzelnen Staaten mit Vorbehalten versehen werden.[165]

Der zweite Einwand folgt direkt aus dem eben Gesagten. Sind Wertegeneralisierung und normative Selbstbindung, denen ja ein starkes Moment der Hoffnung innewohnt, nicht zu schwache Instrumente, um es perspektivisch erfolgreich mit dem Auftreten von Massenverbrechen aufzunehmen? Die Frage wäre umso berechtigter, wenn es eine sinnvolle Alternative gäbe. Eine solche gibt es jedoch nicht. Ein Weltstaat mit Gewaltmonopol, der bei schlimmster Rechtsverletzung eingreift, ist eine Utopie, von der zudem nicht sicher ist, ob sie wegen möglicher Nebenwirkungen (eine freiheitsfeindliche autoritäre Politik zur Unterdrückung von Unterschieden auf individueller und kultureller Ebene beispielsweise) erstrebenswert ist. Die zweite Variante der Alternative, das freie, bei Bedarf regellose Spiel der Macht, scheitert an ihrer fehlenden mittel- oder langfristigen Sinnhaftigkeit im transnationalen und globalen Maßstab, auch wenn sich vordergründig Erfolge einstellen können (man denke an die schnelle Eroberung Afghanistans 2001 oder des Irak 2003, an die Folgen des als Nothilfe zugunsten der russischen Minderheit deklarierten russischen Kriegs gegen die Ukraine oder an die Tötung von Führungsmitgliedern der Hamas). Mangels weiterer Alternativen sind wir also auf die beiden Instrumente der Wertegeneralisierung und der normativen Selbstbindung verwiesen und müssen versuchen, aus ihnen die erforderliche Hoffnung zu schöpfen.

Ich denke, es ist zutreffend zu sagen: Das rechtliche Verbot der Folter hat Menschen vor der Folter gerettet, obwohl heute noch gefoltert wird. Und das rechtliche Verbot der Sklaverei hat Menschen vor der Versklavung gerettet, obwohl heute noch Sklaverei praktiziert wird. Gleiches könnte von dem Verbot, andere Kriegs- oder Menschlichkeitsverbrechen zu begehen, gesagt werden, vielleicht sogar vom Verbrechen des Völkermords (hier könnte man auf das Schicksal der Hema und Lendu oder der Banyamulenge-Tutsi im Ostkongo verweisen, die behaupten, schon mehrfach Ziel genozidaler Handlungen

---

165 Vgl. im historischen Rückblick Schabas, *Genozid im Völkerrecht*, S. 112, 456–474; vgl. auch https://treaties.un.org/Pages/ViewDetails.aspx?src=IND&mtdsg_no=IV-1&chapter=4&clang=_en [3. 6. 2024].

geworden zu sein[166]). Ohne die Verbote und das damit einhergehende Bewusstsein, dass die dahinter stehenden Taten sozial und moralisch zu ächten sind, gäbe es die Verbrechen in weit größerer Zahl. Von dieser banalen Feststellung zu den Werten übergehend, wie sie Joas in ihrer Bedeutung thematisiert hat, möchte ich einen Kommentar zitieren, der einer Filmsequenz eines IKRK-Videos unterlegt war: »Ein Krieger tötet keine Gefangenen. Ein Krieger tötet keine Kinder. Ein Krieger vergewaltigt keine Frauen.«[167] Das Video sollte zur Zeit des Kriegs im ehemaligen Jugoslawien über einheimische Fernsehsender verbreitet werden. Zweck des Kommentars war es nicht, an die Einsichtsfähigkeit der Kombattanten zur Rechtsbefolgung zu appellieren, er appellierte an ihr Ehrgefühl, daran, dass jeder Kombattant selbst, seinem Verständnis von sich in einer konkreten Situation folgend, weiß, was erlaubt ist und was nicht. »Die Ehre des Kriegers« lautet denn auch die Kapitelüberschrift im Buch von Ignatieff, dem der zitierte Kommentar entnommen ist.[168]

Ehre rekurriert auf Werte, Werte können Handlungen bestimmen, individuell, kollektiv, über territoriale Grenzen hinaus. Darauf setzte das IKRK nach 1992 im ehemaligen Jugoslawien und wusste dabei, dass kurze, wertegebundene Botschaften mehr bewirken als eine Auflistung von rechtlichen Verbotsnormen, selbst wenn sie kurz ist. Allerdings sind die appellativen Botschaften nicht vom Recht zu trennen. Geschichte und Existenz des IKRK sind der Beweis für die Verschränkung von Werten und Recht. Empirisch herausfinden zu wollen, was zuerst existierte, läuft apriorisch auf den Vorrang der Geltung vor der Genese hinaus. Gewohnheitsrecht als Vorläufer vieler positiver Rechtsnormen entstand durch ein Zusammenlaufen von Überzeugungen, dass wegen der Bedeutung oder Wertigkeit einer Person, Sache oder Angelegenheit diese geschützt werden müssen, und dass dieses Müssen eine allgemeine Verpflichtung darstellt, deren Beachtung allgemein eingefordert werden kann. Wann der Umschlag in der Werte- und Rechtswahrnehmung eingesetzt hat, ist schlechterdings nicht auszumachen (Wann wird aus einer vereinzelten Wertzuschreibung eine kollektive, wann entstand eine korrespondierende Rechtsüber-

166 Vgl. Johnson, »Schlecht versorgt und geschützt«.
167 Zitiert nach Ignatieff, *Die Zivilisierung des Krieges*, S. 197.
168 Ebenda, S. 138.

zeugung?), wohl aber ist historisch zu verfolgen, dass Rechtsqualität die Wertwahrnehmung erhöht und die erhöhte Wertwahrnehmung wiederum die Rechtsqualität verstärkt hat.[169] Hätte Habermas mit seiner Feststellung recht, wonach »Werte grundsätzlich interkulturell umstritten [sind], sie können jedenfalls nicht mit Gründen, die allgemeine Geltung beanspruchen, in eine transitive Ordnung gebracht werden«, dürfte es diese historische Entwicklung nicht gegeben haben. Das aber widerspricht Habermas eigener Beobachtung von der »Inklusion des Anderen«. Richtiger wäre es darum, den möglichen Wertepluralismus in Bezug zum konkreten Werteinhalt zu setzen. Je elementarer und nachhaltiger die Vorstellung von einem Wert, desto eher darf angenommen werden, dass die Vorstellung sich über ihren ursprünglichen Existenzbereich hinaus ausbreitet und trans- sowie international Geltung erlangt. Menschliches Leben und körperliche Unverletztheit werden (noch) anders bewertet als Klima- und Umweltfragen. Kommt es zu massiven Verletzungen Ersterer, ist schneller eine länderübergreifende Übereinstimmung hergestellt. Konsens über den Unwert des Handelns lassen den Ruf nach Vergeltung und Prävention laut werden. Fernes rückt, weil Unrechtserfahrungen verallgemeinerbar sind, in die Nähe. Zugleich geschieht zweierlei: Der erreichte zivilisatorische Standard drängt im Konfliktfall auf seine Realisierung. Und: Vergleichbare Fälle sollen gleich behandelt werden.[170] Darüber hinaus entstehen neues Recht beziehungsweise neue Felder der Anwendung bestehenden Rechts. Gesteigerte Sensibilität lenkt die

169 Vgl. zu den Schwierigkeiten, die Entstehung von besonders Völkergewohnheitsrecht nachzuvollziehen und zu bestimmen, Verdross/Simma, *Universelles Völkerrecht*, S. 346–362; Herdegen, *Völkerrecht*, S. 147–156.

170 Das ist der Grund, warum auf Drängen der EU und der USA 2015 das Sondertribunal für das Kosovo eingerichtet worden war, und zwar als Ergebnis einer Änderung in der kosovarischen Verfassung, die das international besetzte Gericht zum Teil der Justiz des Kosovo erklärte, vgl. https://www.scp-ks.org/en [3. 6. 2024]. Das Sondertribunal ist Teil des mit dem Jugoslawien-Tribunal 1993 begonnenen Versuchs, dem Unrecht auf dem Balkan beizukommen. Mehr als zwanzig Jahre nach den Kämpfen zwischen Serbien und der kosovarischen Unabhängigkeitsbewegung sind erste Anklagen gegen Kosovaren erhoben (vgl. Martens, »Ausgeklügelte Grausamkeit«, S. 10) und ein erstes Urteil (https://www.spiegel.de/ausland/salih-mustafa-den-haag-kosovo-tribunal-verurteilt-milizenfuehrer-zu-26-jahren-haft-a-00fee311-90ab-4571-baaa-0b859ace2bbe [3. 6. 2024]) gefällt worden.

Aufmerksamkeit auf neue Bereiche, in denen mit der angenommenen Zunahme rechtlicher Reaktionen neue Werte entstehen und Angriffe auf existierende Werte als solche wahrgenommen werden. Neues Recht beziehungsweise die erweiterte Anwendung alten Rechts sollen Abhilfe schaffen.[171]

Gerade dieser letztgenannte Aspekt scheint mir ausschlaggebend dafür zu sein, warum ich hier den Überlegungen von Habermas folge. Ich stimme Joas gerne zu, wenn er Werte und die durch sie ausgelösten Affekte hervorhebt. Sie aber in seiner Sakralitätsthese in den Mittelpunkt zu stellen und dem Recht eine bloße Ergänzungsfunktion zuzuweisen, halte ich für fragwürdig. Es fehlt das Bewusstsein für das »Eigengewicht des Rechts«.[172] Recht ist nicht statisch. Recht kann, wie wir an vielen Beispielen erkennen können, neues Recht generieren, materielles wie prozedurales.[173] In diesen Prozess fließen Werte mit ein, sie befördern ihn und treiben ihn über Landesgrenzen hinaus. Die vier Genfer Konventionen von 1949 haben alle UN-Mitgliedstaaten ratifiziert, die Jahrzehnte später kodifizierten drei Zusatz-Protokolle (die Regelungslücken schließen wollen) weisen einen Ratifikationsstand von 174 (Protokoll I), 169 (Protokoll II) und 77 (Protokoll III) auf (Stand Februar 2024). Es geht in ihnen, noch einmal, durchweg um schwere Menschenrechtsverletzungen beziehungsweise um deren Verhinderung, was die Herstellung eines internationalen Konsenses erleichtert. Man kann ihn einen »Minimalkonsens« nennen oder von einem »überlappenden Konsens« reden, unbestreitbar bleibt, dass sich die gewaltige Staatenmehrheit, unterstützt von vielen NGOs, auf Rechtsregeln geeinigt hat, hinter denen Werte stehen.[174] Werte können somit, entgegen der Behauptung von Habermas, sehr wohl in eine

---

171 Vgl. das Strategiepapier des IStGH zur Strafbarkeit von u. a. Umweltzerstörung, illegaler Ressourcenausbeutung oder Landnahme, dazu: Schmid, »Möglichkeiten und Grenzen«, S. 129.

172 So zu Recht Bogner, »Unvermischt und ungetrennt«, S. 106.

173 Im Zusammenhang mit den genannten Beispielen (über Anm. 165) wäre noch auf die bereits erwähnten Arbeiten an einer Konvention über Verbrechen gegen die Menschlichkeit und deren mögliche Reichweite hinzuweisen, vgl. http://opiniojuris.org/2019/10/08/prospects-for-a-convention-on-the-prevention-and-punishment-of-crimes-against-humanity/ [3. 6. 2024].

174 Vgl. Paulus, *Die internationale Gemeinschaft im Völkerrecht*, S. 253 f., wo sich auch der Hinweis auf die bekannte Redefigur vom »überlappenden Konsens« nach John Rawls findet. Außerdem ebenda, S. 260–262.

transitive Ordnung gebracht werden. Allerdings bedarf es dazu des Rechts, das den Weg zur rational begründeten Selbstbindung öffnet, diese sodann festigt und so allmählich die Idee der Gerechtigkeit konkretisiert. In diesem Punkt ist Habermas zu folgen.

Übertragen wir das Ergebnis dieser Gegenüberstellung der Überlegungen von Joas und Habermas auf die einleitend gestellte Frage nach dem zivilisatorischen Fortschritt, der Fortschritt bleiben soll, den die Gegenkräfte also nicht zu torpedieren vermögen und der somit auch als Ausgangspunkt für weitere zivilisatorische Versuche gelten kann, kann meiner Ansicht nach Folgendes gefolgert werden: Die den Rechtsnormen zur Bekämpfung fernen Unrechts unterliegende affektive Komponente erfordert, dass bei Erkennen dieses Unrechts von den zuständigen Stellen gehandelt oder normativ begründbar nicht gehandelt wird. Andernfalls drohen Enttäuschung und Erosion des Rechts. Der zivilisatorische Versuch ist diskreditiert mit der Konsequenz, dass auch seine Grundlage, die als Akt des Fortschritts gefeierte Schaffung einer materiellrechtlich und prozedural zuständigen Instanz, in Mitleidenschaft gezogen wird. Dieselbe Konsequenz droht auch, wenn Legalität und Legitimität rechtlichen Handelns auseinanderfallen. Wo die Perspektive der Rechtsdurchsetzung verschwindet, weil die rechtliche Gleichbehandlung gleicher Sachverhalte aufgrund übergeordneter Interessen hintangestellt wird, läuft auch das Recht selbst Gefahr zu verschwinden. Zur Vermeidung dieses dunklen Szenarios und ins Positive gewendet, sind beim Projekt der Ahndung fernen Unrechts diejenigen Kriterien zu berücksichtigen, die den zivilisatorischen Versuch zu einem möglichst erfolgreichen machen. Welche das sind, habe ich bereits in der Einleitung gesagt, doch seien sie hier wegen ihrer Bedeutung wiederholt: Damit Affekte und Recht in *eine* Richtung verlaufen, muss die Justiz objektiv und Teil eines widerspruchsfreien politischen Kontextes sein, sie muss den historischen Fallhintergrund ausleuchten, die Verfahrensdauer auf ein hinnehmbares Maß beschränken und Tätern sowie Opfern eine angemessene Stellung im Verfahren einräumen. Das klingt nicht spektakulär, beinahe selbstverständlich, aber wir werden sehen, dass die Kriterien zu den alles andere als leicht zu erfüllenden Anforderungen gehören, die mit dem rechtlich-moralischen Anspruch, über die Grenzen von Staaten hinaus Unrecht erfassen und ahnden zu wollen, verbunden sind.

Da allerdings die Wahrnehmung fernen Unrechts am Anfang des Prozesses der Ahndung steht, soll die Untersuchung mit diesem Aspekt fortgesetzt werden. Die Wahrnehmung direkt zu messen, ist mit zu vielen Unsicherheitsfaktoren belastet (wer nahm was wann wo und warum wahr?), sinnvoller erscheint mir, sich der Wahrnehmung indirekt zu nähern, nämlich über erkennbare, weil kommunizierte Reaktionsformen auf fernes Unrecht.

II Reaktionsformen auf »fernes Unrecht«. Zwischen diplomatischen Sanktionen, Indifferenz und Opportunismus, militärischen Interventionen und Straftribunalen

Die in der Überschrift genannten Begriffe, die unterschiedliche Reaktionsformen markieren, haben gemeinsam, dass sie Antworten auf einen Handlungsdruck sind. Da wir über Staaten als Akteure sprechen, die entweder allein oder zu mehreren zusammen handeln, muss das Ereignis, das diesen Handlungsdruck hervorruft, etwas sein, das, pauschal gesagt, als massive Störung empfunden wird. Was ich hier als fernes Unrecht bezeichne, das zu einem nahen wird, weil es Rechtsnormen widerspricht, ist etwas, das einen Handlungsdruck produzieren kann. Gegen Sklaverei, Folter und Kriegsverbrechen wird Stellung bezogen, weil Recht kodifiziert und angewendet wurde, von einem Staat allein wie nach dem Ersten Weltkrieg, von einer Allianz von Staaten wie nach dem Zweiten Weltkrieg und nach der Annahme des Statuts von Rom 1998 oder von dem UN-Sicherheitsrat wie bei den sogenannten Ad-hoc-Tribunalen.

Die Untersuchung der Reaktionsformen auf fernes Unrecht setzt bei einem Stadium an, in dem die Voraussetzungen für eine Reaktion so ideal waren wie niemals zuvor. Dieses Stadium begann Anfang der 1990er Jahre, als der Ost-West-Gegensatz verschwand und der Kalte Krieg an ein Ende kam. Bedenken gegen diese Datierung gibt es, so mit der Warnung, nicht eine multipolare, sondern eine unipolare Welt sei entstanden, in der ein Staat, die USA, seine machtpolitischen Interessen militärisch durchgesetzt habe. Die vielgepriesene »Neue Weltordnung« habe es allenfalls nur zum Vorteil eines Staates und seiner Verbündeten gegeben.[1] Ich werde darauf zurückkommen. Im

---

1 Vgl. z. B. Paech/Stuby, *Völkerrecht und Machtpolitik*, S. 296–312.

Moment erscheint mir eine Auseinandersetzung mit diesen Bedenken wenig ergiebig, denn die Situation war komplexer. Andere Akteure waren nämlich hinzugekommen, die mit jeweils eigener Agenda, aber gleichen Mitteln ihre Ziele verfolgten. Deren Handeln wie auch das der USA und der ihnen nahestehenden Staaten lassen sich besser einordnen, wenn ein Ausgangspunkt gewählt wird, der einen unbestreitbar klaren Bruch mit dem vorherigen Zustand markiert. Und das war Anfang der 1990er Jahre der Fall. Von einer »zweiten Chance« sprach der UN-Generalsekretär Butros-Ghali 1992 in seiner Agenda for Peace und dachte dabei an neue Maßnahmen der Friedenssicherung und Friedensschaffung, die im weltpolitischen tiefen Misstrauen der Zeit davor nicht möglich gewesen wären.[2] Und er dachte daran, dass künftig auch die Menschenrechte insbesondere für Minderheiten eine stärkere Beachtung erfahren sollten, da ohne die innere Stabilität von Staaten Frieden Illusion bleiben würde.[3]

Zu diesem Zeitpunkt dauerten die ersten Kriege im zerfallenden Staat Jugoslawien schon ein Jahr an. Durch eine gemeinsame Anstrengung würden sie noch rasch zu beenden sein, mochte Boutros-Ghali gehofft haben. Er sollte sich irren. Die folgenden Jahresdaten sind bekannt: Das Massaker von Srebrenica, juristisch als Völkermord bewertet, geschah im Juli 1995. Ein Jahr vorher, von April bis Juli 1994, hatte sich der Völkermord von Ruanda ereignet. 2001 wurde das Konzept der Schutzverantwortung R2P veröffentlicht, das die internationale Staatengemeinschaft mit einhelliger Zustimmung aufnahm. Dann gab es die Kriege, Bürgerkriege und gewaltsam ausgetragenen Konflikte in Libyen (2011 bis heute), in Syrien (2011 bis heute), im Jemen (2015 bis heute), in der Ukraine (2022 bis heute), im Sudan (2023 bis heute), in Israel und im Gazastreifen (2023/24), den Völkermord an den Jesiden (2014) und wohl auch – eine endgültige justizielle Bewertung steht noch aus – an den Rohingya (2017). Von der Schutzverantwortung R2P sprach danach niemand mehr mit Anspruch auf Ernsthaftigkeit, allein der Begriff wäre deplaziert erschienen. Ebenso erschien die Agenda for Peace von Boutros-Ghali als ein Relikt aus ver-

2 »We Have Been Given a Second Chance to Create the World of our Charter […]«, A/47/277, S24111, vom 17. 6. 1992, Abs. 75, vgl. https://documents.un.org/api/symbol/access?j=N9225961&t=pdf [3. 6. 2024].

3 Ebenda, Abs. 18.

gangener Zeit, als Hoffen noch erlaubt war, ohne sich den Vorwurf rettungsloser Blauäugigkeit einzuhandeln.

Waren die 1990er Jahre und die Jahre nach der Jahrtausendwende also nicht doch Jahre wie die anderen davor, in denen jederzeit Schlimmstes passieren konnte? Ist auch die »zweite Chance« nicht ergriffen worden? Es sieht ganz danach aus. Aber dieser Anschein ist mitnichten von allein zukunftsprägender Macht. Er liegt im Wettstreit mit zivilisatorischen Unternehmungen, die ja als eine Geschichte vorauseilender, zukunftsorientierter Gerechtigkeitsvorstellungen zu verstehen sind. Menschenrechte und humanitär-völkerrechtliche Errungenschaften stehen zunächst erst einmal auf dem Papier. Damit sie Wirklichkeit werden, müssen sie anerkannt und durchgesetzt werden, sie müssen, mit anderen Worten, in das Bewusstsein der Menschen gelangen und die Erwartung wecken, das etwas geschehen muss und auch geschehen wird.[4]

Dazu war, trotz allem, die Gelegenheit ab 1990 so günstig wie lange nicht. In der Agenda for Peace hob Boutros-Ghali hervor, dass es in den zwei Jahren vor der Präsentation der Agenda (seit dem 31. Mai 1990) nicht ein Veto im UN-Sicherheitsrat gegeben habe, während es in den 45 Jahren davor 279 gewesen seien, obwohl ein großer Verständigungsdruck angesichts von rund 100 größeren bewaffneten Konflikten mit ca. zwanzig Millionen Toten geherrscht habe.[5] Eine hoffnungsvolle Wendung hatte es auch in der Auslegung der UN-Charta gegeben. Ein Bruch oder eine Bedrohung des Weltfriedens im Sinne von Art. 1 Nr. 1 der UN-Charta bedeutete nach traditioneller Ansicht ein mit Waffengewalt ausgetragener Konflikt zwischen zwei oder mehr Staaten. Der Konflikt musste folglich grenzüberschreitend sein. Der Sicherheitsrat rückte davon erstmals in der sogenannten Kurden-Resolution von 1991 ab, in der die Unterdrückung vor allem des kurdischen Teils der irakischen Zivilbevölkerung als Bedrohung des Weltfriedens und der internationalen Sicherheit nach Artikel 39 der UN-Charta (der den Sicherheitsrat zu auch militärischen Sank-

4 Zum Faktor »Zeit« bei den Menschenrechten vgl. Geyer, »Die Welt als Ereignis«, S. 96–98.

5 Vgl. A/47/277, S24111, vom 17. 6. 1992, Abs. 14 f., unter https://documents.un.org/api/symbol/access?j=N9225961&t=pdf [3. 6. 2024].

tionsmaßnahmen ermächtigt) gewertet wurde.[6] Allerdings rückte die Resolution noch die Folgen der innerirakischen Notlage in den Vordergrund, womit eine drohende Destabilisierung über die Grenzen des Irak hinaus gemeint war, doch schon ein Jahr später sagte der Sicherheitsrat in seiner Resolution zu Somalia, »dass das Ausmaß der durch den Konflikt in Somalia verursachten menschlichen Tragödie [...] eine Bedrohung des Weltfriedens und der internationalen Sicherheit darstellt«.[7] Das Eingreifen in einen rein innerstaatlichen Konflikt wiederholte sich mit der Schaffung eines internationalen Gerichts im Mai 1993 für das ehemalige Jugoslawien und im November 1994 für Ruanda. In beiden Fällen betonte der Sicherheitsrat in seinen Resolutionen, dass die systematischen und weitverbreiteten Verstöße gegen das humanitäre Völkerrecht in den Hoheitsgebieten beider Staaten eine Bedrohung des Weltfriedens und der internationalen Sicherheit darstelle.[8]

Der gemeinsame Wille, dem Unrecht entgegenzutreten, war also vorhanden. Ein Novum in der jüngeren internationalen Staatenpolitik, selbst wenn wir in Rechnung stellen, dass einige Staaten nur halbherzig gehandelt haben, weil sie entweder nicht betroffen waren oder, aus Gründen der internationalen Anerkennung, nicht abseits stehen wollten. Dass der Unterschied zwischen Anspruch und Realität groß war und ist, spricht nicht gegen den Anspruch. Es kommt darauf an, das im Herder'schen Sinne phänomenologisch Gewachsene zu erkennen, eben das, was Hegel später »Sittlichkeit« nennen sollte, die einübende Teilnahme an sozialen Praktiken, die normativ determiniert sind und einen Lernprozess befördern.[9] Dieser Lernprozess, der eigentlich ein Akt im Fortschrittsprozess ist, zeigt sich in einem neuen zivilisatorischen Versuch, der Antworten fordert auf ein Gewaltgeschehen, das nicht hätte geschehen dürfen, weil es in Widerspruch steht zur Rückbesinnung auf rechtlich-normative Werte. Und diese Rückbesinnung vollzog sich nicht einfach stillschweigend, sondern, begleitet von hoff-

---

6 Vgl. Herdegen, *Völkerrecht*, S. 335.

7 Ebenda, S. 336 (dort auch das Zitat); zurückhaltender in der Analyse, aber im Ergebnis der gleichen Auffassung: Bothe, »Friedenssicherung und Kriegsrecht«, Rn. 44.

8 Vgl. die Präambel zu Resolution 827 des UN-SR vom 25. 5. 1993 und von Resolution 955 des UN-SR vom 8. 11. 1994.

9 Vieweg, *Hegel*, S. 490–499; Habermas, *Auch eine Geschichte der Philosophie*, Bd. 2, S. 528.

nungsvollen Kommentaren politisch Verantwortlicher, vor den Augen der internationalen Öffentlichkeit.

Anhand von Beispielen habe ich oben gezeigt, dass Antworten mal gegeben und mal nicht gegeben wurden. Daran hat sich bis in die Gegenwart nichts geändert, bis auf den Umstand, dass sich das Fenster der Gelegenheit, das sich 1990 geöffnet hatte, wieder geschlossen hat. Ob wir uns, wir schon vor einigen Jahren prognostiziert, auf dem Weg in einen neuen Kalten Krieg befinden[10] oder andere tiefgreifende Spaltungen bevorstehen, wird die Zukunft zeigen. Die Vergangenheit zeigte jedenfalls einen Umgang mit Gewaltphänomenen, den ich hier als einen Ausdruck von Reaktionsformen bezeichnen möchte. Warum wurde in welcher Weise reagiert und was war und ist, verglichen mit den Erwartungen, das Ergebnis? Wann erstarrte eine Reaktion und nahm in ihrer Rechtfertigung floskelhafte Züge an? Zu Letzterem sind gleich zwei Einschränkungen anzubringen: Zum Ersten beziehe ich mich auf das, was die Draufsicht auf eine Problemkonstellation ergibt. Was sich nicht einem objektiv nachvollziehbaren Zugang öffnet, berücksichtige ich nicht. Entscheidend ist das, was sich faktisch ereignet hat und mit plausiblen Gründen verstanden werden kann. Zum Zweiten wird sich die Zahl der zu untersuchenden Fälle auf Beispiele begrenzen, die meines Erachtens besonders für eine Reaktionsform oder mehrere von ihnen stehen. Andere mögliche Beispiele bleiben unberücksichtigt, weil sie am Befund nichts ändern.

Diplomatische Sanktionen, Indifferenz und Opportunismus

Nach dem Tod einer 22 Jahre alten Frau in Polizeigewahrsam begannen im September 2022 Proteste gegen das autoritäre Regime im Iran. Auf die Forderungen der meist jüngeren Demonstranten und vor allem Demonstrantinnen nach Freiheit von staatlicher, religiös begründeter Repression reagierte das Regime mit großer Härte. Bis Ende 2022 sollen mehr als 400 Menschen von Sicherheitskräften getötet worden sein, Gerichte fällten Todesurteile gegen festgenommene Demonstranten, erste Hinrichtungen fanden statt.

10 Vgl. Steiner, »Das sind die Waffen im neuen Kalten Krieg«.

Am 10. Januar 2023 lautete eine Meldung in Deutschland: »Nach der Hinrichtung von zwei weiteren Demonstranten im Iran lässt Bundesaußenministerin Annalena Baerbock (Grüne) erneut den iranischen Botschafter ins Auswärtige Amt einbestellen. Ihm solle unmissverständlich klargemacht werden, ›dass die brutale Repression, die Unterdrückung und die Terrorisierung der eigenen Bevölkerung sowie die jüngsten beiden Hinrichtungen nicht ohne Folge bleiben‹, sagte sie bei einer Pressekonferenz [...]. ›Ein Regime, das seine eigene Jugend ermordet, um seine Bevölkerung einzuschüchtern, hat keine Zukunft.‹«[11]

Wir können davon ausgehen, dass der iranische Botschafter der Einbestellung Folge geleistet hat. Sie zu ignorieren wäre ein schwerer diplomatischer Affront, der die Beziehungen zwischen dem Empfangsstaat (Deutschland) und dem Entsendestaat (Iran) weiter verschlechtern und eine Beendigung der Mission des Botschafters, das heißt seine Ausweisung, wahrscheinlich machen würde. Die Einbestellung eines ausländischen Diplomaten in das Außenministerium des Empfangsstaats ist, nach der formlosen Einladung zu einem Gespräch, eine im diplomatischen Verkehr zwischen Staaten vorgesehene Möglichkeit, eine andere Tatsachen- und Rechtsansicht des Empfangsstaats als die im Entsendestaat vertretene zum Ausdruck zu bringen. Gewöhnlich geschieht dies durch das Überreichen einer Protestnote, in der der Entsendestaat aufgefordert wird, das aus Sicht des Empfangsstaats völkerrechtswidrige Verhalten zu beenden. Weil Einbestellung und Protestnote Eingriffe in die Souveränität nach außen des betroffenen Staats sind, werden sie auch als diplomatische Sanktionen bezeichnet, als relativ milde allerdings, denn sie verfolgen das Ziel der Wiederherstellung eines völkerrechtskonformen Zustands, was die Kooperationsbereitschaft des angesprochenen Staats voraussetzt. Wird das Ziel nicht erreicht oder rückt gar in weitere Ferne, kann auf Sanktionen anderer Art zurückgegriffen werden, die den Druck erhöhen sollen. Dazu gleich mehr. Jetzt sei noch kurz auf die nächsten zwei Stufen der diplomatischen Sanktion hingewiesen, nämlich auf die an den Entsendestaat gerichtete Aufforderung, den

11 Zitiert nach https://www.zdf.de/nachrichten/politik/baerbock-iran-botschafter-einbestell-100.html [3. 6. 2024].

zur *persona non grata* erklärten Botschafter oder einzelne Mitglieder des Botschaftspersonals binnen einer gewissen Frist abzuberufen. Fünf Tage räumte das Auswärtige Amt im April 2022, nachdem die vielen zivilen Toten im ukrainischen Butscha bekannt geworden waren, vierzig Mitgliedern des diplomatischen Personals der russischen Botschaft ein, um Deutschland zu verlassen. Die Botschaftsangehörigen hätten, so Außenministerin Annalena Baerbock, in Deutschland »jeden Tag gegen unsere Freiheit, gegen den Zusammenhalt unserer Gesellschaft gearbeitet. Dies werden wir nicht weiter dulden. Das haben wir dem Botschafter Russlands heute Nachmittag mitgeteilt.«[12] Nach der Abschiebung kämen als letzte Maßnahme nur noch der Abbruch der diplomatischen Beziehungen und die Schließung der Botschaft in Betracht.[13]

Man wird sich unschwer vorstellen können, dass der letzte Schritt gleichbedeutend ist mit einer kriegerischen Auseinandersetzung zwischen Entsende- und Empfangsstaat, die bereits begonnen hat oder kurz vor dem Ausbruch steht, oder mit der Parteinahme für eine Kriegspartei durch einen Drittstaat. Aber auch die Ausweisung diplomatischen Personals ist ein Schritt, der gravierende Folgen haben kann. Nicht nur die Retorsion droht, also die Ausweisung von eigenen Diplomaten im Gegenzug, wohl ebenso problematisch ist die mögliche Erfolglosigkeit dieser diplomatischen Sanktion. Denn was geschieht, wenn der Entsendestaat unbeeindruckt bleibt? Der Iran verurteilt Demonstranten weiterhin zum Tode und lässt sie öffentlichkeitswirksam hinrichten. Russland führt weiterhin Krieg in der Ukraine und begeht dort allem Anschein nach Kriegsverbrechen. Israel bombardiert den Gazastreifen, und trotz aller internationalen Appelle wird die humanitäre Situation dort nicht weniger schlimm, sondern schlimmer. Wie kann Deutschland, wie kann das Ausland darauf sinnvoll reagieren? Weitere Ausweisungen zu verkünden führte bald zur Sprachlosigkeit und käme einem Abbruch der diplomatischen Beziehungen nahe mit der Folge, dass überhaupt kein Einfluss mehr ausgeübt werden könnte. Dasselbe wäre der Fall, würde ohne Rücksicht auf die Interessen der

12 Vgl. Krüger, »Die Bundesrepublik weist 40 russische Diplomaten aus«. Dort auch das Zitat.

13 Zum völkerrechtlichen Rahmen dieser und anderer Maßnahmen vgl. das Wiener Übereinkommen über diplomatische Beziehungen, BGBl. 1964 II, S. 958.

anderen Seite auf der eigenen Sichtweise beharrt. Also warten, hinter den Kulissen den Gesprächsfaden nicht abreißen lassen und darauf hoffen, dass die Zeiten besser werden? Von außen betrachtet mag diese Folgerung so aussehen, als passiere nichts, als sei vielleicht sogar die Hoffnung auf bessere Zeiten lediglich Ausdruck einer aus Resignation geborenen Gleichgültigkeit.

In Hinblick auf den Gazastreifen, auf Russland oder den Iran ist dieser Eindruck sicherlich unzutreffend, doch in anderen Fällen ist er naheliegend oder sogar unabweisbar, selbst wenn ein anfänglicher Versuch der Intervention unterstellt wird. Irgendwann geschieht nichts mehr, obwohl es leicht möglich wäre. Der Eindruck der Indifferenz entsteht oder wird verstärkt. Dazu vier Beispiele:

Am 28. Oktober 2020 fanden in Tansania Parlaments- und Präsidentschaftswahlen statt. Beide Wahlen waren von Manipulation und Gewalt geprägt und ließen, so die Konrad-Adenauer-Stiftung in einem Bericht, keinen ernsthaften Zweifel daran, dass der alte und neue (inzwischen jedoch verstorbene) Staatspräsident John Magufuli »das Land von einer defekten Demokratie endgültig in eine Diktatur umgewandelt hat«.[14] Der chancenreichste Herausforderer Tundu Lissu, auf den 2017 bereits ein Mordanschlag verübt worden war, musste aus Furcht um sein Leben Anfang November aus dem Land fliehen. Mehrere Hundert Personen wurden inhaftiert, viele gefoltert, 22 getötet. In einer Presseerklärung des EU-Außenbeauftragten Josep Borrell wurden im Ton diplomatischer Zurückhaltung einige kritische Aussagen zu Aspekten vergleichsweise sekundärer Bedeutung gemacht (Benachteiligung der Opposition in den Medien, keine Wahlbeobachtung), dann die gute Organisation der Wahlen betont und der Bereitschaft Ausdruck verliehen, an die Tradition des politischen Dialogs und der wirtschaftliche Zusammenarbeit anzuknüpfen.[15] Die Eigeninteressen der EU-Staaten ließen eine kritischere Erklärung nicht zu, so sei das französische Öl- und Gasunternehmens Total in Tansania sehr aktiv, hieß es erklärend in einem Kommentar.[16]

---

14 Meier, »Aus dem Land gejagt«. Dort auch das Zitat.

15 Vgl. https://www.consilium.europa.eu/en/press/press-releases/2020/11/02/tanzania-declaration-by-the-high-representative-on-behalf-of-the-eu-on-the-elections-in-tanzania/# [3. 6. 2024].

16 Vgl. Meier, »Aus dem Land gejagt«.

Nach dem Scheitern des mutmaßlichen Putschversuchs in der Türkei im Sommer 2016 setzte eine Verhaftungswelle ein, die sich nicht nur gegen vermeintliche Putsch-Teilnehmerinnen und -teilnehmer, sondern zunehmend gegen jede Form der Opposition richtete. Zehntausende blieben über Jahre in Haft, unter menschenunwürdigen Bedingungen und der Willkür der Aufseher ausgesetzt, viele wurden in fragwürdigen Verfahren zu aberwitzigen Freiheitsstrafen (bis zu 79-facher lebenslanger Freiheitsstrafe) verurteilt.[17] Zugleich setzte die Türkei innen- wie außenpolitisch auf militärische Stärke (gegen die Kurden; in Syrien, Libyen und Aserbeidschan) und unterstützte in ultranationalistischer Manier Kräfte, die sich ostentativ nicht um die Regeln des humanitären Völkerrechts scherten. Die EU reagierte verhalten, auch Deutschland übte vorsichtige Kritik, lieferte dessen ungeachtet aber Waffen an die Türkei in einer Menge, die das Land schon im Herbst 2019 erneut und mit noch größerem Abstand zum Zweitplazierten zum größten Bezieher deutscher Rüstungsgüter machte.[18]

In Hongkong unterdrückt China weiterhin die Demokratie, in der Provinz Xinjiang sitzen Hunderttausende muslimische Uigurinnen und Uiguren in Umerziehungslagern, Taiwan wird bedroht, allgemein haben die Menschen- und Freiheitsrechte in China nur die begrenzte Reichweite, die das Verständnis der chinesischen kommunistischen Partei ihnen zuweist. Von der EU und namentlich auch von Deutschland kommt zu den eklatanten Missständen in China, die den Anfangsverdacht eines Verbrechens gegen die Menschlichkeit (systematische und großangelegte Unterdrückung der Uiguren) und darüber hinaus eines Völkermordverbrechens begründen, nur sehr verhaltene Kritik. China, als Deutschlands größter Handelspartner und als zweitgrößter der EU, soll nicht verstimmt werden.[19]

Der kleine ostafrikanische Staat Ruanda, vor dem Völkermord von 1994 für diejenigen, die das Land überhaupt kannten und zu verorten wussten, nur ein weiteres Beispiel für den langen Weg der Entwicklung, den afrikanische Staaten noch zurückzulegen hatten, gilt heute

17 »Hohe Strafen in der Türkei verhängt«, in: *FAZ*, 27. 11. 2020, S. 1.
18 Vgl. »Rekord-Waffenexporte aus Deutschland in die Türkei«, in: *SZ*, 17.10.2019.
19 Vgl. Brady, »Germany's Reluctance to Speak out Against China«, *DW*, 7. 7. 2020, https://www.dw.com/en/germanys-reluctance-to-speak-out-against-china/a-54079606 [3. 6. 2024].

als Modell eines Staates, der konsequent der Zukunft zugewandt ist und eine beeindruckende Entwicklungsbilanz aufweisen kann. Wirtschaftswachstum, Bildung, Gesundheitsversorgung und der Aufbau verlässlicher Institutionen haben ein Niveau erreicht, um das Ruanderinnen und Ruander von den Menschen in den Nachbarstaaten beneidet werden. Dieser hellen Seite der Entwicklung steht allerdings auch eine dunkle gegenüber. Sie ist so dunkel, dass sie unweigerlich die Frage nach dem Preis, den die ruandische Bevölkerung für den Fortschritt zu bezahlen hat, aufwirft. Oppositionelle verschwinden oder werden umgebracht und die Morde mit Botschaften kommentiert, die einschüchtern sollen. Grundrechte sind massiv eingeschränkt, Gewaltenteilung existiert nur auf dem Papier. Ruanda ist unter dem Staatspräsidenten Paul Kagame zu einer Militärdiktatur geworden, die nicht den geringsten Widerspruch duldet.[20] Hinzu kommt der Verdacht, zwischen 1996 und 2003 in der benachbarten Demokratischen Republik Kongo Kriegsverbrechen, Verbrechen gegen die Menschlichkeit und Völkermord begangen zu haben. Kein Verdacht, sondern beweiskräftig erwiesen ist, dass Ruanda 2012/13 und wieder seit Herbst 2021 die Rebellenmiliz M23 materiell und personell unterstützte beziehungsweise unterstützt, die im Ostkongo für Schrecken sorgt. Zu den größten Unterstützern Ruandas gehört das Bundesministerium für wirtschaftliche Zusammenarbeit und Entwicklung (BMZ), das »Ruanda auf Erfolgskurs« wähnt und trotz härtester Strafen bei Kritik an der offiziellen Politik und verdächtiger, gewaltsamer Tode von Regimegegnern weiterhin hohe Millionenbeträge überweist.[21] Für die Jahre 2023 und 2024 sind fast 100 Millionen Euro vereinbart.[22]

Es fällt westlichen Demokratien offensichtlich nicht schwer, sich mit Regimes zu arrangieren, die am Maßstab völkerrechtlicher Vereinbarungen und daraus folgender normativer Verbote Verbrechen begehen. Wären die Referenzgrößen nicht Frankreich, Deutschland oder die EU, sondern Russland, die Philippinen oder Saudi-Arabien, wäre ein komplizenhaftes Verständnis keine erwähnenswerte Nach-

20 Vgl. Hankel, *Das Dilemma*, S. 56–84.

21 Vgl. die Pressemitteilung des BMZ unter http://www.bmz.de/de/presse/aktuelle Meldungen/2019/august/190815_Ruanda-auf-Erfolgskurs-Minister-Mueller-weitet-Zusammenarbeit-mit-Ruanda-aus/index.html [3. 6. 2024].

22 Vgl. https://www.bmz.de/de/laender/ruanda [3. 6. 2024].

richt. Wo Verbrechen Teil staatlicher Politik sind, wird gerne die staatliche Souveränität bemüht, um angebliche Einmischungen in innere Angelegenheiten abzuwehren, bei sich selbst und – man hofft auf solidarische Gegenseitigkeit – bei anderen. Wie ist aber zu erklären, dass die EU und ihre wichtigsten Mitgliedstaaten sich im Ergebnis augenscheinlich ähnlich verhalten?

Zunächst ist Folgendes zu unterscheiden: In Bezug auf das Geschehen in Tansania im Umfeld der Präsidentschafts- und Parlamentswahlen waren die Rechtsverstöße zwar schwerwiegend, aber nicht schwerwiegend genug, um die internationale Gemeinschaft, Teile derselben oder einzelne Staaten zu einer nachhaltigen Einmischung zu bewegen (z. B. durch Verhängung von Sanktionen). Nach dem aktuellen Entwurf der ILC zur Staatenverantwortlichkeit bei völkerrechtwidrigem Handeln – im Fall Tansanias hätten Verstöße gegen den Internationalen Pakt über bürgerliche und politische Rechte sowie gegen die Folterkonvention vor (beide hat Tansania ratifiziert) vorgelegen – wäre Tansania verpflichtet gewesen, das völkerrechtswidrige Handeln einzustellen und Wiedergutmachung zu leisten. Eine rechtfertigende Berufung auf tansanisches innerstaatliches Recht wäre nicht möglich gewesen.[23] Das Ausland hätte versuchen können, in diesem Sinne auf diplomatischem Wege auf Tansania einzuwirken und deutlich zu machen, dass es gegen den Kodex gemeinsamer Werte verstoßen hat.[24] Mit diesem Schritt wäre nicht nur demonstriert worden, dass das Völkerrecht Geltung beansprucht, auch der Gefahr einer Erosion des Rechts infolge reaktionslos hingenommener Rechtsverletzung wäre man begegnet. Allein, die EU hat sich nicht entsprechend geäußert. Wirtschaftliche Interessen haben das vereitelt.

Nebenbei sei bemerkt, dass diese in Bezug auf den Iran längst keine Rolle mehr spielen. Seit der schiitischen Revolution von 1979 wird das Land nicht nur vom Westen mit Argwohn betrachtet. Gelegentlich durchscheinende Sympathien vornehmlich aufgrund der Frontstellung des Iran zum diktatorisch verfassten Saudi-Arabien verschwanden schnell angesichts der Wellen inneriranischen Staatsterrors. Auf die brutale Niederschlagung der im September 2022

23 Vgl. Art. 30–32 des ILC-Entwurfs (2001), https://casebook.icrc.org/case-study/international-law-commission-articles-state-responsibility [3. 6. 2024].

24 Vgl. Art. 33 des ILC-Entwurfs.

einsetzenden Proteste reagierte die EU mit wirtschaftlichen und personenbezogenen Sanktionen (Einreise-, Vermögens- und Geschäftssperren), um ihre Haltung zur menschenrechtsfeindlichen Politik des Iran deutlich zu machen und mittels gezielten Drucks auf ihre Beendigung zu drängen.[25]

Doch zurück zu den Beispielen und damit zur Türkei, zu China und Ruanda. Was diese Staaten anbelangt, so ist die Gemeinsamkeit bei allen dreien, dass die ihnen vorzuwerfenden Rechtsverstöße um ein Mehrfaches gravierender sind als im Fall Tansanias. Wo sich letztere hauptsächlich im Umfeld der Wahlen vom Oktober 2020 ereignet haben, ist bei den mutmaßlichen Verbrechen dieser Staaten eine systematische, weitverbreitete Begehensweise unübersehbar. Und wir bewegen uns jetzt in den Kategorien der Kriegsverbrechen, Verbrechen gegen die Menschlichkeit und Völkermord. Kriegsverbrechen und Menschlichkeitsverbrechen der Türkei, unmittelbar oder mittelbar begangen in Syrien und im kurdischen Osten Anatoliens; Menschlichkeitsverbrechen und möglicherweise Völkermord, begangen von der chinesischen Staatsmacht an den Uiguren (nach Artikel II der Konvention über die Verhütung und Bestrafung des Völkermordes ist das Verbrechen nicht auf Tötungshandlungen beschränkt, sondern erfasst alle Handlungen, die auf die kulturelle, wirtschaftliche und psychische Auslöschung einer bestimmten Gruppe von Menschen abzielt); Kriegsverbrechen, Menschlichkeitsverbrechen und möglicherweise Völkermord, begangen von den Truppen des gegenwärtigen ruandischen Staatspräsidenten Paul Kagame im Rahmen der Pazifizierung des Landes und seiner kongolesischen Nachbarregion nach dem Völkermord von 1994. Alle diese Verbrechen sind Verstöße gegen zwingendes, von allen Staaten zu beachtendes Völkerrecht, und sie begründen eine *erga-omnes*-Wirkung, die Staaten zu einer Reaktion verpflichtet. Artikel 40 des ILC-Entwurfs über Staatenverantwortlichkeit setzt zur Auslösung dieser Verantwortlichkeit ein »gross or systematic failure by the responsible State« bei seiner Verpflichtung zur Erfüllung einer zwingenden Norm voraus. Davon ist in den genannten Fällen, die alle für eine längere, monate- oder jahrelange Praxis grober und/oder systematischer Rechtsverletzungen stehen, auszugehen. Als Folge dieser

25 Vgl. https://www.sanctionsmap.eu/#/main [3. 6. 2024].

Praxis heißt es in Artikel 41 des Entwurfs: »States shall cooperate to bring to an end through lawful means any serious breach within the meaning of article 40« und: »No State shall recognize as lawful a situation created by a serious breach within the meaning of article 40«.

Man wird schwerlich behaupten können, dass es bisher eine staatliche Zusammenarbeit zur Beendigung der schweren Rechtsverstöße, derer sich die Türkei, China und Ruanda allem Anschein nach schuldig gemacht haben (und noch machen), gegeben hat. Mittel, die das Völkerrecht zulässt, hätten eingesetzt werden können, doch Sanktionen gegen Staatsverantwortliche wurden nicht verhängt, Zwangsmaßnahmen nach Kapitel VII der UN-Charta nicht ergriffen, rechtliche Untersuchungen (durch den IGH) und/oder strafrechtliche Ermittlungen (durch den IStGH) nicht eingeleitet. Diese Inaktivität fällt umso mehr ins Gewicht, als der ILC-Entwurf die Kooperationspflichten der Staaten nach Artikel 41 ausdrücklich über den »verletzten Staat« (*injured State*) hinaus auf Staaten ausweitet, die nicht unmittelbar durch die Rechtsverletzung betroffen sind. Dies soll gemäß Artikel 48 des Entwurfs dann gelten, wenn das Recht, gegen das verstoßen wurde, »der internationalen Gemeinschaft als Ganzes geschuldet ist«.[26] Jeder Staat der internationalen Staatengemeinschaft ist folglich befugt, zur Wiederherstellung eines rechtmäßigen Zustands einzuschreiten, gemeinsam mit dem verletzten Staat oder ohne diesen. Anders formuliert: Im Blick auf das Geschehen in der Türkei, in China und Ruanda hätte für die EU oder die Bundesrepublik Deutschland die rechtliche Verpflichtung bestanden, Maßnahmen gegen das dort sich vollziehende beziehungsweise von diesen Staaten andernorts begangene Unrecht zu ergreifen. Dass der ILC-Entwurf noch ein Entwurf ist, ist kein rechtlicher Hinderungsgrund, denn er bezieht sich auf zwingendes Völkerrecht, das sich bereits in vielen Rechtstexten und dem Gewohnheitsrecht findet.[27] Allenfalls könnte die damit verbundene *erga-omnes*-Wirkung noch durch die de facto langwierige Diskussion in der ILC über die Folgen eines durch einen Staat begangenen massiven

26 Art. 48 Abs. 1 sagt: »Any State other than an injured State is entitled to invoke the responsibility of another State [...] if: [...] b) The obligation breached is owed to the international community as a whole.«

27 Vgl. ILC-Bericht (2019), Kapitel V und Anlage, S. 208, https://legal.un.org/ilc/reports/2019/ [3. 6. 2024].

Rechtsverstoßes geschwächt worden sein. Soll ein Sanktionsmodell mit Strafen für den betreffenden Staat und der in seinem Namen handelnden Organe favorisiert werden, soll eher ein bilaterales Modell zur Anwendung kommen, das jedem Staat das Recht zu einer ihm angemessen erscheinenden Reaktion einräumt, oder soll es ein institutionelles Modell sein, das den Vereinten Nationen die Kompetenz zur Rechtsdurchsetzung zuweist?[28] Dem letzten ILC-Entwurf ist zu entnehmen (Artikel 41, 48), dass sich die Kommissionsmitglieder darauf geeinigt haben, in erster Linie den Staaten der Staatengemeinschaft die Pflicht zuzuweisen, gegen einen Rechtsbrecher aktiv zu werden. Rechtlich gesehen hätte(n) somit Deutschland und/oder der EU als einem Zusammenschluss von Staaten nichts im Wege gestanden, wenn sie rechtliche Schritte gegen die Türkei, China oder Ruanda hätten unternehmen wollen.

Die Vorwürfe des Doppelstandards und des moralischen Rigorismus

Den Abwägungsprozess, der über Handeln und Nicht-Handeln entscheidet, können wir uns so vorstellen: Auf der einen Seite besteht eine Rechtspflicht zur Reaktion auf Staatenunrecht, zu der für Deutschland nach dem Grundgesetz noch die Verpflichtung aus Artikel 25 kommt, wonach die allgemeinen Regeln des Völkerrechtes Bestandteil des Bundesrechts sind und den Gesetzen vorgehen, für die EU noch die Verpflichtung aus der Europäischen Konvention zum Schutze der Menschenrechte und Grundfreiheiten (EMRK).[29] Auf der anderen Seite der Abwägung haben wir Interessen und Situationen, deren Berücksichtigung und Bewältigung ein angeblich als alternativlos empfundenes Verhalten vorschreiben. Diese Seite erwies sich als stärker. Gegenüber der Türkei waren es Europas und Deutschlands Angst, erneut mit einer großen Zahl von Geflüchteten und Asylsuchenden vor allem aus Syrien konfrontiert zu werden. Die EU-Türkei-Erklärung vom März 2016 sollte das verhindern. Ein kompliziertes Geflecht von Vereinbarungen verfolgte das Ziel, eine geregelte Migration nach

28 Vgl. Paulus, *Die internationale Gemeinschaft im Völkerrecht*, S. 390–404.

29 »Allgemeine Regeln des Völkerrechts« umfassen die Normen des universellen Völkergewohnheitsrechts, die für die überwiegende Mehrheit der Staaten verbindlich sind. Zwingende Völkerrechtsnormen gehören dazu.

Europa zu ermöglichen. Leistungen und Gegenleistungen sollten die wechselseitige Bereitschaft dafür herstellen. Milliardenbeträge wurden an die Türkei bezahlt, damit sie Migranten auf ihrem Hoheitsgebiet zurückhält und sich so an einer kontrollierten Migration nach Europa beteiligt.[30] Wie die Türkei auf die vermeintliche Nichterfüllung von Zusagen und Kritik an ihrer Außenpolitik reagiert, war im Februar 2020 zu sehen, als sie mehreren Tausend Migrantinnen und Migranten erlaubte und sogar dazu ermunterte, illegal die Grenze zu Bulgarien und Griechenland zu überschreiten, wohl wissend, wie sehr sie damit Europa unter Druck setzen würde.[31] Das sollte sich aus EU- und Deutschland-Sicht nicht wiederholen. Darum schwieg man zu den mutmaßlichen türkischen Völkerrechtsverbrechen, obschon das bestehende EU-Sanktionsregime die Verhängung von Sanktionen zugelassen hätte. Erst ein Mal wurde es bisher gegen die Türkei angewandt. Im Februar 2020 wurden, ausgehend von einem Beschluss des Rats der EU, zwei türkische Staatsangehörige mit gezielten Sanktionen belegt (Einfrieren des Vermögens, Einreiseverbot). Sie waren hauptverantwortlich für Bohrungen im griechisch-zypriotischen Hoheitsgebiet im östlichen Mittelmeer, wo sie im Auftrag ihres Staates nach Bodenschätzen suchen ließen.[32]

Gegenüber China ist es die Angst um Absatzmärkte und vor Vergeltung, die Europa und Deutschland lähmen. Selbst ein Völkermordverdacht ändert daran offensichtlich nichts. Dabei wäre eine EU-Sanktion gegen China wegen eines Menschenrechtsverbrechens kein Novum. Nach dem Massaker auf dem Tiananmen-Platz 1989 verhängte der Europäische Rat im Juni desselben Jahres ein Waffenembargo.[33] In den Jahren danach hat sich China jedoch zunehmend als politische und ökonomische Weltmacht etabliert, ist zu einem riesigen Markt geworden mit verlockenden Absatzchancen für westliche und insbesondere deutsche (Automobil)Unternehmen. Sich den Un-

---

30 Knaus, *Welche Grenzen brauchen wir?*, S. 182–190.

31 Vgl. Baumstieger/Schlötzer, »Wir haben die Tore geöffnet«.

32 Vgl. die EU Sanctions Map unter https://www.sanctionsmap.eu/#/main/details/49/?search=%7B%22value%22:%22%22,%22searchType%22:%7B%7D%7D [3. 6. 2024].

33 Vgl. die EU Sanctions Map unter https://www.sanctionsmap.eu/#/main/details/10/?search=%7B%22value%22:%22%22,%22searchType%22:%7B%7D%7D [3. 6. 2024].

mut Chinas zuzuziehen heißt, Gefahr laufen, den Absatzmarkt zu verlieren. Australien, lange Jahre enger Handelspartner Chinas, wurde im Herbst 2020 nach anhaltender Kritik beschieden: »China ist verärgert. Machst du dir China zum Feind, wird es dein Feind sein.«[34] Aufträge wurden storniert, ein umfassendes Embargo gegen australische Waren verhängt, Reisewarnungen ausgesprochen. All das wollen die EU und Deutschland nicht, deshalb schweigen sie zu den dunklen Seiten chinesischer Machtpolitik. Und wenn sie nach langem Zögern agieren, agieren sie halbherzig, vollführen einen »Eiertanz«, damit sich der große und lukrative Markt nicht verschließt.[35]

Gegenüber Ruanda schließlich ist es weder die Angst vor innenpolitischer Destabilisierung oder vor dem Verlust von Absatzmärkten, es ist das beharrliche Festhalten an einem Modell, das man für vorbildlich für die Entwicklung im subsaharischen Afrika hält und das überdies für Stabilität in der Region sorgen soll. Eine Abhängigkeit von Staaten im Globalen Norden gibt es nicht. Er wäre ein Leichtes, Ruanda sowie ruandische Politiker und Militärs mit Sanktionen zu belegen oder das vergangene verbrecherische Agieren Ruandas per Beschluss des UN-Sicherheitsrats an den IStGH zu verweisen. Theoretisch zumindest. Denn in der politischen Praxis bestehen Allianzen, die einen undurchdringlichen Schutzschirm über Ruanda aufspannen. Großbritannien und die USA, Israel und zunehmend auch China und die arabischen Ölstaaten haben enge Beziehungen zu Ruanda. Vor allem die ersten beiden haben ein großes Interesse an politischer Stabilität im afrikanischen Gebiet der Großen Seen, und die versprechen sie sich vom ruandischen Staatspräsidenten Paul Kagame, dessen »eiserne Faust«, so sagen sie, nicht nur Ruanda befriedet habe, sondern auch von vorbildlichem Einfluss in den Nachbarländern sei.[36] Nur einmal, im September 2012, zeigten sie Ruanda kurz die Sanktionsinstrumente. Nachdem offenkundig geworden war, dass Ruanda im Ostkongo eine Rebellengruppe massiv unterstützt, suspendierten die USA und EU-Geberstaaten ihre finanziellen Hilfszusagen, außerdem unterbrachen

34 So Chinas Botschafter in Australien, zitiert nach: Hein, »Eine Lektion für die ganze Welt«.

35 Geinitz, »Die Luft in China wird dünner«.

36 Vgl. Hankel, *Ruanda*, S. 433 f.; ders., *Das Dilemma*, S. 56–84.

die USA später noch ihre Militärhilfe.[37] Es dauerte jedoch nicht lange, bis jeweils eine gesichtswahrende Lösung gefunden werden konnte. Ruanda war nicht nur ein wichtiger, es war auch ein williger Partner. Restzweifel lösten sich angesichts des eindrucksvollen Fortschritts im Land und der aus Gebersicht so ungewohnten Verlässlichkeit bei der Erfüllung von Zusagen rasch auf.[38] Verbrechensvorwürfe hätten das Bild entwicklungspolitischer Eintracht gestört. Dabei bleibt es, auch wenn Ruanda seit November 2021 erneut im Ostkongo interveniert und massenhaftes Elend verursacht.

Die Widersprüche im de facto erfolgten Abwägungsprozess liegen in allen drei Fällen auf der Hand. Doch was bedeutet das über die Feststellung hinaus, schwerste Menschenrechtsverletzungen seien gegenüber anderen Interessen und Zwängen nur zweitrangig und damit letztlich bedeutungslos gewesen? Die naheliegende Annahme, Europa und ihren einzelnen Mitgliedstaaten seien die wichtigsten Menschenrechte im Konfliktfall durchweg gleichgültig, trifft nicht zu. Die EU hat eine Reihe von Sanktionen wegen schwerer Menschenrechtsverletzungen verhängt, so gegen Belarus, Burundi, Libyen, den Iran, Myanmar, Nicaragua, Russland, Simbabwe, Syrien oder Venezuela.[39] Dass die Rechtsverletzungen in diesen Ländern schwerwiegender sind als in unseren Beispielen Türkei, China oder Ruanda, wird man nicht sagen können. Es müssen andere Gründe gewesen sein, die die EU zur Verhängung von Sanktionen veranlassten. Und diese waren: Die Sanktionen waren schlicht leichter durchzusetzen, weil entweder ein breiter internationaler Konsens bestand oder die betroffenen Länder welt- und/oder geopolitisch nicht wichtig waren (Myanmar, Syrien und Venezuela stehen aus westlicher Sicht eindeutiger im Fokus als Burundi oder Simbabwe). Zudem bestand unter westlichen Bündnispartnern ein starker wirtschaftlicher und militärischer Druck, dem sich einzelne Staaten aus Bündnisloyalität nicht entziehen konnten. Das trifft auf die Sanktionen gegen den Iran und auch Libyen zu. Zuletzt präsentierten sich den westlichen Öffentlichkeiten noch klare

---

37 Vgl. Smith, »EU Partially Freezes Aid to Rwanda«; zur unterbrochenen Militärhilfe vgl. https://www.bbc.com/news/world-africa-24398742 [3. 6. 2024].

38 Vgl. Hankel, *Ruanda*, S. 453 f.

39 Vgl. die EU-Sanctions Map unter https://www.sanctionsmap.eu/#/main [3. 6. 2024].

Feindbilder, das Böse hatte einen Namen (Bashar al-Assad, Alexander Lukaschenko, Nicolás Maduro und neuerlich auch Wladimir Putin sowie, seit dem 7. Oktober 2023, der Hamas-Chef Isamil Haniyya; bei Benjamin Netanjahu herrscht noch Uneinigkeit) und zog den Wunsch nach strafenden Reaktionen auf sich.

Wird, bei gleich schweren Rechtsverletzungen, mal reagiert, mal nicht, ist der Vorwurf des Doppelstandards nicht weit. Es werde kontextabhängig politisch entschieden, indem selektiv einzelne Geschehen ausgewählt würden und die Konzentration auf Tatverdächtige opportunistischen Kriterien gehorche, lautet seine Langfassung.[40] Wer wollte diesem Vorwurf ernsthaft widersprechen? Zu seiner Abmilderung könnte eingewandt werden, dass es Sachzwänge gibt, die so groß sind, dass sie die eigentlich angemessene und schon in Erwägung gezogene, vielleicht sogar bereits begonnene Reaktion unmöglich machen. Aus der zeitlichen Distanz sieht es so aus, als sei opportunistisch gehandelt worden, dabei stand eine unüberwindliche Mauer im Weg. Wenn Italien nach der bestialischen Ermordung eines italienischen Doktoranden in Kairo, für die mit hoher Wahrscheinlichkeit ägyptische Sicherheitsbeamte verantwortlich sind, seinen Botschafter abzieht und die diplomatischen Beziehungen einfriert, ist das eine Reaktion, die ein starkes Statement ist. Wenn Italien nach einem Jahr seine diplomatische Vertretung wieder besetzt, weil von Ägypten außer Ausflüchten und hanebüchenen Erklärungen nichts zu hören war, ist das ebenfalls ein starkes Statement und ein verständlicher Schritt.[41] Auf eine Kooperation bei der Aufklärung des Mordfalls zu hoffen, wo es von Anfang an keine gab und perspektivisch keine zu erkennen ist, ist ein sinnloses Unterfangen. Dass auch der Wunsch nach Vermeidung wirtschaftlicher Schäden Italiens Entscheidung beeinflusste, lässt sie nicht in einem zweifelhaften Licht erscheinen. Die Verweigerung Ägyptens war und ist total, die erwartbaren wirtschaftlichen Schäden infolge des Wegfalls von Bezugsquellen für Erdöl und Erdgas sind groß. Italiens Staatsanwaltschaft ermittelt gleichwohl weiter in der Hoffnung, die Namen der mutmaßlichen Täter zu erfahren und ihre Überstellung an die italienische Justiz zu erreichen.[42]

40 Vgl. Kaleck, *Mit zweierlei Maß*, S. 14 f.
41 Zum Hintergrund vgl. Meiler, »Ungesühntes Martyrium«.
42 Ebenda.

Ein Doppelstandard verrät sich so nicht, mit großer Eindringlichkeit allerdings bei gleicher Gelegenheit im Falle Frankreichs. Zu der Zeit, als Ägypten und Italien definitiv ihren Dissens in der Mordermittlung bekundeten (die ägyptischen Behörden behaupteten hartnäckig, der italienische Doktorand sei Opfer eines Raubüberfalls geworden, die Täter hätten die ägyptische Polizei beim Versuch der Festnahme erschossen), verlieh Frankreich, das sich als Mutterland der Menschenrechte versteht, einen hohen Orden an Staatspräsident Abdel El-Sisi.[43] Es ist in diesem Zusammenhang wohl nicht unwichtig zu wissen, dass das französische Unternehmen Total ein Konkurrent des italienischen Konzerns Eni ist, der in Ägypten Öl und Gas fördert.[44] Aber auch die EU sieht seit März 2024 in Ägypten einen verlässlichen Partner, wenn nur die Gegenleistung stimmt: Geldzahlungen und Kreditzusagen gegen das Versprechen, unerwünschte Migration von Europas Küsten fernzuhalten.[45]

Ein Vorwurf, der mit dem Vorwurf des Doppelstandards gewöhnlich einhergeht, ist der des moralischen Rigorismus. Er meint allerdings etwas völlig anderes. Nicht die Forderung nach Beachtung wichtiger Menschenrechte ist sein Ziel, sondern im Gegenteil der flexible Umgang mit ihnen, das Nachgeben, wenn höhere Interessen in die Waagschale geworfen werden, wobei das Nachgeben frühzeitig gefordert wird und gerne mit der angeblich vernünftigen, weil für alle Seiten vorteilhaften Trennung zwischen Wirtschaft und Arbeitsplätzen auf der einen und Politik sowie Recht und Moral auf der anderen begründet wird. Das Diktum Gehlens von der »überdehnten Hausmoral«, die die Bürger von Paris und Peking zu Flurnachbarn machen wolle, wirkt fort, trotz systematischer und massiver Rechtsverstöße auf der einen Flurseite. Nun ist Paris unter dem Einfluss des wendigen Staatspräsidenten Emmanuel Macron derzeit keine gute Adresse, um die Beachtung von Menschenrechten einzufordern, da sich dort wirtschaftliche Interessen leicht in den Vordergrund schieben. Aber der Unterschied zwischen Paris und Peking ist immer noch

43 Vgl. https://www.lemonde.fr/international/article/2020/12/13/un-intellectuel-italien-rend-sa-legion-d-honneur-pour-protester-contre-la-decoration-du-president-egyptien_6063224_3210.html [3. 6. 2024].

44 Vgl. den Hinweis bei Meiler, »Ungesühntes Martyrium«.

45 Dazu Keilberth, »Europas neuer Lieblings-Diktator Sisi«.

groß. In der Vergangenheit sind westliche Versuche, die chinesische Menschenrechtssituation in Hinterzimmergesprächen konstruktiv zu thematisieren, gescheitert. Nichts hat sich verbessert. Der Staatskapitalismus chinesischer Prägung setzt auf das Kollektiv, das Individuum hat sich ihm passgenau einzufügen. Kosmopolitismus und Menschenrechte müssen da als ein Irrweg erscheinen, denn, so ein chinesischer Staatsphilosoph, »moralische Utopien sind nicht in der Lage, interessengeleitete Entscheidungen von Menschen zu verändern, sie können lediglich die Absurditäten des Lebens noch deutlicher vor Augen führen«.[46] Das Ziel ist eine Weltordnung, in der sich chinesische Werte ungehindert entfalten, selbstverständlich in China, aber auch außerhalb, denn es geht um nicht weniger als die »Inklusion der Welt«, um »ein Weltsystem universaler Kompatibilität und Koexistenzialität«.[47] Da eins ins andere greift, ist der chinesische Führungsanspruch unausweichlich.

Die besondere Schwierigkeit, Indifferenz zu bestimmen

Wer moralischen Rigorismus als Abwehrargument ins Feld führt, sollte wissen, worauf er sich einlässt. Er sollte wissen, dass die »stille Diplomatie« ergebnislos bleibt, weil es beim Gegenüber einen festen Plan gibt, der auch mit Menschlichkeitsverbrechen und Völkermord kompatibel ist. Auch dann noch moralischen Rigorismus als Argument gegen eine Handlungsaufforderung zu bemühen, kann eine Form der Teilnahme an den genannten Verbrechen begründen (Stabilisierung des Regimes infolge von Geldzufluss durch wirtschaftlichen Austausch, Beihilfe zur Herstellung oder Wahrung einer außenpolitischen Reputation). Lehnt er hingegen aufgrund eigener Rechtsüberzeugung die Kompatibilität ab und gibt auch der Doppelmoral keinen Raum, wird er in ein anderes, forderndes, konfrontatives Verhältnis zu seinem Gesprächspartner gehen müssen, auch wenn er China heißt und gerade wenn ein Verbrechen wie Völkermord im Raum steht. Es dürfte dann kein längeres Zögern mehr geben. In seiner Entgegnung auf die erhobenen Einwände der Beklagten erklärte der IGH im Fall *Bosnia and Herzegovins v. Serbia and Montenegro,* »[it] follows that the rights and obligations enshrined by the Convention are rights and obligations *erga*

46 Zitiert nach Zhao, *Alles unter dem Himmel,* S. 24.
47 Ebenda, S. 25, 189.

omnes. The Court notes that the obligation each State thus has to prevent and to punish the crime of genocide is not territorially limited by the Convention.«[48]

Wie schwer das Staaten und namentlich der EU und Deutschland fällt, illustriert noch einmal das Beispiel Ruanda. Obwohl wirtschaftlich und machtpolitisch nichts auf dem Spiel steht,[49] geschieht nichts, um schwere Menschenrechtsverstöße in Ruanda und im Ostkongo mit Sanktionen oder Strafen zu ahnden. Wir erleben Doppelmoral in Reinkultur. Kongolesische *warlords*, die personell und materiell von Ruanda unterstützt im Ostkongo ihr Unwesen getrieben haben, müssen sich vor dem IStGH verantworten (unter Vermeidung einer Verantwortlichkeitszuweisung an Ruanda), während Ruanda selbst, bestens informiert über das Geschehen dort und tatkräftig interessiert an dessen Verlauf zu seinem Vorteil, zum Liebling der internationalen Gebergemeinschaft avancierte.[50] Wäre vor Februar 2022 der gleiche Maßstab an Russlands Einmischung im Osten der Ukraine gelegt worden, hätten dadurch die Beziehungen zwischen der westlichen Welt und Russland nicht im Mindesten gestört worden sein dürfen. Stattdessen jedoch wurde Russland mit Sanktionen belegt, auch seitens der EU und mit ausdrücklicher Unterstützung Deutschlands. Und dabei war das Russland vor 2022 noch ein wirtschaftliches Schwergewicht mit zahlreichen Verbindungen nach Westeuropa.

---

48 IGH, Application of the Convention on the Prevention and Punishment of the Crime of Genocide (Bosnia and Herzegovina v. Serbia and Montenegro), Urteil vom 11. 7. 1996, S. 616, Ziff. 31, https://www.icj-cij.org/en/case/91/judgments [3. 6. 2024].

49 Ruanda ist mit ca. 26 000 qkm eines der kleinsten Länder Afrikas. Die Einwohnerzahl beträgt 14 Millionen. Der Haushalt Ruandas wird zu rund 40 Prozent fremdfinanziert, das Handelsbilanzdefizit ist durchweg negativ. Die Stärkung des Dienstleistungssektors, der das Land finanziell unabhängiger machen soll, lässt noch auf sich warten. Arbeitslosigkeit und Armut sind weitverbreitet (40 % waren 2019 arbeitslos, 38 % der Erwachsenen verfügten über weniger als 171 US-Dollar im Jahr). Vgl. Hankel, *Das Dilemma*, S. 75–78.

50 Vgl. z. B. das Verfahren gegen Bosco Ntaganda, einen Ruander und langjährigen Wegbegleiter der ruandischen Bewegung »Ruandische Patriotische Front« des immer noch Staatspräsidenten Paul Kagame. In dem erstinstanzlichen Urteil des IStGH vom 8. 7. 2019 ist etliche Mal die enge Verbindung zwischen der Miliz unter dem Kommando von Ntaganda und Ruanda herausgestellt worden, so in den Absätzen 322–340, 556, 728–730, unter https://www.icc-cpi.int/Pages/record.aspx?docNo=ICC-01/04-02/06-2359-tFRA [3. 6. 2024].

Dass die Sanktionen Russland offensichtlich nicht von seinem Kriegskurs abgebracht haben, spricht nicht gegen die Sanktionen, sondern gegen den Unwillen, rechtzeitig energischer zu handeln. Wie ein roter Faden zieht sich das Erschrecken über den russischen Angriffskrieg gegen die Ukraine durch den Menschenrechtsbericht der Bundesregierung, der im Dezember 2022 erschienen ist. Alle zwei Jahre veröffentlicht die Bundesregierung unter Federführung des Auswärtigen Amts einen Bericht über ihre Menschenrechtspolitik. Für den Zeitraum 2018 bis 2020 hatte sich Bundesaußenminister Heiko Maas pessimistisch zur Lage der Menschenrechte in der Welt geäußert und bilanzierend gemeint: »Wo wir auch hinschauen, gibt es Rückschritte.«[51] Am Maßstab der Regierung unter dem Kanzler Olaf Scholz müsste das Urteil im Folgebericht noch härter ausfallen, weil nun dezidiert einer »wertegeleiteten, menschenrechtsorientierten Außen- und Entwicklungspolitik« das Wort geredet wurde.[52] So zielte denn auch heftige Kritik auf Russland wegen der in der Ukraine mutmaßlich begangenen Kriegsverbrechen. Doch auch an vielen anderen Orten sehe man, wie die Menschenrechte mit Füßen getreten würden. Beispielhaft stellte der Bericht die Situation in einer Reihe von Ländern dar, von Ägypten bis zur Zentralafrikanischen Republik. Ein düsteres Bild entfalte sich. Folter, Verschwindenlassen, Menschen- und Organhandel, Tötungen. Über China teilte der Bericht mit, dass Uigurinnen und Uiguren Masseninternierungen, Zwangsarbeit und Geburtenkontrollen unterworfen seien, kulturelle und religiöse Identitäten sollten einer »Sinisierung« unterworfen werden. Dabei würden schwere Menschenrechtsverletzungen begangen. Die Justiz reagiere nicht, da sie der Kontrolle der Partei unterstellt sei.[53] Zur Türkei war zu lesen, dass die negative Entwicklung der Menschenrechtslage anhalte. Ein weitgefasster Terrorismusbegriff habe zahlreiche dubiose Gerichts- und Ermittlungsverfahren zur Folge, was einschüchternd auf die Zivilbevölkerung wirke. Die umfassende Unterdrückung in

---

51 »Rückschritte, wohin man sieht«, in: *FAZ*, 3. 12. 2020, S. 4.

52 Vgl. https://www.auswaertiges-amt.de/de/aussenpolitik/regelbasierte-internationale-ordnung/menschenrechte/menschenrechtsbericht-15/2567408 [3. 6. 2024].

53 Vgl. Auswärtiges Amt (Hg.), 15. Bericht der Bundesregierung, S. 249, https://www.auswaertiges-amt.de/de/aussenpolitik/regelbasierte-internationale-ordnung/menschenrechte/menschenrechtsbericht-15/2567408 [3. 6. 2024].

den Kurdengebieten im Südosten des Landes und die Militäreinsätze in Nordsyrien erwähnte der Bericht nicht.[54] Auf der Rangliste der schweren Menschenrechtsverletzer steht die Türkei nicht sehr weit oben, so der Eindruck, den die Bundesregierung in ihrem Bericht erweckt. Anders verhält es sich mit China. Menschenrechtsthemen seien im Rahmen des Deutsch-Chinesischen Menschenrechtsdialogs angesprochen worden, heißt es im Bericht. Gemeinsam mit der EU fördere die Bundesregierung »Projekte und Veranstaltungen im Menschenrechtsbereich«.[55] Tansania und Ruanda zählen aus Sicht der Bundesregierung nicht zu den Staaten mit einer problematischen Menschenrechtspolitik. Sie werden im Bericht nicht genannt.

Deutschland setzt im Rahmen der gemeinsamen Außen- und Sicherheitspolitik erkennbar auf das größere Gewicht der EU. Im Dezember 2020 hat die EU die rechtlichen Voraussetzungen verbessert, um weltweit gegen schwere Menschenrechtsverletzungen, Völkermord oder Verbrechen gegen die Menschlichkeit vorgehen zu können. Ein Rahmenbeschluss über ein Land oder eine Region ist nicht mehr erforderlich. Das neue *EU Global Human Rights Sanctions Regime* erlaubt es der EU, künftig schneller und zielgerichtet Sanktionen (Reisebeschränkungen, Einfrieren von Guthaben, Verbot des Geldverkehrs) gegen Individuen oder Körperschaften zu verhängen.[56] Allerdings wird das Sanktionsregime nur dann ausgelöst werden können, wenn ein einstimmiger Beschluss der EU-Mitgliedsstaaten gefasst worden ist.[57]

Sieht so Indifferenz aus? Keinesfalls, sollte man meinen. Die Bundesregierung unterhält einen Menschenrechtsdialog, die EU hat ein neues Sanktionsregime, die USA verfügen seit 2016 über den *Global Magnitsky Human Rights Accountability Act,* mit dem gravierende Menschenrechtsverstöße in allen Ländern der Welt geahndet werden können, Großbritannien hat Mitte 2020 eine eigene, EU-unabhängige Sanktionspolitik bekannt gegeben und, wie die USA die ihre, schon in mehreren Dutzend Fällen angewandt.[58] China, Myanmar, Russland

54 Ebenda, S. 276 f.

55 Ebenda, S. 250.

56 Vgl. https://ec.europa.eu/commission/presscorner/detail/en/ip_20_2419 [3. 6. 2024].

57 Vgl. Gutschker, »Neues Sanktionsregime«.

58 Vgl. für die USA https://www.congress.gov/bill/114th-congress/senate-bill/284/text [3. 6. 2024]; für Großbritannien https://www.theguardian.com/law/2020/jul/06/magnitsky-sanctions-who-are-those-being-targeted-by-uk [3. 6. 2024].

und Saudi-Arabien gehören zu den Staaten, von denen Funktionsträger und Geschäftsleute mit Sanktionen belegt wurden.

Bei näherem Hinsehen treten jedoch Defizite in der Umsetzung dieses rechtlichen Instrumentariums zutage. Dass auf EU-Ebene Einstimmigkeit Voraussetzung für die Verhängung von Sanktionen ist, wiegt bereits schwer, denkt man an die Vielzahl von Problemen, die das als Druckmittel zu missbrauchende Konsensprinzip innerhalb der EU bei Entscheidungsfindungen bereits verursacht hat. Von noch größerem Nachteil ist indes, dass die Wirkung der bislang getroffenen oder verhängten Maßnahmen sehr begrenzt ist. Gleich welches Land von den genannten man nimmt, in keinem ist eine feststellbare Verbesserung der angespannten bis desolaten Menschenrechtssituation eingetreten. Entweder war der Widerstand der Machthaber zu groß, denen es gelungen war, ihre Bevölkerung angesichts der außenpolitischen Zumutung hinter sich zu vereinen, oder es gab Hilfe von einer Seite, für die Menschenrechte weit hinter geschäftlichen Interessen rangierten, oder die Maßnahmen waren halbherzig, eine Art Kosmetik für den vorauseilenden Gehorsam, mit dem neue Geschäfte vorbereitet wurden.

Vor diesem Hintergrund wirkt der offizielle Bericht der Bundesregierung wie die Versprachlichung einer stetig aufwärts zeigenden Kurve des Engagements und bi- sowie multilateraler Kooperation. Ein politologisches Vokabular vermittelt den Eindruck von Kenntnis und Entschlossenheit, deren Einsatzfeld zudem durch die Nennung zahlreicher völkerrechtlicher Instrumente beglaubigt wird. Rückschritte in der Beachtung der Menschenrechte gibt es, große sogar, das deutsche Engagement entfaltet sich gleichwohl in seiner Bahn, die von den Seiten der wertegeleiteten und menschenrechtsorientierten Politik eingefasst wird. Das jeweils in Anbetracht der Umstände Mögliche ist gemacht worden. Zweifeln oder Rückschlägen soll mit einer neuen »feministischen Außen- und Entwicklungspolitik« abgeholfen werden.[59] Doch dass gleichzeitig dazu im Widerspruch Stehendes gemacht worden ist, erfährt die geneigte Leserschaft allein durch eigene Recherche. Waffenlieferungen oder intensive Geschäftsbeziehungen vertragen sich eben nicht mit wohltönendem menschenrechtlichem

59 Vgl. https://www.bundesregierung.de/breg-de/service/gesetzesvorhaben/menschenrechts-bericht-der-bundesregierung-2151168 [3. 6. 2024].

Engagement. Und der Widerspruch wird noch größer, wenn die Nachsicht gegenüber notorisch schweren Menschenrechtsverletzern in Anschlag gebracht wird. Passendere Anschauungen für Doppelmoral wären schwer zu finden. Gleiches wird aus politischen Gründen nicht gleichbehandelt, obwohl es praktisch und ohne größere Nachteile für den Handelnden möglich wäre. Im Ergebnis wird damit übernommen, was zur Staatsraison Chinas oder Russlands gehört: Moral bleibt bei Geschäften mit Staaten fragwürdiger Reputation außen vor, Recht kommt nur zur Anwendung, wenn es vertragliche Aspekte der Geschäftsabwicklung betrifft.

Reicht das, um pauschal von einer Indifferenz der Staaten gegenüber Unrecht, das im Auftrag oder unter dem souveränen Schutzmantel anderer Staaten begangen wird, sprechen zu können? Stellt man auf die Lage der Opfer dieses Unrechts ab, reicht es. Wie sonst soll ein Verhalten genannt werden, das sich in Tatenlosigkeit oder Zögerlichkeit erschöpft, den Opfern das Gefühl gibt, nicht zu zählen? Aus ihrer Sicht ist es ein Akt der Gleichgültigkeit, den sie erfahren. Aber auch aus distanzierter, objektiver Perspektive ist ihrer Wahrnehmung nichts entgegenzuhalten, wenn ein Handeln möglich gewesen wäre, aber aus Gründen unterblieben ist, die als wichtiger erachtet wurden als großes und systematisch verursachtes Leid. Wie häufig Indifferenz ein festzustellendes Phänomen ist, wird nicht nur zahlenmäßig zu bestimmen sein. Miteinfließen in die numerische Grenze, von der an »häufig« zu einem sinnvollen Attribut wird, wird auch die emotionale Betroffenheit, die das Unrecht hervorruft. Für den Vorwurf der häufigen Inaktivität reichen dann schon Verhaltenswiederholungen, für die unter normalen Umständen der Zusatz »einige wenige« passend wäre, insbesondere wenn er an die Adresse von Staaten, die nach ihrer Selbstwahrnehmung und ihrem Ansehen menschenrechtsfreundlich sind, gerichtet ist.

Stellt man hingegen auf die Grenzen politischen Handelns ab, ist Indifferenz eigentlich ein falscher Terminus, sofern jedenfalls diese Grenzen evident sind. Trotz allen Bemühens in Form von Dialogen, Handelsbeschränkungen und Sanktionen auf eine Wand zu stoßen, die in diplomatisch unverbindlicher Elastizität Reaktionen Dritter auf menschenrechtliche Missstände absorbiert, lässt den Vorwurf der Indifferenz als abwegig erscheinen. Hat sich ein Staat dazu entschieden, Vorwürfe pauschal abzustreiten oder mit Gegenvorwürfen und Gegensanktionen zu reagieren, ist nicht der ausbleibende Erfolg menschenrechtlicher Initiativen der Gradmesser, sondern das Geschehen danach. Wird der Druck aufrechterhalten oder noch erhöht, haben wir es offensichtlich nicht mit Indifferenz zu tun, wird der Druck reduziert und geht über in Versuche des gesichtswahrenden Rückzugs, erleben wir Opportunismus, der nicht mit Indifferenz gleichzusetzen ist, da der Geltungsanspruch des Rechts den Handelnden noch gegenwärtig ist. Aus der Sicht der Opfer allerdings besteht in dieser Situation zwischen Opportunismus und Indifferenz kein Unterschied. Das unveränderliche Leid, das sie erfahren, verstärkt die resignative Erkenntnis, bedeutungslos zu sein und darum nicht zur Kenntnis genommen zu werden.

Sind diplomatische Kanäle nicht nutzbar, verpuffen Sanktionen wirkungslos. Bleibt die menschenrechtliche Lage desaströs, wächst die Neigung, unter Androhung und schließlich Anwendung von Gewalt eine Verbesserung der Lage herbeizuführen. Stößt Politik auf Moral, so Kant, sei die Politik, eigentlich »für sich selbst eine schwere Kunst«, keine schwere Kunst mehr, denn die Moral »haut den Knoten entzwei«, den die Politik »nicht aufzulösen vermag, sobald beide einander widerstreiten«.[60] Dann folgt ein Satz, der auch als Aufforderung, energisch und notfalls mit militärischen Mitteln zum Zwecke der Rechtsdurchsetzung zu intervenieren, verstanden werden kann: »Das Recht der Menschen muss heilig gehalten werden, der herrschenden Gewalt mag es auch noch so große Aufopferung kosten.«[61]

Militärische Interventionen als vermeintliche Lösungen

Rückblickend dürften keine Zweifel daran bestehen, dass die militärischen Interventionen des 19. Jahrhunderts, die mit der Verfolgung humanitärer Ziele gerechtfertigt wurden, ein Misserfolg waren. Was eine schützenswerte Bevölkerungsgruppe ausmachte, warum sie gegenüber anderen zu schützen war und welche Ziele im Interesse der zu schützenden Gruppe und ihres Umfelds verfolgt werden sollten, waren Fragen, auf die nur in einem Teil der Welt machtpolitisch geprägte

60 Vgl. Kant, *Zum ewigen Frieden*, S. 49.
61 Ebenda.

Antworten gefunden wurden. Nicht das Schicksal der Opfer war entscheidend, entscheidend waren die Vorteile, die die intervenierenden Mächte aus ihrer Intervention ziehen konnten.

Eben das sollte nicht geschehen, als nach dem Ende des Kalten Kriegs die Konstellation ähnlich war und der Westen als Sieger der Systemkonfrontation einseitig machtpolitisch hätte agieren können. Statt unter dem Deckmantel des zivilisatorischen Auftrags nur ein Alibi, sollte das Recht nun alleiniger Maßstab der internationalen Politik sein. Ein erster Anwendungsfall trat um die Jahreswende 1990/91 ein. Im August 1990 hatte der Irak unter seinem Präsidenten Saddam Hussein nach langen Auseinandersetzungen über von ihm beanspruchte Ölfelder das benachbarte Kuwait überfallen und annektiert. Diplomatische Bemühungen um einen Rückzug des Irak führten zu keinem Erfolg, UN-Resolutionen beachtete der Irak nicht. Am 17. Januar begann eine internationale Koalition unter Führung der USA (Großbritannien, Frankreich und mehr als 20 weitere Länder beteiligten sich aktiv) mit Luftangriffen auf irakische Ziele, an die sich am 24. Februar eine Bodenoffensive anschloss.[62] In seiner Rede zur »Lage der Nation« hatte der amerikanische Präsident George Bush wenige Wochen zuvor zum laufenden Kriegseinsatz erklärt: »Seit zweihundert Jahren haben wir für die Freiheit hart gearbeitet. Und heute abend [sic] führen wir die Welt in der Machtprobe einer Bedrohung gegen Anstand und Menschlichkeit. Es steht mehr auf dem Spiel als nur ein kleines Land – eine große Idee: eine neue Weltordnung.«[63]

Die »Operation Wüstensturm« endete mit der Befreiung Kuwaits und einer vernichtenden Niederlage des Irak. Doch der erste Schritt in eine neue Weltordnung war genau besehen nicht die verheißungsvolle Verwirklichung einer großen Idee. Die Rechtsgrundlage war uneindeutig und handelte der UNO wegen ihres Interpretationsspielraums den Ruf ein, den Plänen der USA und ihrer Verbündeten eilfertig entgegengekommen zu sein.[64] Außerdem nährte die Kriegführung des

62 Vgl. »Der Golfkrieg 1991«, https://www.faz.net/aktuell/politik/irak-der-golfkrieg-1991-116582.html [3. 6. 2024].

63 Zitiert nach Ziebura, »Golfkrieg, ›neue Weltordnung‹ und die Folgen für Deutschland«, S. 138 f.

64 Die Frage war, ob die SR-Resolution 678 vom 29. 11. 1990 als Voraussetzung für eine kollektive Selbstverteidigung (unter Kontrolle der intervenierenden Staaten)

US-geführten Bündnisses den Verdacht, dass es im Laufe der Befreiung Kuwaits und nachfolgender Einsätze auf irakischem Hoheitsgebiet zu Kriegs- und Menschlichkeitsverbrechen gekommen war. Versorgungseinrichtungen waren zerstört, Schutzbunker bombardiert worden, Kriegsgefangene hatte es offensichtlich weit weniger gegeben, als möglich gewesen wäre. 50 000 Toten auf irakischer Seite standen 148 auf amerikanischer Seite gegenüber. Nach dem Krieg sollte ein äußerst rigoroses Sanktionssystem das Regime treffen, ließ de facto jedoch die Bevölkerung weiter verelenden.[65] Von einer ernsthaften »Machtprobe« zur Wiederherstellung von »Anstand und Menschlichkeit« konnte nur aus der Distanz und unter Ausblendung der Kriegsrealität gesprochen werden.

Die Diktatur Saddam Husseins half dabei, die Kriegsrealität zu einem hinnehmbaren Kollateralschaden werden zu lassen. Seine politischen Manöver und Schandtaten boten ein mediales Feindbild, das keine Konkurrenz zuließ. Mit welcher tatsächlichen Skepsis der Idee der neuen Weltordnung zu begegnen war, zeigte darum erst das internationale Handeln bzw. Nicht-Handeln in Somalia (1993), Ruanda (1994), Srebrenica (1995) und im Kosovo (1999). Die Menschen im vom Bürgerkrieg zerrissenen *failed state* Somalia mit Nahrungsmitteln zu versorgen und dabei zugleich die Voraussetzungen für eine staatliche Konsolidierung zu schaffen, die Frieden möglich machen sollte, waren die Ziele der UN-Missionen UNOSOM und UNOSOM II unter Führung der USA.[66] Nach anfänglichen Erfolgen scheiterten die Missionen. Politische Fehleinschätzungen, eine hohe Zahl an Kollateralopfern unter der Zivilbevölkerung und unerwartet hohe eigene Verluste unter den intervenierenden Staaten, allen voran der USA, waren die Gründe dafür, dass sich die Ziele hart an der Realität brachen.

Keine eigenen Verluste auf Seiten der Staaten, die helfend eingreifen wollten, lautete daher die Devise der Staaten, die an der UN-Mission MINUAR in Ruanda beteiligt waren. Nach der Ermordung

oder für eine Zwangsmaßnahme (unter UN Kontrolle) verstanden werden konnte. Vgl. Bothe, »Friedenssicherung und Kriegsrecht«, Rn. 24, 35, sowie Paech/Stuby, *Völkerrecht und Machtpolitik*, S. 598 f.

65 Vgl. Clark, *Wüstensturm*, S. 97–127, 235; Sponeck, *Ein anderer Krieg*, S. 18 f.

66 Vgl. die Resolution des UN-SR 794 vom 3.12,1992, http://unscr.com/en/resolutions/794 [3. 6. 2024].

von zehn Blauhelmsoldaten am 7. April 1994 verließen neun Zehntel des UN-Kontingents das Land, die verbleibenden ca. 250 Blauhelme waren wegen ihres eingeschränkten Mandats (Waffeneinsatz nur zur Selbstverteidigung, nicht zum Schutz anderer) nicht im Entferntesten in der Lage, den Völkermord zu verhindern.[67] Etwa ein Jahr später, im Sommer 1995, dasselbe Verhalten. UN-Blauhelmsoldaten überließen ca. 8000 bosnische Moslems ihrem Schicksal, obwohl sie sich in einer UN-Sicherheitszone befanden und Luftnahunterstützung der UN-Blauhelme durch NATO-Flugzeuge möglich gewesen wäre.[68] Die NATO-Intervention im Kosovo 1999 schließlich beendete zwar Vertreibung und Krieg, allerdings erst nachdem infolge der NATO-Luftangriffe das Gewaltgeschehen auf eine neue Ebene gehoben worden war. Ohnmacht angesichts der Angriffe auf serbische Einrichtungen schlug um in Wut und beschleunigte serbische Gewaltakte gegen Kosovo-Albaner, während die albanische paramilitärische und ultranationalistische Organisation UÇK, wohl ebenso an der Entstehung der Gewaltspirale beteiligt wie die serbische Seite, pauschal als auf der richtigen, der westlichen Seite stehend wahrgenommen wurde.[69]

Die Bilanz war ernüchternd. Trotz zigtausendfacher nicht nur potenzieller Bedrohung, sondern tatsächlicher Vernichtung menschlichen Lebens und eines realen Verbrechens, das nach 1945 »nie wieder« begangen werden sollte, waren die internationale Gemeinschaft und ihr oberstes Gremium 1994 und 1995 untätig geblieben. Dieses Versagen sollte sich 1999 im Kosovokrieg nicht wiederholen. Die NATO griff in den Krieg ein und erzwang seine Beendigung, allerdings ohne dazu zuvor vom UN-Sicherheitsrat mandatiert worden zu sein. Abgesehen davon, dass deshalb umgehend der Vorwurf der einseitigen Intervention laut wurde, die humanitäre Motive zur Verfolgung von de facto machtpolitischen Zielen nur vorschütze, erschwerte der Dissens im Sicherheitsrat auch die Suche nach einer tragfähigen Wiederaufbaulösung für die Region. Auf das kollektive Versagen aus Misstrauen und Kalkül folgte die kollektive Unfähigkeit aus Ignoranz und Desinteresse.

67 Vgl. Hankel, *Ruanda*, S. 88 f., 141 f.

68 Vgl. Fink, *Srebrenica*, S. 301–397, 707–719.

69 Vgl. Zgonjanin, *Der Umgang mit Kriegsverbrechen im ehemaligen Jugoslawien 1991–1999*, S. 68 f., 184–186.

Die internationale Schutzverantwortung und ihre Ziele

Die neue Weltordnung, wie sie von Bush sen. propagiert worden war, hatte sich als untauglich erwiesen. Doch wie konnte die Welt besser, friedlicher, verantwortungsbewusster und solidarischer werden? Einen Weg dahin weisen sollte der bereits erwähnte Bericht über eine Schutzverantwortung der Staatengemeinschaft, Responsibility to Protect oder kurz R2P genannt. Ausgehend von der Feststellung, dass die Sorge um das Wohlergehen der Menschen im eigenen Hoheitsbereich die ureigene Aufgabe eines jeden Staates ist, entwickelten die Autoren des Berichts eine abgestufte Verantwortungswahrnehmung der internationalen Gemeinschaft für den Fall, dass ein Staat dieser Pflicht nicht nachkommt. Von einer zunächst zurückhaltenden Hilfe in einer menschenrechtlich angespannten Situation über den Einsatz friedlicher Zwangsmittel bis hin zur militärischen Intervention reichte die vorgeschlagene Bandbreite der Maßnahmen. Genauer: Jeder Staat ist verantwortlich für den Schutz seiner Bevölkerung vor Völkermord, Kriegsverbrechen, ethnischer Säuberung und Verbrechen gegen die Menschlichkeit. Ergänzt wurde diese Verantwortung nun um die Verantwortung der internationalen Gemeinschaft, einem verantwortungslosen Mitglied Wege der Prävention und Deeskalation aufzuzeigen und es, falls es sich weiterhin als unfähig oder unwillig erweist, mit militärischer Gewalt beiseitezudrängen und selbst den Schutz der bedrängten Bevölkerung zu übernehmen.[70] Die Souveränität des Einzelstaates würde also vorübergehend und legitimiert durch das Erfordernis der Nothilfe von der internationalen Gemeinschaft beziehungsweise deren organisatorischer Zusammenschluss, der UNO, ausgeübt werden.

Gelingen konnte dieses ideale Szenario überhaupt nur, wenn zwei Voraussetzungen erfüllt waren. Es musste jeglicher Verdacht einer auch nur geringsten Nähe zur sogenannten humanitären Intervention vermieden werden, und das Eingreifen in die inneren Verhältnisse eines Staates konnte nur rechtlich zweifelsfrei zulässig sein, wenn es vom UN-Sicherheitsrat mandatiert worden war.[71] Das bekräftig-

---

70 ICISS, *The Responsibility to Protect*, S. XI.

71 Die Autoren des R2P-Berichts heben schon auf den ersten Seiten hervor, dass sie den als Camouflage misszuverstehenden Begriff der humanitären Intervention nicht verwenden werden. Intervention sei im Bericht im Wortsinn zu verstehen

ten auch die Teilnehmerstaaten des UN-Gipfels 2005.[72] Mit beiden Voraussetzungen sind wir allerdings noch fest auf dem Boden der UN-Charta. Das zwischen den Staaten bestehende umfassende Gewaltverbot in Art. 2 Nr. 4 der Charta verbietet jeden wie auch immer deklarierten Angriff auf einen Staat. Und das Interventionsverbot in Art. 2 Nr. 7 der Charta darf nur durch eine vom Sicherheitsrat autorisierte Zwangsmaßnahme durchbrochen werden. Insofern bietet das Konzept der Schutzverantwortung nichts Neues. Das gilt letztlich auch für die Schutzpflichten von Einzelstaaten und Staatengemeinschaft. Dass die Staaten eine Schutzpflicht gegenüber ihren Bevölkerungen haben, ergibt sich aus verschiedenen Konventionen, die zum Teil die Verbindlichkeit von zwingendem, unabänderlichem Völkerrecht (*ius cogens*) erlangt haben, wie beispielsweise die Konventionen zum Verbot des Völkermords oder zum Verbot der Folter. Aber auch das internationale Engagement zur Verhinderung oder Eindämmung von Konflikten in einem Land ist nicht neu. Auf friedenserhaltende Maßnahmen (*peacekeeping*) unter dem Dach der UNO, die auf Konsens und Kooperation mit dem betroffenen Staat gründeten, folgten friedenserzwingende Maßnahmen (*peace enforcement*), die von der UNO auch gegen den Willen des betroffenen Staates und der dort agierenden Konfliktparteien beschlossen werden konnten. Statt herkömmlicher Friedenssicherung durch Einrichtung und Überwachung von Trennungslinien und Pufferzonen ist zudem der Schutz elementarer Menschenrechte in den Vordergrund gerückt. »Alle erforderlichen Maßnahmen sollen ergriffen werden« (*to take all necessary measures*), lautet die typische Formel in UN-Resolution, die auf das Ziel eines »effektiven, rechtzeitigen, dynamischen und umfassenden Schutzes der von physischer Gewalt bedrohten Zivilbevölkerung« (*effective, timely, dynamic and integrated protection of civilians under threat of physical violence*) verweist.[73] Innerhalb der so eröffneten Aktionsbandbreite bildeten

---

oder aber, wenn eine militärische, auch klar als solche bezeichnet. Vgl. ICISS, *The Responsibility to Protect*, Abs. 1.37–1.41., 6.15.

72 World Summit Outcome (A/Res/60/1 vom 24. 10. 2005), Abs. 139, https://www.refworld.org/docid/44168a910.html [3. 6. 2024].

73 So in Abs. 29 der Resolution zur UN-Mission in der Demokratischen Republik Kongo vom 18. 12. 2020 (S/2020/2556), http://unscr.com/en/resolutions/2556 [3. 6. 2024].

sich noch zahlreiche andere Formen des internationalen Eingreifens heraus, die stabilisierend beziehungsweise gewaltpräventiv wirken sollten. Sie reichten von der Wahlbeobachtung unter Beibehaltung der alten staatlichen Strukturen bis zur treuhänderischen Verwaltung eines Gebietes (Kosovo, Ost-Timor).

Nein, neu ist das Konzept der Schutzverantwortung insofern auch nicht. Aber es hat einen Namen, der sich leicht einprägt, der – insbesondere in der englischen Originalbezeichnung Responsibility to Protect – appellativ wirkt und für ein ganzes Bündel an Maßnahmen steht, das im Notfall zur Anwendung kommen kann. Die Wahrnehmung der Responsibility to Protect zu fordern ist etwas anderes, als empört nach überhaupt einer internationalen Reaktion zu rufen oder ein Vorgehen gemäß Kapitel VI, VII oder VIII der UN-Charta zu verlangen, zumal die Schutzverantwortung nach vorangegangenen Fehlschlägen konzipiert wurde und folglich mit der Hoffnung der besseren Option behaftet ist. Die Internationale Gemeinschaft wird aktiv, sie bekämpft, basierend auf einer gemeinsamen Werteordnung, solidarisch mit den Opfern das Unrecht, das ist die zentrale Aussage der Responsibility to Protect.

Damit wären wir bei dem Aspekt, der das eigentlich Neue an dem Konzept und für dessen Akzeptanz von großer Bedeutung ist. Gemeint ist die Vorstellung, dass militärische Gewaltanwendung, ein Krieg, gerecht sein kann. Mit Beginn der Neuzeit hatte man von ihr Abschied genommen, sie hatte sich nicht bewährt.[74] Zwar war die Entscheidung darüber, wann ein Krieg als gerecht zu gelten hatte, an eine Reihe von Kriterien gebunden gewesen, wie zum Beispiel an eine legitime Autorität zur Kriegserklärung, an einen gerechten Grund für die Kriegführung, an die gerechte Absicht des Kriegführenden und an die Verhältnismäßigkeit der eingesetzten Gewaltmittel, doch die erhoffte gewaltmäßigende Wirkung war nicht eingetreten. Jede Seite hatte sich als die gerecht Kriegführende verstanden, hatte die andere sich perfiderweise darauf berufen sehen und darauf mit gesteigerter und vermeintlich moralisch legitimierter Verbitterung reagiert. Da die daraufhin praktizierte Alternative dazu, die Indifferenz des Völkerrechts gegenüber dem Kriegführungsrecht, nicht besser funktio-

74 Zur Entwicklung vgl. Bothe, »Friedenssicherung und Kriegsrecht«, Rn. 3–8.

nierte, entstanden nach dem Ersten Weltkrieg Modelle der kollektiven Sicherheit, die nach dem Zweiten Weltkrieg in das allgemeine Gewaltverbot der UN-Charta übergingen. Die zuständige Autorität war jetzt allein der Sicherheitsrat, seine Anordnung des Einsatzes militärischer Mittel bei einer Friedensbedrohung durch ebendiese gerechtfertigt, nicht unbedingt gerecht.

Mit der Schutzverantwortung sollte dagegen künftig der Rückgriff auf militärische Gewalt, »rechtzeitig und entschlossen« im Rahmen der Nothilfe erfolgt, ein Akt der Gerechtigkeit sein. In Anlehnung an die Lehre vom gerechten Krieg müssten zu diesem Zweck, so der Bericht der Expertengruppe, vier Kriterien erfüllt sein. Die rechte Absicht (*right intention*) verlange, dass das Hauptziel der Intervention in der Beendigung des menschlichen Leids bestehen müsse. Die Intervention müsse außerdem das letzte Mittel (*last resort*) sein. Es müssten hinreichende Gründe zu der Annahme vorliegen, dass andere, nichtmilitärische Maßnahmen keine Aussicht auf Erfolg hätten. Dabei dürften, drittens, die militärischen Aktionen hinsichtlich Umfang, Dauer und Intensität nicht das für die Wiederherstellung menschenrechtlicher Sicherheit notwendige Maß überschreiten, die Aktionen müssten folglich verhältnismäßig sein (*proportional means*). Außerdem müssten sie, viertens, die hinreichende Aussicht bieten, dass die Folgen der Intervention nicht schlimmer seien als die der Nicht-Intervention (*reasonable prospects*).[75]

In diesem Wechsel hin zur Anwendung militärischer Gewalt, die gerecht ist, zeigte sich der deutlichste Ausdruck einer geänderten Rolle des Individuums im Völkerrecht.[76] Wo vorher de facto nur Staaten Rechtsbrecher im Verhältnis zu anderen Staaten sein konnten, fand nun der Gedanke Zustimmung, dass Staaten oder andere territoriale Machtgebilde auch Täter im Verhältnis zu Menschen werden konnten und dass sie beziehungsweise ihre Organe dafür – und das ist die entscheidende Zuspitzung – rechtlich einstehen mussten. Der dazu erforderliche Militäreinsatz war gerecht, das heißt nicht nur moralisch zulässig, sondern auch geboten, weil er die Durchsetzung von Recht anstrebte und Gerechtigkeit herzustellen versprach.

75 Vgl. ICISS, *The Responsibility to Protect*, Abs. 4.15–4.43.
76 Dazu näher Peters, *Jenseits der Menschenrechte*, S. 218 f.

Der Bericht über die internationale Schutzverantwortung erschien drei Monate nach den Anschlägen vom 11. September 2001. Schon am 12. September hatte der UN-Sicherheitsrat unter dem Eindruck der neuen Dimension terroristischer Bedrohung das individuelle und kollektive Selbstverteidigungsrecht der Staaten bekräftigt, woraus die USA und ihre Verbündeten das Recht herleiteten, die Beherbergungsorte terroristischer Gewalt in Afghanistan militärisch anzugreifen.[77] Am 7. Oktober hatte die Operation Enduring Freedom begonnen, am 20. Dezember hatte der UN-Sicherheitsrat die Einsetzung einer International Security Assistance Force (ISAF) beschlossen, die, als friedenserzwingende Maßnahme deklariert, die Voraussetzungen für den Wiederaufbau Afghanistans gewährleisten sollte.[78] Zwar waren, so der R2P-Bericht im Blick auf Afghanistan, die Grundvoraussetzungen dort völlig andere als in den Szenarien, die letztlich zur militärischen Ausübung der R2P-Schutzverantwortung führen sollten, gleichwohl müssten auch dort die Vorsichtsmaßnahmen, die das humanitäre Völkerrecht zur Gewaltbegrenzung einfordere, beachtet werden.[79] Vergegenwärtige man sich den humanitären Aspekt von Einsätzen, mit denen auch beim Kampf gegen den internationalen Terrorismus einer bedrängten Bevölkerung zu Hilfe gekommen werden solle, müsse über die Beachtung des Verhältnismäßigkeitsgebots beim Waffeneinsatz und des Schutzes der unbeteiligten Zivilbevölkerung hinaus der Grundsatz gelten, dass die Eigensicherung der intervenierenden Soldatinnen und Soldaten nicht das Hauptziel sein dürfe.[80] Die Autoren des Berichts sprachen damit eine Art Garantenstellung des Soldaten gegenüber der Zivilbevölkerung an. Aufgrund seines Auftrags und seiner Funktion soll der Soldat in höherem Maße als andere verpflichtet sein, die Zivilbevölkerung vor Kriegs- oder Menschlichkeitsverbrechen oder vor dem Verbrechen des Völkermords zu schützen. Diese Pflicht schließe auch die Hinnahme eines erhöhten Risikos aufseiten des betreffenden Soldaten, im Rahmen der Schutzoperation getötet zu werden, ein.

77 Vgl. S/Res/1368 (2001) vom 12. 9. 2001, http://unscr.com/en/resolutions/1368 [3. 6. 2024].

78 Vgl. S/Res/1386 (2001) vom 20. 12. 2001, http://unscr.com/en/resolutions/1386 [3. 6. 2024].

79 Vgl. ICISS, *The Responsibility to Protect*, S. IX und Abs. 4.32–4.43.

80 Ebenda, Abs. 7.34.

Wir wissen heute, dass die Kriege in Afghanistan und ab 2003 im Irak diesen Anforderungen häufig nicht gerecht wurden. In zunehmendem Maße bestimmte das »Kollateralopfer«[81] die Diskussion über die Legitimation der Kriege. Staaten durch Intervention von Gewaltherrschaft befreien zu wollen und dabei unter den Nutznießern dieser Befreiung Tod und Verletzung hervorzurufen, erwies sich als ein Widerspruch, der eine beträchtliche, politisch und medial leicht nutzbare Dynamik entfaltete. Die verschiedenen »Koalitionen der Willigen« schafften es nicht, sich von dem normativ fest verankerten Grundverständnis des herkömmlichen Kriegsrechts zu lösen. Danach ist das Töten von Kombattanten unter der Voraussetzung legal, dass die Bestimmungen des Kriegsrechts respektiert werden. Erst dann ist eine Tötungshandlung im strafrechtlichen Sinne gerechtfertigt – eine Annahme, von der auch menschenrechtliche Konventionen ausgehen, die für den Fall des bewaffneten (nicht) internationalen Konflikts das Recht auf Leben aus ihrem Schutzbereich herausnehmen. Für die Zivilbevölkerung hingegen besteht der Schutz grundsätzlich fort, nur in Ausnahmefällen darf er durchbrochen werden. Wohl wissend, dass dies eine überaus heikle Erlaubnis ist, behilft man sich zu ihrer Rechtfertigung zum einen mit dem Prinzip der Verhältnismäßigkeit zwischen militärischem Vorteil und Kollateralopfern (objektive Ebene), zum andern mit der Doktrin der Doppelwirkung (subjektive Ebene). Sie besagt, dass eine Handlung mit sowohl (moralisch) schlechten wie auch (moralisch) guten Folgen dann moralisch erlaubt ist, wenn die schlechten Folgen nur unbeabsichtigte Nebenfolgen sind. Konkret: Der Handelnde, das heißt der militärische Befehlsgeber, richtet seine Absicht allein auf das Erreichen des guten Ziels, also des militärischen Vorteils. Die als möglich erkannte Doppelwirkung, nämlich die bei Verfolgung der Absicht eintretende tödliche Folge für unbeteiligte Dritte, nimmt er lediglich in Kauf. Er will das Gute, nicht das moralisch Schlechte, und beides ist, zusammen mit der Beachtung der Verhältnismäßigkeit, nach allgemeiner Ansicht eine hinreichende Legitimation, den Tod von unbeteiligten Menschen, von Menschen, die – einem bekannten Diktum zufolge – zur falschen Zeit am fal-

81 Soweit unbeteiligte Zivilistinnen und Zivilisten Kriegsopfer geworden sind, werden sie gewöhnlich als »Kollateralschaden« bezeichnet. Vorzuziehen ist jedoch deren weniger verdinglichende Bezeichnung als Kollateralopfer.

schen Ort waren, um den Preis eines militärischen Vorteils hinzunehmen, sie gewissermaßen durch das Recht dem eigenen Leben gegenüber rechtlos zu stellen.[82]

Explizit gesagt wird dies nicht. Es scheint vielmehr die stillschweigende Annahme zu sein, dass Kriege eben in dieser Weise geführt werden. Detailliert beschriebene Bedrohungsszenarien sowie der Verweis auf schlimmste Grausamkeiten des Feindes und auf die eigene Anfälligkeit sollen keinen Gedanken an den Preis aufkommen lassen, den die Bevölkerung fernab im Kriegsgebiet zu bezahlen hat. Und doch sträubt sich das vorherrschende moralische Empfinden, sich mit der Vorstellung, es gebe unschuldig und gleichwohl rechtmäßig Getötete, abzufinden. Und noch schärfer stellt sich dieser Widerspruch zwischen Recht und Moral dann dar, wenn, wie bei der Schutzverantwortung, durch die Militäraktion explizit humanitäre Ziele erreicht werden sollen.

Das offen gebliebene humanitäre Versprechen

Die Resolutionen 1970 und 1973 des UN-Sicherheitsrats vom 26. Februar und 17. März 2011 können als ein Musteranwendungsfall der R2P gelten. Zugleich zeigt ihre Umsetzung beispielhaft, wie das angekündigte humanitäre Ziel nur ein Versprechen blieb. An die Verantwortung des libyschen Staates für die auf seinem Hoheitsgebiet lebenden Menschen und seine vordringliche Aufgabe, die elementaren Rechte dieser Menschen zu schützen und Maßnahmen zu ergreifen, um Rechtsverletzer zur Verantwortung zu ziehen, erinnerte Resolution 1970. Sie bot auch Hilfe an, damit Libyen dieser Verantwortung gerecht werden konnte.[83] Resolution 1973 ermächtigte, weil der libysche Staat seiner Verantwortung nach mehrheitlicher Ansicht des Sicherheitsrats nicht gerecht worden ist, zum Einsatz militärischer Mittel, zunächst unmittelbar für den Schutz der Zivilbevölkerung, dann zur Einrichtung und Überwachung einer Flugverbotszone, die ebenfalls dem Schutz der Zivilbevölkerung dienen sollte.[84] Von einer Besetzung

82 Vgl. Hankel, *Das Tötungsverbot im Krieg*, S. 107 f.

83 Vgl. S/Res/1970 (2011) vom 26. 2. 2011 (http://unscr.com/en/resolutions/1970) [3. 6. 2024].

84 Vgl. S/Res/1973 (2011) vom 17. 3. 2011 (http://unscr.com/en/resolutions/1973) [3. 6. 2024].

Libyens oder einem erzwungenen Regimewechsel war nicht die Rede. Eine Besetzung Libyens durch die Interventionsmächte gab es realiter auch nicht, das besorgten die Anti-Gaddafi-Milizen im Schutz der Luftangriffe Ersterer und wiederum unter Hinnahme vieler Kollateralopfer. Aber es gab einen Regimewechsel. Gaddafi wurde getötet und um das freigewordene Gewaltmonopol, einschließlich der Einnahmen aus dem Erdölexport, stritten sich in den folgenden Jahren diverse Milizen, entweder militärisch unterstützt von Intervenienten des Jahres 2011 oder durch neue Bündnispartner.[85]

Niemand wird ernsthaft behaupten können, dass die Situation in Libyen heute, im Frühjahr 2024, besser ist als vor Beginn der als humanitär gedachten Intervention vor über zehn Jahren. Die Resolutionen 1970 und 1973 haben die Schutzverantwortung als einen Euphemismus, als einen nur kurzen Traum von einer besseren Welt erscheinen lassen, weil sie unter der Wucht ihrer Motive zur Entgrenzung neigte und Staaten dazu verführte, ihr eigenes Machtspiel zu spielen, das sie lediglich humanitär bemäntelten. Zu erleben war die Demonstration einer Zweiteilung der Welt, eines großes Machtgefälles zwischen mächtigen Staaten in der nördlichen Hemisphäre und machtlosen Staaten in der südlichen. Wie und wie lange interveniert wird, entscheidet sich im Norden, wo die militärische und ökonomische Macht zu Hause ist, nicht im Süden, dessen Stimmen zwar gebraucht werden, um im Sicherheitsrat die notwendige Mehrheit zu erreichen (Gabun, Nigeria und Südafrika haben als nichtständige Mitglieder für die Resolution 1973 gestimmt), der danach jedoch nur Zuschauer bleiben darf, enttäuscht und gedemütigt durch das als zynischen Machtmissbrauch empfundene Verhalten des Nordens.[86] Zu erleben war aber auch die Bildung von Allianzen zwischen Milizen und neuen Mächten, die ebenfalls ihr Stück vom libyschen Kuchen haben wollten.[87] Der Einsatz von Söldnern und Kampfdrohnen machte dem Gedanken einer internationalen Schutzverantwortung für Libyen endgültig den Garaus.

---

85 Vgl. Lacher, »Libyen«.

86 Vgl. die chronologische Darstellung von Jean Ping, 2011 Vorsitzender der Kommission der AU: »African Union Role in the Libyan Crisis«, (http://www.pambazuka.net/en/category.php/aumonitor/78691 [3. 6. 2024]).

87 Vgl. Lacher, »Libyen«.

Noch auf Syrien einzugehen erübrigt sich deshalb nicht, weil dieser Krieg, der parallel zum Krieg und Bürgerkrieg geführt wird, das Unvermögen der internationalen Staatengemeinschaft, zugunsten der geplagten Bevölkerung zu intervenieren, in besonders grellem Licht erscheinen lässt. Desinteresse, Zögerlichkeit und falsche Allianzen auf der einen haben auf der anderen Seite eine Gewaltentschlossenheit genährt, in der der Begriff des »Kollateralopfers« nicht einmal mehr existiert. Hilflos schaut die UNO dem Geschehen zu. Ihr bleibt nur, zwecks einer später vielleicht möglichen Strafverfolgung die Verbrechen und ihre mutmaßlichen Urheber zu erfassen und in periodischen Berichten die Veränderung zum Schlimmeren sowie das sich auf unverändert hohem Niveau befindliche Elend zu dokumentieren.[88] Selbst humanitäre Not- und Überlebenshilfe scheitert an der Blockade im UN-Sicherheitsrat.[89] Dieselbe Lähmung trotz dringenden Handlungsbedarfs ist im Fall Jemen, Myanmar und Sudan festzustellen. Der Unerbittlichkeit, mit der im Jemen über die Lebensinteressen der Bevölkerung hinweg ein Stellvertreterkrieg geführt wird (zwischen dem Iran und Saudi-Arabien und ihren jeweiligen Unterstützern), hat der UN-Sicherheitsrat außer hilflos wirkenden Appellen nichts entgegenzusetzen.[90] Noch weiter ins politische und mediale Abseits ist das Schicksal der Rohingya geraten. »Keine Einmischung« scheint hier die Devise der asiatischen Regionalorganisation ASEAN zu sein, sehr zur Zufriedenheit Chinas oder Indiens und ihnen nahestehender Staaten in anderen Weltregionen. Anderslautende UN-Resolutionen kamen und kommen nicht zustande.[91] Und gänzlich abgeschrieben ist augenscheinlich der Sudan. Zu undurchsichtig ist das Bild, das sich in

88 Vgl. die Berichte der Independant International Commission of Inquiry on the Syrian Arab Republic unter https://www.ohchr.org/en/hrbodies/hrc/iicisyria/pages/independentinternationalcommission.aspx [3. 6. 2024] sowie die Auflistung der Berichte unter https://www.securitycouncilreport.org/un_documents_type/secretary-generals-reports/?ctype=Syria&cbtype=syria [3. 6. 2024].

89 Vgl. Ehrhardt, »Moskaus zynisches Spiel«.

90 Vgl. https://www.securitycouncilreport.org/un-documents/yemen/ [3. 6. 2024]. Ob die auf chinesische Initiative erreichte erste Annäherung zwischen dem Iran und Saudi-Arabien an der Lage etwas zum Besseren wendet, muss sich noch erweisen.

91 Vgl. Zimmermann, *Militärische Missionen*, S. 144 f.

dem von Armee und Milizen zerrissenen Land bietet, zu ausweglos die Situation, in der es sich befindet.

Unbeirrt listet die Website des Global Centre for the Responsibility to Protect, eine 2008 mit einflussreicher Unterstützung gegründete NGO, alle Resolutionen und Erklärungen des UN-Sicherheitsrats und ihres Präsidenten/ihrer Präsidentin (*presidential statements*) auf, in denen auf R2P Bezug genommen wird. Seit 2006 sind es in gut fünfzehn Jahren ca. 100 Resolutionen und seit 2011 mehr als zwanzig Erklärungen, die die Staaten daran erinnern, dass sie vor allen anderen für den Schutz ihrer Bevölkerungen vor schweren Menschenrechtsverletzungen verantwortlich sind. Adressaten der Erinnerung sind durchweg die DR Kongo, Mali, Somalia, der Sudan, Südsudan, Syrien und die Zentralafrikanische Republik.[92] Für das Global Centre ist jeder Einzelfall ein Beleg dafür, dass die Schutzverantwortung nicht aus der Welt verschwunden ist, sondern kollektives Handeln zum Schutz von bedrohten Menschen möglich war und ist.[93] Da kontrafaktische Überlegungen leicht ins Abseits führen, ist in der Tat anzunehmen, dass UN-Einsätze Leben geschützt und Staaten davor bewahrt haben, vollends in einem Strudel von Chaos und Gewalt unterzugehen. Tausende, manchmal, wie in der DR Kongo oder Mali, Zehntausende Soldaten, Polizisten und zivile Einsatzkräfte haben eine Präsenz, die von den verfeindeten Parteien nicht ignoriert werden kann. Ob sie mittel- oder langfristig zu einer spürbaren Verbesserung der Lage führen, ist damit jedoch längst nicht gesagt. Über zwanzig Jahre UN-Präsenz in der DR Kongo mit zeitweilig über 20 000 Personen haben an dem Status des Landes als eines *failing state* nichts geändert. Obwohl als Zwangsmaßnahme nach Kapitel VII der UN-Charta und robustes *peacekeeping* konzipiert, haben sich landesweit die für politischen und administrativen Strukturen Verantwortlichen mit der Anwesenheit fremder Truppen arrangiert. Korruption, Nepotismus und schlechte Regierungsführung existieren fort, die UN-Kräfte kümmern sich derweil um die Aufrechterhaltung von Infrastruktur und einem Mindestmaß an öffentlicher Sicherheit. Ein härteres Eingreifen der UNO ist nicht

92 Vgl. https://www.globalr2p.org/resources/un-security-council-resolutions-and-presidential-statements-referencing-r2p/ [3. 6. 2024].

93 Vgl. https://www.globalr2p.org/what-is-r2p/ [3. 6. 2024].

möglich. China als Vetomacht hat ein großes Interesse daran, ungestört von staatlicher Kontrolle oder Auflagen zum Schutz der lokalen Bevölkerung Bodenschätze zu fördern und zur Verwertung außer Landes zu schaffen.[94]

Die USA und andere Geldgeber scheuen die hohen Kosten der derart zweckentfremdeten Mission und haben durchgesetzt, dass sie ab 2024 auslaufen soll.[95] Den Endpunkt auf dem Weg des Scheiterns hat die UN-Mission in Mali bereits erreicht. Seit 2002 versuchte die UNO, den Staat vor einer Zerstörung durch islamistische Kräfte zu bewahren, zunächst hauptsächlich durch französische Militärmissionen (*Serval, Barkhane*), dann zusätzlich durch eine UN-Mission nach Kapitel VII der UN-Charta.[96] Doch auch die Bilanz dieser über Jahre hinweg zweitgrößten UN-Mission ist ernüchternd. International geschützt wurde ein Regime, das die Bevölkerung größtenteils nicht wollte, das durch Unfähigkeit und Unwillen die sozialen Probleme verschärfte und so bis weit in die Sahel-Zone hinein den islamistischen Fundamentalismus als Alternative aufwertete.[97] Wie zum Hohn für westliche Stabilisierungsbemühungen drängt sich nun Russland mit der berüchtigten Wagner-Söldnertruppe als alternativer Sicherheitspartner auf. Die UN-Mission endete am 31. Dezember 2023.[98]

Trotz des Engagements des Global Centre und anderer NGOs ist die Bilanz des R2P-Konzepts also eindeutig nicht positiv. Und das bisherige faktische Geschehen bleibt nicht ohne Auswirkung auf den normativen Gehalt des Konzepts. Dass das R2P-Konzept eine Norm und nicht etwa ein nichtnormatives Konzept ist, das nur unverbindliche Handlungsmodalitäten beschreibt, scheint naheliegend. Legen wir eine neuere Definition zugrunde, wonach Normen als »positiv markierte Möglichkeiten« zu verstehen sind,[99] und erweitern wir sie noch um eine spezielle aus dem Bereich der Internationalen Beziehungen,

---

94 Vgl. Hankel, *Das Dilemma*, S. 85–109.

95 Vgl. https://press.un.org/en/2023/sc15538.doc.htm [3. 6. 2024].

96 Vgl. Klatt, »Mali«, https://www.bpb.de/internationales/weltweit/innerstaatliche-konflikte/175842/mali [3. 6. 2024].

97 Ebenda; International Crisis Group unter https://www.crisisgroup.org/crisiswatch/january-2021-alerts-and-december-trends-2020#mali [3. 6. 2024].

98 Vgl. https://minusma.unmissions.org/en [3. 6. 2024].

99 Möllers, *Die Möglichkeit der Normen*, S. 14.

die Normen als »kollektiv geteilte Standards angemessenen Verhaltens auf der Grundlage gegebener Identitäten« definiert,[100] ergibt sich daraus die Normativität der Schutzverantwortung. Sie soll verwirklicht werden und dabei nach allgemeiner Überzeugung der über 150 staatlichen Akteure auf dem bereits mehrfach erwähnten UN-Weltgipfel die Welt in einen besseren Zustand versetzen. Darüber hinaus ist die Schutzverantwortung eine Rechtsnorm mit moralischem Gehalt. Dem R2P-Konzept zufolge wird die Legitimität des Regelungszieles, die außer von den Verursachern der humanitären Notlage nicht bestritten wird, auf eine Weise durchgesetzt oder durchzusetzen versucht, die den legalen, von der UN-Charta eröffneten Möglichkeiten entspricht. Der UN-Sicherheitsrat handelt im Namen der Mitgliedsstaaten und unter Anwendung ihm zustehender rechtlicher Kompetenzen, um eine Bedrohung, die massiv gegen die internationale Moral verstößt, abzuwenden.

Versucht man aber hinsichtlich des R2P-Konzepts, faktisches Geschehen und normativen Gehalt zusammenzubringen, ist das Konzept (noch) keine vollwertige Norm (*existing norm*). Nationaler Unwillen und machtpolitischer Opportunismus beherrschen das Bild. Mal schützen Staaten, ihrer Verpflichtung aus Menschenrechtsverträgen gemäß, die Menschen in ihrem Hoheitsbereich vor einer Verletzung elementarer Menschenrechte, mal verstoßen sie gegen die Verpflichtung und tun das nicht. Die Handlungsermächtigung nach außen, die das Konzept den Staaten zuweist, ist abhängig von deren Souveränitätsverständnis. Hängen sie in menschenrechtlicher Hinsicht noch der Vorstellung von einem *domaine réservé* an und begegnen Interventionsüberlegungen mit Misstrauen, bleibt die Ermächtigung wirkungslos oder wird mit fragwürdigen und einseitigen Aktionen (Irak, Libyen), als Nothilfe verbrämt, unterlaufen.

Naheliegender ist es daher, die Schutzverantwortung, wenn auch immer noch mit einiger Zurückhaltung, als eine »Norm im Entstehen« (*emerging norm*) zu bezeichnen.[101] Wie im ersten Kapitel gezeigt wurde, durchlaufen Normen wie die Menschenrechte, also Normen mit ausgeprägtem moralischem Inhalt, einen Prozess der gesetzlichen

100 Deitelhoff, »Scheitert die Norm der Schutzverantwortung?«, S. 24.
101 Zum Begriff kritisch Daase, »Die Legalisierung der Legitimität«, S. 43.

Normbildung, der nicht linear ist. Aus dem *domaine réservé* des Einzelstaates, der nach Belieben mit diesen Rechten verfahren konnte, gelangten sie in das Stadium der völkerrechtlichen *emerging norm*, indem ihre einzelstaatliche Anerkennung als Ausweis der Zugehörigkeit zur internationalen Gemeinschaft galt, um von dort über Berichts- und Kontrollverfahren eine weitere Verdichtung bis hin zu ihrem Eingang in das Völkerstrafrecht zu erfahren. Aus einer *emerging norm* sind die Menschenrechte zu einer vollgültigen Rechtsnorm des Völkerrechts geworden. Das wird heute nicht mehr bestritten.

Überträgt man diesen Vorgang auf das Konzept der Schutzverantwortung, heißt das, die allerersten Anfänge seiner (partiellen) Umsetzung als ein Zeichen dafür zu nehmen, dass eine bestimmte Anzahl von Staaten diese Norm anerkennt. Wie weit die Anerkennung reicht, ist jedoch unklar. Wenn der UN-Sicherheitsrat auf R2P verweist, dann unter Hervorhebung der staatlichen Souveränität und der Verantwortung von Staaten für den Schutz ihren Bevölkerungen. Weitergehende Maßnahmen, die er beschließt, verbleiben in Kapitel VII der UN-Charta und sind nicht auf die weiteren Säulen der Schutzverantwortung bezogen.[102] Eine normative Verdichtung der Schutzverantwortung, die als dreisäuliges Gesamtkonzept verstanden werden könnte, ist nicht festzustellen. Zwischen Anspruch und Wirklichkeit in der Interventionspraxis seit den 1990er Jahren besteht ein großes Gefälle. In diesem Sinne fassen die Autoren einer Untersuchung der Hessischen Stiftung für Friedens- und Konfliktforschung, die noch anderen als den hier angesprochenen Fällen nachgegangen sind, bilanzierend zusammen: »[W]ir [sehen] keine Indizien für einen positiven Effekt von humanitären militärischen Interventionen bei der Beendigung von Gewaltlagen. Ebenso wenig stützten unsere Befunde die Annahme, humanitäre militärische Interventionen würden in der Summe betrachtet und auf längere Sicht Gewalt reduzierend und

102 UN-Generalsekretär Ban Ki-moon stellte 2009 ein Drei-Säulen-Modell vor. Säule 1 steht für die eigentliche Schutzverantwortung des Staates, Säule 2 für internationale Hilfe und Aufbau von Fähigkeiten für den schwachen, seiner Schutzverantwortung nicht gerecht werdenden Staat und Säule 3 für die letztlich auch militärische Reaktion auf anhaltendes staatliches Versagen, die allerdings »rechtzeitig und entschlossen« (*timely and decisive*) sein müsse. Vgl. United Nations, *Implementing the Responsibility to Protect.*

friedensschaffend wirken.«[103] Die Norm der Schutzverantwortung ist zwar in der Welt, aber ihre Entstehung ist frühzeitig und bis heute andauernd gehemmt. Militärische Interventionen zu humanitären Zwecken haben sich als durchweg untauglich erwiesen. Wer nach Gründen sucht, um die internationale Hilflosigkeit angesichts der sich zuspitzenden politischen und humanitären Krise auf Haiti zu erklären, dürfte hier fündig werden.

Straftribunale: Eine Vision wird Wirklichkeit

Der erste internationale Strafgerichtshof, der nach den Nürnberger (1945–1949) und Tokioter Prozessen (1946–1948) eingesetzt wurde, war das Resultat einer Verlegenheit. Diplomatische Versuche, den 1990 einsetzenden Zerfall Jugoslawiens zu verhindern, waren zögerlich und bald erfolglos gewesen. Seit jeher wird von der Staatengemeinschaft die Sezession überaus zurückhaltend anerkannt. Der Grundsatz der territorialen Integrität des Staates zusammen mit dem Verbot der Einmischung in die inneren Angelegenheiten eines anderen Staates einerseits und dem Recht auf Selbstbestimmung andererseits lähmten in ihrer konfrontativen Konstellation die Entscheidungsfindung auf internationaler Ebene. Die UN-Schutztruppe für Bosnien und Herzegowina sowie Kroatien (UNPROFOR), für die der Sicherheitsrat im Februar 1992 grünes Licht gab, war keine souveränitätsbeschränkende Zwangsmaßnahme nach Kapitel VII der UN-Charta. Die Einsatzkräfte sollten Neutralität wahren, Waffenstillstände überwachen und die Zivilbevölkerung versorgen. Ein Waffeneinsatz zum Schutz der Bevölkerung war nicht Teil des Mandats.[104]

Hilflos sahen UNPROFOR und die Staatengemeinschaft zu, wie Jugoslawien in Gewalt versank und die Regeln des humanitären Völkerrechts zu toten Buchstaben wurden. Der Druck der internationalen öffentlichen Meinung, die ein Ende der sich auch gezielt gegen die Zivilbevölkerung richtenden Gewalt forderte, wuchs. Militärisch eingreifen wollten die UNO und durch sie zu ermächtigende Staaten

103 Gromes/Dembinski, *Bestandsaufnahme*, S. 34.
104 Vgl. S/Res/743 (1992) vom 21. 2. 1992 (http://unscr.com/en/resolutions/743 [3. 6. 2024]).

nicht, das Menetekel des Scheiterns in Somalia war noch zu deutlich erkennbar. Es bei der klassischen *peacekeeping*-Mission bewenden zu lassen, war mit der allgemeinen Rückbesinnung auf den menschenrechtlichen Achtungsanspruch aber auch immer schwerer vereinbar.[105] Abschreckung für mögliche Täter, Strafe für überführte Täter und ein prospektiv früheres Kriegsende konnte es daher nur infolge einer justiziellen Intervention geben, also durch ein Gericht, das mit international gefestigter Autorität Recht sprechen würde.

Internationale und internationalisierte Gerichte

Ende 1992 richtete der UN-Sicherheitsrat eine Expertenkommission zur Ermittlung der im ehemaligen Jugoslawien verübten Kriegsverbrechen ein. Im Mai 1993 beschloss er dann die Einsetzung eines Ad-hoc-Strafgerichtshofs.[106] Als Nebenorgan des Sicherheitsrats sollte der Gerichtshof, da eine Zwangsmaßnahme nach Kapitel VII der UN-Charta, Vorrang vor einzelstaatlichen Gerichtsbarkeiten haben, das heißt alle Verfahren an sich ziehen können, die er verhandeln wollte. Unumstritten war das nicht, denn von einer justiziellen Intervention durch den UN-Sicherheitsrat ist in Kapitel VII nicht die Rede.[107] Mit der Einsetzung eines Ad-hoc-Strafgerichtshofs für Ruanda im November 1994[108] beanspruchte der Sicherheitsrat noch einmal diese Kompetenz, erneut nicht ohne den Eindruck der Verlegenheit zu hinterlassen, der daher rührte, dass die internationale Gemeinschaft wenig bis gar nichts unternommen hatte, um den Völkermord in Ruanda zu verhindern. Beide Gerichtshöfe untersuchten schließlich selbst die Legalität ihrer Einsetzung und bejahten sie.[109] Mag wegen dieser Entscheidung in eigener Sache auch ein schaler Beigeschmack bleiben, doch auch der Internationale Militärgerichtshof in Nürnberg urteilte

---

105 Über die Anfänge des Kriegs im ehemaligen Jugoslawien und die internationale Reaktion darauf vgl. Oeter, »Völkerrechtliche Rahmenbedingungen und die Staatengemeinschaft«, S. 486–493.

106 Vgl. S/Res/827 (1993) vom 25. 5. 1993, http://unscr.com/en/resolutions/827 [3. 6. 2024].

107 Vgl. Graefrath, »Jugoslawien und die internationale Strafgerichtsbarkeit«, S. 297 f.

108 Vgl. S/Res/955 (1994) vom 8. 11. 1994, http://unscr.com/en/resolutions/955 [3. 6. 2024].

109 Vgl. Prosecutor v. Duško Tadić (IT–94–1-T), 7. 5. 1997, Opinion and Judgement, Abs. 1–5; Prosecutor v. Jean-Paul Akayesu (ICTR–94–4-T), 2. 9. 1998, Judgement, Abs. 1–5.

über seine eigene Rechtsgrundlage.[110] Eine Alternative zu dieser Verfahrensweise war und ist auch nicht ersichtlich.

Der Internationale Strafgerichtshof für das frühere Jugoslawien hat von 1993 bis 2017, als seine Tätigkeit endete, 161 Personen angeklagt, von denen 90 verurteilt wurden. An 10 800 Verhandlungstagen wurden 4650 Zeugen gehört, und die Verfahrensmitschriften belaufen sich auf 2,5 Millionen Seiten.[111] Der Internationale Strafgerichtshof für Ruanda hat von 1994 bis 2015 93 Personen angeklagt und 71 verurteilt.[112] Wie viele Zeugen an wie vielen Verhandlungstagen gehört wurden oder welchen Umfang die Verhandlungsmitschriften haben, ist unbekannt. Doch ist davon auszugehen, dass die Zahlen sich in einer vergleichbar ähnlichen Höhe bewegen werden wie die des Jugoslawien-Gerichtshofs.

Die internationalen Gerichtshöfe für das ehemalige Jugoslawien und für Ruanda blieben bis heute die einzigen Gerichte, die ausschließlich der UN-Sicherheitsrat eingesetzt hat. Ihnen folgten hybride, internationalisierte Gerichte, die nicht einseitig durch den Sicherheitsrat, sondern von diesem gemeinsam mit den betroffenen Staaten eingerichtet wurden. Geringere Kosten und vor allem der Wunsch nach einer stärkeren Einbindung in die jeweilige Bevölkerung waren die wesentlichen Gründe dafür.[113] So waren und sind die Richterschaft und Anklagevertreter in diesen Gerichten nicht ausschließlich ausländischer Herkunft, sondern arbeiteten beziehungsweise arbeiten zusammen mit nationalen Kolleginnen und Kollegen. Dieses Verfahren wurde oder wird angewandt in Ost-Timor (1999), Kosovo (2000), Sierra Leone (2002), Bosnien und Herzegowina (2005), Kambodscha (2005), Libanon (2007) und noch einmal Kosovo (2017). Stand und Bilanz dieser institutionalisierten Gerichte sind unterschiedlich, alle sind jedoch, zusammen mit ihren Vorgängern, den Ad-hoc-Tribunalen, eine Bestätigung dafür, dass die Nürnberger Prozesse ein Präzedenzfall sein sollten, dass die Menschheit erneut, sollte sie durch die Schwere von Verbrechen in ihrem rechtlich-moralischen Anspruch berührt werden,

---

110 Vgl. Internationaler Militärgerichtshof Nürnberg, *Der Nürnberger Prozess*, Bd. 1, S. 189–193.

111 Vgl. http://www.icty.org/en/content/infographic-icty-facts-figures [3. 6. 2024].

112 Vgl. http://unictr.unmict.org/en/cases/key-figures-cases [3. 6. 2024].

113 Vgl. Nerlich, »Entwicklung und Perspektiven«, S. 78.

die Verantwortlichen vor Gericht stellen würde. In den bekannten und vielzitierten Worten des US-amerikanischen Chef-Anklägers Jackson: »Denn wir dürfen niemals vergessen, daß nach dem gleichen Maß, mit dem wir die Angeklagten heute messen, auch wir morgen in der Geschichte gemessen werden. Diesen Angeklagten einen vergifteten Becher reichen, bedeutet, ihn an unsere eigenen Lippen zu bringen. Wir müssen an unsere Aufgabe mit so viel innerer Überlegenheit und geistiger Unbestechlichkeit herantreten, daß dieser Prozeß einmal der Nachwelt als die Erfüllung menschlichen Sehnens nach Gerechtigkeit erscheinen möge.«[114]

Der Strafgerichtshof für das ehemalige Jugoslawien wie auch der für Ruanda behaupten von sich, dieses Vermächtnis eingelöst zu haben. Auf der Startseite des Jugoslawien-Gerichtshofs heißt es in einem Kurztext, dass das Gericht »irreversibly changed the landscape of international humanitarian law, provided victims an opportunity to voice the horrors they witnessed and experienced, and proved that those suspected of bearing the greatest responsibility for atrocities committed during armed conflicts can be called to account«.[115] In mehreren Kurzfilmen, die alle auf der Seite zu sehen sind, werden die angesprochenen Punkte illustriert und vertieft, die das Gericht auf seiner Haben-Seite verbucht: Keine Straflosigkeit mehr für Verbrechen der Staatsmacht, ob nun durch Staatsführer, Politiker oder Militärs verkörpert; die Signalwirkung des Gerichts für die Strafverfolgung in den Ländern des früheren Jugoslawien; die Dokumentationsfunktion der Verfahren und ihr Beitrag zur Entwicklung des Völkerstrafrechts und zu seiner Durchsetzung.

Die Website des Ruanda-Strafgerichtshofs sagt von dem Gericht, dass »[i]n the direct aftermath of the Genocide in Rwanda and during the subsequent 20 years, the ICTR has been at the forefront of the global fight against impunity, prosecuting those considered most responsible for the gravest crimes committed in 1994«.[116] Das Gericht habe selbst ein Vermächtnis für die internationale Strafgerichtsbarkeit geschaffen, ist weiter auf der Website zu lesen. Was darunter

---

114 Zitiert nach: Internationaler Militärgerichtshof Nürnberg, *Der Nürnberger Prozess*, Bd. 2, S. 118.

115 Zitiert nach http://www.icty.org/ [3. 6. 2024].

116 Zitiert nach https://unictr.irmct.org/ [3. 6. 2024].

zu verstehen ist, soll ein kurzer Film auf der Website demonstrieren. Eine Stimme aus dem Off erinnert an 800 000 Tote in nur 100 Tagen und an das internationale Versagen, diese bedrückende Zahl zu verhindern. In den Verfahren sei das Gericht jeweils in eine umfassende Beweisaufnahme eingetreten, was sich insbesondere in dem Umstand äußere, dass sich Zeugenaussagen auf insgesamt 27 000 Stunden beliefen. Erstmals sei vor Gericht über einen Völkermord verhandelt worden, erstmals sei seit Nürnberg und Tokio ein früheres Staatsoberhaupt verurteilt, erstmals Vergewaltigung als Tatmodalität des Völkermordverbrechens gewertet und erstmals seien Medienvertreter wegen Anstiftung zum Völkermord verurteilt worden. Die zahlreichen Verfahren hätten den Prozess der nationalen Aussöhnung befördert. In Anspielung auf die Rolle des Radios bei der Mobilisierung der Hutu-Bevölkerungsmehrheit gegen die Tutsi-Minderheit endet der Film mit Bildern von spielenden Kindern, von sich augenscheinlich gut verstehenden Erwachsenen und dem Satz: »Today in Rwanda, it's safe to listen to the radio again.«[117]

Die internationalisierten Gerichtshöfe treten weit weniger selbstgewiss auf. Entweder sind sie nahezu vergessen und/oder haben eine Bilanz samt Folgewirkung, die nicht gut ist (Ost-Timor, Sierra Leone, Bosnien und Herzegowina, Libanon, der erste Kosovo-Versuch), oder sie sind noch aktiv und für ein abschließendes Urteil ist es zu früh (Kambodscha), oder sie befinden sich gerade in der Anfangsphase ihrer Tätigkeit (der zweite Kosovo-Versuch) und sind erst dabei, sich im Wirrwarr staatlicher Interessen einen gangbaren Weg zu bahnen. Da die Referenz für eine Einordnung ihrer jeweiligen Bilanz oder Aktivitäten die Judikatur der Gerichtshöfe für das ehemalige Jugoslawien und für Ruanda ist, soll diesen Gerichtshöfen nun ein genauerer Blick gewidmet werden.

Die Wirkung von Jugoslawien-Tribunal und Ruanda-Tribunal

Das Ziel beider Tribunale, ihr eigentlicher Daseinszweck, war die Beendigung der Straflosigkeit, die Verhinderung neuer Verbrechen und die Ermöglichung einer nationalen Aussöhnung. Der Druck, der auf beiden Tribunalen lastete, war groß. Die Anfangsschwierigkeiten wa-

117 Ebenda.

ren es auch. Selbst als die materielle und personelle Ausstattung auf einen arbeitsfähigen Minimalstand gebracht worden war, beide Gerichte ihre vom Sicherheitsrat recht oberflächlich konzipierten Verfahrensvorschriften ausgefüllt und verfeinert hatten, fehlte die Grundvoraussetzung für die sinnvolle Durchführung von Strafverfahren, nämlich die Präsenz von Angeklagten. Die in Bosnien-Herzegowina stationierten internationalen Truppen verweigerten die Zusammenarbeit mit dem Jugoslawien-Tribunal, und die nach dem Völkermord neu gebildete ruandische Regierung war ohnehin von internationalen Strafverfahren außerhalb des Landes und ohne ruandische Beteiligung nicht angetan.[118] Erst als Anklagen geheim gehalten, Finanzhilfen und Perspektiven engerer politischer Kooperation für einen Staat von dessen Bereitschaft zur Überstellung der Angeklagten an die Gerichte abhängig gemacht wurden und speziell der ruandische Staat stärker und den eigenen Vorstellungen entsprechend in die Ermittlungen einbezogen wurde, erhöhte sich die Zahl der in den Gefängnissen der Gerichte Inhaftierten.[119] Auf diese Weise wurden die Gerichte auch derer habhaft, die international vor allem zur Verantwortung gezogen werden sollten, die Planer, Organisatoren und ranghohen Exekutoren der in den Statuten aufgelisteten Völkerrechtsverbrechen. Ihnen die begangenen Verbrechen nachzuweisen sollte jedoch durchweg eine zeitraubende Angelegenheit sein. Eine mehrjährige, oft mehr als fünfjährige Verfahrensdauer wurde zu einem normalen Phänomen, das Verfahren gegen den serbischen Politiker Vojislav Šešelj dauerte von der Inhaftierung bis zum ersten (freisprechenden) Urteil sogar dreizehn Jahre, von denen er fast zwölf Jahre in Haft verbracht hatte.[120]

Auf das Problem der Verfahrensdauer werde ich noch eingehen. Es war so neu, wie vieles andere in den Verfahren vor den beiden Ad-hoc-Gerichten neu war. Eine völkerstrafrechtliche Straftatlehre musste entwickelt werden, die rechtsdogmatisch das zu bewältigen versprach,

118 Vgl. Nerlich, »Entwicklung und Perspektiven«, S. 55–58; Safferling/Melčić, »Das Kriegsverbrechertribunal in Den Haag«, S. 505 f.; Hankel, *Ruanda*, S. 76–81.

119 Vgl. Safferling/Melčić, »Das Kriegsverbrechertribunal in Den Haag«, S. 505; Hankel, *Ruanda*, S. 79 f.

120 Vgl. https://www.icty.org/en/cases-before-irmct [3. 6. 2024]. In nächster Instanz wurde Šešelj zu einer Freiheitsstrafe von zehn Jahren verurteilt, vgl. https://www.irmct.org/en/news/appeals-chamber-reverses-%C5%A1e%C5%A1elj%E2%80%99s-acquittal-part-and-convicts-him-crimes-against-humanity [3. 6. 2024].

was Herbert Jäger »Makrokriminalität« genannt hatte. Nicht mehr um Kriminalität in einem eng zu fassenden sozialen Kontext ging es, sondern darum, »daß das individuelle Handeln nicht als isolierte Tat und punktuelles Ereignis denkbar ist, sondern nur als Teil eines kollektiven Aktionszusammenhangs, der eine nicht wegzudenkende Rahmenbedingung der individuellen Handlung darstellt. Die einzelne Tat setzt einen die Gesamtgesellschaft betreffenden Konflikt voraus und ist insofern in bestimmte Entwicklungen und Ereignisse der Makroebene eingebunden.«[121] Die Folge sind Aufklärungs- und Beweisschwierigkeiten, die es in gewöhnlichen innerstaatlichen Strafverfahren nicht gibt.

In Anlehnung an das Common Law haben die Tribunale den ursprünglich zweigliedrigen Verbrechensbegriff zu einem dreigliedrigen weiterentwickelt. Am Anfang steht die allgemeine Frage, ob bei angeklagten Kriegs- oder Menschlichkeitsverbrechen ein bewaffneter Konflikt oder ein Angriff gegen die Zivilbevölkerung festgestellt werden kann und ob der möglicherweise Verantwortliche davon Kenntnis hatte. Dann wird geprüft, ob die Voraussetzungen einer der zum Verbrechenskomplex Kriegs- oder Menschlichkeitsverbrechen gehörenden Einzeltat vorliegen und ob beim möglichen Verantwortlichen neben der äußeren Tatseite (*actus reus*) auch die innere (*mens rea*) erfüllt ist. Im letzten Schritt geht es um die individuelle Verantwortlichkeit, das heißt um die Klärung, welche Handlungsform das Verhalten des Angeklagten adäquat erfasst (War er Befehlsgeber, unmittelbarer Täter, Anstifter oder ist eine andere der in Artikel 7 des Statuts für das Jugoslawien-Tribunal oder in Artikel 6 des Statuts für das Ruanda-Tribunal genannten Handlungsformen gegeben?).[122] Immer präsent in allen drei Prüfungsschritten ist der makrokriminelle Kontext, der Kontext großangelegter, organisierter Gewalt, der die Straftaten erst zu einem Völkerrechtsverbrechen macht. Je nach Verbrechenstyp kommt das Kontextelement als objektives oder subjektives Verbrechensmerkmal zum Tragen (letzteres beispielsweise in Form der Zerstörungsabsicht beim Völkermord), wobei zur konkreten individuellen Zurechnung der Tat eine neues Modell entwickelt wurde, die Rechtsfigur des »gemeinsamen kriminellen Unternehmens« (*joint criminal enterprise*/JCE).[123] Zum

121 Zitiert nach Jäger, *Makrokriminalität*, S. 12.
122 Vgl. zum dreigliedrigen Verbrechensbegriff Werle, *Völkerstrafrecht*, S. 140 f.
123 Ebenda, S. 141–143.

ersten Mal befasste sich das Gericht im Rechtsmittelverfahren *Prosecutor vs. Duško Tadić* mit dieser Rechtsfigur, die bald als *major weapon* oder *magic bullet* der Anklagebehörde galt.[124] Das Gericht erklärte:

> »[M]any international crimes [...] are committed most commonly in wartime situations. Most of the time these crimes do not result from the criminal propensity of single individuals but constitute manifestations of collective criminality: the crimes are often carried out by groups of individuals acting in pursuance of a common criminal design. Although only some members of the group may physically perpetrate the criminal act (murder, extermination, wanton destruction of cities, towns or villages, etc.), the participation and contribution of the other members of the group is often vital in facilitating the commission of the offence in question. It follows that the moral gravity of such participation is often no less – or indeed no different – from that of those actually carrying out the acts in question.«[125]

Lehrbücher und Fachpublikationen über das Völkerstrafrecht enthalten darüber hinaus noch eine Vielzahl von materiellrechtlichen oder prozessualen Neuerungen, die ihre Entstehung der Existenz der beiden Ad-hoc-Tribunale verdanken. Ohne sie wäre das Völkerstrafrecht eine Art »Sehnsuchtsdisziplin« geblieben, das Vermächtnis von Nürnberg beschwörend, doch praktisch von begrenzter Relevanz. Aber auch der schließlich eingetretene Bedeutungsgewinn für die internationale Strafgerichtsbarkeit und das Völkerstrafrecht war nicht die Gewähr dafür, dass nun für komplizierte, verfahrene Situationen mit jahrhundertealter Vorgeschichte eine Lösung gefunden worden wäre. Die Belastbarkeit der Urteile sollte sich außerhalb der Gerichtssäle von Arusha und Den Haag erweisen, nämlich in den Bevölkerungen, an die die Urteile ihre Botschaften sendeten.

Der Krieg im ehemaligen Jugoslawien wurde durch die Einsetzung des Jugoslawien-Gerichtshofs nicht beendet. Die Drohung mit militärischer Gewalt war es, die 1995 die Vertreter der Kriegsparteien an den Verhandlungstisch in Dayton (Ohio/USA) brachte und ein Frie-

124 Barthe, *Joint Criminal Enterprise*, S. 22 f.
125 Ebenda, S. 21; *Prosecutor vs. Duško Tadić* (IT–94–1), Urteil vom 5. 7. 1999, Abs. 191.

densabkommen unterschreiben ließ.[126] Und in Ruanda war der Völkermord schon geschehen, als der UN-Sicherheitsrat beschloss, den Ruanda-Gerichtshof einzusetzen. Es müssen also andere Kriterien herangezogen werden, um die Rezeption der Gerichtsaktivitäten und Urteile feststellen zu können.

Folgen wir den Resolutionen des UN-Sicherheitsrats, mit denen die Gerichtshöfe eingesetzt wurden, so verfolgten sie noch weitere Ziele, die in den jeweiligen Präambeln der Gerichtsstatute Eingang fanden. Der Frieden sollte wiederhergestellt und gewahrt, eine Annäherung zwischen den verfeindeten Konfliktparteien möglich gemacht und die Voraussetzung für einen staatlichen Neuanfang geschaffen werden. Nach Überzeugung beider Gerichtshöfe, soweit sie sich auf ihren Websites manifestiert, sind diese Ziele erreicht worden oder zumindest in greifbare Nähe gerückt. Dieser Überzeugung ist auch leicht zu folgen. Dass die umfassenden Beweisaufnahmen, die vielen, auf Tausenden von Seiten oder in etlichen Videoaufnahmen festgehaltenen Zeugenaussagen über grauenhaftes Geschehen die Öffentlichkeiten in den verschiedenen Ländern für die Notwendigkeit eines friedlichen, sozial inkludierenden Neuanfangs sensibilisierten, ist gut vorstellbar. Gestärkt wird diese Vorstellung noch durch die Fernwirkung der Gerichtshöfe. Staaten überstellten Beschuldigte oder leiteten selbst Strafverfolgungen ein. Nationale Strafgesetze wurden geändert, und die Länder des ehemaligen Jugoslawiens, die Schauplatz der Verbrechen waren, führten selbst oder mit internationaler Beteiligung Strafprozesse durch. In Bosnien-Herzegowina, in Kroatien und Serbien fanden Prozesse gegen mutmaßliche Täter von Kriegs- und Menschlichkeitsverbrechen sowie Völkermord statt. An ihrem Anfang stand die Erkenntnis, mit einer verschwiegenen, tabuisierten Vergangenheit eine allenfalls schwierige Zukunft zu haben, eine Erkenntnis, die ihre Entstehung auch dem politischen Druck von EU, NATO und USA verdankt. Fast zweihundert Prozesse hat es (Stand 2018) in Bosnien-Herzegowina gegeben, einige Dutzend immerhin auch in Kroatien und Serbien.[127] Ruanda hatte schon 1996 begonnen, Straf-

126 Vgl. Almond, »Dayton und die Neugestaltung Bosnien-Herzegowinas«, S. 439–441.

127 Zum Problem vgl. Müller, »Der Geist von Den Haag«.; »Serbia arrests seven over 1995 Srebrenica massacre«, *BBC News*, 8. 3. 2015, unter: https://www.bbc.com/news/world-europe-31937796 [3. 6. 2024]; Brodersen, »Post mortem«.

verfahren wegen Völkermordverbrechen durchzuführen, zunächst vor Sonderkammern der ordentlichen Justiz und der Militärjustiz, dann im großen Rahmen von 2002 bis 2012 vor semi-traditionellen Gacaca-Gerichten. Obwohl – oder besser gesagt: Gerade weil die nationale Justiz nicht selten in Konfrontation zum internationalen Tribunal in Arusha stand, betrug die Zahl der Angeklagten vor diesen Gerichten über eine Million.[128]

Wie weit allerdings der Weg von diesen Zahlen und der richtungweisenden Tätigkeit der UN-Tribunale hin zu ihrer Akzeptanz in den betroffenen Bevölkerungen war und ist, zeigt bereits ein nur oberflächlicher Blick in das breite Spektrum der Presse- oder Fachpublikationen. »Ein Tribunal der Lüge« sei das Jugoslawien-Tribunal gewesen, es habe den »widerwärtigen antiserbischen Rassismus« salonfähig gemacht, die mehrtausendfache Ermordung bosnischer Muslime sei eine Erfindung und das Strafverfahren gegen den früheren serbischen Staatspräsidenten Slobodan Milošević müsse als ein »politischer Schauprozess« bezeichnet werden.[129] In Kroatien feierte man verurteilte Kriegsverbrecher, sah sie als Helden oder tragische Retter des Volkes und übte den Schulterschluss mit ultranationalistischen Kräften, die unter dem Motto »Das Volk entscheidet« Nicht-Kroaten eine Existenz am Rande der Gesellschaft zuweisen wollen.[130] Für die bosnischen Muslime liegt es oft jenseits ihres Vorstellungshorizonts, dass Alija Izetbegović, ihr Präsident während des Krieges, Kriegs- und Menschlichkeitsverbrechen befohlen oder geduldet haben soll. Namentlich bekannte Milizenführer sind durchweg Helden.[131] In Ruanda selbst sind keine kritischen Stimmen gegen das Regime von Paul Kagame zu hören, das verhindert die allgegenwärtige Überwachung durch Geheimdienst und Regierungspartei. Stimmen, die sich im Ausland Gehör verschafft haben, berichten von einer Militärdiktatur, die, unbehelligt von der internationalen Strafjustiz, das gesellschaftliche Klima in Ruanda vergifte und die Spaltung zwischen den Bevöl-

128 Vgl. Hankel, *Ruanda,* S. 65–69, 380.

129 Vgl. Dorin, *Srebrenica,* S. 181, 225, 248; Civikov, *Der Milošević-Prozess,* S. 202 f., Kurztext.

130 Vgl. Brodersen, »Post mortem«; Martens, »Feiern mit den Barden des Hasses«.

131 Vgl. Castle, »Bosnian Leader was Suspected of War Crimes«; Fink, *Srebrenica,* S. 120–151.

kerungsgruppen der Hutu und Tutsi verschärfe.[132] Derselben Meinung sind auch externe Beobachter, die das »Arusha-Gericht« als »ein Instrument zur Verhinderung der Wahrheitssuche« und verlängerten Arm vornehmlich anglo-amerikanischer Interessen zur Implementierung einer »Siegerjustiz« ansehen.[133] Die häufig hochgelobten Gacaca-Gerichte seien lediglich »ein staatlich organisierte[s] Programm zur Terrorisierung eines Bevölkerungsteils«.[134]

Es ist müßig, sich mit dergleichen Meinungen weiter auseinanderzusetzen. Sie nehmen grundsätzlich nur Argumente zur Bestärkung der eigenen Position zur Kenntnis. Selbst wenn ihre Kritik einen bedenkenswerten Punkt trifft, ist sie überzeichnet. Ein Einlenken oder ein geringfügiges Abweichen von der eigenen Sichtweise ist ausgeschlossen. Immer geht es ums Ganze. Wer diesen Prozess des Beharrens über einen längeren Zeitraum verfolgt, kommt nicht umhin festzustellen, Zeuge einer apodiktischen Radikalisierung zu werden. Dabei ist die Ablehnung von Schuld nach Zeiten extrem gewaltsamer gesellschaftlicher Konflikte an sich nichts Ungewöhnliches. Die gerichtliche Feststellung der Faktizität eines bestimmten Geschehens einschließlich seiner Urheberschaft wird umso mehr als Zumutung empfunden, je stärker die Zuweisung von Schuld mit eigenen Verlusten kollidiert, die nicht an die eigene Seite adressiert werden dürfen oder sollen. Auch aus diesem Grund haderten Deutsche und Japaner jahrelang, und bis in höchste politische Kreise hinein, mit den Urteilen von Nürnberg und Tokio. Aber Urteile internationaler Gerichte können nicht gerecht sein in dem Sinne, dass das allen Seiten widerfahrene Unrecht wechselseitig aufgewogen wird, gerade dann nicht, wenn das einer Seite zugefügte Unrecht an Art, Ausmaß und Intensität besonders groß ist. Allerdings ist es auch dann die Aufgabe der Gerichte, diesen Umstand auf nachvollziehbare Weise darzustellen, Einwände zu widerlegen und jederzeit dazu bereit zu sein, die eigene, auf Grundlage der Beweisaufnahme gewonnene Erkenntnis kritisch zu hinterfragen.

Legt man diesen Maßstab an die Tätigkeit des Jugoslawien-Strafgerichtshofs an, fällt zunächst auf, dass die meisten Verurteilten

132 Vgl. Ruzibiza, *Rwanda*, S. 443–449.

133 Vgl. Strizek, *Der Internationale Strafgerichtshof für Ruanda in Arusha / Tansania*, S. 256–260.

134 Ebenda, S. 265.

serbische Generäle, niedrigere Offiziersränge und Politiker waren. Dagegen sei, so Andrej Zgonjanin, der Autor einer erkennbar um wissenschaftliche Neutralität bemühten Studie, grundsätzlich nichts einzuwenden, »weil die serbische Seite für die meisten Verletzungen des humanitären Völkerrechts verantwortlich war. Die Hauptopfer dieser Kriegsverbrechen waren Bosniaken gewesen und die serbischen Täter hatten die meisten ihrer Mordübergriffe an bosniakischen Zivilisten verübt«.[135] Doch auch Serben und Kroaten seien Opfer im Krieg geworden und Täter seien, soweit es den Krieg in Bosnien-Herzegowina betreffe, bosnische Soldaten und Milizionäre gewesen. Zu diesem Aspekt Zgonjanin, nachdem er die Urteilspraxis des Jugoslawien-Strafgerichtshofs untersucht hat: »Bosnjakische Kriegsverbrechen an Serben und Kroaten wurden durch das ICTY strafrechtlich kaum geahndet. Die Bosniaken hatten zwar die meisten Mordopfer zu beklagen, aber das ist kein Grund, um bosniakischen Tätern Straffreiheit zu gewähren.«[136] Ein harter Vorwurf, der zumeist von der Nennung des Namens Naser Orić begleitet wird, eines früheren Polizisten und Anführers einer bosnischen Miliz (Territorialverteidigung Potočari), die zwischen 1992 und 1995 in der Umgebung von Srebrenica zahlreiche, mehrheitlich von bosnischen Serben bewohnte Dörfer überfallen hatte.[137] Wie viele Menschen dabei auf welche Weise ums Leben gekommen waren, ist umstritten. Das Jugoslawien-Tribunal verurteilte Orić 2006 wegen Nicht-Wahrnehmung seiner Vorgesetztenverantwortlichkeit zur Verhinderung von Verbrechen ihm unterstellter Einheiten in erster Instanz zu einer Freiheitsstrafe von zwei Jahren, in der Rechtsmittelinstanz sprach es ihn 2008 frei.[138]

---

135 Zitiert nach: Zgonjanin, *Der Umgang mit Kriegsverbrechen im ehemaligen Jugoslawien 1991–1999*, S. 204. Der Autor gibt dort (in Fn. 734) auch die wesentlichen Ergebnisse einer Untersuchung des bosniakischen Dokumentationszentrums in Sarajewo wieder. Danach seien in Bosnien-Herzegowina, dem Hauptschauplatz der postjugoslawischen Kriege, zwischen 1991 und 1995 ca. 100 000 Menschen ums Leben gekommen, unter ihnen 33 071 bosniakische Zivilisten und 30 965 bosniakische Soldaten.

136 Zitiert nach: ebenda, S. 205.

137 Zum Werdegang von Naser Orić und seiner gegensätzlich bewerteten Rolle im Krieg vgl. Fink, *Srebrenica*, S. 120–286.

138 Vgl. die Übersicht auf der Seite des Tribunals (https://www.icty.org/en/case/oric [3. 6. 2024]).

Nehme man, so Andrej Zgonjanin, noch die kroatischen Verbrechen an der serbischen Bevölkerung der Krajina hinzu, die vor dem Tribunal keine angemessene strafrechtliche Beachtung erfahren hätten, und halte man sich die Anwendung der Rechtsfigur des »gemeinsamen kriminellen Unternehmens« vor Augen, die sogar bei schwersten Tatvorwürfen die pauschalen Verurteilungen von Serben ermöglicht habe, so bestätige das die einseitige Orientierung des UN-Tribunals.[139] Noch bestehende Zweifel an diesem Fazit würden definitiv beseitigt, wenn man dessen Judikatur zum Kosovokrieg 1999 für sich sprechen lasse: Trotz der Tötung von mindestens 500 Zivilistinnen und Zivilisten und der Verwundung von weiteren 900 durch NATO-Luftangriffe (Schätzungen der Zahl der Todesopfer reichen bis 3500), trotz der Zerstörung oder Beschädigung vieler ziviler Ziele wie Krankenhäuser, Schulen und Energieversorgungsanlagen infolge dieser Angriffe habe sich kein NATO-Vertreter vor Gericht verantworten müssen.[140] Kein Wunder, hätte doch Jamie Shea, Sprecher der NATO, bereits im Mai 1999, noch während des Kosovokriegs, sehr deutlich darauf hingewiesen, dass »[…] NATO countries are those which pushed for this Tribunal to be established under a UN Security Council Resolution. We are the countries that overwhelmingly support this Tribunal, finance this Tribunal. The United States supplies the President, Canada supplies the Chief Prosecutor and NATO countries provide many of the other judges and officials of the Tribunal.«[141]

Die – soweit ersichtlich – bislang einzige zusammenfassende Darstellung einer Reihe von Untersuchungen über die Rezeption des Jugoslawien-Tribunals auf dem Gebiet des ehemaligen Jugoslawien kommt denn auch zu dem Ergebnis, dass 71 Prozent der befragten

139 Vgl. Zgonjanin, *Der Umgang mit Kriegsverbrechen im ehemaligen Jugoslawien 1991–1999*, S. 27, 206–212; zu den problematischen Aspekten des JCE vgl. auch Barthe, *Joint Criminal Enterprise*, S. 218–229, sowie Vest, *Völkerrechtsverbrecher verfolgen*, S. 287–352.

140 Carla Del Ponte, die Anklägerin des Jugoslawien-Tribunals, beschloss im Juni 2000, keine Ermittlungen einzuleiten, weil es einer umfassenden Untersuchung zufolge zwar Fehler gegeben habe, aber kein völkerstrafrechtlich relevantes Verhalten. Vgl. https://www.icty.org/en/press/prosecutors-report-nato-bombing-campaign [3. 6. 2024].

141 Vgl. Zgonjanin, *Der Umgang mit Kriegsverbrechen im ehemaligen Jugoslawien 1991–1999*, S. 169–188; das Zitat von Shea findet sich unter https://www.nato.int/kosovo/press/p990527a.htm [3. 6. 2024].

Serbinnen und Serben (ein Querschnitt der Bevölkerung Serbiens unter Berücksichtigung von Alter, Geschlecht, Bildungsabschluss) dem Gericht ablehnend bis – 46 der 71 Prozent – sehr ablehnend gegenüberstehen, nur 14 Prozent haben eine überwiegend (11 Prozent) oder deutlich (3 Prozent) positive Einstellung zum Gericht.[142] Seit Beginn der Erhebung 2003 blieben die Zahlen bis zur hier wiedergegebenen letzten Erhebung im Jahr 2011 annähernd gleich. In jenem Jahr waren auch 75 Prozent der befragten Serben der Meinung, ihre Bevölkerungsgruppe habe die meisten Opfer zu verzeichnen, während nur 5 Prozent der Aussage zustimmten, die meisten Täter seien Serben gewesen. Bei den bosnischen Serbinnen und Serben lagen die Werte zugunsten der serbischen Sichtweise noch um ca. 10 Prozent höher.[143] Eine ebenfalls deutlich ablehnende Haltung dem Gericht gegenüber hatten die befragten Kroatinnen und Kroaten. 64 Prozent schätzten die Arbeit des Tribunals als negativ ein, davon 30 Prozent als extrem negativ. Nur 23 Prozent waren der Ansicht, dass das Tribunal eine durchweg gute Arbeit gemacht habe.[144] Bei den bosnischen Frauen und Männern muslimischen Glaubens hingegen waren die Zustimmungs- oder Ablehnungswerte anders. Von den 2012 Befragten hielten 59 Prozent das Tribunal für eine gute Einrichtung, 39 Prozent waren gegenteiliger Meinung, davon sahen es jedoch nur 8 Prozent als extrem schlecht an.[145]

Wie viele Personen jeweils befragt wurden, geht aus der Rezeptionsuntersuchung nicht hervor. Auch nicht, wo und wann sie befragt wurden. Ob sie in der Nachbarschaft von Verbrechensorten wohnen oder nicht, ob die Befragung kurz nach einer umstrittenen Verurteilung erfolgte oder erst einige Zeit später, erfahren wir nicht. Aus diesem Informationsmangel und überhaupt aus der zeitlichen Entfernung der letzten Befragung (sie fand 2012 statt) die Hoffnung zu schöpfen, die Situation stelle sich mittlerweile weniger widersprüchlich und insgesamt positiver dar, ist jedoch illusionär. Besser geworden ist die Rezeption des Jugoslawien-Tribunals auf dem Gebiet des früheren Jugoslawien nicht, im Gegenteil mehren sich die Anzeichen,

142 Vgl. Milanović, »The Impact of the ICTY on the Former Yugoslavia«, S. 240.
143 Ebenda, S. 240 f.
144 Ebenda, S. 240.
145 Ebenda.

dass sich die Negativ-Rezeption verstärkt hat. Seit Kroatien 2013 Mitglied der EU geworden ist, fallen politische und vor allem finanzielle Druckmittel weg. Verurteilte Kriegsverbrecher gelten als »Kriegsopfer«. Haben sie ihre Strafe verbüßt, erhalten sie hohe Posten in der staatlichen Verwaltung. In Serbien verhindert der offiziell immer wieder angefachte Nationalstolz eine kritische Auseinandersetzung mit der Vergangenheit, in Bosnien-Herzegowina sind es die andauernde Spaltung des Landes und die bedrückenden Lebensverhältnisse.[146] Die Rede von eklatanten Fehlurteilen ist überall zu hören, und sozialpsychologisch scheint es so zu sein, dass in allen Bevölkerungsgruppen des ehemaligen Jugoslawien nur das zur Kenntnis genommen wird, was die eigene Position stärkt. Gerät diese Position durch ein Urteil unter Druck, wächst der Widerstand, und die Reihen schließen sich.[147] Dazu passt, dass die Prozesse selbst, also das Prozessgeschehen in Den Haag mit ihrer umfassenden Beweisaufnahme, wenig Interesse in den Nachfolgestaaten Jugoslawiens fanden. Obwohl das Gericht alle technischen Voraussetzungen nutzte, um den Menschen per Fernsehübertragung, Video-Link oder Veröffentlichung der Verhandlungsprotokolle die Verfahren zugänglich zu machen, war die Resonanz überaus bescheiden. Versuche der Aufarbeitung, Auseinandersetzungen über Sachverhalte oder intellektueller Streit zwischen den verschiedenen Seiten fanden nicht statt. Gesten der Annäherung folgten einem politischen Kalkül und blieben ohne nachhaltige Folge.[148] Dass Versöhnung oder auch nur Annäherung zwischen den Bevölkerungsgruppen eingetreten ist, wie vom UN-Sicherheitsrat 1993 erhofft, wird man folglich nicht behaupten können. Aber, und darin stimmen selbst Skeptiker der Strafverfahren und insbesondere ihrer Ergebnisse überein, die Verfahren haben ein Geschehen dokumentiert, haben die Vorgeschichte des Krieges zu erfassen versucht und Interpretationen vorgenommen, die der Sichtung und fruchtbaren Kontroverse offen stehen.[149] Eine Belgrader Menschenrechtsaktivistin nach der Verurtei-

146 Vgl. Martens, »Friedenssicherung durch gute Müllabfuhr«; Verseck, »Kroatien trauert – um einen Kriegsverbrecher«; Martens, »Leben mit Mladić«.

147 Vgl. Milanović, »The Impact of the ICTY on the Former Yugoslavia«, S. 257.

148 Vgl. Ivanković/Melčić, »Der bosniakisch-kroatische ›Krieg im Kriege‹«, S. 436 f.; Martens, »Friedenssicherung durch gute Müllabfuhr«.

149 So ausdrücklich Zgonjanin, *Der Umgang mit Kriegsverbrechen im ehemaligen Jugoslawien 1991–1999*, S. 27 f.

lung von Ratko Mladić: »Erst eine künftige Generation wird auswerten und aufarbeiten, was das Gericht an Dokumentationen hinterlässt.«[150]

Für das Ruanda-Tribunal ist diese Prognose ebenfalls gültig, vermutlich jedoch ist sie aber noch zu optimistisch. Dabei stellt sich der ruandische Konflikthintergrund auf den ersten Blick einfacher dar und bietet eine überschaubare Perspektive der gesellschaftlichen Konfliktüberwindung. Im Völkermord gab es nur zwei beteiligte Bevölkerungsgruppen, nämlich Hutu als Täter und Tutsi als Opfer. Die Verbrechen wurden in einem Land begangen, das auch danach ungeteilt blieb, und ein militärisches Eingreifen durch fremde Mächte fand nicht statt. Zwar gab es auch eine UN-Mission, doch erlaubte sie die Anwendung von Waffengewalt nur zum Selbstschutz der Blauhelme. Hilflos mussten diese mitansehen, wie Tutsi umgebracht wurden. Der Völkermord war erst beendet, nachdem es der Rebellenarmee nach drei Monaten gelungen war, das Land vollständig zu erobern. Mindestens 500 000 Tutsi waren bis dahin von Hutu – Soldaten der Armee oder der Präsidentengarde, Polizisten, Milizen oder Nachbarn – umgebracht worden.[151] Mit anderen Worten, wir haben es mit einer internationalen Gemeinschaft zu tun, die dem Morden untätig zusah, aber wenige Monate später einen Strafgerichtshof zur Ahndung dieser Verbrechen einrichtete. Weiter haben wir es mit einer Rebellenarmee zu tun, die den Völkermord beendete und so in der allgemeinen Wahrnehmung von einer Rebellenarmee zu einer Befreiungsarmee wurde. Und schließlich haben wir eine klar benennbare Tätergruppe. Eine alles in allem nicht besonders schwierige Konstellation, so könnte man meinen. Gut und Böse waren deutlich getrennt und leicht identifizierbar. Die neue Staatsmacht in Ruanda wollte eine Bestrafung der Völkermörder, die internationale Gemeinschaft wollte es auch.[152]

---

150 Zitiert nach Verseck, »Der Schlächter ist schuldig, verarbeitet ist nichts«.

151 Vgl. Hankel, *Ruanda*, S. 17. Die Zahl der UNO, 800 000, bezieht sich auf *alle* zwischen April und Juli 1994 Getöteten.

152 Dass das »neue« Ruanda im UN-Sicherheitsrat als einziges Mitglied gegen die Einsetzung des internationalen Gerichtshofs stimmte, hatte folgende Gründe: Ruanda wollte die Todesstrafe gegen Völkermörder verhängen können (was das Statut des Tribunals nicht vorsah), und Ruanda wollte den Sitz des Tribunals auf eigenem Territorium, nicht im tansanischen Arusha, und das Tribunal zudem mit ruandischen Richtern besetzen. Vgl. ebenda, S. 78

Das erste Urteil des Ruanda-Tribunals fiel 1998. Ein Bürgermeister wurde zu lebenslanger Freiheitsstrafe verurteilt, zugleich wurden erstmals sexuelle Gewalt und Vergewaltigung als Begehungsformen des Völkermords gewertet. Wichtige Urteile folgten. Sie hielten fest, dass auch soziale Zuschreibungen bei der Bestimmung einer Gruppeneigenschaft im Sinne der Völkermordkonvention zu berücksichtigen sind, dass medial verbreitete »Hassreden« Völkermordverbrechen sein können oder sich die strafrechtlich relevante Vorgesetztenverantwortlichkeit auch auf zivile Vorgesetztenverhältnisse bezieht.[153] Nicht immer war die Staatsmacht im neuen Ruanda, im Ruanda nach dem Völkermord, mit den Urteilen zufrieden. Zu langwierig und teuer seien die Verfahren, die sich darin oft äußernde Unkenntnis der ruandischen Kultur sei groß, Fehlurteile seien die beklagenswerte Folge.[154] Die ruandische Bevölkerung, Hutu wie Tutsi, verfolgten die Gerichtstätigkeit ohne sonderliches Interesse. Das Informationszentrum des Gerichts in der Hauptstadt Kigali blieb weitgehend unbeachtet, die lokale UN-Ermittlungsbehörde war eine Einrichtung, in der Ausländer für ein geschäftiges Treiben sorgten, weit entfernt vom ruandischen Alltag. Täter des Völkermords waren identifiziert, verhaftet und verurteilt worden, das hatte auch für Hutu, aus deren Reihen die Täter stammten, nichts Aufregendes. Die Beweislage, die sie aus eigener Anschauung kannten, war eindeutig. Überdies wurde sie in den zeitgleich stattfindenden Gacaca-Verfahren bestätigt. Dort, wo die Verbrechen begangen worden waren, auf den Hügeln und in den Dörfern, saßen Laienrichterinnen und Laienrichter über die Angeklagten zu Gericht, die örtliche Bevölkerung meldete sich zu Wort und bestätigte oder verwarf die Anklage, Ankläger und Verteidiger in einem. Was international in Arusha praktiziert wurde, wiederholte sich lokal an fast 10 000 Orten in Ruanda.[155]

Dennoch scheiterte die justizielle Aufarbeitung des Völkermords. Abgesehen von einigen wenigen medial in Szene gesetzten bewegenden Bildern der Versöhnung gab und gibt es diese in Ruanda nicht. Nicht einmal eine Annäherung zwischen den Bevölkerungsgruppen der Hutu und Tutsi hat stattgefunden, die offiziell allein doch schon

153 Ebenda, S. 409.

154 Ebenda, S. 398–400.

155 Zur Reaktivierung der traditionellen Gacaca-Justiz und zu ihrem Aufbau und ihren Zielen vgl. ebenda, S. 82–84.

dadurch erleichtert worden sein soll, dass der Vermerk der ethnischen Zugehörigkeit in den Ausweispapieren gestrichen wurde. Die ihm zugedachte Leuchtturm-Funktion erfüllte das Ruanda-Tribunal nicht. Sucht man nach den Gründen dafür, ist der augenfälligste einer, der im September 2003 in die Welt gesetzt wurde. In diesem Monat beschloss der UN-Sicherheitsrat, dass künftig die Kompetenzen des Anklägers für beide Ad-hoc-Tribunale nicht in einer Person vereinigt sein sollten. Carla Del Ponte verlor die Zuständigkeit für das Ruanda-Tribunal, die neuen Machthaber im Land mussten nicht mehr befürchten, mit Ermittlungen behelligt zu werden. Zeugenaussagen hatten von Massakern berichtet, die von der Rebellenarmee während der Eroberung des Landes begangen worden sein sollen. Das Ausmaß der Tötungen sei weit höher gewesen, als es durch den Hinweis, einzelne Kämpfer dieser Armee hätten sich durch Rachegefühle zu Gewalttaten hinreißen lassen, zu erklären sei. Über 100 000 Tote in den drei Monaten des Völkermords und bis Ende 1994 ließen auf eine Kommandostruktur schließen, in der es bis in die Spitze der Armee hinein Befehlsgeber für diese Taten gegeben haben müsse.[156] Carla Del Ponte wollte, entsprechende Ermittlungsergebnisse zur Hand, Anklage erheben. Großbritannien und die USA, beide enge Verbündete des neuen Ruanda (mit den USA hatte Ruanda im März 2003 ein Abkommen über die Ablehnung jeder Kooperation mit dem IStGH geschlossen), wollten das verhindern. Sie setzten sich durch. Trotz erdrückender Beweise wurde kein Befehlsgeber der Rebellenarmee, aus der zwischenzeitlich die neue ruandische Armee Rwanda Defense Force (RDF) geworden und deren Oberbefehlshaber und früherer Rebellenkommandeur nun Staatspräsident war, angeklagt.[157] Offiziell und beglaubigt durch das internationale Gericht in Arusha waren Völkerrechtsverbrechen nur von einer Seite begangen worden, der anderen hing pauschal das Etikett »Opfer« an. Die lokalen Gerichte folgten dem internationalen Vorbild. Morde an Hutu, von denen die Menschen in den Dörfern zu Genüge zu berichten wussten, blieben durch Gacaca ungeahndet, allenfalls als Nebentaten zu Völkermordverbrechen kamen sie gelegentlich zur Sprache. Zusammen mit den vielen Morden, die von der RDF und den mit ihr verbündeten Milizen

---

156 Vgl. Prunier, *The Rwanda Crisis*, S. 359–362.

157 Dazu genauer Del Ponte, *Im Namen der Anklage*, S. 243–248, 295–300.

ab 1996 im Rahmen der Machtkonsolidierung im Ostkongo an ruandischen Hutu und Kongolesen begangen worden waren und die ebenfalls ungesühnt blieben, festigten sie den Eindruck einer einseitig praktizierten Justiz, die im Schatten rechtsförmiger Verfahren gegen Täter des Völkermords andere Täter unbehelligt ließ.

Was als Zwischenbilanz gesagt werden kann

Widersprüchlichkeit ist wohl der Begriff, der am besten die Reaktion auf »fernes Unrecht« seit den 1990er Jahren kennzeichnet. Sanktionen werden gegen Staaten, Institutionen und Personen verhängt, die eklatant gegen Menschenrechte verstoßen haben und im Verdacht stehen, für Völkerrechtsverbrechen verantwortlich zu sein. Gleichzeitig arrangieren sich die sanktionierenden Staaten aus Gründen des wirtschaftlichen oder politischen Vorteils mit Staaten und Staatsführern, deren Namen für systematische und massive Menschenrechtsverletzungen stehen. Interventionen in Staaten geschehen, um ihr weiteres Versinken in Gewalt zu verhindern. Zugleich wird in andere Staaten in einer Weise interveniert, die die vorgeblich humanitäre Zielsetzung in ihr Gegenteil verkehrt, indem der Einsatz militärischer Gewalt das Gewaltniveau erhöht und Leid sowie Perspektivlosigkeit der Menschen verschärft. Dann wieder wird, trotz eines augenscheinlich genozidalen Geschehens, nicht interveniert, weil das Stabilitätsgefüge in Nachbarstaaten nicht in Unordnung geraten soll. Internationale Strafgerichte verurteilen Täter von Völkerrechtsverbrechen und ihre Ermittlungen dokumentieren das Unrecht, gleichzeitig setzen sie sich dem Verdacht aus, Opportunitätserwägungen zu folgen oder gar politischem Druck zu gehorchen.

Ist diese Gegenüberstellung zu schematisch? Rückt sie negative Aspekte zu sehr in den Vordergrund und verdrängt die positiven? Erinnern wir uns nur noch einmal an den Ausgangspunkt Anfang der 1990er Jahre. Nach Jahrzehnten des politischen Lagerdenkens war ein Neuanfang möglich. Entgegen vieler Hoffnungen gab es eine neue Weltordnung jedoch nicht, auch keine unipolare, von den USA dominierte. Die Welt wurde uneinheitlicher und komplizierter. Die Neigung wuchs, Recht und Regeln nach Gutdünken auszulegen und anzuwenden, und auch das Gegenbild eines rechtstreuen, auf liberalen und demokratischen Werten basierenden Teils der Welt bekam Risse. Manchmal waren sie so breit, dass sie die richtigen, sich beinahe zwanglos aus dem Recht ergebenden Entscheidungen verschluckten. Sie gerieten aus dem Blick und blieben verschwunden. Dahinter verbarg sich dann mehr als ein Fehler, wie er unter Zeitdruck oder bei unvollständiger Informationslage eben geschehen kann. Dahinter verbarg sich ein bewusster Verstoß gegen ein Recht, dessen Anerkennung eigentlich als Ausweis einer völkerrechtsfreundlichen Politik gilt. Wichtiger als der Schutz von Menschen vor Verbrechen waren die Sicherung und Erweiterung von Absatzmärkten und Einflusszonen, darüber hinaus wollte man, wie es gewöhnlich hieß, »im Gespräch bleiben«. Die Risse sollten irgendwann gekittet werden und weniger zahlreich sein.

Das ist, weil »irgendwann« leicht »nie« heißt, keine unbedingt sinnvolle Lösung. Eine wenig sinnvolle Lösung ist hingegen auch in der apodiktischen Position auszumachen, in allen Fällen müsse deutlich und – dem Anliegen gemäß – vehement und überprüfbar auf die Ahndung der Verbrechen und/oder der Beendigung des verbrecherischen Geschehens gedrängt werden, andernfalls komme eine Kooperation nicht mehr infrage. Es können Situationen eintreten, in denen die Kooperation fortgesetzt werden muss, da andernfalls ein großer politischer, materieller oder finanzieller Schaden mit beträchtlichen Auswirkungen auf das Leben vieler Menschen droht. Allerdings müssen Situationen wie diese als solche bezeichnet werden, das heißt als Ausnahmen angesichts von Sachzwängen, die mit dem Gedanken der Doppelwirkung zu rechtfertigen sind. Menschenrechtliche Mindeststandards sollen eingefordert werden, und das geschieht auch. Wo die Forderung nicht durchsetzbar ist, bleibt sie dennoch bestehen und wird adressiert. Eine Hinnahme des Verbrechens ist das nicht. Es ist ein Verzicht auf Maßnahmen, die untauglich sind, weil sie weder zur Beendigung des verbrecherischen Missstands beitragen können noch den völkerrechtsunfreundlichen Staat zu einer Rechtsansicht verhelfen. Eine Entkriminalisierung staatlicher Politik findet darum nicht statt, denn kooperiert wird von einer Seite im ernsthaften Bewusstsein makrokriminellen Verhaltens der anderen.[158] Das ferne Unrecht ist und bleibt

158 Zur unvermeidbaren Selektivität der Strafverfolgung vgl. die Überlegungen bei Jäger, »Makroverbrechen als Gegenstand des Völkerstrafrechts. Kriminalpolitisch-kriminologische Aspekte«, S. 335–337.

nah. Davon zu unterscheiden wäre der Fall, bereitwillig, ohne großen ökonomischen Zwang und unter letztlich floskelhaftem Verweis auf die Geltung elementarer Menschenrechte immer wieder mit einem Staat zu kooperieren, dessen Politik diese Menschenrechte mit Füßen tritt.

In dem bereits angesprochenen Entwurf zur Staatenverantwortlichkeit diskutiert die ILC auch über die Bedeutung der Wendung »die internationale Gemeinschaft als Ganzes«. Erstmals wird überlegt, ob darunter zusätzlich zu den Staaten auch Einzelpersonen und NGOs fallen. Sollen Letztere bei einer gravierenden Verletzung des unbedingt Geltung beanspruchenden zwingenden Völkerrechts auch das Recht haben, in gleicher Weise wie Staaten Druck auf den Rechtsverletzer auszuüben und ihn notfalls rechtlich zur Verantwortung zu ziehen?[159] Von einigen Kommissionsmitgliedern wird die Frage verneint, weil Staaten ausweislich einschlägiger Vertragstexte die alleinigen Völkerrechtsubjekte seien, die »die internationale Gemeinschaft als Ganzes« bildeten. Andere sind nicht abgeneigt, das Verständnis der internationalen Gemeinschaft konzeptionell zu erweitern, da das Völkerrecht inzwischen den Opfern von Menschenrechtsverstößen und ihren Handlungsbevollmächtigten Verfahrensrechte einräume, um vom Staat Wiedergutmachung zu erlangen.[160]

Welche Staatenvertreter welche Position vertreten, wird nicht gesagt, auch bleibt im Ungefähren, inwieweit sich das geforderte »wider concept« an neuere Rechtsentwicklungen orientieren soll. Doch ist das genau genommen nur eine Randnotiz. Viel wichtiger ist, dass über die Begrifflichkeit der internationalen Gemeinschaft als Staatengemeinschaft hinaus gedacht worden ist.[161] Mit welcher Gewichtung auch immer Einzelpersonen und NGOs in das Konzept der »internationalen Gemeinschaft als Ganzes« Eingang finden, sie stehen perspektivisch jedenfalls nicht mehr vor hermetisch verriegelten Toren, so die Hoffnung in der ILC im Jahr 2000.

Heute, mehr als zwanzig Jahre nach dem ILC-Entwurf, haben sich, um im Bild zu bleiben, die Tore mehr als nur einen Spalt breit geöffnet. NGOs können aus eigenem Recht Menschenrechtsverletzungen rügen,

159 Vgl. ILC-Bericht (2000), Nr. 124, https://legal.un.org/ilc/reports/2000/ [3. 6. 2024], (chapter IV, State Responsibility).

160 Ebenda, Nr. 127.

161 So auch Paulus, *Die internationale Gemeinschaft im Völkerrecht*, S. 412 f.

können einen Konsultativstatus haben, Menschenrechtsverletzungen anzeigen und an der Formulierung von Menschenrechtsstandards beteiligt sein. Individuen können sich, werden sie in ihren Rechten als Menschen verletzt, unmittelbar auf das Völkerrecht berufen.[162] Neu sind alle diese Möglichkeiten eigentlich auch nicht. Sie wurden schon in den 1950er und 1960er Jahren in das Völkerrecht aufgenommen, seinerzeit jedoch, wie die geringe Zahl der Ratifikationen zeigt, ohne ernsthafte Realisierungsabsicht, eher des guten Tons der Zugehörigkeit zu einer Staatenwelt halber, in der Staaten de facto weiterhin die Reichweite der Menschenrechte bestimmen würden. Das ist für die Staaten gegenwärtig nicht mehr so einfach. Neue Medien haben die Welt zu einer »Wahrnehmungsgemeinschaft« gemacht. Digitale Technik holt die Welt ins Wohnzimmer, das Ferne wird emotional zu einem Phänomen der Nähe, Meinungen bilden sich, Menschen schließen sich zusammen und stellen Forderungen. *Urgent actions* waren bis in die 1990er Jahre hinein Informationsblätter von Amnesty International, mit denen die Öffentlichkeit über Fälle von Menschenrechtsverletzungen informiert werden sollte. Möglichst viele Briefe sollten an die Verantwortlichen geschrieben werden, um diesen zu demonstrieren, man vergesse die willkürlich Inhaftierten nicht. Informationsblätter sind durch Websites und E-Mails ersetzt worden, Amnesty International versucht längst nicht mehr alleine, durch Mobilisierung der öffentlichen Meinung Druck auf Menschenrechtsverletzer auszuüben. Andere NGOs sind hinzugekommen. Wer sich informieren möchte, erfährt leicht, wo und von wem Menschenrechtsverbrechen begangen werden. Und er kann Erwartungen an die eigene Regierung formulieren, kritisch und unterstützt durch Initiativen oder Medienberichte die Politik seines Landes begleiten. Demokratisch verfasste, liberale Staaten geraten unter Rechtfertigungsdruck, wenn sie gegenüber diktatorischen Regimes schwer vertretbare Konzessionen machen oder gar eilfertig handeln. Nicht nur ihre Glaubwürdigkeit steht auf dem Spiel, sie beschädigen die Idee des Rechts, das sie um politischer und ökonomischer Vorteile willen beiseiteschieben.

Staaten haben Reaktionsformen auf fernes Unrecht institutionalisiert als Zeichen dafür, dass sie nicht indifferent bleiben wollen und

---

162 Vgl. Herdegen, *Völkerrecht,* S. 103 f, 112.

können. Ad-hoc-Strafgerichte und das R2P-Konzept sind ein Anfang, allerdings ein Anfang, der mit größeren Unzulänglichkeiten behaftet ist. Wie auch nicht, könnte man jetzt einwenden, schließlich ist das Repertoire an Erfahrungen nicht groß und die Neigung von Staaten, eigene machtpolitische Interessen zu priorisieren, nicht einfach aus der Welt zu schaffen. Trotzdem musste bisweilen der Eindruck entstehen, das institutionell und konzeptionell Erreichte werde schon für das Ziel an sich genommen, so wie die inhaltlich naheliegenden Begriffe der Transitional Justice und der »Globalisierung« fälschlicherweise eine Realität vorgeben, die sich zunächst nur durch Hoffnung begründen lässt. Doch sowenig Transitional Justice für einen Übergang zu einem völkerrechtsfreundlichen Staat stehen und Globalisierung Inklusion auf menschenrechtlicher Basis bedeuten muss, so wenig sind Interventionen zur Verfolgung humanitärer Ziele und internationale Strafgerichtsbarkeit Garanten für eine verbesserte humanitäre Situation. Es werden nicht mehr als die Instrumente bereitgestellt, um den Vorgang der Transitional Justice zu erleichtern und Globalisierung im Sinne einer Zusammengehörigkeit der Menschheit zu einer realistischeren Möglichkeit zu machen. Zwischen den Instrumenten und den Zwecken besteht eine Wechselbeziehung, wobei beim Umgang mit den Instrumenten darauf zu achten ist, sie nicht durch politisch gewollte Schranken, die auf einem fragwürdigen Verständnis von Transitional Justice und Globalisierung beruhen, zu deformieren.[163] Wenn bei der Überwindung eines repressiven Systems erneut Menschenrechte verletzt werden oder Völkerrechtsverbrechen unbestraft bleiben, wenn menschenrechtlich verbrämte geopolitische oder ökonomische Ziele in Kreuzzugsmanier durchgesetzt werden sollen, diskreditiert das zwangsläufig die Instrumente.

---

163 Vom Standpunkt des Rechts gesehen ist das Transitional-Justice-Konzept sehr unbestimmt. Es gibt keinen völkerrechtlichen Vertrag, der Normen enthält, die für einen Transitionskontext gesondert gelten sollen. Obwohl sich das Konzept als Forschungsgebiet und praktische Zielbeschreibung großer Beliebtheit erfreut, ist völlig ungeklärt, wie weit Kompromisse bei einem Systemwechsel gehen dürfen. Vgl. zusammenfassend Schimmel, *Transitional Justice im Kontext*, S. 503–520; zur Unbestimmtheit des Begriffs Globalisierung und zu den Versuchen, damit auch Kriege zu rechtfertigen: Eckel, »Wie sich die Welt nicht erklären lässt«, sowie Honeyman, »Tony Blair und der Zweite Irakkrieg«, S. 160–165.

Allerdings gibt es auch Gegenmittel. Wie die von Amnesty International angestoßene Praxis zeigt, können Fehlentwicklungen oder opportunistische Widersprüche mit der Erwartung großer Resonanz thematisiert werden. Das rechtliche Vokabular ist nicht nur vorhanden, sondern auch bekannt und setzt Affekte frei, die auf Korrekturen drängen. Staaten müssen Position beziehen. Sie können stillschweigend oder ausdrücklich bei ihrer bisherigen bleiben, sie können aber auch eine neue beziehen. Dazu braucht es Zeit, zumal wenn Staaten gemeinsam betroffen sind. Als Carla Del Ponte in den Jahren nach dem NATO-Luftkrieg gegen Serbien versuchte, UÇK-Mitglieder vor dem Jugoslawien-Tribunal anzuklagen, stieß sie auf Desinteresse und Angst. Desinteresse westlicher Staaten, die das Friedensarrangement unter Beteiligung der UÇK nicht gefährden wollten, Angst der Kosovaren vor tödlicher Rache bei Aussagen, die UÇK-Funktionäre belasteten. An dieser Konstellation waren schon die hybriden Gerichte gescheitert, die seit 2000 in enger Zusammenarbeit mit der UN-Mission im Kosovo Personen, die während des Kosovokriegs in organisierter Kriminalität verstrickt oder der Begehung von Kriegsverbrechen verdächtig waren, zur Verantwortung ziehen sollten.[164] Auch die Anklagebehörde des internationalen Tribunals sollte scheitern. Aufgeschreckt durch Berichte über systematisch begangene Morde, Folter und vor allem über Organhandel (die Entnahme von Organen serbischer Gefangener zum Zwecke ihres Verkaufs) leitete sie Ermittlungen gegen Politiker und Befehlsgeber der UÇK ein.[165] Am Ende wurde ein niederrangiger UÇK-Angehöriger zu einer vergleichsweise milden Strafe verurteilt (13 Jahre Gefängnis), andere, die inzwischen in höchste politische Ämter des neuen kosovarischen Staates gelangt waren, wurden freigesprochen. Belastungszeugen gab es nicht mehr, weil sie, zum Teil mit ihren Familien, umgebracht worden waren oder sich nicht mehr, eingeschüchtert durch massive Drohungen, erinnern wollten.[166] Ob dies im nächsten Anlauf verhindert werden kann, wird sich zeigen. 2011 jedenfalls nahm der Europarat einen Bericht des Schweizer Politikers Dick Marty an, der die ursprünglich erhobenen Vorwürfe gegen die UÇK bestätigte und erweiterte. Zwei Jahre wurde er geprüft, dann, in

---

164 Vgl. Nerlich, »Entwicklung und Perspektiven«, S. 85–87.
165 Vgl. Del Ponte, *Im Namen der Anklage*, S. 359–368.
166 Dérens/Geslin, »La Justice est-elle possible au Kosovo?«.

Anbetracht der erhärteten Beweislage, übten die USA und die EU zunehmend Druck auf das Kosovo aus, in eine gerichtliche Überprüfung der Vorwürfe einzuwilligen. Seit 2017 existiert nun das hauptsächlich EU-finanzierte Sondertribunal, das formal Teil des kosovarischen Justizsystems ist, sich jedoch aus ausländischen Richtern und Anklägern zusammensetzt.[167] Zu den bislang Angeklagten gehört auch der kosovarische Staatpräsidenten Hashim Thaçi, der daraufhin zurücktreten musste und inhaftiert wurde.[168]

Zwanzig Jahre hat es also gedauert, bis nach den verbrecherischen Geschehnissen Anklagen erhoben wurden. Bis die Verfahren zu einem Ende gelangen, wird es nach bisherigen Erfahrungen mit internationalen Prozessen noch viele weitere Jahre dauern. Trotzdem. Auch in Kambodscha wurde das hybride Gericht erst Jahrzehnte nach den Untaten des Pol-Pot-Regimes eingerichtet, gleichwohl war und ist die Anteilnahme der Bevölkerung sehr groß, ganz abgesehen davon, dass das Gericht durch die Anerkennung des Völkermordverbrechens in Kambodscha geschichtsträchtige Urteile in lange umstrittenen Fragen gefällt hat. Unrecht löst sich nicht im Vergessen auf. Für die unmittelbar Betroffenen nicht und für die internationale Staatengemeinschaft oder zumindest Teile derselben ebenfalls nicht. Die Erwartungen sind hoch, und Staaten reagieren. Nicht alle und mit einiger Verzögerung, und die Ergebnisse können auch zweifelnde Fragen nach dem Verhältnis von Mittel und Zweck aufwerfen oder nach der Selektivität. Wenn das Sondertribunal für den Libanon, das 2007 beschlossen wurde, um den Mord an dem libanesischen Ministerpräsidenten Rafik Hariri und 21 weiteren Personen zu ahnden, und das 2009 seine Arbeit aufnahm, im August 2020 zu einem Schuldspruch gelangt und das Strafmaß im Dezember 2020 verkündet, ist die Frage nach dem Sinn des Unternehmens nicht unangemessen. Dass es, wie auf der Website des Gerichts zu lesen war, »the first tribunal of international character to prosecute terrorist crimes« gewesen sei,[169] ist eine reichlich vollmundige Ankün-

---

167 Vgl. Martens, »Mauer des Schweigens«; zum neuen Kosovo Specialist Chambers & Specialist Prosecutor's Office vgl. https://www.scp-ks.org/en/background [3. 6. 2024].

168 Vgl. Martens, »Ausgeklügelte Grausamkeit«; mit Hinweisen auf Kritik an dem Kosovo-Gericht: ders., »Ein Partner der NATO in Den Haag vor Gericht«.

169 Die Website des Sondertribunals wurde zum 1. 1. 2024 abgeschaltet. Vgl. die Mitteilung über die Schließung des Tribunals: https://www.un.org/sg/en/content/

digung angesichts des Umstands, dass die Verfahren in Abwesenheit der Angeklagten durchgeführt wurden und sich die Beweislage wegen der Blockadehaltung der hinter ihnen stehenden Mächte entsprechend schwierig gestaltete.[170] Ob die *outreach*-Programme, mit denen das Gericht über seine Tätigkeit besonders im Libanon informieren wollte, nachhaltiges Interesse zu wecken vermochte, mag auch dahingestellt sein.[171] Der Abschuss des Flugzeugs, der am Abend des 6. April 1994 beim Landeanflug auf den Flughafen Kigali zum Tod des ruandischen Staatspräsidenten Juvénal Habyarimana, seines burundischen Amtskollegen und eines Dutzend anderer Personen (Angehörige der ruandischen Armeeführung, die französische Flugzeugbesatzung) führte, war nie Gegenstand einer Untersuchung des Gerichtshofs in Arusha. Dieser befasste sich allein mit dem Völkermord, der unmittelbar nach dem Abschuss begann. Bis heute ist der Abschuss ein kontrovers diskutiertes Ereignis und steht als markantes Hindernis auf dem Weg der Annäherung von Hutu und Tutsi.

Trotz der langen Liste an Widersprüchen und Versäumnissen (hier sind noch einmal besonders der Krieg in Syrien und das gewaltsam herbeigeführte Massensterben in der DR Kongo zwischen 1996 und 2003 zu erwähnen): Die Instrumente sind, um auch das noch einmal zu sagen, in der Welt und werden eingesetzt, um zivilisatorische Fortschritte zu sichern und weitergehende Versuche nicht verkümmern zu lassen. Es wird nicht ernsthaft – und wenn doch –, nicht überzeugend bestritten, dass ein Staat, der zum Feind seiner und anderer Bürgerinnen und Bürger wird, den Souveränitätsschutz verliert.[172] Maßstab dafür ist vor allem die Achtung elementarer Menschenrechte. In liberalen Demokratien wird deren Botschaft, trotz aller Phasen der Taubheit, gehört. Dann werden diplomatische Kanäle genutzt, Sanktionsregime

---

sg/statement/2023-12-30/statement-attributable-the-spokesperson-for-the-secretary-general-%E2%80%93-the-closure-of-the-special-tribunal-for-lebanon [3. 6. 2024].

170 Vgl. den Hinweis in der Schließungsmitteilung.

171 Das *outreach*-Programm war auf der Website des Sondertribunals beschrieben. Die limitierte Wirkung des Sondertribunals spiegelt sich auch in der Kürze der Schließungsmitteilung und in den darin verwendeten diplomatischen Floskeln.

172 Dazu näher Merkel, »Legitimation der Weltrechtspflege«, S. 50–52, sowie, darauf aufbauend und in Bezug auf deutsches Recht: Magnus, »Verfolgung und Anklage nach deutschem Recht: wie weit zulässig und geboten?«, S. 1375–1393.

verfeinert, Institutionen geschaffen und Überlegungen angestellt, wie in Befolgung eines rechtsethischen Kompasses interveniert werden kann.[173] Das völkerstrafrechtliche Universalitätsprinzip kommt zusehends vor nationalen Gerichten zur Anwendung, Anzeigen beim IStGH häufen sich. Mit dem Sozialphilosophen und Politiktheoretiker Hermann Lübbe, zurückhaltend beim Gebrauch moralischer Kategorien zur politischen Gestaltung, ließe sich die Entwicklung mit den Worten kommentieren: »Die gute Gesinnung, die sich an der Realität reibt, zerreibt sich selbst, wenn sie nicht zum Impuls verstandeskontrollierter Handlungen wird und sich an die Klugheit bindet.«[174] Kein ungestümes Vorwärtsdrängen also, und auch keine möglichkeitsreduzierende Zurückhaltung. Kluges Handeln tut not. Allerdings haben wir gesehen, dass es auch darauf ankommt, wie Klugheit definiert wird und welches ihre Referenzpunkte sind.

---

173 Grundsätzlich dazu: Glanville, »The Responsibility to Protec«t, S. 1094 f.; 2015 wurde z. B. im Auswärtigen Amt die Abteilung Krisenprävention, Stabilisierung, Konfliktnachsorge und Humanitäre Hilfe geschaffen, vgl. https://www.auswaertiges-amt.de/de/aamt/auswdienst/abteilungen/abteilung-s/214970 [3. 6. 2024]; 2017 verabschiedete die Bundesregierung die Leitlinien: Krisen verhindern, Konflikte bewältigen, Frieden fördern. Vgl. https://www.auswaertiges-amt.de/de/aussenpolitik/themen/krisenpraevention/leitlinien-krisen/217444 [3. 6. 2024]. Im Juni 2023 wurde vom Kabinett die erste Nationale Sicherheitsstrategie beschlossen (https://www.bmvg.de/de/nationale-sicherheitsstrategie) [3. 6. 2024].

174 Zitiert nach Lübbe, *Politischer Moralismus*, S. 99.

III Über die Bedeutung von Sprache, Wörtern und Begriffen bei der Erfassung von Unrecht und einige Folgerungen daraus, die für Rechtsprechung und Lehre zu beachten wären

Eigentlich ist es eine selbstverständliche Feststellung. Sprache dient der Kommunikation. Und ohne kognitive Fähigkeiten wäre eine sinnvolle Kommunikation nicht möglich. Schon vor über einhundert Jahren befasste sich Ferdinand de Saussure erstmals systematisch mit den verschiedenen Facetten sprachlicher Strukturen. Auf Einzelheiten muss hier nicht eingegangen werden, wichtig ist seine Erkenntnis, dass »es aber auch außerhalb der Sprechaktivität ein Sequenzphänomen [gibt]: im Gedächtnis nämlich; dort assoziieren sich Wörter, die etwas gemeinsam haben, [...] die assoziative Beziehung [vereint] Terme *in absentia* zu einer virtuellen Gedächtnisreihe«.[1]

Seit de Saussure hat sich die Linguistik in viele Teilgebiete aufgespalten, doch nach wie vor gilt die Grundaussage, dass Sprache über den Gebrauch von Wörtern und Begriffen beim Rezipienten Bedeutungsinhalte hervorruft, die Bezeichnungen, Vorstellungen oder Bilder sein können. Das ist eine immer noch wenig überraschende Aussage, die jedoch, wenn es um die Erfassung – und mithin auch potenzielle Ahndung – von Unrecht geht, eine besondere Bedeutung erhält. Kraft der von ihnen freigesetzten Vorstellung, können Begriffe einen Handlungsdruck aufbauen, der in konkreten Strafverfolgungsmaßnahmen mündet. Ein Wort setzt eine Begriffswelt frei, die größtes Unrecht zu fassen versucht, dabei aber Gefahr läuft, anderes Unrecht in den Hintergrund zu schieben oder gar unkenntlich zu machen. Und wenn es keinen Begriff für ein Unrecht gibt, der der Tatschwere ent-

1 Zitiert nach de Saussure, *Grundfragen der allgemeinen Sprachwissenschaft*, S. 81 f.

spricht, verschwindet es auch. Gibt es ihn (wieder), schärft sich der Blick, und das Unrecht als solches wird wahrgenommen.

Vergegenwärtigen wir uns die folgenden Beispiele. Das erste bezieht sich auf die Errichtung des Sondertribunals für das Kosovo: Aus verschiedenen Quellen erhielt die Anklagebehörde des Jugoslawien-Tribunals 2001 Kenntnis von Berichten über die Behandlung serbischer Gefangener. So hatten sich Kosovo-Albaner mit einer schockierenden folgenden Nachricht an die Behörde gewandt. Carla Del Ponte:

> »Ihnen zufolge transportierte man einige der jüngeren, gesünderen Gefangenen weiter in andere Gefängnisse in und um Burrel, unter anderem in eine Baracke hinter einem gelben Haus etwa zwanzig Kilometer südlich der Stadt. Sie sollen ausreichend ernährt, ärztlich versorgt und nie geschlagen worden sein. In diesem gelben Haus [...] sei ein Raum in einen provisorischen Operationssaal verwandelt worden, wo Ärzte den Gefangenen Organe entnommen hätten. Dann seien die Organe über den Flughafen Rinas bei Tirana ins Ausland geschmuggelt worden, um sie an vermögende Patienten zu verkaufen. [...] Opfer, denen man eine Niere entnommen hatte, seien zugenäht und wieder in die Baracke gesperrt worden, bis man ihnen schließlich auch die anderen lebenswichtigen Organe entnommen habe. Als die anderen Gefangenen so von ihrem bevorstehenden Schicksal erfuhren, sollen sie ihre Peiniger angefleht haben, sie gleich zu töten.«[2]

Ohne die Berichte über die Entnahme von Organen serbischer Gefangener wäre ein besonderer Kosovo-Gerichtshof aller Wahrscheinlichkeit nach nicht eingerichtet worden. Die Vorstellung, Menschen als Organbänke vorzuhalten, sie sukzessive auszuweiden, weckt Assoziationen an kalte, grell ausgeleuchtete Szenen in Horrorfilmen oder an apokalyptische Sciencefiction-Visionen. Dass dergleichen auch rechtlich verboten ist, ist selbstverständlich. Folter und Verstümmelung sind nach dem Völkerrecht auch in Kriegszeiten »jederzeit und überall verboten«,[3] die Gesetze Serbiens, in dessen autonomer Region Kosovo die UÇK 1994 gegründet wurde, sagten nichts anderes. Das

2 Zitiert nach Del Ponte, *Im Namen der Anklage*, S. 359 f.

3 Vgl. Art. 4 des Zweiten Zusatzprotokolls zu den Genfer Konventionen, https://www.fedlex.admin.ch/eli/cc/1982/1432_1432_1432/de [3. 6. 2024].

»gelbe Haus« wurde zum Symbol eines abscheulichen Verbrechens, es blieb ein Stachel in den Versuchen, das Kosovo zu einem allseits anerkannten Staat zu machen. Zwar haben sich mittlerweile Zweifel eingestellt, ob das »gelbe Haus« und seine dunkle Geschichte tatsächlich existierten, doch der Anstoß für ein gesondertes Kosovo-Tribunal war gegeben, und, ob die Berichte über Organentnahme und Organhandel nun zutreffend waren oder nicht, auch alle anderen Tatvorwürfe an die kosovarische Adresse waren mit in den Fokus der internationalen Aufmerksamkeit geraten und forderten eine Reaktion.[4]

Das zweite Beispiel bezieht sich auf Ruanda und den Inhalt sowie die Botschaft von Wörtern, die bis heute das Zusammenleben der Menschen in Ruanda prägen. Nicht nur eine Seite in dem Unrechtsgeschehen zwischen 1990 und 1994 beruft sich auf sie, auch die gegnerische kleidet Unrechtserfahrungen in Begriffe, die prägnant und zugleich von großer semantischer Strahlkraft sein sollen. Ausgangspunkt ist der Bürgerkrieg, der am 1. Oktober 1990 begann. An diesem Tag griff der militärische Arm einer Bewegung, der ruandischen patriotischen Front (RPF), Ruanda von Uganda aus an, um die Rückkehr der ruandischen Tutsi-Geflüchteten zu erzwingen und zugleich die Ablösung des Hutu-Regimes zu erreichen.[5] Hauptkriegsgebiet war der Norden des Landes, wo Überfälle auf Dörfer und Städte, die Ermordung auch von Frauen und Kindern mit Macheten und Feldhacken, die Eliminierung von Personen, die als »intellektuell« galten (Bürgermeister, Lehrer, Beamte), ein Klima der Angst, ja der Panik schufen.[6] Bewohnerinnen und Bewohner ganzer Gemeinden mit dem Bürgermeister und den Verwaltungsbeamten an der Spitze flohen, um nach dem militärisch erzwungenen Rückzug der RPF in ihre Dörfer zurückzukehren und 1993 aus der dann von der RPF wieder »befreiten Zone«

---

4 Zu den Zweifeln am sogenannten Marty-Bericht vgl. Martens, »Mauer des Schweigens«.

5 Im Rahmen der sogenannten »sozialen Revolution« veränderten sich die Machtverhältnisse in Ruanda. Angehörige der Minderheit der Tutsi, die unter den belgischen Kolonialherren durchweg die politische, ökonomische und militärische Macht innehatten, wurden von Hutu aus dieser Position verdrängt. Die Folge des Machtwechsels zugunsten der Mehrheitsbevölkerung der Hutu waren die Ermordung und Vertreibung Tausender Tutsi. Sie flohen in die Nachbarländer, so auch nach Uganda, wo die RPF 1987 gegründet wurde. Vgl. Hankel, *Ruanda*, S. 88.

6 Vgl. Prunier, *The Rwanda Crisis*, S. 174 f.

erneut zu fliehen. Fast eine Million Geflüchtete, mehr als zehn Prozent der Gesamtbevölkerung von damals ca. 7,5 Millionen, hatte in mehreren Lagern gut 60 Kilometer nördlich von Kigali Zuflucht gefunden.[7] Aus ihren Reihen kamen viele der Täter im Völkermord.

Als dieser nach dem Abschuss des Präsidentenflugzeugs am 7. April 1994 begann, fielen ihm in den folgenden drei Monaten mindestens 500 000 Tutsi zum Opfer. Täter waren Hutu, Soldaten, Polizisten, Nachbarn, die Tutsi, und zwar alle der etwa zehn Prozent der Gesamtbevölkerung ausmachenden Tutsi, physisch vernichten wollten. Selten wurde das so direkt ausgesprochen. Von »Kakerlaken« sollte das Land gereinigt, das »hohe Gras sollte gekürzt« werden (Tutsi waren oft von höherem Körperwuchs als Hutu), und die besonders völkermörderisch agierende Miliz nannte sich *Interahamwe*, »diejenigen, die zusammen arbeiten«.[8]

Einen Namen für das mörderische Geschehen gab es in der Landessprache Kinyarwanda nicht. *Itsembatsemba* stand für Morde und Massaker, *itsembawoko* für Tötungen noch größeren Ausmaßes. Der Unterschied zwischen beiden Verbrechensbezeichnungen war fließend und bald bedeutungslos, nachdem sich gegen Ende des Völkermords und ausgehend von internationalen Statements und UN-Resolutionen der Begriff »Genozid« zur rechtlichen Erfassung des Massenmords in Ruanda durchgesetzt hatte. Als *jenoside* hielt er alsbald Eingang in die Landessprache und verdrängte die ursprünglichen Kinyarwanda-Bezeichnungen für die verschiedenen Stufen des Tötens. Die Folge war, dass ein nahezu vierjähriges Gewaltgeschehen auf seine extreme Periode, den Völkermord von April bis Juli 1994 reduziert wurde, die vielen Monate der Gewalt davor und auch die danach, in denen das Land gewaltsam befriedet wurde und Zehntausende Hutu von den neuen Machthabern umgebracht wurden, waren abwesend.[9]

---

7 Zur Situation in diesen Lagern vgl. die Eindrücke des kanadischen Generals Roméo Dallaire, der die UN-Friedensmission in Ruanda leitete, in: ders., *Handschlag mit dem Teufel*, S. 92 f.

8 Dazu näher: Hankel, *Ruanda*, S. 214–240; zum Geschehen in Ruanda beispielhaft: Blam, »Völkermord als ›modernes‹ Politikinstrument«, S. 81 f.

9 Längst nicht alle Hutu beteiligten sich am Völkermord. Im Vertrauen auf ihre Unschuld und oft auch auf die Wirkung ihrer guten Tat (Rettung von Tutsi) erwarteten sie die Ankunft von RPF-Kämpfern, Sicherheit und Frieden vor Augen. Nicht selten geschah jedoch Folgendes: Die Eroberer des Landes befahlen die in

Die internationale Gemeinschaft schaute nicht hin, der Genozidbegriff verlangte Eindeutigkeit bei der Zuweisung von Täter- und Opferidentitäten. Das neue Ruanda, das Ruanda nach dem Völkermord, zog seine Vorteile daraus, politischer Art und materieller Art. »*Notre pétrole, c'est le génocide*«, kommentierte das der Volksmund in nicht mehr zu überbietendem Sarkasmus.

Das dritte Beispiel hat einen unmittelbaren Deutschland-Bezug. Am 17. Februar 2021 verurteilte das Oberlandesgericht (OLG) Koblenz einen syrischen Staatsangehörigen wegen Beihilfe zu einem Verbrechen gegen die Menschlichkeit zu einer Freiheitsstrafe von viereinhalb Jahren. Nach dem Ergebnis der Beweisaufnahme sah es der zuständige Staatsschutzsenat als erwiesen an, dass der Angeklagte als Mitarbeiter des Syrischen Allgemeinen Geheimdienstes Beihilfe dazu geleistet hatte, dreißig Personen »in schwerwiegender Weise der körperlichen Freiheit zu berauben und während der Ingewahrsamnahme zu foltern«.[10] Nach der gewaltsamen Auflösung einer Demonstration gegen das Assad-Regime im September/Oktober 2011 war der Angeklagte an der Festnahme von dreißig Demonstranten beteiligt gewesen. Das Gericht: »Der Angeklagte habe den Transport der Demonstranten in einem der Busse begleitet und hierbei gesehen, dass diese bereits auf der Fahrt zum Gefängnis, wie auch bei der Ankunft im Gefängnis geschlagen wurden. Im Gefängnis seien die Festgenommenen dann brutal misshandelt und systematisch gefoltert worden. Der Angeklagte Eyad A. habe bereits bei der Festnahme der Demons-

---

ihren Dörfern Gebliebenen zu Versammlungen, um ihnen die Grundzüge der neuen Politik bekannt zu geben. Statt Worte fielen dann aber Schüsse, so lange, bis niemand mehr lebte. Hunderte, je nach Größe des Dorfes auch über tausend Tote hat es so jeweils gegeben. *Kwitaba inama* (dem Ruf zur Teilnahme an einer Versammlung Folge leisten) sei in Wirklichkeit *kwitaba imana* (dem Ruf Gottes folgen) gewesen, hieß es in bitterem, allerschwärzestem Humor noch Jahre später. Vgl. Prunier, *From Genocide to Continental War*, S. 17. Noch gut zehn Jahre nach dem Völkermord, 2005, als die Gacaca-Justiz nach ihrer lokal begrenzten Erprobungsphase landesweit reaktiviert wurde, flüchteten Tausende Hutu vor allem ins benachbarte Burundi. Sie fürchteten um ihr Leben, weil zur Durchführung der Gacaca-Verfahren die Anwesenheit der jeweiligen Dorfbevölkerung an einer zentralen Stelle des Dorfes angeordnet worden war.

10 Vgl. die Pressemitteilung unter https://olgko.justiz.rlp.de/presse-aktuelles/detail/urteil-gegen-einen-mitarbeiter-des-syrischen-geheimdienstes-wegen-beihilfe-zu-einem-verbrechen-gegen-die-menschlichkeit-rechtskraeftig [3. 6. 2024] sowie Hankel, *Putin vor Gericht?*, S. 42 f.

tranten um die regelmäßige und systematische Folter im Gefängnis der Abteilung 251 gewusst und die Folterung der Festgenommenen billigend in Kauf genommen. Ebenso habe er damit gerechnet, dass die Folterungen Teil eines planmäßigen, organisierten Vorgehens der Regierung zur Unterdrückung oppositioneller Kräfte waren.«[11]

Zu derselben Freiheitsstrafe von viereinhalb Jahren verurteilte das Landgericht München I 1965 den ehemaligen SS-Obersturmführer Josef Oberhauser. Er war der Beihilfe zum gemeinschaftlichen Mord in 300 000 Fällen und fünffacher Beihilfe zum gemeinschaftlichen Mord in je 150 Fällen schuldig gesprochen worden.[12] Zwischen März und August 1942 hatte er im Vernichtungslager Belzec mindestens fünfmal 150 oder mehr Juden zu einer provisorischen Vergasungsbaracke geführt und dafür gesorgt, dass die Ermordung jeweils »störungsfrei« durchgeführt werden konnten. Ab Frühjahr 1942 war der Angeklagte außerdem an der Erhöhung der Vernichtungskapazität des Lagers beteiligt. Seine Aufgabe war es, Baumaterialien für die Errichtung der größeren Vergasungsanlage herbeizuschaffen. Das Gericht: »Er war sich bei seiner Tätigkeit der Tatsache bewusst, dass durch die unter seiner Mitwirkung ausgeführten Arbeiten die Voraussetzungen für eine erhebliche Steigerung der Vernichtungszahlen geschaffen werden sollten.« Und weiter: »Nach Fertigstellung des Massivbaues konnten bei einem Vergasungsvorgang bis zu etwa 1500 Menschen getötet werden.«[13] Die Gesamtzahl der im Massivbau Getöteten belief sich auf mindestens 300 000.

Die Verurteilung des syrischen Geheimdienstmitarbeiters stützte sich auf das deutsche Völkerstrafgesetzbuch von 2002, die des SS-Offiziers auf das deutsche Strafgesetzbuch in der 1965 geltenden Fassung. Im ersten Fall ging es um ein Verbrechen gegen die Menschlichkeit als das Grunddelikt (Folter), im andern Fall um Mord. Hinzuzufügen ist noch, dass der syrische Geheimdienstmitarbeiter einige Monate nach der Beihilfetat desertierte und aus Syrien flüchtete.[14] Der Angeklagte

11 Zitiert nach ebenda.

12 Vgl. das Urteil unter https://web.archive.org/web/20150905054626/http://www.holocaust-history.org/german-trials/belzec-urteil.shtml [3. 6. 2024].

13 Zitiert nach ebenda.

14 Vgl. die Pressemitteilung des OLG Koblenz unter https://olgko.justiz.rlp.de/presse-aktuelles/detail/urteil-gegen-einen-mitarbeiter-des-syrischen-geheim

Oberhauser hingegen wurde 1943 befördert und ab Herbst 1943 zur Partisanenbekämpfung in Oberitalien eingesetzt, wo er ein zweites Mal befördert wurde.[15]

Was lässt sich auf der Grundlage dieser Beispiele über die sprachliche Erfassung von Unrecht und deren Wirkung sagen? In Anknüpfung an Ferdinand de Saussure findet das Denken in Begriffen und Sätzen, in Urteilen statt.[16] Für das Nachdenken über das »gelbe Haus« im Kosovo benötigen wir Begriffe wie »Gefangener«, »Organ«, »Operation«, »Hilfe« und »Tod«, für das Geschehen in Ruanda Begriffe wie »Krieg«, »Massaker«, »Völkermord« und »Vernichtung«, für das Beispiel der beiden Beihilfe-Urteile solche wie »Folter«, »Mord«, »Vergasung« und »Vernichtungslager«. Beziehen wir andere in den Prozess unseres Denkens ein, indem wir uns ihnen mitteilen (lexikalisch durch Worte, indexikalisch durch zeitliche und räumliche Angaben, intentional durch eine Äußerungsabsicht),[17] entstehen auch bei ihnen Konzepte, Bedeutungsvorstellungen, die das Mitgeteilte vor dem Hintergrund eigener Erfahrungen wahrnehmen. Vor ihrem geistigen Auge tauchen assoziative Bilder des Geschilderten auf. Je größer das Wissen im Umfeld des geschilderten Ereignisses ist, desto präziser sind die individuell wahrgenommenen Vorstellungen.[18] Und diese Vorstellungen ermöglichen, wie schon Kant wusste, Denken und Schlussfolgern.[19] Moderne Hirnforschung weiß, dass »bei komplexen Wahrnehmungen unser *Gedächtnis* das wichtigste Wahrnehmungsorgan ist«. Ein bewusster Wahrnehmungsinhalt, aus dem Erkenntnis entsteht, ist die Folge von »Versuch und Irrtum, Konstruktions- und Interpretationsversuchen, von Bestätigung und Korrektur«.[20]

---

dienstes-wegen-beihilfe-zu-einem-verbrechen-gegen-die-menschlichkeit-rechtskraeftig [3. 6. 2024] sowie Hankel, *Putin vor Gericht?*, S. 43 f.

15 Vgl. das Urteil des LG München I unter https://web.archive.org/web/20150905054626/http://www.holocaust-history.org/german-trials/belzec-urteil.shtml [3. 6. 2024].

16 Vgl. dazu Zimmer, *So kommt der Mensch zur Sprache*, S. 128 f.

17 Vgl. Dietrich, *Psycholinguistik*, S. 27.

18 Ebenda, S. 215.

19 »Denn wie wollen wir unseren Begriffen Sinn und Bedeutung verschaffen, wenn ihnen nicht irgendeine Anschauung (welche zuletzt immer ein Beispiel aus irgendeiner möglichen Erfahrung sein muss) untergelegt würde?« Kant, *Was heißt: sich im Denken orientieren?*, S. 267.

20 Vgl. Roth, *Aus Sicht des Gehirns*, S. 84–86 (Zitate S. 84, Hervorhebung im Original).

Im Fall des »gelben Hauses« wird, ausgehend von den wahrgenommenen Berichten und darin enthaltenen Begriffen, die Idee von lebensrettender Organspende aus mitmenschlicher Solidarität brutal ins Gegenteil kippen. Abscheu geht über in den empörten Ruf nach Bestrafung der Täter. Das Maß der in einem Krieg erwartbaren Abscheulichkeiten ist überschritten worden.

Das komplexe Gewaltgeschehen in Ruanda ist dagegen auf den ersten Blick schwieriger. Verbrechen auf beiden Seiten. Doch dann legen die verschiedenen Größenordnungen hinsichtlich der Opferzahlen einen Unterschied nahe, der durch die psycholinguistische Wirkung des Genozid-Begriffs entscheidend vergrößert wird. Das Unrecht erhält einen Namen, der die Opfereigenschaft verabsolutiert. Andere Opfer existieren nicht mehr, und es existieren auch nicht mehr die Verbrechen, die zu anderen Opfern geführt haben. »Genozid an den Tutsi« heißt seit 2008 das Geschehen des Jahres 1994 offiziell in Ruanda. Dessen Täter, und nur diese, wurden verurteilt, in Vorwegnahme der Eindeutigkeit und Absolutheit des Genozidbegriffs bereits ab 1998.[21]

Die zwei Beihilfe-Urteile zu einer Freiheitsstrafe von jeweils viereinhalb Jahren schließlich erklären sich durch den zeitlichen Kontext. Nach vorherrschender Rechtsüberzeugung in Westdeutschland kamen die Täter der Vernichtungspolitik aus der Führung des NS-Staats. In den Worten in Münchener Gerichts: »Im Rahmen der Vorbereitung des Feldzugs gegen Russland fasste Hitler im Zusammenwirken mit Himmler und Heydrich den Entschluss, im Zuge der geplanten Vernichtung des Judentums mit der Ausrottung der jüdischen Bevölkerung Osteuropas zu beginnen. [...] Hitler und seine Tatgenossen haben als mittelbare Täter gemeinschaftlich gehandelt.«[22] Bei ihnen habe »die volle Tatherrschaft gelegen«, der Angeklagte Oberhauser habe helfend mitgewirkt. Das Gericht: »Nach dem Ergebnis der Beweis-

---

21 Am 2. 9. 1998 wurde der ruandische Bürgermeister Jean Paul Akayesu in erster Instanz zu einer lebenslangen Freiheitsstrafe verurteilt. Die Rechtsmittelinstanz bestätigte 2001 das Urteil. Vgl. https://unictr.irmct.org/en/cases/ictr-96-4 [3. 6. 2024].

22 Vgl. das Urteil des LG München I unter https://web.archive.org/web/20150905054626/http://www.holocaust-history.org/german-trials/belzec-urteil.shtml [3. 6. 2024].

aufnahme sind keinerlei Umstände zu erkennen, aus denen bei dem Angeklagten auf eine Willensrichtung geschlossen werden könnte, die über den Gehilfenwillen, den Willen zur befehlsgemässen Unterstützung fremder Taten, hinausgehen würde.«[23] Viereinhalb Jahre Gefängnis erschien dem Gericht darum als tat- und schuldangemessen.

Der Begriff der Verbrechen gegen die Menschlichkeit, der das OLG Koblenz mehr als fünfzig Jahre später beschäftigen sollte, war zum Zeitpunkt des Münchener Urteils bereits wieder in Vergessenheit geraten. Das alliierte Kontrollratsgesetz Nr. 10 vom Dezember 1945, in dem dieser Verbrechenstypus enthalten und definiert worden war, war 1956 formal aufgehoben worden. Westdeutsche Gerichte hatten es ohnehin nur sehr zögerlich angewendet.[24] Mit dem Völkerstrafgesetzbuch trat es 2002 wieder ein in das deutsche Rechtswesen, als ein Verbrechen, das gegenüber dem Mordparagrafen des deutschen Strafgesetzbuchs eine besondere Qualifikation darstellt. Die Tatfolge, der Tod eines Menschen, ist zwar die gleiche, aber die Tat ist jetzt Teil »eines ausgedehnten oder systematischen Angriffs gegen eine Zivilbevölkerung«, wie die einleitende Definition von Verbrechen gegen die Menschlichkeit lautet.[25] Der syrische Staat unter dem Präsidenten Baschar al-Assad verfolgt die Opposition, foltert und tötet sie, nicht nur paramilitärische Kräfte, auch Demonstrantinnen und Demonstranten, die friedlich ihren Forderungen Ausdruck verleihen. Das Koblenzer OLG war das weltweit erste Gericht, das die Begehung von Verbrechen gegen die Menschlichkeit in Syrien konstatierte, zur Erleichterung vieler NGOs und einer verbreiteten öffentlichen Meinung, die schon seit Jahren eine justizielle Verurteilung des Assad-Regimes forderte. Jetzt gab es sie, und die Wucht des Begriffs der Verbrechen gegen die Menschlichkeit wirkte: viereinhalb Jahre Gefängnis als Beihilfe zur Folter als Tatmodalität der Verbrechen gegen die Menschlichkeit, dabei hat der Angeklagte Eyad A. niemanden in den Verhörraum gestoßen, Syrien mitsamt seiner Familie aus politischen Gründen wenige Monate nach dem Geschehen verlassen und den deutschen

23 Ebenda.

24 Vgl. dazu Ostendorf, »Die – widersprüchlichen – Auswirkungen der Nürnberger Prozesse auf die westdeutsche Justiz«, S. 75.

25 Vgl. Art. 7 Völkerstrafgesetzbuch, unter https://www.gesetze-im-internet.de/vstgb/BJNR225410002.html [3. 6. 2024].

Behörden von der gewaltsam aufgelösten Demonstration und seiner Beteiligung daran in großer Offenheit berichtet.[26]

Ebenso wuchtig wie heute der Begriff der Verbrechen gegen die Menschlichkeit wirkte 1965 der Begriff der Tatherrschaft, nun zum Vorteil des Angeklagten. Danach waren die NS-Vernichtungsverbrechen nur die Taten einiger weniger, derer nämlich, die in hoher Position in Staat-, Partei- oder SS-Führung Befehlsgewalt innehatten. Der Massenmord an den Juden war kein Völkermord, denn das Rückwirkungsverbot des Grundgesetzes galt als sakrosankt für Rechtsfrieden und Rechtssicherheit (der Völkermordparagraph 220a wurde 1954 in das Strafgesetzbuch eingefügt), er war »lediglich« Mord oder Totschlag nach dem deutschen Strafgesetzbuch, fast vergessen im Januar 1965, als das Landgericht München sein Urteil fällte und die zwanzigjährige Verjährungsfrist für Mord abzulaufen drohte.[27] Die vielen kleinen Täter, ohne die die großen bekanntlich nicht groß sein konnten, zählten da schon gar nicht mehr, sie waren längst wieder in die westdeutsche Gesellschaft integriert.

Wo kein Begriff von einem Verbrechen, der vor dem geistigen Auge des Hörers oder Lesers eine Vorstellung von diesem Verbrechen hervorruft, da gibt es kein Verbrechen. Muss sich das geistige Auge eines Besseren belehren lassen, korrigiert es seine Vorstellung nur zögerlich. Prägt umgekehrt ein Begriff die Vorstellung von einem Verbrechen, entsteht über das Gefühl eigener Betroffenheit als Mensch (»so etwas darf man niemandem antun«)[28] das Bedürfnis nach einer korrigierenden (strafrechtlichen) Konsequenz, die das Moralgefüge wieder in Ordnung bringt. Ist das qua Begriff vorgestellte Unrecht sehr groß, verträgt es nur schwer ein daneben stehendes zweites Unrecht. Die

---

26 Vgl. https://olgko.justiz.rlp.de/presse-aktuelles/detail/urteil-gegen-einen-mitarbeiter-des-syrischen-geheimdienstes-wegen-beihilfe-zu-einem-verbrechen-gegen-die-menschlichkeit-rechtskraeftig [3. 6. 2024].

27 Vgl. Reichel, »Der Nationalsozialismus vor Gericht«, S. 30, 54.

28 Das Gegenbeispiel wäre die reichsdeutsche Siedlerin Martha Michelsohn, die im Gespräch mit Claude Lanzmann die Deportation der jüdischen Bevölkerung aus dem Dorf Grabow bei Chelmno und deren Ermordung in Gaswagen mit den Worten »lieber hatte man mit so was nichts zu tun« und »traurig, traurig, traurig« kommentierte, als habe es sich um ein unabänderliches, weil von »oben« befohlenes Ereignis gehandelt. Vgl. Claude Lanzmann, *Shoah*, DVD 2, 1:18.30 und 1:20.01.

Vorstellung von Völkermord, in den Worten des Ruanda-Tribunals »the most heinous of crimes [that] shocks the collective conscience of mankind«, duldet wohl weitere Verbrechen an die zur Vernichtung bestimmte Opfergruppe, keineswegs jedoch von dieser begangene Verbrechen an einer andere Gruppe.[29] Das Bild in den Köpfen der Menschen ist fest gefügt, und es braucht seine Zeit, bis es, wenn überhaupt, für Korrekturen empfänglich ist. Die Meldungen von irakischen Gräueltaten in Kuwait, verdichtet in der Nachricht, marodierende irakische Soldaten hätten in einem Krankenhaus in Kuwait City Frühgeborene aus den Brutkästen gerissen und auf dem kalten Fußboden sterben lassen, begründeten nachhaltig die Überzeugung von der grenzenlosen Grausamkeit des Saddam Hussein-Regimes.[30] Dass die Truppen der internationalen Koalition bei der Befreiung Kuwaits Kriegsverbrechen und Verbrechen gegen die Menschlichkeit begangen hatten, galt angesichts des sorgsam inszenierten Propagandacoups der »Brutkastenverbrechen« dann auch als ein ungehöriger Vorwurf. Ein internationales Tribunal, das in der Tradition der Russell-Tribunale 1992 in New York über Koalitionsverbrechen verhandelte, wurde nicht zur Kenntnis genommen.[31] Erst nach dem 2003 beginnenden nächsten Golfkrieg sollte das fest gefügte Schwarz-Weiß-Bild in den Augen einer größeren internationalen Öffentlichkeit erschüttert werden.

Im Ukrainekrieg und im Krieg gegen die Hamas schließlich gehen die schwersten Tatvorwürfe hin und her. Von massenhaft praktizierter sexualisierter Gewalt bis hin zu Völkermord reichen die Vorwürfe. Politisch und medial wird nichts unversucht gelassen, um die jeweiligen Behauptungen zu untermauern.

Was bedeutet das für die Ahndung von Unrecht? Und vor allem: Was bedeutet das für die Ahndung von fernem Unrecht, wo aus der Ferne das Recht nicht nur die Täter zur Verantwortung ziehen, sondern auch einer Befriedung der betroffenen Gesellschaft den Weg ebnen soll?

Unrecht, das von den Gerichten des Tatortstaats geahndet wird, ist Teil eines Arrangements, das dessen Gesellschaft im Blick auf die

29 Vgl. die Qualifizierung des Völkermords in *Prosecutor vs. Baragaraza* (ICTR 05–86), Urteil, Abs. 31, vgl. unter https://unictr.irmct.org/en/cases/ictr-05-86 [3. 6. 2024].

30 Vgl. dazu Paul, *Bilder des Krieges*, S. 370, 397.

31 Zum Tribunal vgl. Clark, *Wüstensturm*, S. 276–287.

Vergangenheit trifft. Das Arrangement kann gelingen oder misslingen oder ein Ergebnis zeitigen, das irgendwo dazwischen liegt. In den ersten Jahren und sogar Jahrzehnten der versuchten Aufarbeitung kann es, wie in Deutschland nach 1949, zu einer Verdrängung des Unrechts kommen, ja zu einer Übernahme vieler Personen, die für das Unrecht an Schaltstellen der Macht verantwortlich waren, in Institutionen des neuen Staates. »Nahes Unrecht, fernes Recht« waren die Worte, mit denen der Rechtshistoriker Michael Stolleis diesen Prozess charakterisierte.[32] Und so war es: Das Arrangement verlief letztlich erfolgreich, obwohl es Unrecht zuließ. Die Vorteile, sich trotz verbreiteter großer Schuld mit den neuen Verhältnissen zu arrangieren, waren verführerisch, ökonomischer Erfolg und sozialer Aufstieg ließen die Vergangenheit verblassen, zudem war »gegenwartspolitischer Pragmatismus [...] für die Westalliierten nun wichtiger als vergangenheitspolitische Prinzipientreue«.[33] In Ruanda war es umgekehrt. Verdrängt werden durfte nichts, um nach 1994 im neuen Staat anzukommen. Je nachdrücklicher die Völkermordverbrechen der Vergangenheit verurteilt wurden, desto besser war die individuelle Lebensperspektive. Kein Unrecht, das nach offiziellem Verständnis nicht ein solches war, durfte zugelassen werden.[34]

Demgegenüber ist die Ahndung des Unrechts, die nicht durch die Justiz des Tatortstaats erfolgt, von einer ganz anderen Herausforderung. Von außen werden Verbrechen geahndet, die Strafzwecke sollen beachtet, das heißt ihr Sinn verdeutlicht und Einsicht begründet werden.[35] In enger Beziehung dazu steht die nachhaltige Befriedung der Gesellschaft des Tatortstaats. Wie schwierig beides ist, hat die kontroverse Rezeption der Tätigkeit der Ad-hoc-Straftribunale gezeigt. Die Kraft der Begriffe wirkt auch hier. Am deutlichsten ist das beim Völkermordbegriff festzustellen. Seine Verwendung oder Nicht-Verwendung schreibt Geschichte, zu der auch die Justiz Stellung nehmen muss und deren behauptete Eindeutigkeit sie sich nur schwer und manchmal gar

---

32 So der Titel seines Buchs zum Thema, vgl. Stolleis, *Nahes Unrecht, fernes Recht*, S. 96–110.

33 Vgl. Wolfrum, *Die geglückte Demokratie*, S. 172–186 (Zitat S. 172).

34 Vgl. Hankel, *Ruanda 1994 bis heute*, S. 135–146.

35 Zu den Strafzwecken allgemein und mit vertiefenden Hinweisen: Ambos, *Internationales Strafrecht*, S. 278.

nicht entziehen kann. Wenn einem Verbrechen hinsichtlich der Verbrechensschwere ein Spitzenplatz zugewiesen wird, nehmen andere Verbrechen zwangsläufig eine nachrangige Position ein. Opfer eines Völkermordverbrechens zu sein ist dann etwas anderes als Opfer eines Verbrechens gegen die Menschlichkeit oder eines Kriegsverbrechens geworden zu sein. Wo die einen Entschädigungsleistungen, staatliche Hilfen und Förderungen bekommen, gehen die anderen leer aus.[36] Für das allgemeine Gerechtigkeitsempfinden ist dies bereits eine Herausforderung, geschieht es innerhalb einer Gesellschaft, die eine Periode intensivster Gewalt erlebt hat, ist es von explosiver Brisanz für deren Zusammenhalt. Es findet zwar die Anwendung von Recht statt, aber in eingeschränkter Weise und letztlich so, dass sie einem Grundprinzip der Gerechtigkeit, der Gleichbehandlung von Gleichem, nicht nur widerspricht, sondern strafbares Verhalten anderer gänzlich aus den Augen verlieren kann.

Dass die Rechtsprechung, wenn sie über einen strafrechtlich relevanten Sachverhalt urteilt, und dass die Politik, wenn sie Maßnahmen zur Eindämmung oder Verhinderung von Unrecht ergreift, mit Sprache bedachtsam umgehen sollen, ist eine Selbstverständlichkeit. Urteile sollen keine bestehenden Gräben vertiefen oder neue aufreißen, Politik soll nicht zündeln, sondern, wie auch die Gerichte, dazu beitragen, dass Konflikte beigelegt werden. Dabei sind von dritter Seite Störmanöver nicht ausgeschlossen, wenn Anstrengungen unternom-

---

36 FARG, Fonds d'Appui aux Rescapés du Génocide, ist ein Fonds in Ruanda zur finanziellen Unterstützung Genozidüberlebender, der bis Ende 2021 bestand. Seine Zuständigkeit ist auf das neu geschaffene Ministry of National Unity and Civic Engagement übergegangen, vgl. https://www.newtimes.co.rw/news/parliament-dissolves-farg-three-other-commissions [3. 6. 2024]. Hier ist, stellvertretend für viele Fälle, der folgende Fall interessant: Im Verfahren gegen den ruandischen Bürgermeister Jean Paul Akayesu musste sich das Gericht u. a. mit der Folterung von zwei Frauen auseinandersetzen. Obwohl die Folterhandlungen annähernd gleich waren, ordnete das Gericht die Tat einmal als Völkermord ein, weil das Opfer Tutsi war und folglich einer Gruppe angehörte (einer ethnischen Gruppe im Sinne von Art. II der Genozidkonvention), deren Vernichtung die Hutu-Täter beabsichtigten. Im zweiten Fall ordnete das Gericht die Tat als Verbrechen gegen die Menschlichkeit ein, da das Opfer Hutu war und als solches nicht in den Schutzbereich der Konvention fiel. Offiziell gilt die Hutu-Frau damit nicht als Völkermordüberlebende. Zum Fall vgl. *Prosecutor vs. Jean Paul Akayesu* (ICTR-96-4), Urteil vom 2. 9. 1998, Abs. 712, 720–725, https://unictr.irmct.org/en/cases/ictr-96-4 [3. 6. 2024].

men werden, um Entscheidungen oder Maßnahmen zur Bekräftigung bestimmter Positionen zu beeinflussen. Das ist, wo es um jahrzehnte-, ja jahrhundertealte Streitigkeiten geht, die oftmals gewaltsam ausgetragen wurden, unvermeidbar. Umso wichtiger ist ein möglichst vollständiger, besonnener Blick auf das zu beurteilende Geschehen. Sprache ist dafür von zentraler Bedeutung, da sie das Verständnis des Sprechers oder Schreibers zeigt und bei den Rezipierenden neues Verständnis hervorruft. Kontroversen werden sich nicht vermeiden lassen, doch wäre argumentativ leichter Position zu beziehen, würden vier Faktoren berücksichtigt:

Erstens sollte Skepsis gegenüber der Wucht von Begriffen walten. Stehen sie für großes Unrecht, besteht die Gefahr, sich von ihrer Wucht davontragen zu lassen. Der Begriff des Völkermords führt, wie es scheint, zur Errichtung einer Mauer, auf deren beiden Seiten Wahrheiten behauptet werden. Die rechtlich-moralische Unbedingtheit, mit der auf der einen Seite agiert wird, ruft auf der anderen Widerstand hervor, der seine Stärke ebenfalls aus rechtlichen und vor allem moralischen Argumenten bezieht. Eine Annäherung ist nicht möglich. Alles ist absolut gemeint. Die Aneignung der Geschichte wie auch die Behauptung ihres zynischen Gebrauchs erreichen immer neue Eskalationsstufen. Von der Hoffnung Raphael Lemkins, über die präzisere Erfassung eines Massenverbrechens und diesem vorausgehender Zwischenstufen die Welt friedlicher zu machen, könnte das nicht weiter entfernt sein.[37] Die Kennzeichnung des Völkermords als das *crime of all crimes* ist darum misslich. Da sie der Entstehungsgeschichte des Genozidbegriffs geschuldet ist, wird seitdem das Verbrechen des Genozids mit dem Holocaust assoziiert. Folglich gibt es nur Opfer in der Opfergruppe, aber keine Täter. Assoziative Bilder und Emotionen werden auf andere Gewaltgeschehnisse übertragen, der Holocaust wird instrumentalisiert.[38] Vergessen wird dabei insbesondere, dass

37 Vgl. Lemkin, *Axis Rule in Occupied Europe*, S. IX–XV (Vorwort), S. 90–95.

38 Sehr deutlich wird dies in dem Buch *SurVivantes* von Esther Mujawaho und Souâd Belhaddad. Über fast das gesamte Buch hinweg beschreibt Esther Mujawayo ihr Leid, das sie schließlich, im Gespräch mit Simone Veil, einer französischen Holocaust-Überlebenden, in Verbindung setzt zu einem individuellen, im Holocaust erfahrenen Leid. Die Parallelen, die dabei erkennbar werden, vermitteln unweigerlich den Eindruck, dass die Leidensgeschichte Esther Mujawayos, denn nur diese haben wir in einzelnen, ihr bedeutsam erscheinenden Stationen kennen ge-

der Holocaust ein singuläres Ereignis war, zuletzt auch insofern, als die europäischen Juden sich nicht in einem aktiven Kriegszustand mit dem NS-Staat befanden.

Zweitens – und den obigen Opfer-Täter-Gedanken aufgreifend – sollte die Verwendung von Begriffen nicht komplexitätsreduzierend wirken. Ein Völkermord bedingt keine teleologische Sichtweise. Außerdem werden Krieg und Bürgerkrieg durch einen Völkermord nicht zu einer bedeutungslosen Angelegenheit, ebenso wenig wie ein Mord nicht unbeachtlich wird, weil er nicht in die Definition von Kriegsverbrechen oder Verbrechen gegen die Menschlichkeit passt. Sich justiziell allein oder hauptsächlich auf ein Geschehen zu konzentrieren, erfüllt zwar einen normativen Strafanspruch, beschädigt ihn sogleich aber wieder, wenn anderes Unrecht ignoriert wird. Zumindest ein Strafanspruch, der das andere Unrecht betrifft, sollte deutlich gemacht werden, denn ohne dessen Kenntlichmachung werden Opferaufrechnung und Geschichtsverdrängung seitens derer erleichtert, deren Leid im Schatten des Leids anderer unsichtbar geblieben ist. Die Zurückhaltung bei der Kenntlichmachung kann allerdings groß sein. Hinsichtlich des NS-Unrechts war die Vorstellung von den begangenen Verbrechen so konkret und das moralische Unwerturteil so eindeutig, dass die Thematisierung der durchaus auch vorhandenen deutschen Leiderfahrungen als ungehörig und Versuch einer Relativierung oder Aufrechnung empfunden wurde.[39] Es sollte noch einige Zeit dauern, bis die Tatsache, dass auch Deutsche Opfer von Bombenkrieg und Vertreibungen geworden waren, erwähnt werden konnte, ohne den Verdacht eines unanständigen Geschichtsrevisionismus

---

lernt, ebensolche Parallelen mit der Leidensgeschichte Simone Veils aufweist. Der Völkermord in Ruanda war also wie der Holocaust, das ist, in den Worten des ersten Eindrucks formuliert, die sich zwangsläufig einstellende Folgerung aus dieser Parallelität. Esther Mujawayos Erzählung wird auf diese Weise im Ergebnis in dreifacher Weise beglaubigt, zum einen durch ihr eigenes Leid und zum zweiten durch das Leid Simone Veils sowie – implizit – durch den Holocaust. Nachfragen sind nicht erlaubt, ein »warum« ist nicht zulässig. Näher dazu Hankel, *Ruanda*, S. 259–267.

39 Vgl. hier z. B. nur die Kontroverse um den Dokumentarfilm von Helke Sander, *BeFreier und Befreite*, der 1992 erstmals gezeigt wurde und sich mit der Vergewaltigung deutscher Mädchen und Frauen durch Soldaten der Roten Armee in der Schlussphase des Zweiten Weltkriegs befasst, vgl. http://www.literaturkritik.de/public/rezension.php?rez_id=9695 [3. 6. 2024].

aufkommen zu lassen.[40] Neben der dominanten Wahrheit deutscher Verbrechen hat seitdem auch die sekundäre Wahrheit alliierter deutscher Opfer ihren Platz. Nicht vergessen werden sollte jedoch, dass die Verzögerung zeitweise und in größeren Bevölkerungskreisen das Bewusstsein deutscher Schuld minimiert oder zum Verschwinden gebracht hatte.

Drittens sollte ein Bewusstsein dafür bestehen, dass Begriffe, die eine starke Botschaft aussenden, nur in Ausnahmefällen und in jedem Fall äußerst begründungsbedürftig zum Gegenstand von Opportunitätsgesichtspunkten werden dürfen. Für die Ahndung von fernem Unrecht einstehen zu wollen heißt generell auch, für die Folgen dieser Ahndung einzustehen. Wenn Angeklagte vor internationalen Strafgerichtshöfen nach ihrer Verurteilung und Haftverbüßung oder nach ihrem Freispruch noch jahrelang in einem »safe house« des Gerichts bleiben müssen, weil sie kein Staat aufnehmen möchte, beschädigt dies die Arbeit des Gerichts und widerspricht dem Zweck internationaler Rechtsetzung.[41] Das Gericht ist berufen, Recht zu sprechen und dem Strafanspruch der internationalen Gemeinschaft zur Durchsetzung zu verhelfen. Ist dies geschehen, hat der verurteilte Täter seine Strafe verbüßt, dem Strafanspruch ist Genüge getan und die Rechtsverletzung geheilt. Den Täter weiter in seiner Freiheit zu beschränken, ihm den Makel makrokriminellen Unrechts unauslöschbar einzubrennen, macht die Anklage beinahe zu einer Verurteilung. Zu einer direkten Verurteilung wird sie dann, wenn der Angeklagte, obwohl frei-

40 Vgl. z. B. die Beiträge in Burgdorff/Habbe (Hg.), *Als Feuer vom Himmel fiel. Der Bombenkrieg in Deutschland*, oder in Süß (Hg.), *Deutschland im Luftkrieg. Geschichte und Erinnerung;* zur Vertreibung vgl. z. B. die Artikel über die Vertreibung Deutscher nach dem Zweiten Weltkrieg in: Brandes/Sundhausen/Troebst (Hg.), *Lexikon der Vertreibungen. Deportation, Zwangsaussiedlung und ethnische Säuberung im Europa des 20. Jahrhunderts.*

41 Das Problem stellte sich kaum beim Jugoslawien-Tribunal, wo die betroffenen Personen jeweils in »ihren« neu entstandenen Nationalstaat zurückkehren konnten. Nach Ruanda jedoch konnten die vom Ruanda-Tribunal Freigesprochenen oder die nach Haftverbüßung Entlassenen nicht zurückkehren. Andere Staaten verweigerten die Aufnahme. Ende 2020 wohnten noch elf Freigesprochene oder Haftentlassene im *safe house* von Arusha, einer bereits seit 16 (erster Freispruch) bzw. 14 (zweiter Freispruch im Rechtsmittelverfahren) Jahren. Vgl. Kersten, »Acquitted by Law, Prosecuted by Propaganda«, sowie Lyons, »The Treatment of the ICTR Acquitted: The ›Achilles Heel‹ of International Criminal Justice«.

gesprochen, nicht in Freiheit leben kann, weil Staaten jede Befassung mit ihm und seinem Fall offensichtlich als anrüchig empfinden. Die Überbrückung räumlicher Distanz infolge des Schwungs normativer Überzeugung verträgt keine Korrektur, zu fest gefügt ist offensichtlich das Bild vom Unrechtsgeschehen. Umgekehrt funktioniert es genauso. Trotz manifesten Unrechts besteht kein Interesse an der Strafverfolgung. Der schon erwähnte *Mapping Report* aus dem Jahr 2010 über Massenverbrechen in der Demokratischen Republik Kongo blieb trotz klarer Empfehlung seiner Autoren (Einsetzung eines Strafgerichtshofs durch Beschluss des UN-Sicherheitsrats) unbeachtet. Enge Verbündete mächtiger Staaten sollen, so der unabweisbare Eindruck, nicht in den Fokus von Ermittlungen geraten. Die Befürchtung, dass die infrage kommenden Verbrechenstatbestände unbequeme Fragen aufwerfen oder öffentlichen Druck erzeugen, ist zu groß. Wie rigoros in dieser Hinsicht vorgegangen werden kann, war 2019 im *Kigali Genocide Memorial* festzustellen. In dem Raum der Gedenkstätte, in dem an Völkermorde vor dem ruandischen Völkermord erinnert werden soll und dazu Bilder und Texte ausgehängt sind, war eine Wand weiß. Auf ihr war an den Völkermord an den Armeniern erinnert worden. Mit dem zunehmenden wirtschaftlichen und politischen Gewicht der Türkei in Ruanda musste die Erinnerung verschwinden.

Viertens schließlich – und hier wird auf Erfahrungen mit der Anwendung des »Weltrechtsprinzips« vor deutschen OLGs rekurriert –, gilt es sich dort stärker bewusst zu werden, dass in dem Begriff »Weltrechtsprinzip« das Wort »Welt« enthalten ist. Verfahren nach dem Weltrechtsprinzip reichen über den von »gewöhnlichen« Verfahren bekannten Adressatenkreis hinaus und betreffen Orte, in denen die Gerichtssprache Deutsch nicht gesprochen wird. Angesichts dessen, wie im Fall des 1. Strafsenats des OLG Koblenz, zunächst in Kauf zu nehmen (und sich später vom Bundesverfassungsgericht korrigieren lassen zu müssen), dass, weil eben die Gerichtssprache Deutsch sei, arabischsprachige Medienvertreter vom Prozessgeschehen abgeschnitten sind, also zwangsläufig nicht oder nur sehr eingeschränkt für zum Beispiel Syrien darüber berichten können, wirft Fragen auf. Dann noch, und wieder ist es der 1. Strafsenat des OLG Koblenz, darauf zu beharren (leider mit Erfolg), dass das Syrien-Verfahren, obschon das weltweit erste seiner Art, nicht von »herausragender zeitgeschichtlicher Bedeutung für die Bundesrepublik Deutschland« sei

(§ 169 Abs. 2 S. 1 GVG), verstärkt die Dringlichkeit der Fragen noch.[42] Vielleicht wäre zu überlegen, Verfahren nur vor bestimmten OLGs durchzuführen, die, sei es durch Schulung, sei es durch Praxis, eine besondere Expertise in völkerstrafrechtlicher Hinsicht vorzuweisen haben. Neu ist ein solcher Gedanke der Bündelung von Fachexpertise nicht. Es gibt sie bereits beim Generalbundesanwalt, wie es auch die Schwerpunktstaatsanwaltschaft für die Bundeswehr in Kempten im Allgäu gibt mit der Zuständigkeit des, je nach erwartbarem Strafmaß, Amtsgerichts oder Landgerichts Kempten oder des OLG München (§ 11a StPO).

42 Dazu im Detail und zu den jeweiligen Begründungen: European Center for Constitutional and Human Rights, *Das Al-Khatib-Verfahren in Koblenz,* S. 125–130, 132–147.

IV Die Notwendigkeit glaubhafter Antworten und ihre Kriterien

Die Strafbestimmungen des IStGH-Statuts beanspruchen allgemeine Gültigkeit. Diese Forderung ist ihnen so immanent wie den entsprechenden Passagen aus den Statuten der Ad-hoc-Strafgerichtshöfe. »Gemeinsame Bande« zwischen den Völkern vorauszusetzen und, wie es ebenfalls in der Präambel des IStGH-Statuts geschieht, ein »gemeinsame[s] Erbe« anzunehmen, das sich über die Einzelkulturen der Welt herausgebildet hat, zeugt von einem Rechtsdurchsetzungsanspruch, der nicht an Grenzen halt macht. Dass die Strafgerichtshöfe für das ehemalige Jugoslawien und für Ruanda vom UN-Sicherheitsrat nach Kapitel VII der UN-Charta eingerichtet wurden, weist in die gleiche Richtung. Den Weltfrieden und die internationale Sicherheit zu wahren oder wiederherzustellen (Art. 39 UN-Charta) ist ein Unternehmen, das eine weltumspannende Rechtsüberzeugung impliziert.

Allerdings ist die Durchsetzung von Recht im internationalen Maßstab eine schwierige Angelegenheit. Ein Gewaltmonopol wie in einem funktionierenden Staat gibt es nicht. Dort kann sich der Einzelne darauf verlassen, dass, sollte er Opfer einer kriminellen Tat geworden sein, staatliche Behörden Ermittlungen einleiten und versuchen, den Täter zu überführen und zu bestrafen. Im Sinne der Hobbes'schen Übertragung von individueller Freiheit und Selbstbestimmung an einen Souverän zum Wohle aller darf der Einzelne die normative Erwartung haben, dass sich der Staat bei einer strafrechtlichen Verletzung seiner Rechte seines Falles annimmt und das ihm Mögliche daran setzt, die Rechtsverletzung zu ahnden und dadurch das Vertrauen der in seinem Hoheitsbereich lebenden Menschen in die Rechtsordnung vor zerstörerischen Erschütterungen zu bewahren. Die vorherrschende Theorie der Strafzwecke, die positive Generalprävention, spricht von einer Stärkung der Rechtstreue der Bevölkerung durch den stetigen Vorgang der Bestrafung bestimmter Verhaltensweisen. Die Strafe hat den Zweck der Abschreckung und schafft oder stärkt zugleich das positive, beruhigende Gefühl von Sicherheit in der Bevölkerung.[1]

Auf internationaler Ebene ist die Lage ungleich komplizierter. Eine Wechselbeziehung zwischen Individuum und Leviathan gibt es nicht. Nach Art. 24 und 25 der UN-Charta handelt der Sicherheitsrat für die Staatengemeinschaft, wenn der Weltfrieden und die internationale Sicherheit bedroht sind. Seit der sogenannten Somaliaresolution aus dem Jahr 1992 kann die Gefährdung auch in einer extremen nationalen Notlage bestehen. Entsprechende Beschlüsse des UN-Sicherheitsrats müssen von den Staaten der UNO befolgt werden, sie – wie auch alle anderen Beschlüsse des Sicherheitsrats – haben eine bindende Wirkung (Art. 25 UN-Charta).

Theoretisch wäre somit auch im internationalen Maßstab institutionell die Durchsetzung von Recht möglich. In vielen Fällen geschieht dies auch, in vielen Fällen nicht. Die souveräne Gleichheit der Staaten (Art. 2 Abs. 2 UN-Charta) und das daraus resultierende Interventionsverbot (Art. 2 Abs. 7 UN-Charta), zwei wichtige Prinzipien des Völkerrechts, erweisen sich oft als ein Hemmnis bei der Durchsetzung von rechtlichen Verpflichtungen, die von den Staaten selbst eingegangen worden sind. Als die Demokratische Republik Kongo sich 1997/1998 durch Erklärung ihres Staatspräsidenten mehrfach weigerte, UN-mandatierte Untersuchungskommissionen ins Land zu lassen, die den Gerüchten über Massenmorde an ruandischen Geflüchteten und Kongolesinnen und Kongolesen nachgehen sollten, blieb dies ohne Konsequenz.[2] Die Souveränität des kongolesischen Staates schützte ihn vor dem internationalen Versuch, Verbrechensorte zu identifizieren, Verantwortliche zu benennen und auf ihre Bestrafung zu drängen, dabei wäre der Kongo selbst aufgrund der vertraglich und auch gewohnheitsrechtlichen Geltung von Bestimmungen des elementaren Menschenrechtsschutzes und des humanitären Völkerrechts zu diesen Schritten verpflichtet gewesen. Dass der ehemalige sudanesische Präsident Omar Al-Bashir mehrmals seiner Verhaftung auf innerafrikanischen Reisen entgangen ist, fand seinen Grund darin, dass

---

1 Vgl. Reemtsma/Hassemer, *Verbrechensopfer*, S. 17–22, 136 f.
2 Vgl. Prunier, *From Genocide to Continental War*, S. 159–161.

afrikanische Vertragsstaaten des IStGH den von diesem Gericht ausgestellten Haftbefehl absichtsvoll ignorierten. Nach Art. 59 Abs. 1 und Art. 89 Abs. 1 des Statuts von Rom hätten die betreffenden Staaten Al-Bashir festnehmen und an den IStGH überstellen müssen, doch da sie in Übereinstimmung mit der Politik der AU die gegen Al-Bashir ausgestellten Haftbefehle unter dem Schlagwort »Rechtsimperialismus« als eine unzulässige Einmischung in innersudanesische Angelegenheiten und folglich als Souveränitätsverletzung betrachteten, weigerten sie sich, diesen Schritt zu tun.[3] Weder der UN-Sicherheitsrat noch die Konferenz der Vertragsstaaten des Statuts von Rom vermochten daran etwas zu ändern. Und auch heute, wo Al-Bashir nach seiner Absetzung und Verurteilung in einem ersten von mehreren zu erwartenden Strafprozessen die verhängte Freiheitsstrafe in einem sudanesischen Seniorenheim (die Inhaftierung in einem Gefängnis wollte ihm das Gericht wegen seines hohen Alters nicht zumuten) verbüßt, weist nichts auf eine Kooperation zwischen dem neuen Regime des Sudan und dem IStGH hin. Die Ankündigung Karim Khans, des neuen Leiters der Anklagebehörde, nach einem Besuch in Khartum im August 2021, Al-Bashir solle nun doch baldmöglichst an das Gericht überstellt werden, verpuffte bislang wirkungslos.[4]

Ein weiteres Instrument, um justizielle Aufklärung und Strafansprüche zu vereiteln, ist das Vetorecht der ständigen Mitglieder im UN-Sicherheitsrat. Schon während des Kalten Krieges war es bekanntermaßen ein probates Mittel der Supermächte USA und Sowjetunion, eigene Interessen und die des dazugehörigen Lagers zu schützen, auch wenn dies den Schutz der Profiteure von manifest verbrecherischen Aktivitäten bedeutete. Autokratische und diktatorische Regime knüpfen heute daran an. Sie agieren, als gäbe es kein Völkerrecht mehr oder als wären sie allein dazu berufen, das Völkerrecht verbindlich auszulegen. Geopolitische Interessen bestimmen ihr politisches Vorgehen, bei der Wahl der Bündnispartner sind Menschenrechte be-

---

3 Vgl. hierzu auch die Entscheidung der Vorverfahrenskammer II des IStGH vom 6. 7. 2017 (ICC-02/05-01/09), in der ein Rechtsverstoß Südafrikas festgestellt wurde. Schon vorher hatten zwei südafrikanische Gerichtshöfe festgestellt, dass der eigene Staat durch die Kooperationsverweigerung mit dem IStGH gegen nationales Recht verstoßen habe (https://issafrica.org/iss-today/the-real-problem-behind-south-africas-refusal-to-arrest-al-bashir [3. 6. 2024]).

4 Vgl. »Haft im Seniorenheim«, in: *FAZ*, 16. 12. 2019, S. 5.

deutungslos, das Verbrechen wird wieder Teil der Politik. Leicht gerät dabei in den Hintergrund, dass auch die andere, sich als liberal-demokratisch verstehende Seite bei sich bietender oder sich vermeintlich aufzwingender Gelegenheit in einer Weise agiert, die ein gespaltenes Verhältnis zum Recht unübersehbar macht. Davon war hier bereits die Rede und wird später noch einmal die Rede sein.

Nicht überraschend ist somit, dass auch nationale Justizsysteme ein uneinheitliches Bild bieten. Mal gibt es, bei vergleichbarer Schwere der Tat, Strafverfahren, mal nicht. Vor Gerichten westlicher Staaten, namentlich Frankreichs, Belgiens, der Niederlande, Finnlands, Schwedens, der Schweiz und Deutschlands, wurden Verdächtige völkerstrafrechtlicher Verbrechen angeklagt und verurteilt. Beides erfolgte unter jeweils ausdrücklicher Bezugnahme auf das Weltrechtsprinzip (Universalitätsprinzip), das die Distanz zum Unrecht aufheben will und Staaten dazu auffordert, rechtliche Vorkehrungen zu dessen Ahndung zu treffen. In Teilen der Welt funktioniert mithin, was in anderen und auf internationaler Ebene nicht oder nur mühsam funktioniert. Müsste sich die Zahl der fraglichen Teile der Welt lediglich vergrößern und im selben Zug erhöhte sich zwangsläufig der Druck zur internationalen Kooperation? Müssten die »Inseln der Überzeugung«[5] nur zahlreicher werden, damit aus ihnen schließlich ein von gemeinsamen Absichten geprägtes Archipel und noch mehr erwächst?

Zweifel sind angebracht. Zum einen ist die Justiz bereits in Staaten, die das Weltrechtsprinzip zur Anwendung bringen, uneinheitlich. Am Beispiel Deutschlands lässt sich nachweisen, dass Verfahren gegen mutmaßliche ausländische Völkerstraftäter, die über Jahre mit hoher Energie geführt werden, von offizieller Seite offensichtlich geförderte Unternehmungen gegenüberstehen, ebensolche Täter vor der Strafverfolgung zu schützen. Wie anders lässt sich beschreiben, dass fast viereinhalb Jahre lang vor dem Oberlandesgericht Stuttgart ein Strafverfahren gegen zwei ruandische Milizenführer wegen Kriegs- und Menschlichkeitsverbrechen, begangen im Osten der Demokratischen Republik Kongo, geführt wird, doch nur gut zweieinhalb Jahre nach der Urteilsverkündung erlauben deutsche Behörden die Krankenhausbehandlung eines ehemals höchsten iranischen Richters, der

5 Vgl. Deitelhoff, *Überzeugung in der Politik*, S. 280–303.

innerhalb von zehn Jahren (1999–2009) für mehr als zweitausend Todesurteile, auch an Minderjährigen, verantwortlich sein soll. Auf diverse Anzeigen beim Generalbundesanwalt wegen des Verdachts, der frühere Richter könne Verbrechen gegen die Menschlichkeit begangen haben, wurde dieser nicht etwa in Deutschland zum Zwecke der Einleitung eines Ermittlungsverfahrens festgehalten, sondern – nach über dreiwöchigem Aufenthalt in Deutschland – unter Polizeischutz zum Hamburger Flughafen eskortiert, von wo aus er in den Iran zurückflog.[6] Wenn auch die Verhängung von Todesstrafen nicht zwangsläufig einen »ausgedehnten oder systematischen Angriff gegen die Zivilbevölkerung« darstellt, wie die Legaldefinition einer Handlung im Sinne eines Verbrechens gegen die Menschlichkeit lautet, so sind doch Vorermittlungen, auf deren zwischenzeitlichen Beginn die Bundesanwaltschaft beschwichtigend verweist, in Abwesenheit des Beschuldigten ungleich schwieriger, da mit weit mehr administrativen und praktischen Hindernissen verbunden.

Anwesend wäre der Beschuldigte im nächsten Fall noch, so er überhaupt das Ziel von strafrechtlichen Ermittlungen geworden ist. Im Februar 2022 erschien in der *Frankfurter Allgemeinen Zeitung* ein Artikel über einen ehemaligen Polizisten, der 2020 oder später aus China nach Deutschland geflohen war. Zuvor, von 2018 an, hatte er seinen Dienst in Xinjiang versehen. Die Autorin des Artikels schreibt, den früheren Polizisten (dem sie den Namen Wang gegeben hat) zitierend oder paraphrasierend: »›Für uns Polizisten waren alle Uiguren Terroristen.‹ In China gebe es keine unabhängige Justiz, sagt er. Uiguren seien der Willkür ausgesetzt. Er habe miterlebt, wie Uiguren in Verhören gefoltert worden seien, um Geständnisse zu erzwingen, sagt Wang. Einigen wurden Plastikbeutel über den Kopf gestülpt, damit sie nicht atmen können, andere seien mit Elektroschocks gequält worden. Auch er habe Festgenommene mit seinen Kollegen so lange geschlagen, bis sie allem zustimmten, was ihnen vorgeworfen wurde, sagt Wang. ›Keine der Personen, die ich festgenommen habe, war wirklich schuldig.‹«[7] Erinnern wir uns an das Urteil des OLG Koblenz gegen den

6 Zum Verfahren vor dem OLG Stuttgart vgl. Hankel, »›So geht es nicht!‹«, S. 113–123; zum Fall des ehemaligen iranischen Oberrichters in Deutschland vgl. Eichhorn, »Kabalen iranischer Art«.

7 Schiller, »Alle, die er festnahm, waren unschuldig«.

syrischen Helfer der Assad-Repression, hätte die Bundesanwaltschaft umgehend Ermittlungen zumindest wegen des Anfangsverdachts der Beihilfe zu einem Verbrechen gegen die Menschlichkeit einleiten müssen, doch ist bislang – ausweislich der Mitteilungen des Generalbundesanwalts – nichts dergleichen geschehen.

Natürlich können Entscheidungen zur Nichtverfolgung potenzieller Völkerrechtsverbrechen, die aus Gründen der Verfahrensökonomie getroffen werden, nachvollziehbar begründet sein.[8] Und solche Entscheidungen sind auch mitnichten eine deutsche Besonderheit.[9] Gleichwohl geraten sie leicht in den Ruch des Opportunistischen, zumal wenn absehbar ist, dass es andernorts keine Strafverfolgung geben wird. Andererseits und unabhängig von der Verfahrensökonomie im Wortsinne (der FDLR-Prozess vor dem OLG Stuttgart soll ungefähr fünf Millionen Euro gekostet haben[10]) ist die Eröffnung eines Ermittlungsverfahrens wegen Völkerstrafrechtsverbrechen ein weitreichender Schritt. Kommt das Verfahren in das Stadium der Zulassung der Anklage vor Gericht und endet es mit einem Urteil, haben alle Beteiligten bis dahin einen Weg zurückgelegt, der nicht nur verschlungen war und weit in die Vergangenheit zurückreichte, sondern an dessen Rändern auch viele Zuschauerinnen und Zuschauer mit völlig unterschiedlichem Vorverständnis standen und aufmerksam dem Verfahrensgang folgten.

Bei Gewaltdelikten, mit denen sich nationale Gerichte typischerweise befassen, ist das gewöhnlich nicht der Fall. Nehmen wir nur das Urteil. Es enthält die Gründe, die zur Verurteilung geführt haben. Sie betreffen den Angeklagten und dessen soziales Umfeld, wie sie auch das Opfer und dessen soziales Umfeld betreffen, insgesamt eine relativ kleine Anzahl Menschen, die sich in dem Urteil fair oder sogar gerecht gewürdigt sieht, oder eben nicht. Ist Letzteres der Fall, sind

---

8 Nach § 153 f StPO kann die Staatsanwaltschaft von der Verfolgung von Verbrechen nach dem Völkerstrafgesetzbuch absehen, wenn sich der Beschuldigte z. B. nicht in Deutschland aufhält und ein solcher Aufenthalt auch nicht zu erwarten ist, wenn die Tat nicht von einem/gegen einen Deutschen begangen wurde oder wenn sich ein internationales Gericht bzw. ein tatnahes nationales Gericht mit der Sache befasst.

9 Dazu näher Kaleck, *Mit zweierlei Maß*, S. 79–84.

10 Vgl. https://www.lto.de/recht/justiz/j/bgh-ruanda-prozess-revision-voelkerstraf recht-deutschland/ [3. 6. 2024].

die Folgen der Unzufriedenheit ebenfalls auf einen kleinen Personenkreis begrenzt. Große gesellschaftliche Fragen werden in der Regel nicht debattiert, auch wird die Geschichte nicht bemüht. So aber ist es bei Verfahren vor internationalen Strafgerichten sowie vor nationalen Gerichten, wenn Völkerstrafrechtsverbrechen den Verhandlungsgegenstand bilden. Diese Gerichte befassen sich mit einem Teil eines größeren Gewaltgeschehens, die Vorgeschichte liegt Jahre, manchmal Jahrzehnte und noch länger zurück, die Zahl der Akteure ist groß, jeder hat nach seinem Empfinden Unrecht erlitten und fühlt sich in seiner Überzeugung und in seinem Handeln legitimiert. Hier glaubhafte, gesellschaftlich befriedende Antworten zu finden, ist schwierig. Dass der Angeklagte einsichtig ist und gesteht, ist die Ausnahme. Im Regelfall wird er sich als Verteidiger von überlebenswichtigen Rechten seines Volkes präsentieren, Notwehr oder Notstand beanspruchen und sich als Opfer einer Vorverurteilung sehen, also einer falschen Wahrnehmung des Konflikts und seiner Ursachen. Sympathisanten dieser Sichtweise, Medien und soziale Netzwerke werden ihm dabei sekundieren und dafür sorgen, dass der Urteilsspruch dem geneigten Geist als Symbol eines Fehlurteils und richterlicher sowie politischer Voreingenommenheit erscheint. Das ist, nota bene, selbst dann nicht ausgeschlossen, wenn der Angeklagte ein Geständnis ablegt und in jeder erdenklichen Weise mit dem Gericht kooperiert. Mit dem Signum des Verräters gebrandmarkt, müssen auch an den Orten seines früheren Wirkens keine Überzeugungen infrage gestellt werden. Und ob Opfer die Sachverhaltsdarstellung im Urteil und den Strafausspruch als angemessen erachten, ist darüber hinaus noch eine ganz andere Frage.[11]

Wie kann angesichts dieser Problemkonstellation eine Antwort »glaubhaft« sein? Ohne eine glaubhafte Antwort, das kann als sicher gelten, wird die Aufarbeitung der gewaltgeprägten Vergangenheit nicht gelingen. Nur, wann wird man sagen können, dass eine Antwort als glaubhaft zu gelten hat? Wie lässt sich eine entsprechende Übereinkunft finden, wenn die Adressaten von Ermittlungen und Urteil so unterschiedlich sind? Täter und Opfer und deren jeweiliger Hintergrund, Beobachter des Verfahrens in ihrer Eigenschaft als Multiplikatoren, die internationale Staatengemeinschaft als Entscheidungsinstanz in

11 Vgl. zu diesem oft vernachlässigten Aspekt Hinton, *The Justice Facade*, S. 244–249.

politischer und finanzieller Hinsicht – sie alle brauchen eine Antwort, nein, sie alle brauchen Antwort*en*, denen sie zumindest einen Wahrheitsgehalt zumessen, der sie zufrieden stellt. Diese Antworten dürfen jedoch keine divergierenden Antworten sein. Sie sollten es vielmehr allen Adressaten ermöglichen, sich auf der nächsthöheren Ebene auf *eine* Antwort zu verständigen.

Nehmen wir den Prozess gegen die NS-Hauptkriegsverbrecher vor dem alliierten Militärtribunal in Nürnberg 1945/46. Jeder der vier Staaten, die das Gericht bildeten, stellte Richter, die die Verhandlungen leiteten und Ankläger, die jeweils zu einem Verbrechenskomplex ermittelten und die entsprechende Anklage vortrugen. Das Urteil sollte ein möglichst umfassendes Bild des verbrecherischen NS-Staates vermitteln. Meinungsverschiedenheiten blieben zwischen den Alliierten nicht aus. Was für die einen ein strafwürdiges Verbrechen mit klarer Zuweisung der Verantwortlichkeit war, war es für die anderen nicht oder nur in einem geringeren Ausmaß.[12] Eigene Verbrechen wurden ausgeblendet, der *tu-quoque*-Grundsatz, der die Gleichbehandlung von Gleichem im Prozess einfordert, blieb weitestgehend unbeachtet. Weder die Luftbombardements der Alliierten, denen Hunderttausende deutsche Zivilpersonen zum Opfer gefallen waren, noch die Ermordung Tausender polnischer Offiziere durch den sowjetischen Geheimdienst konnten thematisiert werden. Die vielen Verbrechenskomplexe, die die Alliierten aufdeckten und die den nationalsozialistischen Tätern zurechenbar waren, waren wie Teile eines Puzzles, aus denen sich schließlich das große Verbrechen zusammensetzte, das den Namen NS-Unrecht trug. Alle Prozessbeteiligten der Alliierten steuerten ihren Teil der Antwort auf die Frage nach dem Gesamtgeschehen bei. Meinungsverschiedenheiten oder gar die Nichtbefassung mit einem alliierten Verbrechen nahmen aus ihrer Sicht den NS-Verbrechen nichts von ihrer erschreckenden Dimension. Was geschehen war, war ein Anschlag auf die Zivilisation,[13] war die versuchte Zer-

---

12 Eine harte Linie verfolgte insbesondere die Sowjetunion. Ihre Haltung mündete in der abweichenden Meinung ihres Richters zu einer Reihe von Urteilsfestlegungen seitens der alliierten Richtermehrheit, vgl. Internationaler Militärgerichtshof Nürnberg, *Der Nürnberger Prozess*, Bd. 1, S. 387–411.

13 So der US-amerikanische Chefankläger Robert H. Jackson in seiner Eröffnungsanklage am 21. 11. 1945, ebenda, S. 183.

störung der menschlichen Hoffnung auf eine lebenswerte, friedliche Zukunft. Jedes Unbehagen, das die Westalliierten gegenüber der Sowjetunion im Prozessverlauf befallen haben mag, verblasste dagegen, von der eigenen, gelegentlich zweifelhaften Kriegführung ganz zu schweigen. Daher ist dem deutschen Historiker Karl Dietrich Erdmann zuzustimmen, wenn er rückblickend auf den Prozess zu dem Ergebnis kommt: »Angesichts der Ungeheuerlichkeit dessen, was in Nürnberg aufgedeckt wurde, kann sich aber, jenseits aller juristischen Überlegungen, niemand der Feststellung entziehen, daß hier Recht geschehen ist.«[14]

Aber bedeutet das, dass sich auch alle Adressaten des Prozesses auf *eine* Antwort verständigt haben? Für die Ankläger und Richter wird man diese Frage bejahen können. Sie haben den Gegenstand des Prozesses bestimmt, den Prozess geführt und sind zu einem Urteil gelangt, eine – trotz des teilweise abweichenden Votums des sowjetischen Richters – klare Demonstration eines für wahr erachteten Sachverhalts.[15] Für die internationale Staatengemeinschaft und die vielen Prozessbeobachter gilt das Gleiche. Die alliierten Staaten, die am 8. August 1945 das Londoner Viermächte-Abkommen geschlossen hatten, aus dem der Militärgerichtshof hervorging, begrüßten das Urteil. Die UN-Generalversammlung nahm es zustimmend auf und brachte über die UN-Völkerrechtskommission die Ausarbeitung eines Völkerstrafgesetzbuchs auf den Weg.[16] Von den aus aller Welt angereisten Prozessbeobachtern hatte keiner einen Zweifel daran, dass das Gericht in möglichst großer Objektivität bemüht war, das Unrecht des NS-Staates und seiner Organe zu erfassen. Lediglich über die Biederkeit der Angeklagten zeigten sie sich erstaunt.[17]

Dass die Angeklagten, soweit sie verurteilt wurden, sich nicht in dem Urteil wiederfanden, ist nicht verwunderlich. Gefragt, ob sie

---

14 Zitiert nach Steinbach, »Der Nürnberger Prozeß gegen die Hauptkriegsverbrecher«, S. 37.

15 Vgl. Taylor, *Die Nürnberger Prozesse*, S. 727–732.

16 Vgl. zu den einzelnen Stationen Tomuschat, »Die Arbeit der ILC im Bereich des materiellen Völkerstrafrechts«, S. 270 f.

17 Siehe dazu die zahlreichen Reportagen in Radlmeier (Hg.), *Der Nürnberger Lernprozess*. Auf vereinzelte Stimmen der Kritik an der Prozessführung (wegen zu einseitiger und pauschaler Anklagen) weist Uwe Neumahr, *Das Schloss der Schriftsteller*, hin (S. 48–51).

sich im Sinne der Anklage als schuldig oder nicht schuldig bekennen, hatten sie zu Beginn des Prozesses allesamt erklärt, nicht schuldig zu sein. Einige hatten ihre Unschuldsbeteuerung noch durch den Gebrauch von Superlativen oder indem sie Gott, die Geschichte oder das deutsche Volk als Zeugen anriefen, verstärkt.[18] Ihre Wahrheit ist eine andere als die im Urteil dokumentierte Wahrheit. Die Täter-Wahrheit blieb zudem nicht nur auf die Täter beschränkt. Die Verteidigung der Angeklagten hat sie in weiten Teilen übernommen und daraus die Zurückweisung der Anklagepunkte Verbrechen gegen die Menschlichkeit und Verbrechen gegen den Frieden konstruiert. Im gesellschaftlichen Klima der noch jungen Bundesrepublik fielen diese Vorbehalte, juristisch als Verstoß gegen das Rückwirkungsverbot definiert, auf fruchtbaren Boden. Die im Gefolge des Nürnberger Hauptkriegsverbrecherprozesses und der zwölf Nachfolgeprozesse noch in den alliierten Gefängnissen einsitzenden NS-Täter waren für die an Schuldentlastung interessierte deutsche Öffentlichkeit keine Kriegsverbrecher mehr, sondern – ein in unserem Kontext frühes Beispiel für die appellative Funktion der Sprache – lediglich »Kriegsverurteilte« oder gar nur »Opfer der alliierten Militärgerichte«.[19]

Das Gefühl, Unrecht erfahren zu haben, war auch politisch so präsent, dass die bundesdeutsche Regierung 1952 bei der Ratifizierung der Europäischen Konvention zum Schutze der Menschenrechte und Grundfreiheiten einen Vorbehalt zu Art. 7 Abs. 2 der Konvention anbrachte, wonach die Bestimmung dieses Absatzes nur in den Grenzen des Rückwirkungsverbots nach Art. 103 Abs. 2 des Grundgesetzes gelten sollte. Mit anderen Worten, dass eine Handlung, deren Strafbarkeit nicht vorher gesetzlich fixiert worden war, dennoch bestraft werden kann, weil sie »nach den allgemeinen von den zivilisierten Völkern anerkannten Rechtsgrundsätzen strafbar war«,[20] stieß auf bundesdeutsche Ablehnung.[21] Eine klare Absage an Nürnberg und eine

18 Vgl. Internationaler Militärgerichtshof Nürnberg, *Der Nürnberger Prozess,* Bd. 2, S. 113–115.

19 Vgl. Reichel, »Der Nationalsozialismus vor Gericht«, S. 28.

20 So der Wortlaut in Art. 7 Abs. 2 der Europäischen Menschenrechtskonvention.

21 Zur anderen Rechtsansicht in der DDR vgl. Wieland, »Die Nürnberger Prinzipien im Spiegel von Gesetzgebung und Spruchpraxis sozialistischer Staaten«, S. 113. Zur »zwiespältigen« Rolle der DDR bei der justiziellen Vergangenheitsbewältigung vgl. jedoch Reichel, »Der Nationalsozialismus vor Gericht«, S. 43 f.

nachträgliche Bestätigung der Einwände der Verteidigung. Was auch immer an Erklärungen für diese Rezeption von Nürnberg angeführt werden mag (Aufwertung Westdeutschlands als Partner im Ost-Westkonflikt, Eigenwahrnehmung der Deutschen als Opfer, nachsichtige Behandlung von NS-Verbrechen durch westdeutsche Gerichte), mit ihrem Vorbehalt gegen eine »unbedingte« Strafbarkeit bei schwersten Verbrechen widersprach die Bundesrepublik dem internationalen Konsens, wonach größtes Unrecht nicht durch Verweis auf die fehlende gesetzliche Erfassung als Unrecht straflos bleiben darf.

Anfang der 1990er Jahre wurde der Vorbehalt zurückgezogen. Kommentiert wurde dieser Schritt nicht. Der Vorbehalt verschwand einfach und machte einer umfassenden Anerkennung der Nürnberger Urteile Platz. Auch wenn die Anerkennung sich schon einige Jahre früher andeutete (man denke beispielsweise an den als »Tag der Befreiung« bezeichneten 8. Mai 1945 in der Weizsäcker-Rede vom 8. Mai 1985), hat es insgesamt immerhin noch fünf Jahrzehnte gedauert, bis politischer Kritik an den Urteilen die entscheidende juristische Argumentationsstütze genommen wurde. Dass vier Staaten, darunter die zwei Supermächte, und auf sie folgend noch zwanzig weitere Staaten das Londoner Abkommen ratifiziert hatten,[22] das in Art. 26 auch die Endgültigkeit und Unanfechtbarkeit der Urteile festlegte und dem Gericht damit einen großen Vertrauensvorschuss gab, hatte die Anerkennung nicht zu beschleunigen vermocht. Entsprechend wirkungslos war auch das Wissen um das durch die verübten NS-Verbrechen weltweit hervorgerufene Leid und Elend verpufft, über das Jackson in seiner Anklagerede gesagt hatte, dass es »nur wenige wirklich Neutrale hinterlassen« habe und von dessen rechtlicher Erfassung das Gericht gemeint hatte, das anzuwendende Recht sei »nicht statisch, sondern folgt durch ständige Angleichung den Notwendigkeiten einer sich wandelnden Welt«.[23]

War die Antwort, die in Nürnberg gegeben wurde, glaubhaft? Oder genauer: Hat sie den Ausschnitt des verbrecherischen Geschehens, über den verhandelt wurde, in einer Weise angemessen wiedergegeben, die auf vernunftgemäße Zustimmung aller Betroffenen hoffen

22 Vgl. https://ihl-databases.icrc.org/ihl/INTRO/350?OpenDocument [3. 6. 2024].

23 Vgl. Internationaler Militärgerichtshof Nürnberg, *Der Nürnberger Prozess*, Bd. 2, S. 118, Bd. 1, S. 247.

konnte? Seit Cornelia Vismanns »Medien der Rechtsprechung« wissen wir, dass Medien das Bild von Gerichtsverfahren stark beeinflussen können. In ihren Augen bestand gerade das Vermächtnis von Nürnberg darin, dass der Prozess »mit Filmvorführungen und -aufnahmen sowie einer Anlage zum Simultandolmetschen auf dem damals neuesten Stand der Technik operierte«.[24] Doch eine angemessene Wiedergabe eines Strafverfahrens wird sich nicht allein auf dessen mediale Präsentation reduzieren lassen. Damit es eine Präsentation geben kann, braucht es Inhalte, kontroverse Wahrheiten und politische sowie justizielle Selbstverortungen der beteiligten Akteure. Außerdem braucht es, da eine Präsentation ohne gedachte Rezeption wenig Sinn macht, Vorkehrungen dafür, dass eine vernunftgemäße Zustimmung nicht nur möglich, sondern erwartbar ist. Metaphysische Einsichten oder Affekte bieten hier nicht für sich alleine einen tragenden Grund. Dafür gibt es in der konkreten Situation des Strafverfahrens zu viele Akteure mit gegenläufigen Interessen. Sie kommen erst zu einem späteren Zeitpunkt wieder zum Tragen, wenn verschiedene Rationalitäten sich dem Geltungsanspruch von Urteilen im Wechselspiel von Kritik und Rechtfertigung gestellt haben beziehungsweise umgekehrt sich der Geltungsanspruch von Urteilen anderen Geltungsansprüchen aussetzten musste, denen eigene Begründungsrationalitäten (kognitive und normative, aber auch epistemische und praktische) zugrunde liegen.[25] Von der Höhe ethischer Überlegungen auf die Ebene strafprozessualen Verfahrens heruntergebrochen heißt das, über das Urteil hinaus sollte eine Wahrheit etabliert werden, die perspektivisch möglichst konsensfähig war.

In Nürnberg ist das gelungen. Die für den Prozess zusammengetragenen Dokumente und die Darstellung des individuellen verbrecherischen Verhaltens belegen das nachdrücklich. Trotzdem erwies sich die Täter-Wahrheit, zumindest in Teilen, als langlebig. Obwohl die Politik in der Bundesrepublik auf demokratische Kräfte zurückgreifen konnte, setzte sich die Wahrheit von Nürnberg nur allmählich durch. Täter wurden nicht oder spät bestraft (mit entsprechend großen Schwierigkeiten bei der Sachverhaltsermittlung und der Zu-

---

24 Zitiert nach Vismann, *Medien der Rechtsprechung*, S. 334.
25 Grundlegend dazu Schnädelbach, »Rationalität«, S. 484.

weisung von Schuld), Entschädigungsleistungen an Opfer flossen nur spärlich, einzelne Opfergruppen blieben lange Zeit unberücksichtigt. Eine unzweideutig festgestellte historische Wahrheit und eine Bevölkerung, die die Zivilisation nur relativ kurz und nicht in ihrer Gesamtheit verlassen hatte, sind offensichtlich keine hinreichend günstigen Voraussetzungen, um adäquat, also zeitnah, schuldangemessen und opferorientiert zu reagieren. Zeit scheint, bei allen günstigen Voraussetzungen, ein wichtiger Faktor zu sein. Ein weiterer ist die Autorität des Gerichts. In Nürnberg ergab sie sich aus dem gemeinsamen Kampf der Alliierten gegen Hitler-Deutschland, das Urteil legitimierte diesen Kampf. Bei den nachfolgenden internationalen Strafgerichten, bereits beginnend mit den bis 1949 dauernden Nachfolgeprozessen, musste die Gemeinsamkeit wegen wachsender Spannungen zwischen Ost und West prägnant zum Ausdruck gebracht werden. »Von internationalem Belang« seien die begangenen Verbrechen, lautet die seitdem bekannte Formel. Für die Autorität des Gerichts, das stellvertretend für die in ihrem Rechtsempfinden getroffene internationale Gemeinschaft Recht spricht, hat das Folgen – Folgen, die unmittelbar das Ziel internationalen strafrechtlichen Judizierens betreffen, nämlich die möglichst glaubhafte Ahndung von Verbrechen und, darauf aufbauend, die Herstellung einer Perspektive für eine weniger gewaltträchtige Zukunft.

Doch was heißt das über diese immer noch reichlich pauschale Formulierung hinaus? Welches sind die Voraussetzungen, die in ihrem Zusammenwirken den Versuch, Unrecht justiziell aufzuarbeiten, im eben beschriebenen Sinne erfolgreich machen können? Die Nürnberger Erfahrung vor Augen, sind es sechs Kriterien, die Inhalt und Reichweite dieser Voraussetzungen bestimmen: die Objektivität des Gerichts, die tatsächliche Völkerrechtsfreundlichkeit der Staaten hinter dem Gericht, die Berücksichtigung des historischen Kontexts der begangenen Völkerrechtsverbrechen, die beschleunigte Durchführung der Verfahren, die Beachtung der Rechte der Täter und die Beachtung der Rechte der Opfer.[26]

---

26 Erste Überlegungen zu diesen Fragen habe ich in meinem Buch *Putin vor Gericht?*, S. 91–122, angestellt.

Die Objektivität des Gerichts

Nach Art. 36 Abs. 3 a) des Statuts von Rom müssen Richter des IStGH »sich durch Unparteilichkeit und Ehrenhaftigkeit« auszeichnen. Art. 40 des Statuts befasst sich ausdrücklich mit der Unabhängigkeit der Richter, und Art. 41 Abs. 2 a) legt fest, dass ein Richter von einem Verfahren ausgeschlossen ist, »wenn aus irgendeinem Grund berechtigte Zweifel an seiner Unparteilichkeit geltend gemacht werden«. Für die Anklagebehörde beginnt Art. 42 des Statuts mit dem Satz: »Die Anklagebehörde handelt unabhängig als selbständiges Organ des Gerichtshofs.« Für die Ad-hoc-Gerichtshöfe gibt es ähnlich lautende Regelungen.

Alles Selbstverständlichkeiten bei einem Verfahren, das rechtsförmig zu sein beansprucht, möchte man meinen, und der Verweis auf normative Aussagen zu Unabhängigkeit und Unparteilichkeit der Justiz in völkerrechtlichen Konventionen und Erklärungen fällt in der Tat leicht, weil sie so zahlreich sind.[27] Zur zusätzlichen Absicherung hat die Vorverfahrenskammer noch ein Prüfungsrecht (Art. 15 Abs. 3 Statut von Rom), das über den Fortgang der Ermittlungen des Anklägers entscheidet, mithin auch Einfluss darauf nimmt, in welchen konkreten Situationen das Gericht in welcher Weise judiziert.

Was *genau* unter Unabhängigkeit oder Unparteilichkeit fällt, ist hingegen nicht einfach zu sagen. Auf über 1150 Seiten versuchen Morten Bergsmo und Viviane E. Dittrich in dem von ihnen herausgegebenen Band *Integrity in International Justice*, es mithilfe der mehr als drei Dutzend Autorinnen und Autoren genauer zu sagen.[28] Anlass für ihren Versuch war ein anhaltendes Gefühl der Enttäuschung über den ihrer Meinung nach zusehends lädierten Ruf des IStGH. »Integrity Project« tauften sie das Projekt, mit dem sie den Gerichtshof davor bewahren wollten, das in ihn von den Vertragsstaaten gesetzte Vertrauen zu verspielen.[29] Gelegenheiten, an der Qualität der Arbeit

---

27 Für einen Überblick auch über den engen Zusammenhang zwischen Unabhängigkeit und Unparteilichkeit vgl. Deschênes/Staker, »Article 40: Independence of the Judges, Article 41: Excusing and Disqualification of Judges«, S. 961–970; Bergsmo/Harhoff, »Article 42: The Office of the Prosecutor, S. 971–979«.

28 Bergsmo/Dittrich (Hg.), *Integrity in International Justice*, Brüssel 2020.

29 Vgl. Bergsmo, »Revisiting Integrity in International Justice«, in: FICHL Policy Brief Cases, Nr. 93 (2018), S. 1.

des Gerichtshofs zu zweifeln, hatte es in der Vergangenheit mehrfach gegeben. Der erste Leiter der Anklagebehörde, der Argentinier Luis Moreno Ocampo, galt vielen als ein eitler Mann und allenfalls durchschnittlicher Jurist, weitgehend unfähig, zielgerichtete Ermittlungen zu leiten. Die hochdotierte Beratertätigkeit für einen obskuren libyschen Geschäftsmann, die Ocampo nach dem Ende seiner Amtszeit ausübte, um diesen vor strafrechtlichen Ermittlungen des Gerichtshofs zu schützen, beglaubigt noch im Nachhinein die großen Zweifel, ob Ocampo jemals »ein hohes sittliches Ansehen [...] sowie ein Höchstmaß an Sachverstand und umfangreiche praktische Erfahrung in der Strafverfolgung oder der Verhandlung von Strafsachen« besessen hatte (Art. 42 Abs. 3 Römisches Statut).[30] Seine Nachfolgerin, die Gambierin Fatou Bensouda, vermied die Fehler ihres früheren Vorgesetzten. Sie war bemüht, die Schlangengruben der internationalen Politik zu umgehen, wirkte dabei sehr unter Druck, wenngleich ihr zugute zu halten ist, dass sie einen Großteil ihrer Energie darauf verwenden musste, die erratischen und kontraproduktiven Wegbereitungen ihres Vorgängers zu korrigieren.[31] Auf Fatou Bensouda folgte der Brite Karim Khan. Seiner Wahl im Februar 2021 waren erhebliche Streitigkeiten zwischen den Vertragsstaaten vorausgegangen. Eine konsensuale Entscheidung scheiterte an kaum verhohlenen Versuchen der Einflussnahme seitens einzelner Staaten, an Kandidaten bar jeder sich aufzwingenden Befähigung und an der mangelnden Sensibilität für die Notwendigkeit einer personalen wie fachlichen Umstrukturierung innerhalb der Anklagebehörde.[32] Sexuelle Belästigung, Diskriminierung und ein autoritäres Regime, das einschüchtert und Angst verbreitet, stellte eine Expertenkommission in ihrem Bericht vom September 2020 in Bezug auf die Anklagebehörde, aber auch hinsichtlich anderer Abteilungen des Gerichts fest.[33]

Wie sehr Staaten außerdem in den Arbeitsablauf des IStGH hineinzuwirken vermögen, beschreibt der langjährige deutsche Richter am Jugoslawien-Tribunal Christoph Flügge. Ein türkischer Richterkol-

30 Vgl. Lingsma, »How Ocampogate Harms the International Criminal Court«.

31 Vgl. Roger/Soumaré, »Has Gbagbo's Acquittal Tarnished the Tenure of Outgoing ICC Prosecutor Bensouda?«.

32 Vgl. HRW, »International Criminal Court Prosecutor Elected«.

33 Vgl. Independent Expert Review, *Final Report*, Abs. 209, 302.

lege wurde, obwohl er Immunität besitzt, in der Türkei verhaftet und wegen Mitgliedschaft in einer terroristischen Vereinigung (gemeint war damit die Gülen-Bewegung, die hinter dem Putsch in der Türkei im Jahr 2016 stehen soll) verurteilt. Die solcherart freigewordene Stelle besetzte die UNO mit einem Kandidaten, der von der Türkei vorgeschlagen worden war. Zuvor hatte der UN-Generalsekretär den unter fadenscheinigen Umständen verurteilten UN-Richter aus seinem Amtsverhältnis entfernt. Dass das Urteil noch nicht rechtskräftig war, weil der vormalige Richter Rechtsmittel gegen seine erste Verurteilung eingelegt hatte, konnte den UN-Generalsekretär nicht von diesem Schritt abhalten. Zur hier naheliegenden Überlegung, bei dem hochrangigen Personal der internationalen Gerichtshöfe, namentlich der Richter, komme es nicht in erster Linie auf die juristische Qualifikation an, meint Flügge: »Für das Jugoslawien-Tribunal und sein Nachfolgegericht wählt die Generalversammlung der Vereinten Nationen aus den Vorschlägen der Staaten die Richter aus. Beim Internationalen Strafgerichtshof macht dies die Versammlung der Mitgliedsstaaten. Die Lebensläufe der Kandidaten lesen sich meist sehr gut. Aber niemand weiß, ob der Bewerber tatsächlich Jura studiert oder jemals einen Gerichtssaal von innen gesehen hat. Ich kenne solche Leute. Ich will es mal diplomatisch ausdrücken: Die Kompetenz der Richter in den Tribunalen ist sehr unterschiedlich verteilt.« Und Flügge, auf ungläubiges Nachfragen, fügt hinzu: »Es gibt exzellente Richter. Dann gibt es die breite Masse. Und es gibt welche, bei denen ich mich frage, wie die jemals in ein Richteramt kommen konnten. Wenn diese Leute mit einem großen Ego auftreten und glauben, sie wüssten alles besser, sind sie in der Lage, ein Gericht auszuhöhlen.«[34]

Es gehört wenig Fantasie dazu, sich eklatante Fälle richterlichen, staatsanwaltlichen oder anwaltlichen Versagens vorzustellen. Schlichte berufliche Unfähigkeit oder durch Geldzahlungen geförderte Entscheidungen oder beeinflusste Zeugenaussagen wären hier zu nennen.[35] Schwieriger ist es schon, das Verhalten von Hassan

---

34 Vgl. »Ich bin zutiefst beunruhigt«, in: *Die Zeit*, 24. 1. 2019, S. 12 (dort auch die Zitate).

35 Im Verfahren gegen Jean-Pierre Bemba wurden dieser und vier seiner Anwälte wegen der Bestechung und Einschüchterung von Zeugen zu Freiheits- und Geldstrafen verurteilt. Im Verfahren gegen den kenianischen Präsidenten Uhuru

Bubacar Jallow einzuordnen. Der Gambier Jallow folgte der 2003 kaltgestellten Carla Del Ponte im Amt des Leiters der Anklagebehörde des Ruanda-Tribunals. Jallow erfüllte die Erwartungen. Ermittlungen gegen ruandische Politiker oder Militärs leitete er nicht ein, auch dann nicht, als sich die ruandische Zusage der zugesagten Strafverfolgung unter der Regie ruandischer Behörden als rein taktisch motivierte Zusage von zynisch anmutender Folgenlosigkeit erwies.[36] Handelte Jallow hier aus eigener Überzeugung? Möglich. Doch die eigene Überzeugung sollte nicht über ihr entgegenstehende Fakten stehen. Sonst wird aus ihr eine Haltung, der es an Objektivität mangelt und die in die Nähe der Folgsamkeit gerät. Aus eigennütziger Initiative eines kleinen Staates (Ruanda) fassen mächtige Staaten einen Beschluss, den sie, damit dem Vorwurf des machtpolitischen Drucks nicht immer neue Nahrung gegeben werden kann, wieder von einem Vertreter eines kleinen Staates (Gambia) exekutieren lassen. Jallow also als Botengänger von Staaten, die mit eigener Agenda im Hintergrund agieren? So könnte man es sehen und zur weiteren Begründung darauf verweisen, dass Jallow, ohne bei den Mächtigen dieser Welt Anstoß zu erregen, nicht nur bis zur Auflösung des Ruanda-Tribunals 2015, sondern auch noch danach als Ankläger des Residualmechanismus dieses Tribunals fungierte. Offensichtlich erfüllte er seine Aufgabe zur Zufriedenheit derer, die ihn eingesetzt hatten. Vielleicht wecken Vertreter kleiner Staaten, wenn sensible Angelegenheit geregelt werden müssen, weniger Argwohn? Wie dem auch sei. Dem Völkerstrafrecht blieb Jallow jedenfalls eng verbunden. Im Dezember 2019 wurde er von den Vertragsstaaten des Statuts von Rom in die unabhängige Expertenkommission gewählt, die – im Lichte alter und neuer Anfeindungen gegen den IStGH – dessen Arbeit seit 2002 kritisch überprüfen und mit Verbesserungsvorschlägen kommentieren sollte.[37] Jallow wurde Mitglied der Expertengruppe innerhalb der Kommission und war ausgerechnet oder

---

Kenyatta und seinen Stellvertreter William Ruto wurden die Belastungszeugen so unter Druck gesetzt, dass die Anklage nicht mehr aufrechterhalten werden konnte. Vgl. Burke, »Congolese Warlord Sentenced over Witness Bribing in Hague Court First«.

36 Zum Hintergrund und Verlauf vgl. Hankel, *Ruanda,* S. 401–404.

37 Zum Hintergrund vgl. die Texte auf https://asp.icc-cpi.int/en_menus/asp/ReviewCourt/Pages/default.aspx [3. 6. 2024].

berufenerweise, je nachdem, zuständig für alle Fragen, die (Vor)Ermittlungen und konkrete Strafverfolgungen betreffen.

Wie unverblümt Staaten auf dem Gebiet der internationalen Strafgerichtsbarkeit ihre eigenen Interessen verfolgen, weiß Richard Goldstone, der erste Chefankläger des Jugoslawien- und Ruanda-Tribunals zu berichten. Acht Mal hätten die Mitglieder des UN-Sicherheitsrats einen Kandidaten oder eine Kandidatin wegen der Herkunft oder der Religionszugehörigkeit abgelehnt. Erst als Nelson Mandela mit dem Gewicht seiner Biografie und seines neuen Amtes als südafrikanischer Staatspräsident sich für seine, Goldstones, Kandidatur eingesetzt habe, sei eine Einigung im Sicherheitsrat zustande gekommen.[38] Ein anderer Jurist aus dem Innern des Systems der internationalen Strafgerichtsbarkeit spricht von der Gefahr einer Beeinflussung von Richtern oder Mitarbeitern der Anklagebehörde aufgrund von ökonomischem Druck (Beschlagnahme von Vermögen durch einen Staat, dem die Ermittlungsrichtung nicht gefällt), von historisch begründeter Verflechtung, die zu große Nähe oder harsche Ablehnung bewirken kann (so zwischen früherer Kolonialmacht oder Kolonie) oder soziokulturellen Gegebenheiten, die die Grenze zur Vorteilsnahme oder Vorverurteilung überschreiten (Geldgeschenke bei Feierlichkeiten, Berichterstattung in den Medien). Diese Gefahr müsse offen angesprochen werden, sonst drohe der internationalen Justiz ein nur schwer oder möglicherweise gar nicht mehr zu reparierender Glaubwürdigkeitsschaden.[39]

Beispiele, die für den bedenklichen Einbruch von Politik in die internationale Strafgerichtsbarkeit regelmäßig genannt werden, sind – neben dem Agieren Ocampos nach dem Ende seiner Amtszeit – die *winning-at-all-costs*-Strategie im Verfahren gegen Thomas Lubanga, die entlastende Beweise nicht vorsah und daher gegen das Fairnessgebot verstieß; das Desinteresse von Vertragsstaaten, den Haftbefehl gegen Omar Al-Bashir zu vollstrecken, oder der nach Art. 68 des Statuts von Rom eigentlich vorgeschriebene, im Verfahren gegen die kenianischen Politiker Kenyatta und Ruto vom Gerichtshof jedoch nicht gewährleistete Schutz kenianischer Zeugen, woraufhin

---

38 Vgl. Goldstone, »Prosecutorial Language, Integrity and Independence«, S. 1066.

39 Vgl. Adekunle, »Integrity and Independence«, S. 1102–1108.

das Verfahren mangels Belastungszeugen nicht mehr fortgesetzt werden konnte, und schließlich das Verfahren gegen Laurent Gbagbo, den ehemaligen Präsidenten der Republik Côte d'Ivoire, der zusammen mit einem seiner früheren Minister mangels Beweisen in erster und zweiter Instanz freigesprochen worden war und dessen Strafverfolgung durch den IStGH von Anfang an von dem Verdacht überschattet war, hauptsächlich durch den Wunsch Frankreichs nach einer Neugewichtung seiner Westafrika-Politik motiviert gewesen zu sein.[40]

Verweilt man ein wenig bei diesen Beispielen und beginnt, sie auf mögliche hinreichende Rechtfertigungen zu überprüfen, stellt man bald fest, dass es solche Rechtfertigungen gibt, dass aber die eigentliche Schwierigkeit darin besteht, sie auf einer Skala zwischen »vertretbar« und »nicht vertretbar« im Bereich des nicht mehr Vertretbaren verorten zu können, dort, wo Recht und Politik, Normentreue und Opportunismus eine ungute Verbindung eingehen. Ocampos Rechtsberatung für einen libyschen Klienten geschah nach seiner Amtszeit. Hier ist entscheidend, ob sie der Verdeutlichung des Rechts diente oder den Rahmen des rechtlich Zulässigen so weit spannen wollte, dass ein libysches Operieren am Rande des strafrechtlich erfassbaren Verhaltens möglich gemacht werden sollte. Mit der Würde seines früheren Amtes wäre Letzteres nicht vereinbar, so denn Letzteres zutrifft. Was sich im Fall Lubanga als Verstoß gegen das Fairnessgebot ausmacht, präsentierte die Anklage als notwendige Maßnahmen zum Schutz von Informationsquellen, die »neue Beweismittel« zu liefern versprächen. Dazu ist sie nach Art 54 Abs. 2 Nr. e) des Statuts von Rom befugt, allerdings kollidiere diese Befugnis, wie die zuständige Kammer des IStGH hervorhob, mit dem gewohnheitsrechtlichen Fair-Trial-Grundsatz sowie mit der Pflicht der Kammer zur Wahrung der Rechte des Angeklagten, die sich ebenfalls aus dem Statut und dazu noch aus mehreren ihrer Bestimmungen ergebe (Art. 64, Abs. 2, Art. 64 Abs. 3 Nr. c, Art. 67. Abs. 2).[41] Auch hier käme man folglich eher zu

40 Ebenda, S. 1097 f.; vgl. auch Cattin/Verpile, »Integrity and the Preservation of Independence in International Criminal Justice«, S. 1087–1090; Richter, »Grenzen der Wahrheit«; Maupas, »La CPI survivra-t-elle au fiasco du procès Gbagbo?«.

41 Vgl. *Prosecutor vs. Thomas Lubanga Dyilo* (ICC-01/04-01/06), Entscheidung vom 3. 6. 2008, Abs. 92, unter *Decisions* auf https://www.icc-cpi.int/drc/lubanga [3. 6. 2024].

dem Ergebnis, dass die Entscheidung der Anklage, entlastende Beweise zurückzuhalten, nicht mehr vertretbar ist, wohl wissend, dass dadurch allgemein die Beweisführung erschwert werden kann (zum Schutz ihrer Informantinnen und Informanten hat es sich die UNO ausbedungen, dass das gelieferte Material der Anklage nicht zur freien Verfügung steht). Die Weigerung der Vertragsstaaten des Römischen Statuts, Omar Al-Bashir festzunehmen, stellt, wie der IStGH selbst 2011 (wegen eines Aufenthalts Al-Bashirs in Malawi), 2017 (Al-Bashirs Aufenthalt in Südafrika) und erneut 2019 (Al-Bashirs Aufenthalt in Jordanien) festgestellt hat, einen Verstoß gegen das Statut dar (Art. 27 und Art. 87 Abs. 7). Allerdings blieben die Verstöße folgenlos.[42] Die Institutionen, die laut Statut hätten reagieren müssen – die Versammlung der Vertragsstaaten und der UN-Sicherheitsrat, der den Fall Al-Bashir an den IStGH verwiesen hatte –, reagierten nicht.

Schlägt man an dieser Stelle den Bogen zur Einstellung des Verfahrens gegen den zu diesem Zeitpunkt bereits amtierenden kenianischen Staatspräsidenten Uhuru Kenyatta und seinen Stellvertreter William Ruto, kann man zunächst den Eindruck gewinnen, dass damit unbedingt vermieden werden sollte, internationale Strafgerichtsbarkeit als ein Instrument westlicher Politik erscheinen zu lassen. Denn dass, wie in der Verfahrenseinstellung behauptet, die Beweise für die Verurteilung von Kenyatta und Ruto nicht ausreichten, weil Zeugen unter Druck gesetzt oder bestochen worden waren, war überhaupt nicht der Punkt, der die Kritiker des Verfahrens antrieb. Ihnen ging es um Prinzipielleres, nämlich um die aus ihrer Sicht unzulässige Verletzung der kenianischen Souveränität und die parteiische Einmischung in innere Angelegenheiten des Staates. Zuhilfe kam ihnen dabei die abweichende Meinung des deutschen Richters am IStGH Hans-Peter Kaul, mit der dieser der Zulassung der Anklage durch die Vorverfahrenskammer widersprach.[43] Nicht die internationale Strafjustiz, sondern die nationale Kenias sei zuständig, so Kaul. Die vorgeworfenen Taten erfüllten nicht das Schwereerfordernis nach dem Römischen Statut, wie sie sich in einer wesentlichen Tatbestandvoraussetzung für die Begehung von Verbrechen gegen die Menschlichkeit (der aus-

42 Vgl. Cattin/Verpile, »Integrity and the Preservation of Independence in International Criminal Justice«, S. 1087.

43 Vgl. http://www.haguejusticeportal.net/index.php?id=12462 [3. 6. 2024].

gedehnte oder systematische Angriff gegen die Zivilbevölkerung muss unter anderem von einer »Organisation« und nicht von Einzelpersonen oder isoliert handelnden kleinen Gruppen gewollt worden sein) äußere.[44] Der Vorwurf der Unkenntnis und Arroganz, den die Kritiker des Verfahrens daraus an den Gerichtshof adressiert ableiteten, bestätigte sie in der generellen Ablehnung einer internationalen Strafjustiz, die an afrikanische Staatsführer, den umstrittenen ivorischen Präsidenten Laurent Gbagbo eingeschlossen, andere, strengere Maßstäbe anlegte. Die Idee einer gemeinsamen afrikanischen Front gegen den IStGH erhielt so einen neuen großen Schub.[45]

Man sieht: Wenn das Prinzip der Objektivität als wesentlich für die Akzeptanz der internationalen Strafjustiz anerkannt wird, befindet man sich leicht auf schwankendem Grund. Sagen wir, die eben dargestellten Entscheidungen dieser Justiz und der hinter ihr stehenden Institutionen sind vertretbar, müssen wir in Kauf nehmen, dass justizfremde, vulgo politische Überlegungen bei den Entscheidungen eine Rolle spielten und das Recht leerlaufen lassen. Sagen wir jedoch, sie sind nicht vertretbar, weil das Recht ein politikfreier Raum ist und nur das Recht zählt, muss das Recht ohne Ansehen der Angeklagten und nachteiliger Implikationen durchgesetzt werden. Im ersten Fall droht das Recht der Politik geopfert zu werden, im zweiten droht das Recht Scheinsiege zu erringen, da die Forderung nach dem absoluten Primat des Rechts kontraproduktive Folgen zeitigen wird. Wären zum Beispiel Kenyatta oder Ruto, wie gefordert wurde,[46] gemäß Art. 58 Abs. 2 des Römischen Statuts zum Schutz der Belastungszeugen und Wahrung der Ermittlungsergebnisse noch während des Wahlkampfs in Kenia inhaftiert worden, hätte das Hauptverfahren wohl eröffnet werden können, allerdings um den Preis einer katastrophalen Wirkung in Afrika. Schon als beide noch zwischen Den Haag und Nairobi pendeln durften, Al-Bashir mit Haftbefehl gesucht wurde und Laurent Gbagbo im Gerichtsgefängnis saß, war alles zusammen für die AU Anlass genug, eine weitgehende Immunitätsregelung zu beschließen.

---

44 Ebenda.

45 Vgl. https://au.int/en/newsevents/20140131/22nd-ordinary-session-african-union-assembly-concludes-summary-key-decisions [3. 6. 2024].

46 Vgl. Cattin/Verpile, »Integrity and the Preservation of Independence in International Criminal Justice«, S. 1088 f.

In dem nach der Hauptstadt Äquatorialguineas benannten Protokoll von Malabo aus dem Jahr 2014, das in das Statut des in der Entstehung begriffenen *African Court of Justice and Human Rights* Eingang finden soll, heißt es: »No charges shall be commenced or continued before the Court against any serving African Union Head of State or Government, or anybody acting or entitled to act in such capacity, or other senior state officials based on their functions, during their tenure of office.«[47] Diese Regelung steht in völligem Gegensatz zu Art. 27 Abs. 1 im Römischen Statut, der unter der Überschrift »Unerheblichkeit der amtlichen Eigenschaft« ebendies herausstellt und erklärend betont: »Insbesondere enthebt die amtliche Eigenschaft als Staats- oder Regierungschef, als Mitglied einer Regierung oder eines Parlaments, als gewählter Vertreter oder als Amtsträger einer Regierung eine Person nicht der strafrechtlichen Verantwortlichkeit nach diesem Statut und stellt für sich genommen keinen Strafmilderungsgrund dar.«

Das Malabo-Protokoll kommt also einer Absage an die Strafverfolgung für Völkerrechtsverbrechen gleich, da nicht ausgeschlossen ist, dass aus sachlogischen Gründen – eine zeitlich begrenzte Immunität ist letztlich keine – die Immunität auch auf die Zeit nach Beendigung der Amtsgeschäfte ausgedehnt und zu einer persönlichen werden wird. Der wohl wichtigste Gedanke der internationalen Strafgerichtsbarkeit gälte dann nicht in Afrika, Art. 27 Abs. 1 des Römischen Statuts wäre bedeutungslos. – Gibt es einen Weg, diese zerstörerische Konsequenz zu verhindern? Vermutlich wäre schon einiges gewonnen, wenn die Einsicht sich verbreitete, dass das Völkerstrafrecht und mit ihm alle Versuche, sich einer gewaltgeprägten Vergangenheit zu stellen, ihrer Natur nach politisch sind. Der UN-Sicherheitsrat agiert nach dem Eigeninteresse vor allem seiner ständigen Mitglieder. Er kann Ad-hoc-Tribunale einsetzen, die Ermittlungen oder die Strafverfolgung von Anklagebehörde und Verfahrenskammern des IStGH für zwölf Monate auszusetzen, zunächst für zwölf Monate, die jedoch beliebig oft um weitere zwölf Monate verlängert werden können (Art. 16 Statut von Rom). Staaten können dem Gerichtshof beitreten oder ihn verlassen, sie können, wenn sie Vertragsstaat des Statuts sind, die Anklagebehörde zu Ermittlungen auffordern (Art. 13 lit. a), alles drei Entscheidungen, die inhärent poli-

47 Vgl. den Wortlaut unter https://www.amnesty.org/en/documents/afr01/3063/2016/en/ [3. 6. 2024].

tisch sind.[48] Das weitere Geschehen, das heißt, die Ablehnung von Ermittlungen oder deren Aufnahme, der eigentliche Strafprozess und der Urteilsspruch, sind es ebenso. »Völkerstrafrechtspolitik« lautet darum auch zu Recht der Titel eines Buchs, das sich eingehend mit der Praxis des Völkerstrafrechts auseinandersetzt.[49]

Mit der Anerkennung der politischen Rahmung völkerstrafrechtlicher Prozesse ist allerdings nur ein Teilaspekt des Objektivitätsproblems erfasst, er verdeutlicht genauer gesagt nur das Umfeld derer, die unter Anwendung größtmöglicher Objektivität tätig werden sollen. Wie sie mit diesem Umfeld umgehen, ist zuallererst ihnen überlassen. Dass es dabei Überraschendes zu beobachten gibt, darauf hat bereits Christoph Flügge hingewiesen. Noch deutlicher wird Carla Del Ponte, wenn sie schreibt: »Die UNO ist eine riesige, bürokratische Organisation, die leider nicht sehr effektiv arbeitet. Allein in New York sitzen etwa 4000 bis 5000 Angestellte, von denen viele nichts zu tun haben. Das durfte ich selbst erleben, als ich dort ein Büro hatte. Jeder Staat bekommt sein Kontingent an Angestellten, die dort arbeiten. [...] Je nachdem aus welchem Land sie stammen, ist die Entlohnung im Vergleich zu den Verdienstmöglichkeiten in den jeweiligen Heimatländern fürstlich.«[50] Annähernd 200 000 US-Dollar bekommen die Richterinnen und Richter des IStGH jährlich, steuerfrei. Nicht genug nach Meinung von sechs der 18 Richter – unter ihnen auch der Präsident des Gerichtshofs –, die im Januar 2019 Klage einreichten, um eine Gehaltserhöhung von 26 Prozent, Nachzahlungen und verbesserte Pensionsleistungen zu erstreiten. Ein »verantwortungsloses« Ansinnen, meinten sogar Unterstützer des Gerichtshofs, besonders in Zeiten, in denen die Anklägerin Fatou Bensouda für ihre Ermittlungen auf ein höheres Budget angewiesen sei und die Gelder zur Unterstützung der Opfer von Völkerrechtsverbrechen, über die die Richter zu Gericht säßen, bei Weitem nicht ausreichten.[51]

Der Verdacht politischer Einflussnahme, der Parteilichkeit bei Ermittlung und Anklageerhebung, schließlich noch ein materieller

---

48 Vgl. Staker, »Integrity and the Inevitable Political Exposure of International Criminal Justice«, S. 1121–1123.

49 Safferling/Kirsch (Hg.), »Völkerstrafrechtspolitik«, S. 3 f.

50 Zitiert nach Del Ponte, *Ich bin keine Heldin*, S. 160 f.

51 Vgl. Simons, »In The Hague's Lofty Judicial Halls, Judges Wrangle Over Pay«.

Egoismus an der Grenze zur Unanständigkeit – welcher Art sollen da die Maßnahmen sein, die dergleichen verlässlich verhindern? Einerseits gibt es eine ganze Reihe von regionalen und internationalen Erklärungen, die das ideale Berufsethos insbesondere von Richtern zu definieren versuchen. Für den IStGH gibt es dazu noch gesonderte Regelungen, die zwischen Verhaltensanforderungen an Gerichtsmitarbeiter, an Anklagevertreter (jeweils *Code of Conduct* genannt) und an Richter unterscheiden (hier heißen sie *Code of Judicial Ethics*). Zuletzt gibt es noch Bestimmungen, die das Verhalten des Justizpersonals notfalls zum Gegenstand von Untersuchungen und disziplinarischen Ahndungen machen können. Wiederum konzentrieren sie sich auf die Gruppe der Richter.[52]

Andererseits sind Versuche, konkrete Anforderungen wie Unabhängigkeit, Unparteilichkeit, Integrität, Verschwiegenheit, Sorgfalt, Umsicht und Zurückhaltung zu definieren, mit Unschärfen versehen, die Raum für Interpretationen lassen.[53] Wenn auch in Einzelfällen das Fehlverhalten von Richtern, so die Erfahrung eines internationalen Strafrichters, sich ihm als Kollegen geradezu aufdrängen musste,[54] ist doch anzunehmen (sofern das Schweigen anderer nicht auf einem falschen Verständnis von Solidarität beruht), dass die viel größere Zahl der Fälle in Bereichen stattfindet, die entweder uneindeutige Zwischenbereiche oder besser kaschierbar sind. Vergegenwärtigen wir uns, dass wir es, ob national nach dem Universalitätsprinzip oder international durch Verweisung oder Zustimmung, immer mit einem komplementären Tätigwerden im Namen der Menschheit zu tun haben, kommt es letztlich darauf an, die Tätigkeit in der Strafjustiz mit einer Eigenschaft auszuüben, die Anstand genannt werden könnte.

---

52 Vgl. den Überblick bei Hrdličková/Plevin, »Judicial Independance and Accountability at International Criminal Courts and Tribunals«, S. 1058–1060; zum seit 2017 in Kraft befindlichen *Independent Oversight Mechanism* des IStGH vgl. https://www.icc-cpi.int/asp/iom [3. 6. 2024].

53 Das gilt auch für die bislang klarste Auflistung im Hinblick auf das ethisch richtige Verhalten von Richtern am Beispiel der *Kosovo Specialist Chambers*, vgl. https://www.scp-ks.org/en/documents/code-judicial-ethics-judges-appointed-roster-international-judges [3. 6. 2024].

54 Von politischer Beeinflussung bis hin zu widerrechtlicher Bereicherung reichen die Beispiele, die David Re, ehemals Vorsitzender Richter in einer Verfahrenskammer des *Special Tribunal for Lebanon*, zu geben weiß. Vgl. Re, »Some Reflections on Integrity in International Justice«, S. 1131.

Anstand verstanden in dem Sinne, dass die ethisch-moralischen Ansprüche, die sich in der Geschichte des Völkerrechts und des Völkerstrafrechts kenntlich gemacht haben, in der Arbeit der Gerichte präsent sind. Dass es in erster Linie die Richterinnen und Richter sind, die den theoretischen Anspruch und die praktische Tätigkeit möglichst in Deckung zu bringen haben, liegt an ihrer Position im Justizgefüge. Leider bleibt auch hier die Expertenkommission zur Überprüfung des IStGH vage, trotz vieler Seiten Ausführungen über »accountability of judges«, »code of judicial ethics« und »improvement of the system of nomination of judges«.[55] Abstrakta werden mit Abstrakta definiert, Wolken am Begriffshimmel hin- und hergeschoben, eine nähere Bezugnahme auf die Menschheit, deren Teile, die Menschen eben, bekanntlich von der internationalen Strafjustiz betroffen sind und daher eine Haltung zu ihr entwickeln, unterbleibt. Vielleicht ist das wenig verwunderlich bei einer Kommission, zu deren Mitgliedern Hassan Bubacar Jallow gehört. Es bleibt jedenfalls einem anderen Afrikaner vorbehalten, dem nigerianischen Juristen Adedeji Adekunle, der erkennbar um die Gefahr einer Steuerung der Justiz durch Geld oder Macht weiß, die Lücke zu schließen und unabhängig von der Kommission festzustellen: »Integrity can be described as the moral worth of an individual. Its presence evokes a sense of confidence and justice, while the absence of it promotes suspicion and distrust. Impartiallity, as well as honesty, are therefore, crucial indices of integrity.«[56]

Versuchen wir, die verschiedenen Seiten des bisher dargestellten Problems zusammenzubringen, lässt sich im Ergebnis sagen, dass Objektivität das Resultat einer Anstrengung ist. Der Anstrengung nämlich, mit Anstand zu agieren, im jeweiligen Verantwortungsbereich das Richtige zu tun, ungeachtet staatlicher Erwartungen oder Pressionen von dritter Seite. Zu einer Anstrengung wird dieser Vorgang, weil das Richtige sowohl im Bewusstsein um die verpflichtende Kraft der Aufgabe zu erkennen ist als auch im Einklang stehen sollte mit einem handelnden Gewissen, das durch die Rechtsentwicklung »kultiviert« worden ist.

---

55 Vgl. S. 95–98, 145–147 und 316–323 des Berichts, dem Hinweis folgend auf https://asp.icc-cpi.int/en_menus/asp/Review-Court/Pages/default.aspx [3. 6. 2024].

56 Zitiert nach Adekunle, »Integrity and Independence«, S. 1100.

Die tatsächliche Völkerrechtsfreundlichkeit beteiligter Staaten

Eine völkerrechtliche Rechtsordnung ist nur möglich, wenn die Staaten das Völkerrecht beachten. Was wie ein Gemeinplatz klingt, zeigt eine erste Schwierigkeit schon darin, dass Staaten ihre völkerrechtlichen Verpflichtungen grundsätzlich in staatliches Recht umsetzen müssen, um den Verpflichtungen auch im innerstaatlichen Bereich Geltung zu verschaffen. Wie sie diesen Prozess gestalten, ob die Umsetzung im Sinne des Monismus als eine automatische Übernahme in das nationale Recht erfolgt oder nach dem Dualismus eines besonderen Umsetzungsakts bedarf, ist den Staaten überlassen. Auch bestimmen sie, welche Rangordnung in der nationalen Rechtsordnung das übernommene beziehungsweise umgesetzte Völkerrecht hat. Für die Geltungskraft des Völkerrechts allein entscheidend ist, dass Staaten ihren Verpflichtungen nachkommen und den Menschen auf ihrem Hoheitsgebiet die Inanspruchnahme ihrer völkerrechtlich verankerten Rechte ermöglichen. Das allerdings geschieht bekanntlich nicht in einem Umfang, der Einstimmigkeit hervorruft. Freiheitsrechte können beispielsweise individuell oder kollektiv verstanden werden, mit unterschiedlichen Rechtsfolgen für das Individuum, aber fester Überzeugung von Staaten, dass völkerrechtlich kodifizierte Freiheitsrechte jeweils genau so und nicht anders zu verstehen sind.

Die zweite Schwierigkeit im Hinblick auf die Geltung von Völkerrecht besteht darin, dass Staaten Regelungen zu einem Thema oder auch nur zu einzelnen Fragen ablehnen. Verträge oder Konventionen werden nicht ratifiziert, oder sie werden ratifiziert und zu einzelnen Bestimmungen werden Vorbehalte formuliert. Die Überlegung dahinter ist gewöhnlich die, dass eigene Interessen höher bewertet werden als das multilaterale Anliegen oder einzelne Regelungen daraus. Eine Absage an das Völkerrecht ist das nicht, denn das Völkerrecht wird nicht en bloc verworfen, und die Bindung innerhalb der Staatenwelt, angefangen von ersten humanitär-völkerrechtlichen Abkommen über die UN-Charta bis zu den menschenrechtlichen Pakten, bleibt bestehen. Gleichwohl zeugt es von einer Wahrnehmung des Rechts, derzufolge in der Akzeptanz Abstufungen zulässig sind, die vom staatlichen Eigeninteresse vorgegeben werden. Und dieses staatliche

Eigeninteresse kann sogar das Völkerrecht stärken, das im Kern ja das gemeinsame Interesse aller Staaten spiegelt und daher, da es nicht das Recht eines allzuständigen Weltstaats zu sein beansprucht, Raum für nationale Interessen, den im Wortsinne *domaine réservé* eines Staates, lassen muss.

Aus der Entwicklung des Völkerrechts kann herausgelesen werden, dass die Anerkennung eines *domaine réservé* die staatliche Akzeptanz des Völkerrechts erhöht. Die Souveränität des Staates verleiht diesem Rechte nach innen, während sie nach außen die für Staaten wichtigen Koordinations- und Kooperationsmöglichkeiten in Regeln des Völkerrechts zu kleiden hilft. Gewinnt darüber hinaus der kommunitare Gedanke an Kraft, wird der *domaine réservé* kleiner, weil Teile seines Inhalts in den Regelungsbereich des Völkerrechts übergehen. Staatliche Interessen und Werte finden sich so im Völkerrecht wieder. Der Anstoß dazu kommt entweder vom nationalen Recht, das wichtige Rechtsregeln international verbindlich machen will, oder er kommt vom Völkerrecht, das ebensolche Regeln in möglichst vielen nationalen Rechtsordnungen verankert sehen möchte. Völkerrechtsfreundlichkeit heißt diese Haltung von Staaten, in die eine wie die andere Richtung offen für das Völkerrecht zu sein.

In Deutschland ist die »völkerrechtsfreundliche Ausrichtung ein wesentlicher Zug« des Grundgesetzes. »Das Grundgesetz bekennt sich in prononcierter Weise zu einer ›offenen Staatlichkeit‹ und zur internationalen Zusammenarbeit.«[57] In seiner Präambel nimmt das Grundgesetz Deutschland für den Frieden in der Welt in die Pflicht, in Art. 1 Abs. 2 bekennt sich der Verfassungsgeber stellvertretend für alle Deutschen »zu unverletzlichen und unveräußerlichen Menschenrechten als Grundlage jeder menschlichen Gemeinschaft, des Friedens und der Gerechtigkeit in der Welt«. In Art. 25 ist sogar ein Vorrang des Völkerrechts festgeschrieben: »Die allgemeinen Regeln des Völkerrechtes [...] gehen den Gesetzen vor und erzeugen Rechte und Pflichten unmittelbar für die Bewohner des Bundesgebietes.«

Nur wenige Regeln des Völkerrechts sind allgemeine Regeln, und gegen die Frage, ob solche, die das in dieser Untersuchung thematisierte Unrecht verhindern wollen, Teil dieser allgemeinen Regeln sind,

---

57 Zitiert nach: Herdegen, *Völkerrecht*, S. 178.

werden Bedenken erhoben.[58] Doch gleichviel, ob man den Schutz elementarer Menschenrechte oder das Verbot ihrer massiven Verletzung durch Kriegsverbrechen, Menschlichkeits- oder Völkermordverbrechen zu ihnen zählt, auf ihre Verbindlichkeit hat das keine Auswirkung. Das Grundgesetz und andere Verfassungen nehmen auf sie Bezug, entweder deklaratorisch, weil die Schutznormen schon in das nationale Recht Eingang gefunden haben, oder konstitutiv. In diesem Sinne gilt für Deutschland aus der Perspektive seines höchsten Rechtsprechungsorgans: »Das Bundesverfassungsgericht wacht über das geltende Völkerrecht, über die Verletzung dieses Rechts durch die Legislative, die Exekutive und die Fachgerichte, wird aber selbst wiederum durch das Völkerrecht [...] kontrolliert. Das Grundgesetz ist Maßstab für die Rechtsprechung des Bundesverfassungsgerichts, das Völkerrecht kann ihr Gegenstand sein, bindet aber im Übrigen auch die Verfassungsrechtsprechung. Grundgesetz und Völkerrecht schützen gemeinsam die Menschenrechte und damit die Demokratie.«[59] Etwas anders und in Richtung Völkerrechtsfreundlichkeit gewendet, heißt dies, dass eine völkerrechtsfreundliche Verfassungsauslegung sinnvoll ist, weil sie das Völkerrecht zur Konkretisierung vage erscheinender Verfassungsbegriffe heranzieht und im Gegenzug das oft durchsetzungsschwache Völkerrecht aufwertet.[60]

So weit die Theorie. Und die Praxis bestätigt sie gewiss häufig, aber längst nicht immer, wie wir gesehen haben. Normen des Völkergewohnheitsrechts oder des Völkervertragsrechts können dort enden, wo Staatsinteressen das Übergewicht haben. Macht geht dann vor Recht, wie es bereits Thukydides im Melier-Dialog in ungeschminkter Reinform beschrieben hat. Die Stärkeren setzen alles in ihrer Macht Stehende durch, und die Schwachen haben sich zu fügen.[61] Bis zum

---

58 Vgl. ebenda, S. 163; von allgemeinen Rechtsgrundsätzen (Treu und Glauben, *pacta sunt servanda* etc.), die vornehmlich der Lückenfüllung und als Interpretationshilfe dienen, spricht Vitzthum, »Begriff, Geschichte und Rechtsquellen des Völkerrechts«, S. 71–74.

59 Zitiert nach: Kirchhof, »Das Bundesverfassungsgericht«, S. 68.

60 So auch, vor dem Hintergrund eines konkreten Rechtsstreits: Mensching, »Supreme Court (Kanada) v. 1990«, S. 237.

61 Vgl. Thukydides, *Der Peloponnesische Krieg*, S. 452. Die Verhandlungen zwischen den Meliern und den Athenern scheiterten, Melos wurde belagert und im Winter 416 v. Chr. erobert. Die Athener töteten alle erwachsenen Männer, verkauften

anderen Ende der Skala, der Völkerrechtsfreundlichkeit von Staaten, ist es von dort ein weiter Weg. Außerdem ist nach dem Inhalt der völkerrechtlichen Vereinbarung zu differenzieren. Geht es mehr um Technisches, um den Schiffs- oder Luftverkehr oder um die Internationale Fernmeldeunion, sind Abweichungen möglicherweise weniger gravierend. Bei elementaren Menschenrechten, gar bei solchen, die wie das Folterverbot zwingendes Völkerrecht sind, sind Abweichungen schnell gravierend. Eigentlich dürfte sie es gar nicht geben, denn das Völkerrecht ist insofern zwingend, als die Normen zum Folterverbot laut Legaldefinition solche sind, von denen »nicht abgewichen werden darf«.[62] Dennoch sind zur Konvention, die das Folterverbot statuiert, zahlreiche Vorbehalte formuliert worden. Über Seiten hinweg ist zu lesen, wie Staaten, die der Konvention beigetreten sind oder sie ratifiziert haben, Folter einschränkend zur Konventionsdefinition verstehen, dass sie den Ausschuss gegen Folter, der Verdachtsmomenten in einem Staat nachgehen soll, nicht anerkennen oder bei Streitigkeiten über den Inhalt der Konvention die Zuständigkeit des IGH ablehnen.[63] Die Vorbehalts-Staaten sind nicht etwa die vermeintlichen »üblichen Verdächtigen« wie China, Russland oder arabische Staaten, auch Frankreich, Großbritannien oder die USA zeigen sich zurückhaltend hinsichtlich internationaler Kontrolle oder Regelungen, die das Folterverbot enger fassen als die nationalen Gesetze.

Wie ist dies in Einklang zu bringen mit der Völkerrechtsfreundlichkeit, die diese Vorbehalts-Staaten mit Selbstverständlichkeit für sich beanspruchen und die wir diesen gerne zubilligen? Der erste Teil der Antwort gibt die Konvention gegen Folter selbst. Art. 28 Abs. 1 der

---

Kinder und Frauen in die Sklaverei und schickten später 500 Siedlerinnen und Siedler auf die entvölkerte Insel. Der Melier-Dialog und die anschließende Auslöschung des alten Melos gelten als Inbegriff zynischer Großmachtspolitik, weil die Athenische Aggression in Friedenszeiten und ohne jeden Anlass erfolgte. Dazu näher Will, *Athen oder Sparta,* S. 149–152.

62 Vgl. den Wortlaut von Art. 53 des Wiener Übereinkommens über das Recht der Verträge: https://www.vilp.de/vilp-public/treaty_full?lid=en&cid=153 [3. 6. 2024].

63 Vgl. Übereinkommen gegen Folter und andere grausame, unmenschliche oder erniedrigende Behandlung oder Strafe vom 10. 12. 1984. Die Vorbehalte betreffen die Art. 1, 20 und 30 des Übereinkommens. Siehe: https://treaties.un.org/Pages/ViewDetails.aspx?src=TREATY&mtdsg_no=IV-9&chapter=4&clang=_en#EndDec [3. 6. 2024].

Konvention räumt den Vertragsparteien das Recht ein, die Zuständigkeit des Kontrollausschusses nicht anzuerkennen, Art. 30 Abs. 2 befreit sie von der Pflicht, sich einem Schiedsverfahren bis hin zur Entscheidung durch den IGH zu unterwerfen. Der staatlichen Souveränität sollen offensichtlich nicht zu enge Fesseln angelegt werden, die Willenserklärung des zuständigen staatlichen Organs, das die Ablehnung von Folter und unmenschlicher oder erniedrigender Behandlung oder Strafe verspricht, reicht aus, um den betreffenden Vertragsstaat die Reihen derer verstärken zu lassen, die »dem Kampf gegen Folter [...] in der ganzen Welt größere Wirksamkeit« verleihen wollen.[64] Der Rest ist Hoffnung und öffnet die Tür zum zweiten Teil der Antwort. Denn die Hoffnung ist häufig klein, wenn wir an die Zynismen der Realpolitik denken. Dass eine Reihe von Staaten Konventionen zum Menschenrechtsschutz beitritt, um sich Eintritt in den Kreis der menschenrechtszugewandten Staaten zu verschaffen, den Beitritt folglich als Ausweis eines avancierten Rechtsstandards verstanden wissen möchte, der so Aspekte eines Pseudo-Standards gewinnt, ist eigentlich zu erwarten. Immer noch verwundern hingegen in liberal-demokratischen Staaten mit ausgeprägtem Selbstbild eigener Völkerrechtsfreundlichkeit die Reaktionsformen dieser Staaten auf fernes Unrecht. Um nicht bereits Gesagtes zu wiederholen, sei hier Jack L. Goldsmith und Eric A. Posner das Wort gegeben. In ihrer Untersuchung über die Grenzen des Völkerrechts schlussfolgern sie: »Liberal states that care about human rights in other states do not make a fetish of international law. When conditions are right, they will pressure human rights abusers regardless of whether they are signatories to a treaty or have violated customary international law. When conditions are not right, they will tolerate human rights abuses in other states regardless of whether they are signatories to a treaty or have violated customary international law.«[65]

Tatsächliche Völkerrechtsfreundlichkeit heißt daher, dass ein Staat ein Völkerrechtsubjekt ist, ohne zugleich janusköpfig zu sein. Folgen wir noch einmal Goldsmith und Posner, so ist das ausgeschlossen. Die Schwäche in der Durchsetzung völkerrechtlicher Normen

64 Zitiert nach dem letzten Absatz in der Präambel der Konvention.

65 Zitiert nach Goldsmith und Posner, *The Limits of International Law*, S. 134.

verschwinde nicht mit deren Präzisierung und entsprechender Bereitstellung von Durchsetzungsinstrumentarien, im Gegenteil, es müsse davon ausgegangen werden, dass die Rechtsverletzungen aus machtpolitischen Gründen zunähmen und Staaten Vertragsverpflichtungen aufkündigten oder, wie hinzuzufügen wäre, gar nicht erst eingingen.[66]

Träte diese Folge tatsächlich ein, wäre es früher oder später das Ende des Völkerrechts. Allenfalls wäre noch von einem Völkerrecht als bloßem Koordinationsrecht zu sprechen, das jederzeit dort endet, wo einzelstaatliche Interessen überwiegen. Die Realität indes spiegelt diese Folgerungen nicht. Völkerrechtliche Organe wie der IGH oder der IStGH, die Existenz von Schiedsverfahren, die zunehmende Zahl von Konventionen und Fakultativprotokollen und nicht zuletzt die Durchführung von Gerichtsverfahren nach dem Universalitätsprinzip vor nationalen Gerichten sowie die Versuche der Vergangenheitsaufarbeitung durch sogenannte Wahrheitskommissionen legen vielmehr die Annahme nahe, dass völkerrechtliche und einzelstaatliche Normen mehr und mehr übereinstimmen. Ausnahmen gibt es natürlich, auch Ausbrüche staatlichen Agierens, die das völkerrechtliche Regelwerk auf den Kopf stellen. Allerdings bleibt auch dann das Völkerrecht ein Bezugspunkt, die Normen werden nicht als obsolet angesehen. Sie werden unterschiedlich verstanden, und das unterschiedliche Verständnis resultiert aus jeweils anderen Wahrheiten. Der Wert, für den die Norm steht, wird nicht infrage gestellt. Einen »normative overstretch«, wie er gelegentlich festgestellt wird,[67]

---

66 Ebenda. Ein Beispiel jüngeren Datums wäre wieder einmal Ruanda. 2008 hat Ruanda das Übereinkommen gegen Folter und andere grausame, unmenschliche oder erniedrigende Behandlung oder Strafe ratifiziert und 2015 zugestimmt, dass Kontrollbesuche in Hafteinrichtungen stattfinden dürfen. Gleichwohl musste das UN Subcommittee on Prevention of Torture im Oktober 2017 eine Kontrollbesichtigung ruandischer Haftanstalten vorübergehend und im Juli 2018 definitiv abbrechen (zum ersten Mal in der Geschichte dieses Mechanismus), weil die Mitglieder des Komitees bei ihrer Überprüfung auf ein Klima der Angst und auf systematische Obstruktion gestoßen waren. Vgl. Mugisha, »UN Anti-Torture Team Cancels Rwanda Visit, Again«. Vernehmbare Kritik aus dem völkerrechtsfreundlichen Ausland am ruandischen Verhalten gab es nicht. In diesen Kontext passt auch die Zurückhaltung vieler Staaten, das Internationale Übereinkommen zum Schutz aller Personen vor dem Verschwindenlassen zu ratifizieren, vgl. https://treaties.un.org/Pages/ViewDetails.aspx?src=TREATY&mtdsg_no=IV-16&chapter=4&clang=_en [3. 6. 2024].

67 So bei Münkler, *Welt in Aufruhr*, S. 428 f.

gibt es nicht. Wenn Russland das eigene Engagement in Syrien als humanitäre Aktion bezeichnet und keine Mühe hat, den Beschuss von Schulen und Krankenhäusern zu rechtfertigen, stellt es dies selbstverständlich nicht als ihm wesenstypischen Anfall von Mordlust und Zerstörungswut, sondern als angemessene Reaktion auf Angriffe von islamistischen Rebellen von ebendiesen Schulen und Krankenhäusern aus dar. Mit vielen guten Gründen kann man ein solches Vorgehen als zynisch und Anhäufung kriegsverbrecherischer Akte bezeichnen und politisch wie medial mit starken Worten kritisieren, doch sollte man nicht vergessen, dass die USA als Führungskraft des Westens ab 2001 in Afghanistan und ab 2003 im Irak viele Kollateralopfer in Kauf nahmen, wenn es galt, bewaffneten Widerstand auszuschalten. Auch in den Gazakriegen seit der Jahreswende 2008/2009 und bis heute sowie in der Schlussphase des Bürgerkriegs in Sri Lanka (2009) kamen viele unbeteiligte Zivilistinnen und Zivilisten ums Leben, ihre genaue Zahl ist heftig umstritten. In allen Fällen ist das Verhältnismäßigkeitsprinzip so sehr strapaziert worden, dass nicht nur von einem Völkerrechtsverstoß gesprochen werden muss, sondern auch ein Völkerrechtsverbrechen nicht auszuschließen ist, so auch im Gazakrieg 2023/24, in dem die Zivilbevölkerung gezielt angegriffen worden sein soll.[68] Gleichwohl hielt sich die Kritik in Politik und Medien des Westens zurück. Während Russland wegen seiner Kriegführung in Syrien und später in der Ukraine pauschal der fortlaufenden Begehung von Kriegsverbrechen beschuldigt wurde und in dieser Kritik, trotz aller Berechtigung im Einzelfall, die Existenz islamistischer Rebellengruppen oder auch ukrainischer zerstörerischer Waffengewalt durchweg keine Erwähnung fand, unterblieb, wenn es sich um den militärischen Einsatz westlicher Staaten handelte, nicht der entschuldigende Hinweis darauf, es mit einem Gegner zu tun zu haben, der schamlos die Zivilbevölkerung in Geiselhaft nehme und daher in der Kriegführung

68 Vgl. Art. 8 Abs. 2 lit. b iv des Rom-Statuts, wonach ein Kriegsverbrechen das vorsätzliche Führen eines Angriffs in der Kenntnis ist, »dass dieser auch Verluste an Menschenleben, die Verwundung von Zivilpersonen, die Beschädigung ziviler Objekte [...] verursachen wird, die eindeutig in keinem Verhältnis zu dem insgesamt erwarteten konkreten und unmittelbaren militärischen Vorteil stehen«. Zu den Kollateralopfern in Afghanistan, im Irak, in Sri Lanka und im Gaza-Streifen vgl. Hankel, Das *Tötungsverbot im Krieg*, S. 13–21, 72–77.

keine Wahl lasse. Kein Wort darüber, dass dadurch die Beachtung des Verhältnismäßigkeitsprinzips nicht gänzlich obsolet wird und auch die übrigen zentralen Schutzvorschriften des humanitären Völkerrechts Beachtung verlangen.

Wie gesagt, diese geteilte Wahrnehmung, die eine weitere Variante der Reaktionsformen auf fernes Unrecht ist, wird erst zu einer solchen, wenn das Völkerrecht den Referenzpunkt bildet. Für die Geltungskraft des Völkerrechts ist das fatal. Gerade die Staaten, für die eine menschenrechtliche Sensibilität zu den völkerrechtlichen Selbstverständlichkeiten gehören sollte, halten sich bei evidenten Verletzungen elementarer Menschenrechte zurück, sobald eigene Interessen oder Bündnisloyalitäten berührt sein können. In Anlehnung an das zivilrechtliche *venire contra factum proprium* könnte man von einem Verstoß gegen das völkerrechtliche *estoppel*-Prinzip sprechen.[69] Ein Staat, der durch völkerrechtliche Zusicherungen Vertrauen geschaffen hat, enttäuscht die Erwartungen, die legitimerweise an diese Zusicherungen geknüpft werden können. Zwar sind bei der Anwendung des *estoppel*-Prinzips Täuscher und Getäuschte gewöhnlich Staaten, die Aufwertung des Individuums gerade in den Bereichen des Völkerrechts, die den Menschen und seine Rechte schützen wollen, legt allerdings den Schluss nahe, dass zu den Getäuschten auch Menschen in bedrückender Lage zählen, die schutzlos gelassen werden. Zu ihnen sind noch die Menschen zu zählen, die fernab vom Ort des Unrechts auf den Rechtsstandard vertraut und folglich eine Intervention erwartet haben. »Von internationalem Belang« sind die Verbrechen, die nicht geschehen sollen und die über die Formel der *erga-omnes*-Wirkung Staaten berechtigen, Gegenmaßnahmen zu ergreifen. Da diese Berechtigung von einem Rechtsverständnis herrührt, das nationale menschenrechtliche Schutzvorschriften mit den völkerrechtlichen in Übereinstimmung bringen möchte, spüren die Menschen das Defizit in der Rechtsausübung. Selektivität in der Reaktion auf schwerwiegendes Unrecht aber sei, so die Folgerung in einer breit angelegten Studie über die abschreckende Wirkung internationaler Strafgerichte, das Haupthindernis für die Glaubwürdigkeit internationaler Strafverfolgung.[70] Länderberichte der Studie zeigten, dass

69 Zur *estoppel*-Doktrin vgl. Heintschel von Heinegg, »Einseitige Rechtsakte«, S. 236.
70 Vgl. Schense/Carter, »Findings and Recommendations«, S. 455.

die Glaubwürdigkeit zersetzende Enttäuschung bereits dort einsetze, wo auf diplomatischer Ebene beschönigende Formulierungen gewählt oder aus Gründen politischer Nähe Hintermänner ignoriert würden oder die Festnahme und Inhaftierung eines Angeklagten zugleich eine Richtungsentscheidung sei, weil dadurch ein nicht minder belasteter Konkurrent um die Macht im Land freie Bahn erhielte.[71]

Gleichheit im Unrecht gibt es nicht, das ist bekannt und richtig, wenn es sich um nationale Gerichtsbarkeiten handelt. Das Gewaltmonopol des Staates löste sich auf, wenn Unrecht normsetzend werden dürfte. Auf der internationalen Ebene ist kein über den Staaten befindliches Gewaltmonopol vorhanden, sodass die Geltung des Satzes von der nicht existenten Gleichheit im Unrecht mit der Folge straflosen staatlichen Agierens in Zweifel gezogen werden könnte. Gälte er nicht, würde also ein unter Verweis auf den ebenso handelnden Machtkonkurrenten mit allen Mitteln ein Kampf um Vorherrschaft ausgetragen, hieße das, wieder auf die Spur von Goldsmith und Posner einzuschwenken und nach dem Topos des Melier-Dialogs das Ende des Völkerrechts zu beschreiben. Einen solchen Kampf nur sporadisch zu führen oder auch nur aus Überzeugung oder Rücksichtnahme politisch zu unterstützen, hieße immer noch, das Völkerrecht zu schwächen. Völkerrechtsfreundlichkeit, die je nach Anlass zur Disposition gestellt wird, wirkte dann kontraproduktiv. Menschen und Zivilgesellschaften wendeten sich resigniert ab. Eben darum ist Widerspruchsfreiheit im Umgang mit fernem Unrecht als Gebot an die Staaten adressiert, die durch Zustimmung (im Fall eines durch den Sicherheitsrat eingesetzten Gerichtshofs) oder Ratifikation beziehungsweise Beitritt die Anwendung internationaler Strafgerichtsbarkeit unterstützen. Noch einmal, weil es als Grundsatz so wichtig ist: Für die Bestrafung von Taten »von internationalem Belang« einzutreten, zugleich jedoch prosperierende Wirtschaftsbeziehungen oder engste politische Freundschaften oder einen regen diplomatischen Austausch mit Staaten zu pflegen, die direkt oder indirekt an der Begehung von Völkerrechtsverbrechen beteiligt sind, schwächt den Gedanken in-

---

71 Zur Demokratischen Republik Kongo vgl. Parmar, »Dissuasive or Disappointing?«, S. 254–256; zum Sudan vgl. Bueno, »Deterrence in Sudan«, S. 326; zur Republik Côte d'Ivoire vgl. Somé, »The Deterrence Effect of the International Criminal Court in Côte d'Ivoire«, S. 396 f.

ternationaler Strafjustiz. Keine Gleichheit im Unrecht also auch dort, müsste die Forderung lauten.

Der Vorwurf des Rechtsimperialismus, den afrikanische Staaten gegen den IStGH erheben, erhält in diesem Zusammenhang seine besondere Schärfe. Denn im Kern geht es nicht um die Einmischung in die inneren Angelegenheiten afrikanischer Staaten, es geht um das Messen mit zweierlei Maß, das in der unseligen Tradition kolonialer Bevormundung steht. Internationale Strafgerichtsbarkeit gerät in den Ruch eines liberalen Elitenprojekts mit den typischen Eigenschaften eines elitären Verständnisses: Arroganz, kulturelle Voreingenommenheit, Selbstgerechtigkeit gepaart mit Blindheit für eigenes Verschulden.[72] Elitäre Justiz schafft, um auf den Titel des Buchs von Kamari Maxine Clarke zurückzugreifen, Justiz als Fiktion, genauer gesagt als ein von fiktionalen Elementen (elitäre Opfer-, Versöhnungs- und Gerechtigkeitsfiktionen) durchsetztes und letztlich sich selbst zerstörendes Unternehmen.[73] In der südlichen Hemisphäre Taten zu verfolgen, die im Norden im Übergang zum Tagesgeschäft nur verhaltenen Protest auslösen, wird als Widerspruch zu den ansonsten gerne geäußerten Bekenntnissen zu Menschenrechten und zur Notwendigkeit der effektiven Bekämpfung von Unrecht verstanden. Machtarroganz, die eigenen Regeln folgt und zugleich an die Adresse Schwächerer im Gestus der moralischen Alternativlosigkeit die Durchsetzung fundamentaler Regeln fordert, beschädigt die Akzeptanz der internationalen Strafgerichtsbarkeit. Und diese Wirkung wird über den konkreten Anlass hinaus eintreten. Richterinnen und Richter werden als Repräsentanten eines ungerechten Systems wahrgenommen werden, selbst wenn ihnen individuell nicht der geringste Vorwurf zu machen ist. Auf eine Besserung in der Zukunft zu verweisen, das Vorhaben internationale Strafjustiz also als einen Lernprozess zu begreifen, wird keine Lösung sein. Machtmissbrauch, der toleriert wird, sendet eine stärkere Botschaft als ein Völkerrecht, das nur dank günstiger Umstände durchgesetzt wird.

---

72 Vgl. Clarke, *Fictions of Justice*, S. 47–49, 63, 87 f., 116.
73 Ebenda, S. 99 f., 109, 116, 235–240.

Der historische Kontext in Verfahren mit Völkerstrafrechtsbezug

Wie tief sollen Anklage und das Gericht in die Geschichte eines Konflikts eindringen? Reicht es aus, die eigentliche Tat zu betrachten und die so »eng« verstandene Verantwortlichkeit zuzuweisen, eine folglich klare Zurechenbarkeit anzustreben? Oder ist, gerade mit Blick auf die Strafzumessung, der Hintergrund der konkreten Tathandlung auszuleuchten und die Frage der Verantwortlichkeit entsprechend »weit« zu fassen, mit der möglichen Folge einer unklarer werdenden Zurechenbarkeit?

Gewöhnlich geht das sich auf Allgemeinkriminalität beziehende Strafrecht davon aus, dass der Verwirklichung eines Tatbestands eine Handlung zugrunde gelegen hat, die ebendiese Verwirklichung des Tatbestands bewirkt hat. Zwischen Handlung und Tatbestandsverwirklichung (auch »Erfolg« genannt) wird ein ursächlicher Zusammenhang angenommen, der einer Person als ihr Werk zuzurechnen ist.[74] Dieser ursächliche Zusammenhang ist vorsätzlich oder fahrlässig herbeigeführt worden, inwiefern das vorsätzliche oder fahrlässige Herbeiführen des Erfolgs der Person vorzuwerfen ist, bestimmt das Ausmaß der Schuld.[75] Von kleineren, hier nicht interessierenden Ausnahmen abgesehen,[76] verhält es sich bei der völkerstrafrechtlichen Makrokriminalität ähnlich. Ein völkerstrafrechtlich relevanter Erfolg wird dem Verhalten einer Person zugerechnet, die subjektive Tatseite entscheidet über Schuld und Strafmaß. Doch was bei der innerstaatlichen Allgemeinkriminalität in der Regel problemlos funktioniert, kann bei Sachverhalten des Völkerstrafrechts mit erheblichen Schwierigkeiten einhergehen. Denn im Unterschied zur normalen innerstaatlichen Kriminalität geht es dort um komplexe Tatzusammenhänge und durchweg um ein Gewaltszenario, in dem viele Täter verbrecherisch gehandelt haben. Kriegsverbrechen, Verbrechen gegen die Menschlichkeit und Völkermord setzten sich aus einer Vielzahl

74 Vgl. Fischer, *Über das Strafen*, S. 151–262

75 Ebenda, S. 246–262.

76 Die auf den Unterschied zwischen kontinentaleuropäischem Civil Law und dem Common Law vieler englischsprachiger Länder zurückgehen, vgl. Ambos, *Internationales Strafrecht*, S. 206 f.

von Verbrechen zusammen, weisen unterschiedliche Tatbeiträge auf, haben also Täter, die auf unterschiedlichen Ebenen agierten, sei es als Planer und Organisatoren, als Befehlsgeber aus der Distanz oder am Ort des Verbrechens, als unmittelbar Ausführende oder als Helfershelfer. Das erschwert die individuelle Zurechnung einer Tat, denn es erweitert die Zurechnung um ein kollektives Element, das über genügend Macht verfügt, damit im großen Maßstab und systematisch die Anwendung massiver Gewalt betrieben wird.[77] Der einzelne Täter ist Teil eines Räderwerks, das sich in Gang gesetzt und makrokriminelles Unrecht bewirkt hat. Diesen Teil freizulegen und die subjektive Tatseite sowie das Maß der individuellen Schuld zu bestimmen, erfordert eine rechtliche Analyse und Bewertung des Geschehens, die – mit und trotz der Rechtsfigur des »gemeinsamen kriminellen Unternehmens« – frei von vernünftigen Zweifeln ist.

Hinzu kommt Folgendes: Die vielen Täter der Gesamttat sind häufig Akteure in einem komplexen Gewaltgeschehen, das nicht nur eine Tätergruppe oder -organisation kennt. Was in diesen Fällen die Anklage vor Gericht bringt und vor Gericht verhandelt wird, sind Ausschnitte eines extrem gewaltgeprägten Handelns, Aktionen und Reaktionen mit einer jeweils eigenen Vorgeschichte, die Monate, Jahre und länger in die Vergangenheit zurückreichen können. Inwieweit sind diese Vorgeschichten vor Gericht in Betracht zu ziehen? Selbstverständlich in Bezug auf Strafmaß und darin einfließende Rechtfertigungen oder Verschärfungen, doch auch darüber hinaus hinsichtlich ihrer Bedeutung für die Zeit nach Beendigung der Situation makrokriminellen Unrechts? Mit anderen Worten, soll das Gerichtsverfahren zusätzlich eine dokumentarische Funktion haben, indem es möglichst viele Beweismittel sammelt und ordnet, die später als Referenzpunkte für den staatlichen Neuaufbau oder die regionale Befriedung dienen können?

Gerichtsverfahren seien kein Geschichtsunterricht, wird behauptet. Im Gerichtssaal gehe es um Komplexitätsreduktion, nicht um die Erforschung einer historischen Wahrheit, die einem empirischen und mehr noch einem theoretischen Vorverständnis folgt. Am Ende der gerichtlichen Komplexitätsreduktion stehe eine Entscheidung,

---

77 Vgl. ebenda, S. 170 f.

ein Urteil, das eine Antwort auf das geschehene Unrecht gebe. Die Antwort sei definitiv und verlange Vollstreckung, während ein historisches Urteil der Natur der Historiografie gemäß offen bleibe und den Weg für weitere Urteile, auch konträrer Art, zu ebnen vermöge.[78] Historiografische Ambitionen überfordern ein Gericht, so Hannah Arendt in »Eichmann in Jerusalem«. Zur Aburteilung Eichmanns sei der Gerichtshof nur zu einem einzigen Zweck zusammengetreten, »nämlich dem, Recht zu sprechen; alle anderen Ziele, auch wenn sie an sich legitim sind, [...] können hiervon nur ablenken; sie werden zudem unweigerlich das eigentliche Rechtsverfahren, das heißt die erhobene Anklage, die Urteilsfindung und die Festsetzung des Strafmaßes, in einem zweifelhaften Licht erscheinen lassen.«[79] Was sie und der Jerusalemer Gerichtshof unter dem Dubiositätsvorwurf verstanden, erklärte sie unter Rückgriff auf Passagen aus dem Urteil wie folgt: Es sei die Beachtung seiner Grenzen, die dem Gerichtshof erst die Autorität verleihe, mit der er spreche. »›Niemand hat uns zu Richtern gemacht‹ über Dinge außerhalb der Sphäre des Rechts, über die ›unserer Meinung kein größeres Gewicht zukommt als der Meinung jedes Beliebigen, der Studium und Nachdenken darauf verwendet.‹«[80] Ihr Fazit lautet daher: »So gibt es in der Tat auf die anlässlich des Prozesses immer wieder erhobene Frage, was er denn nun eigentlich bezwecke, auch nur eine Antwort: Recht zu sprechen und der Gerechtigkeit Genüge zu tun.«[81]

Beides, die Meinung des Gerichtshofs und die zustimmende Meinung Hannah Arendts, klingt überzeugend. Das Gericht muss innerhalb einer vertretbaren Zeit zu einem Urteil gelangen. Verfahrensgegenstand ist die Verantwortlichkeit des Täters, nicht die Erforschung eines historischen Sachverhalts und das abschließende Urteil darüber. Allerdings – und in Erweiterung des eben Gesagten: Bei makrokriminellem Unrecht ist das Täterhandeln durch Umstände bestimmt, die sich von denen des innerstaatlichen Strafrechts unterscheiden. Dort werden ein Raubüberfall oder ein Tötungsdelikt aus persönlichem Antrieb begangen, wobei der Tatentschluss durch Veranlagung, familiäre

78 Vgl. Joyce, »The Historical Function of International Criminal Trials«, S. 464–466.
79 Arendt, *Eichmann in Jerusalem*, S. 301.
80 Ebenda, S. 302.
81 Ebenda.

Erlebnisse oder Sozialisationserfahrungen beeinflusst und vielleicht sogar geprägt wird. Letztlich jedoch wird die konkrete Tat einem Individuum vorwerfbar zugerechnet. So ist es auch beim makrokriminellen Unrecht, hier aber mit einem Unterschied, der wiederum die Geschichte zu einem wichtigen Faktor macht. Es sind geschichtliche Abläufe, die eine verbrecherische Zuspitzung erfahren haben, die, anders formuliert, Menschen ohne die erkennbar geringste kriminelle Neigung dazu gebracht haben, Verbrechen von besonderer Schwere zu begehen. So wie deren Schwere die Schwere von innerstaatlichen Verbrechen überschreitet, so überschreitet bei ihnen auch die Bedeutung äußerer Faktoren die Bedeutung der Elemente, die bei normaler Kriminalität die subjektive Tatseite bestimmen.[82] Damit soll keinesfalls einem Determinismus das Wort geredet werden. Es sind nicht allein die Umstände, die aus den häufig als Figur bemühten »ganz normalen« Menschen plötzlich die zynischen Planer oder Exekutoren von Deportation und Massenmord machen. Dazu gehört eine individuelle Bereitschaft mitsamt der Überzeugung, das Richtige zu tun oder zumindest straffrei als ein solches ausgeben zu können. Ohne die vergangene, historisch zu verortende Gelegenheit hätte es weder Bereitschaft noch Überzeugung gegeben.

»Da mihi factum, dabo tibi ius« lautet eine römische Rechtsregel. Sie verkörpert ein bis heute gültiges Prinzip. Dem Richter oder Gericht werden Tatsachen mitgeteilt und auf deren Grundlage wird nach dem Recht entschieden. Die Justiz ist auf die Mitteilung Dritter angewiesen, sie ordnet und strukturiert die Mitteilung und ihre Argumentation und entscheidet dann.[83] Um ihre Autorität zu wahren, darf sie sich nicht in Interessen verstricken lassen, hat aber den Interessen so weit zu folgen, bis deren Interpretation und Abwägung eine von vernünftigen Zweifeln befreite Entscheidung erlaubt. Als Sachverständige kommen ihnen dabei Historikerinnen und Historiker

---

82 So verlangt Art. 7 des Römischen Statuts den ausgedehnten oder systematischen Angriff gegen die Zivilbevölkerung, in dessen Kenntnis das Verbrechen gegen die Menschlichkeit begangen wird. Art. 8 des Statuts weist Kriegsverbrechen insbesondere dann der Jurisdiktion des IStGH zu, wenn sie als Teil eines Plans oder einer Politik verübt wurden. Auch die Rechtsfigur des »gemeinsamen kriminellen Unternehmens« weist auf einen größeren Begehungszusammenhang hin. Vgl. dazu Swoboda, »Didaktische Dimensionen internationaler Strafverfahren«, S. 111 f., 115.

83 Vgl. Stolleis, »Der Historiker als Richter – der Richter als Historiker«, S. 175 f.

zuhilfe, die den Hintergrund des vergangenen Geschehens erklären und Vorschläge zu deren Verständnis machen. Das Gericht urteilt zwar über einen konkreten makrokriminellen Akt, soll sich dabei jedoch nicht auf einen Ausschnitt des Gesamtgeschehens beschränken, sondern muss auf die Anbindung des Ausschnitts an das Gesamtgeschehen achten. Hier reicht es nicht aus, bedauernd festzustellen, mehr als »Bruchstücke« einer nicht mehr fassbaren Wahrheit seien nicht zu rekonstruieren.[84] Glaubhaft werden Antworten, wenn sie im kommunikativen Austausch zwischen Menschen als Teil eines Sinnzusammenhangs akzeptiert werden.[85] Ein internationales Gericht gibt glaubhafte Antworten, wenn diese sinnvoll in ein sinnvoll erfasstes Ganzes eingefügt werden können. Wie schwierig diese Forderung zu erfüllen ist, weil Kritik jederzeit naheliegt (»Siegerjustiz«), zeigt erneut der Nürnberger Hauptkriegsverbrecherprozess. Das Urteil geht auf fünfzig Seiten auf den geschichtlichen Hintergrund der NS-Verbrechen ein,[86] ein Index in einem Umfang von 635 Seiten, bestehend aus einem Sach-Index, einem Personen- und Dokumenten-Index,[87] bietet einen beeindruckenden Fundus an zusätzlichen Informationen, trotzdem wurde das Urteil juristisch und politisch infrage gestellt und war jahrzehntelang Gegenstand sozialer Obstruktion, und trotzdem hat es sich durchgesetzt. Was 1941, als erste Vorschläge für eine Strafverfolgung deutscher Kriegsverbrecher formuliert wurden, noch als bedrohliches, utopisches Vorhaben erschienen sein mag, nämlich die Bestrafung von Individuen wegen massiver Verletzung der universellen Moral, schlug später immer weniger Wellen in der westdeutschen Rezeption. Bekannte Normen (Kriegsverbrechen) und neue Normen des transnationalen Strafrechts (Verbrechen gegen die Menschlichkeit, Verbrechen gegen den Frieden) deckten Sachverhalte ab, führten zu einer Verurteilung von deren Urheber und wiesen einer Geschichtsdeutung den Weg, den im Laufe der Jahre immer mehr Deutsche mitzugehen bereit waren.[88]

---

84 So aber Stolleis, vgl. ebenda, S. 181.

85 Allgemein dazu Fischer, *Über das Strafen*, S. 73–79.

86 Vgl. Internationaler Militärgerichtshof Nürnberg, *Der Nürnberger Prozess*, Bd. 1, S. 193–243.

87 Vgl. ebenda, Bd. 23.

88 Vgl. Weinke, *Gewalt, Geschichte, Gerechtigkeit*, S. 11, 108–116, 316–329.

Es braucht also Zeit, bis die justiziell und historisch konsentierte Wahrheit, die sich auf Entstehung und Verlauf eines verbrecherischen Konflikts bezieht, akzeptiert wird. Und diese Feststellung klingt noch reichlich optimistisch, wenn man schwierigere Konstellationen als die angesprochene berücksichtigt. Innerstaatliche Konflikte, dazu noch ethnisch aufgeladen, sind ausweislich der Judikatur der internationalen Strafgerichte der Normalfall. Hier historische Entwicklungslinien zu ziehen und zur Grundlage von Urteilen zu machen, scheint überaus schwierig. Nach jetzigem Stand haben die Urteile zu den Verbrechen im ehemaligen Jugoslawien zu keiner Annäherung zwischen den verschiedenen Bevölkerungen geführt, es hat eher den Anschein, als habe sich die Kluft vertieft. In Bezug auf Ruanda wird man zum selben Ergebnis kommen. Eine innerstaatliche Befriedung ist inzwischen eingetreten, doch ist sie fragil, weil sie auf die Politik der »eisernen Faust« des ehemaligen Rebellenführers und heutigen Staatspräsidenten Paul Kagame zurückzuführen ist. Von dem hybriden Kambodscha-Gerichtshof wird berichtet, dass die Erfolge des Gerichts bei der Durchführung der Verfahren (Benennung von Verantwortlichkeiten, Aufwertung der Opfer, Einblicke in die Geschichte der verbrecherischen Bewegung der Roten Khmer –) überschattet werden von (erfolgreichen) Versuchen des Regimes, aus Gründen der eigenen Verstrickung mit den Roten Khmer den Gang der Ermittlungen zu beeinflussen.[89] In allen diesen Fällen wird es noch lange Zeit dauern, bis der zweite Geltungsgrund internationaler Strafjustiz, die Vermeidung künftiger Konflikte durch Aufarbeitung vergangener, Wirklichkeit werden wird. Eine historisch möglichst korrekte Einbettung der Urteilssprüche ist hierbei hilfreich. Art. 25 Abs. 3 des Statuts von Rom und vergleichbare Bestimmungen in den Statuten der Ad-hoc-Tribunale legen zwar fest, dass Täterschaft, mittelbare Täterschaft und Beihilfe individuell strafbar sind, doch unabhängig davon, welche Zurechnungsform im Strafprozess angewandt wird,[90] die Tat wird letztlich auch auf eine

89 Vgl. den Bericht der Open Society Justice Initiative, »Performance and Perception: The Impact of the Extraordinary Chambers in the Court of Cambodia« (S. 101–103), https://www.justiceinitiative.org/publications/performance-and-perception-impact-extraordinary-chambers-court-cambodia [3. 6. 2024].

90 Zu den Zurechnungsformen bei Verbrechen des Völkerstrafrechts vgl. Bock, »Zurechnung im Völkerstrafrecht«, S. 410–427.

Gemeinschaft oder einen Staat übertragen, die dann mit dem begangenen Unrecht assoziiert werden.[91] Deren Geschichte spielt zwangsläufig in die Begründung von Strafe und vielleicht sogar Strafmaß hinein, so wie ihr umgekehrt infolge individuellen verbrecherischen Verhaltens eine bestimmte Richtung gegeben wird. Es sind die individuellen Faktoren der Bereitschaft und Überzeugung, die mit einem dynamischen Kontext kommunizieren.

Wie ist dieser Vorgang im Verfahren und vor allem im Urteil so abzubilden, dass perspektivisch die Wahrscheinlichkeit einer Verfahrens- und Urteilsakzeptanz steigt? Nach Utfried Neumann, der sich intensiv mit strafrechtlichen Grundlagenproblemen der »Übergangsjustiz« beschäftigt hat, hängt die Antwort davon ab, »ob man die Institution der Strafe eher deontologisch oder eher konsequentialistisch interpretiert«.[92] Obwohl er beide Kriterien auf Postkonfliktgesellschaften bezieht, die in weitgehend eigener Regie versuchen, durch eine justizielle Aufarbeitung des Konflikts das Fundament für eine konfliktfreie gesellschaftliche Zukunft zu legen, ist seine Interpretation von Strafe auch für Völkerstrafrechtsverfahren nutzbar zu machen. Denn auch dort ist zu überlegen, ob der Gedanke der Zweckmäßigkeit oder der Strafgerechtigkeit bestimmend sein soll. Vergangene Prozesse haben gezeigt, dass auch international das Strafrecht ein bedeutsames Medium der Kommunikation ist und einen wesentlichen Beitrag zur Etablierung wie auch zur Korrektur gesellschaftlicher Deutungsmuster leistet.[93] In diesem Sinne könnte man sagen, dass das Recht nicht nur Quelle des Verfahrens ist, sondern auch seine Leistung. Sie wird erbracht in Form einer Aufführung, die schon Hannah Arendt und Susan Sontag Parallelen zur Theaterwelt ziehen ließ. Von einem »unsichtbaren Regisseur«, der ein geschichtspolitisches »Schauspiel«

91 Deshalb enthält beispielsweise die Resolution der UN-Generalversammlung vom 23. 5. 2024, mit der künftig ein »Internationaler Tag des Gedenkens an den Völkermord von Srebrenica« eingeführt werden soll, auf Antrag Montenegros den Zusatz, dass die Schuld am Völkermord von Srebrenica »individuell ist und keiner ethnischen, religiösen oder sonstigen Gruppe oder Gemeinschaft als Ganzes zugeschrieben werden kann«. Vgl. https://press.un.org/en/2024/ga12601.doc.htm [3. 6. 2024], (dort auch der Link zum Resolutionstext).

92 Vgl. Neumann, »Strafrechtliche Grundlagenprobleme der ›Übergangsjustiz‹«, S. 383.

93 Ebenda, S. 384 f.

inszeniert habe, um der ganzen Welt als »Publikum« eine »Lektion« zu erteilen, sprach Hannah Arendt in Anspielung auf die Rolle des Premierministers Ben Gurion im Eichmann-Prozess, und Susan Sontag meinte über den Prozess, der »Versuch einer dramatischen Auseinandersetzung mit einer Tragödie«, dem Holocaust, sei »im tiefsten Sinne Theater« gewesen.[94]

Beide sind äußerst skeptisch, ob der so angelegte Prozess seinen Zweck erfüllt hat oder ob er nicht doch unter dem Gewicht seines grauenhaften Gegenstands zusammengebrochen oder an seiner juristischen Engführung gescheitert ist.[95] Und eine ähnliche Skepsis ist auch bei Neumann anzutreffen. Er konstatiert beim Seitenblick auf das supranationale Strafrecht eine Kollision zwischen Strafgerechtigkeit und Rezeption von Verfahren und Urteilen durch die betroffenen Gesellschaften, woran letztlich auch die Entscheidung für eine (eher) konsequentialistische oder deontologische Reaktion auf vergangenes Unrecht nichts ändert.[96] Die Suche nach einer Lösung dreht sich, so scheint es, im Kreis. Zwar schaffen die von Neumann in die Diskussion eingeführten Kategorien ein wenig Klarheit, indem sie die pragmatische Dimension von Strafverfahren und Urteil vergegenwärtigen helfen, der Antwort auf die Frage, inwieweit die Berücksichtigung historischer Entwicklungen Teil des Völkerstrafverfahrens sein soll oder muss, bringen sie uns jedoch nicht näher.

Die Ratlosigkeit darüber, was von Strafverfahren über Völkerrechtsverbrechen, die am Ende eines historischen Geschehensablaufs stehen, zu erwarten ist, ist auch in einer Reflexion von Martti Koskenniemi über das Thema ein durchweg durchschimmerndes Phänomen. Schon der Titel seines Aufsatzes »Between Impunity and Show Trials« lässt erahnen, dass Koskenniemi Völkerstrafverfahren als einen Drahtseilakt sieht. Was sich auf nationaler Ebene in Form der Übergangsjustiz noch als unvermeidbar und gleichwohl sinnvoll erweise – die Straflosigkeit für viele bei gleichzeitiger Bestrafung der Hauptver-

94 Vgl. Wamhof, »Gerichtskultur und NS-Vergangenheit«, S. 22 f. (dort auch die Zitate).

95 Ebenda, S. 23.

96 »Denn die Gerechtigkeit gegenüber den Opfern droht zur Ungerechtigkeit gegenüber den Tätern zu werden.« Vgl. Neumann, »Strafrechtliche Grundlagenprobleme der ›Übergangsjustiz‹«, S. 385. In umgekehrter Richtung wird man das Gleiche annehmen müssen.

antwortlichen, um den Opfererwartungen Genüge zu tun und einen möglichst komplikationslosen Übergang in eine bessere Zeit zu ermöglichen (wegen dieser Zweckrationalität bezeichnet Koskenniemi diese Prozesse als »Schauprozesse«) –, funktioniere bei Völkerstrafverfahren nicht. Koskenniemi: »When trials are conducted by a foreign prosecutor, and before foreign judges, no moral community is being affirmed beyond the elusive and self-congratulatory ›international community‹. Every failure to prosecute is a scandal, every judgement too little to restore the dignity of the victims, and no symbolism persuasive enough to justify the drawing of the thick line between the past and the future.«[97]

Nähme man Koskenniemi hier beim Wort, müsste man internationale Verfahren mit Völkerstrafrechtsbezug also für eine überaus zweifelhafte Angelegenheit halten. Als er diese Sätze schrieb, dachte er an die Verfahren vor dem Jugoslawien-Tribunal, von denen seinerzeit (2002) schon bekannt war, dass sie die Erwartungen oftmals nicht erfüllt hatten.[98] Auf die Gründe dafür ist in dieser Untersuchung bereits eingegangen worden, sodass es angezeigt scheint, Koskenniemis Kritik Kritik sein zu lassen und uns der Folgerung zuzuwenden, die er daraus zieht. Er schreibt, den beginnenden Prozess gegen Slobodan Milošević vor Augen: »Perhaps, we might think, the significance of this ›trial of the century‹ lies in the way it will bring to general knowledge the truth of what really happened – however and by whom that ›truth‹ is then used by anyone at the national or international level.«[99]

Das Milošević-Verfahren brachte Facetten der Wahrheit zutage. Zu einer Geschichte zusammengebündelt konnten sie nicht werden, weil Milošević 2006, vor der Verkündung eines Urteils, starb. Die Hoffnung Koskenniemis hat sich nicht erfüllt und so bleibt nur, den weiteren Ausdifferenzierungen seiner Hoffnung, wie er sie im Aufsatz darstellt, zu folgen. Einen Königsweg findet er aber auch nicht. Dass es bei der Suche nach der Wahrheit auf den Kontext ankommt, intentionale und funktionale Aspekte geschichtlichen Entwicklungen zugrunde liegen können oder machtpolitische Interessen oder Hypokrisen den Gang

97 Vgl. Koskenniemi, »Between Impunity and Show Trials«, S. 10 f. (dort auch das Zitat).

98 Vgl. den Hinweis bei Koskenniemi auf S. 11 in Fn. 38.

99 Zitiert nach ebenda, S. 11.

der Untersuchung zu beeinflussen suchen, ist bekannt. Dass Anklage und Verteidigung sich verfeindet gegenüberstehen können und Letztere aggressiv das Gericht ablehnt und den Prozess zu zerstören sucht, ist ebenfalls nicht neu. Anders als im historischen Seminar geht es um Lebenszeit und Traumatisierungen, die nicht konziliant zu verhandeln sind.[100] Am Ende steht, so Koskenniemi, ein Paradox: Um eine unbestrittene historische Wahrheit zu haben, muss das Gericht den Angeklagten zum Schweigen bringen. Tut es das, verliert es seine Legitimität. Lässt das Gericht den Angeklagten reden, verschwindet die Wahrheit der Anklage und eine andere Wahrheit kommt in den Gerichtssaal. Das Gericht gewinnt seine Legitimität zurück.[101]

So einfach wird es aber, mit Verlaub, nicht sein. Mit der Wahrheit, die das Gericht aus der Vergangenheit schöpft, steigt seine Legitimität. Aber je tiefer es in die Vergangenheit hinabsteigt, desto widersprüchlicher wird sie und desto umstrittener ist folglich die Legitimität des Gerichts. Daran wird sich wegen der unterschiedlichen Interessen und Ziele der Verfahrensbeteiligten auch nichts ändern. Aus der in der vorliegenden Untersuchung gezogenen Argumentationslinie folgt, dass das Gericht seine Legitimität nur wird bewahren können, wenn es selbst und die Staaten, die es tragen, nicht in Widerspruch zum eigenen moralischen Anspruch geraten. Damit sind wir weit im Bereich des Politischen, der uns auch dann nicht verlässt, wenn es um die Anwendung konkreter Rechtsnormen geht. Dazu zwei Beispiele: Das erste bezieht sich auf das Bedürfnis des Rechts nach Klarheit. Diese wird durch Geschehensabläufe hergestellt, die so eindeutig sind, dass in subjektiver Hinsicht Vorsatz oder sogar Absicht des Handelnden unterstellt werden können. In die Bewertung der Eindeutigkeit fließen erneut politische Überlegungen ein, die von Meinungen beeinflusst werden, die ihrerseits von der allgemeinen Bewertung einer Handlung geprägt werden. Völkermord, weil als das schwerste aller Verbrechen wahrgenommen, schafft vergleichbar leicht eine solche Eindeutigkeit. Entscheidend ist aber dann der daraus folgende Schritt, der über die Abwesenheit von Zweifeln hinsichtlich des faktischen Geschehens zur Abwesenheit von Zweifeln hinsichtlich der Absicht des

100 Vgl. ebenda, S. 11–25.
101 Vgl. ebenda, S. 35.

Angeklagten gelangt. Selbst wenn er schweigt oder die Tat abstreitet, schlägt das Bild vom völkermörderischen Geschehen durch auf die Meinungsbildung des Gerichts, an deren Ende die Überzeugung steht, ein derartiges Verbrechen sei ohne entsprechende Absicht des Angeklagten nicht möglich gewesen.[102]

Wird der Völkermord in Ruanda, wie 2007 durch das Ruanda-Tribunal, in einer *judicial notice* als allgemein bekannte, unbestreitbare Tatsache bezeichnet, muss die Anklage zwar immer noch die Völkermordabsicht des Angeklagten nachweisen, doch läuft dieser große Gefahr, dass ihm die Absicht vorschnell unterstellt wird.[103] Wenn es verbreitete, offizielle Politik war, eine Bevölkerungsgruppe auszulöschen, wird es einem Angeklagten, zumal wenn er in der staatlichen Hierarchie höher stand, sehr schwer fallen zu beweisen, dass er keine Völkermordabsicht hatte. Äußert er sich nicht zum Tatvorwurf oder streitet er ihn ab, ohne auf Einzelheiten einzugehen (weil ihm z. B. die Worte fehlen, um zu beschreiben, welche Katastrophe über sein Land gekommen ist[104]), kommt es auf sein äußerlich erkennbares Verhalten zum Tatzeitpunkt an. Auf dieses aber wird aus Informationen geschlossen, die mit dem Anspruch auf konsensuelle Zustimmung gewonnen wurden, welche ihrerseits nicht frei von einem politischen Vorverständnis waren. Gehört dazu die eigentlich mit großen Zweifeln behaftete Annahme, der Völkermord sei über Jahre, mit großer Präzision und unter Einbeziehung staatlicher Stellen geplant worden, wird sich der Angeklagte der Zuweisung einer Völkermordabsicht nicht entziehen können.[105] Dass hinter dieser mit Zweifeln behafteten Konstruktion eine schon schlicht zu nennende Sichtweise auf einen komplexen Vorgang steht, in dem internationales Versagen und nationales Verdrängen zusammenfließen, ist eine historiografische Erkenntnis,

---

102 Vgl. *Prosecutor vs. Jean-Paul Akayesu* (ICTR-96-4-T), Urteil vom 2. 9. 1998, Abs. 523.

103 Vgl. *Prosecutor vs. Édouard Karemera et al.* (ICTR-98-74-AR73C), Urteil der Rechtsmittelinstanz vom 16. 6. 2006, Nr. 5, Abs. 14; Jørgensen, »Genocide as a Fact of Common Knowledge«, S. 889–893.

104 So der Angeklagte Onesphore Rwabukombe im Verfahren vor dem OLG Frankfurt am Main, Urteil vom 18. 2. 2014, 5–3 StE 4/10 – 4 – 3/10, I.B.3.

105 So die Feststellung des OLG Frankfurt am Main im Urteil des Revisionsverfahrens gegen Onesphore Rwabukombe, Urteil vom 29. 12. 2015, 4–3 StE 4/10 – 1/15, III.A.3; zu diesem Problem eingehend Kirsch, »Vom eingeschränkten Nutzen strafrechtlicher Urteile für die Historiographie«, S. 254, 262.

die keine Chance gegen das justizielle Bedürfnis nach einer von Zweifeln bereinigten Antwort hat.[106]

Das zweite Beispiel über den Einfluss des Politischen auf den Prozess der Wahrheits- und Rechtsfindung sind Absprachen zwischen Gericht, Anklage und Verteidigung. In den adversatorischen Strafverfahren im anglo-amerikanischen Common-Law-Systemen ist das *plea bargaining* nicht unüblich, wohingegen es in den inquisitorischen Verfahren nach dem kontinental-europäischen Civil Law eher die Ausnahme darstellt.[107] Da jedoch internationale Strafgerichte stark vom Common Law beeinflusst sind, ist das *plea bargaining* dort ein nicht ungewöhnliches Phänomen. Trotz gelegentlich laut werdender Kritik, wonach die Schwere der Völkerrechtsverbrechen jeden »Deal« ausschließen müssten, finden Absprachen statt, die nicht auf eine reduzierte Strafe, sondern auf ein Teilgeständnis des Angeklagten abzielen und dafür im Gegenzug die Reduzierung der Anklage anbieten.[108] Die letztgenannte Variante ist diejenige, die zwangsläufig die historische Aufklärung, die ein Prozess zu leisten vermag, beschränkt. Wo Tatvorwürfe fallen gelassen werden, kommt das Geschehen dahinter nicht zur Sprache. Unangenehme Fragen, die einen sogenannten völkerrechtsfreundlichen Staat in Bedrängnis bringen könnten, stellen sich ebenfalls nicht.[109] Politische Vorstellungen können somit auch

---

106 Das Verdrängen bezieht sich auf den erheblichen Anteil der Rebellenarmee, die größtenteils aus Tutsi bestand, an der Möglichkeit, dass ein Völkermord in Ruanda geschehen konnte. Zu Vorgeschichte und Verlauf des ruandischen Völkermords vgl. Hankel, *Ruanda*, S. 76–94, 116–131.

107 Vgl. Burens, »Plea Bargaining in International Criminal Tribunals«, S. 326.

108 Ebenda. Burens unterscheidet zwischen *sentence bargaining* (Strafreduktion bei einem Geständnis) und *charge bargaining* (Reduktion der Anklage bei einem Geständnis hinsichtlich anderer Anklagepunkte).

109 Die bisher radikalste Form der Anklagereduzierung, nämlich ihre Reduzierung auf null, praktizierte die Zweite Vorverfahrenskammer des IStGH am 12. 4. 2019, als sie den Antrag der Anklägerin Fatou Bensouda, die Ermittlungen in Afghanistan fortzusetzen, ablehnte. Die Ermittlungen erstreckten sich auf den Verdacht der Begehung von Verbrechen gegen die Menschlichkeit und Kriegsverbrechen auch von US-Soldaten und CIA-Angehörigen. Zur Begründung führte die Vorverfahrenskammer an, dass die Fortsetzung der Ermittlungen nicht im Interesse der Gerechtigkeit liege, weil der zeitliche Abstand zu den behaupteten Taten zu groß und mit einer Kooperation der Beschuldigten bzw. ihres Heimatstaates nicht zu rechnen sei (vgl. https://www.icc-cpi.int/Pages/item.aspx?name=pr1448 [3. 6. 2024]). Auf die Beschwerde der Anklägerin hob die Beschwerdeinstanz (*ap-*

bei einer (erhofften) Strafmilderung infolge eines Geständnisses von Bedeutung sein. Als der ruandische Interims-Staatspräsident Jean Kambanda, selbst in den Augen seiner Gegner nur eine unscheinbare Figur zur Verdeckung der tatsächlichen Machtverhältnisse, seine Beteiligung am Völkermord gestand, unternahm er diesen Schritt in der von der Anklage genährten Hoffnung, dafür mit einer geringeren als der lebenslänglichen Freiheitsstrafe belohnt zu werden. Zur Bekräftigung dieser Hoffnung hatte Kambanda noch ein »Manifest« verfasst, das ihn nachvollziehbar entlasten sollte. Dennoch lautete das Urteil auf lebenslänglich, zur großen Enttäuschung Kambandas und nachhaltigen Lähmung der Geständnisbereitschaft anderer Angeklagter, die während des Völkermords hohe Positionen bekleidet hatten.[110] Der politisch eingefärbte Wunsch nach Übersichtlichkeit im ruandischen Geschehensablauf hatte sich auch hier durchgesetzt. Gut und Böse waren klar getrennt. Zwischentöne, die die internationale Gemeinschaft mit unbequemen Fragen hätten konfrontieren können, gab es nicht mehr.

Gibt es also keine andere Lösung als den Appell an das Gericht, mit möglichst großer Unabhängigkeit, Sensibilität und Akkuratesse den Sachverhalt zu klären und in dessen Licht über schuldhaftes Verhalten zu befinden? Mit anderen Worten, von dem Gericht das einzufordern, was ein faires Verfahren genannt wird? Man wäre geneigt, dem zuzustimmen, wüsste man nicht um die plakative Wirkung solcher Fragen. Aus dem Stegreif und mit vorwurfsvollem Unterton werden sie erhoben, wenn das Verfahren nicht so läuft, wie es eine Partei gerne hätte. Kein Wunder, dass allgemeingültige Antworten banal erscheinen. Eine *wirklich* unparteiische Haltung zu fordern, einen *wirklich* kritischen Blick auf einfach erscheinende Wahrheiten zu betonen oder *wirklich* Widerstand gegen politische Erwartungen oder politischen Druck zu erwarten, klingt wohlfeil. Man ahnt, dass es immer noch ein Mehr gibt, bis das indefinite »wirklich« vermeintlich eingelöst ist. Dreht

---

peals chamber) die Entscheidung am 5. 3. 2020 auf (vgl. https://www.icc-cpi.int/afghanistan [3. 6. 2024]). Inzwischen ist sehr zweifelhaft, ob nach der Machtübernahme der Taliban 2021 die Ermittlungen fortgesetzt werden können.

110 Vgl. Burens, »Plea Bargaining in International Criminal Tribunals«, S. 328 f.; zum Hintergrund des Geständnisses von Jean Kambanda und dessen Folgen vgl. Cruvellier, *Le Tribunal des vaincus?*, S. 67–82.

man sich also tatsächlich im Kreis? Nicht, wenn die (internationale) Strafjustiz, allen voran Ankläger und Richter, sich bewusst ist, dass die Gerichtsverfahren eben doch, entgegen Hannah Arendt und anderen Stimmen, auch Geschichtsunterricht sind. Darin ist mitnichten ein Plädoyer dafür zu sehen, individuelle Verantwortlichkeit im weitverzweigten Tableau historisch begründbarer Ursachen unkenntlich zu machen. Es ist schlicht ein Plädoyer dafür, genau hinzuschauen und das abzuurteilende Gewaltgeschehen in seiner Komplexität verstehen zu wollen, notfalls gegen politische oder institutionelle Pressionen und unter Einsatz der persönlichen Stellung.

Dazu noch einmal zwei Beispiele: Die Nürnberger Prozesse waren die Antwort auf ein singuläres Verbrechen. Im Hauptkriegsverbrecherprozess wirkte das Verbrechen gewissermaßen wie ein Mittel zur Disziplinierung der alliierten Mächte.[111] Diese Wirkung hatte es nicht mehr, als politisch-ideologische Differenzen stärker wurden und sich wie ein Keil zwischen die Westalliierten und die Sowjetunion schoben. Prozesse gegen die Eliten des NS-Regimes fanden nicht mehr vor gemeinsam besetzten Militärgerichten statt, es waren allein US-amerikanische Staatsanwälte und Richter, die in den zwölf Nachfolgeprozessen das Ziel einer Aufarbeitung von NS-Massenverbrechen verfolgten. Je nach Angeklagten, Tatvorwurf und Beweislage verliefen die Prozesse unterschiedlich, auch die Resonanz in der deutschen Bevölkerung variierte, zusehends allerdings in einem Spektrum, das sich zwischen verschiedenen Stufen der Ablehnung bewegte. Der elfte der Nachfolgeprozesse, wegen des Auswärtigen Amts als früherer Arbeitsort der wichtigsten Angeklagten »Wilhelmstraßen-Prozess« genannt, begann am 4. November 1947 und endete am 13. April 1949. Offizieller Name des Prozesses war *The United States of America vs. Ernst von Weizsäcker et al.*, weil der ehemalige Staatsekretär im Auswärtigen Amt, Ernst von Weizsäcker, Hauptangeklagter des Verfahrens war. Verfahren und Urteil zeigen, wie sich das Gericht zusehends im Wirrwarr von Anklage, Verteidigung, politischem Druck und öffentlicher Kritik verlor und ein Urteil fällte, das hinter der historischen Komplexität und darin zu findender strafrechtlicher Verantwortlichkeit zurückblieb.

---

111 Zu den Spannungen zwischen den Alliierten im Hintergrund des Prozesses und seiner Vorbereitung vgl. Weinke, *Gewalt, Geschichte, Gerechtigkeit*, S. 109–116, 170–176; Maguire, *Law and War*, S. 101–131.

8000 in den Wilhelmstraßen-Prozess eingebrachte Dokumente, 323 Zeugen, die gehört wurden und ein Aufklärungsinteresse, das sich in einer Verhandlungsniederschrift von rund 29000 Seiten niederschlug, sollten keine Zweifel lassen an der Entschlossenheit von Anklage und Gericht, über das Handeln von Personen, die an den Schaltstellen der Macht saßen, die verbrecherische Funktionsweise des NS-Staats unwiderlegbar zu demonstrieren.[112] Eben darin lag ein erstes Problem: Anklage und Gericht wollten zu viel. Der angestrebte Querschnitt durch den NS-Staat brachte Angeklagte aus verschiedenen Ämtern und ungleicher Dienststellung auf die Anklagebank. Von einem »Omnibusprozess« war in zeitgenössischen Medien die Rede.[113] Das zweite Problem entstand aus dem ersten: Die mitangeklagten SS-Verbrechen stellten die Verbrechen der NS-Ministerialbürokratie in den Schatten. Die Überzeugung der Anklage, die früheren Angehörigen der Ministerialbürokratie unter den Angeklagten seien zumindest ebenso Täter wie diejenigen, die, von Hitler runter bis zum einfachen MG-Schützen, das herkömmliche Täterbild bestimmten, vertrug sich nicht mit den Tatvorwürfen. Vor Gericht ausführlich erörterte SS-Massenverbrechen hatten auf die Prozessbeteiligten und die Öffentlichkeit eine andere Wirkung als bürokratische Detailfragen zur Behandlung von Dokumenten und deren Bedeutung. So konnte der Angeklagte Gottlob Berger, Chef des SS-Hauptamtes und in verschiedenen Funktionen Sonderbeauftragter Himmlers, leicht als ein grobschlächtiger Machtmensch mit entsprechend abstoßendem Wesen charakterisiert werden, während der Mitangeklagte Ernst von Weizsäcker dadurch für sich einzunehmen versuchte, dass er sich als leise und zurückhaltend präsentierte, von tiefer humanistischer Bildung und angesichts der an ihn herangetragenen Aufgaben in beständigem Ringen mit sich selbst.[114] Weizsäckers Verteidigung und die seiner Verteidiger deuteten die Mitgliedschaft in NSDAP und SS, den Aufstieg zum SS-Brigadeführer, Auszeichnungen mit dem Toten-

112 Vgl. Pöppmann, »Im Schatten Weizsäckers?«, S. 320, 322.

113 Ebenda, S. 321. Ursprünglich waren 16 Nachfolgeprozesse geplant. Nach dem zehnten Nachfolgeprozess wurde aus politischen Gründen beschlossen, die noch ausstehenden auf zwei zu verkürzen und, um gleichwohl ein möglichst vollständiges Täterspektrum erfassen zu können, die schwersten Anklagen aus den gestrichenen Verfahren in den Wilhelmstraßen-Prozess zu integrieren.

114 Ebenda, S. 327–336.

kopf-Ehrenring und dem SS-Ehrendegen als nötiges Opfer für seine Friedensmission. Er habe mitmachen müssen, um Schlimmeres zu verhüten. Seine Paraphen unter Deportationsbefehlen, die Tausenden Juden aus Frankreich und Italien das Leben kosteten – Dokumente, die »so über den Tisch gegangen« sind, mit denen er nichts zu tun hatte, die er trotzdem zustimmend paraphiert hat, »um denjenigen Widerstand zu leisten, der mir vorschwebte«.[115] Große Teile der deutschen (Medien)Öffentlichkeit glaubten ihm und äußerten sich in diesem Sinne, auch aus dem Ausland meldeten sich Unterstützer. Zusätzliches Gewicht erhielten diese Stimmen durch das sich im Laufe des Prozesses rapide verschlechternde Ost-West-Verhältnis, das Politiker in den USA auf Distanz zum Prozess gehen ließ.[116] »Wenn Ihr Weizsäcker und solche Leute verfolgt, dann arbeitet Ihr den Kommunisten in die Hände«, so der Ankläger Robert Kempner später die Reaktionen zusammenfassend.[117] Das Gericht verurteilte Ernst von Weizsäcker wegen Verbrechen gegen den Frieden und gegen die Menschlichkeit zu einer Freiheitsstrafe von sieben Jahren, die im Revisionsverfahren auf fünf Jahre reduziert wurden. Gottlob Berger erhielt wegen Kriegsverbrechen und Verbrechen gegen die Menschlichkeit eine Freiheitsstrafe von 25 Jahren, die der Hohe Kommissar John McCloy 1951 auf zehn Jahre verkürzte. Berger wurde zudem noch wegen Mitgliedschaft in einer verbrecherischen Organisation verurteilt, Weizsäcker nicht.[118]

Damit noch zu einem zweiten Verfahren, das viele Jahre später und in einem anderen Kontext stattfand: Seit dem Buch »Shake Hands with the Devil« von Roméo Dallaire, das 2003 erschienen war, galt der ruandische Oberst Théoneste Bagosora als die Inkarnation des Teufels, als »Militärführer des Genozids«, der mit dem Völkermord an den Tutsi einen lange vorher gefassten Plan umsetzen ließ. Etliche Male vor dem 6. April 1994 hatte Roméo Dallaire in seiner Eigenschaft als militärischer Leiter der UN-Friedensmission in Ruanda Théoneste Bagosora zu Unterredungen getroffen, ihm zur Begrüßung die Hand gegeben und vergeblich versucht, die mörderische Zuspitzung des

---

115 Vgl. Schley, *Die Verteidigung*, S. 21, 165 (dort das Zitat über den Widerstand); Kempner, *Ankläger einer Epoche*, S. 318 f. (dort das Tisch-Zitat).

116 Vgl. Schley, *Die Verteidigung*, S. 55, 141, 190, 199–201; Maguire, *Law and War*, S. 184.

117 Kempner, *Ankläger einer Epoche*, S. 320.

118 Vgl. Pöppmann, »Im Schatten Weizsäckers?«, S. 346, 349.

Konflikts zu verhindern.[119] In der Anklageschrift für das Verfahren vor dem Ruanda-Tribunal, mehrfach erweitert seit 1998, wurde Bagosora vorgeworfen, seit 1990 den Plan entwickelt und verfolgt zu haben, die Tutsi-Bevölkerung Ruandas auszulöschen.[120] Für die neuen Machthaber in Ruanda war er der »mastermind« des Völkermords, die ausländische englischsprachige Presse gab ihm den Namen »Himmler of Africa« oder »Colonel of the Apocalypse«.[121]

In dem erstinstanzlichen Urteil, das 606 Seiten umfasst, ging das Tribunal auf jeden einzelnen Punkt ein, der laut Anklage eine vor dem 6. April 1994 beginnende Verschwörung zur Begehung von Völkermord unter Anführung von Bagosora belegt. In jedem Punkt kam es zu dem Ergebnis, dass die betreffenden Beweismittel unzureichend seien und nicht mit der für eine Verurteilung erforderlichen Sicherheit eine Verschwörung bewiesen.[122] Es sei tatsächlich nicht ausgeschlossen, so die Richter, dass es frühe Pläne zur Begehung eines Völkermords gegeben habe. Allerdings habe es auch Pläne für den Aufbau einer »zivilen Verteidigung« gegeben, Milizen sollten aufgestellt, bewaffnet und gegen den Bürgerkriegsfeind eingesetzt werden. Aus der Existenz Letzterer könne nicht zwangsläufig auf eine gegen die gesamte Tutsi-Bevölkerung Ruandas gerichtete Vernichtungsvorbereitung geschlossen werden, auch wenn die Milizen ab dem 7. April eine entscheidende völkermörderische Kraft gewesen seien. Das Gericht: »Indeed, these preparations are completely consistent with a plan to commit genocide. However, they are also consistent with preparations for a political or military power struggle.«[123] Dann kommt es, noch einmal für seinen Prozess der Abwägung werbend, der ihm vom Recht selbst vorgeschrieben ist, zu dem Schluss: »Other or newly discovered information, subsequent trials or history may demonstrate a conspiracy involving the Accused prior to 6 April to commit genocide. This Chamber's task,

119 Das Buch erschien 2005 unter dem Titel »Handschlag mit dem Teufel« auf Deutsch, hier S. 265, 278–284, 606.

120 Vgl. http://www.haguejusticeportal.net/index.php?id=10084 [3. 6. 2024].

121 Vgl. »Key Mastermind of Rwanda Genocide Bagosora Dies at 80«, 27. 9. 2021, unter https://www.africanews.com/2021/09/27/key-mastermind-of-rwanda-genocide-bagosora-dies-at-80/ [3. 6. 2024].

122 Vgl. *Prosecutor vs. Bagosora et al.* (Military I) (ICTR-98-41), Urteil vom 18. 12. 2008, Abs. 2098–2106 (https://unictr.irmct.org/en/cases/ictr-98-41 [3. 6. 2024]).

123 Zitiert nach ebenda, Abs. 2110.

however, is narrowed by exacting standards of proof and procedure, the specific evidence on the record before it and its primary focus on the actions of the four Accused in this trial. In reaching its finding on conspiracy, the Chamber has considered the totality of the evidence, but a firm foundation cannot be constructed from fractured bricks.«[124]

Dem neuen Regime in Ruanda gefiel diese Urteilspassage ganz und gar nicht. Aber es konnte sich mit dem Urteil arrangieren, weil das Gericht Bagosora wegen anderer Verbrechen, die es zweifelsfrei als erwiesen ansah, zu einer lebenslangen Freiheitsstrafe verurteilte. Der Unmut des Regimes äußerte sich erst dann lautstark, als ein zweitinstanzliches Urteil die Freiheitsstrafe auf 35 Jahre reduzierte. Eine »Schande« und »Beleidigung der Völkermord-Überlebenden« sei es, zudem widersprüchlich im Vergleich zu anderen Urteilen.[125] Hier klang der bekannte Vorbehalt Ruandas gegen das internationale Tribunal wieder an, und sein Subtext war auch altbekannt. Hätte Ruanda die Verfahren selbst durchgeführt, wäre es Herr über die Zulässigkeit von Beweismitteln gewesen und hätte solche ausschließen können, die im Widerspruch standen zu dem offiziellen Narrativ von der Befreiung des Landes von einem völkermörderischen Regime, das sich schon seit der 1962 erlangten Unabhängigkeit etabliert hatte. Alles andere als eine mit hoher Evidenz erkennbare Planung des Völkermords, die spätestens mit dem Beginn des sogenannten Befreiungskriegs (1. 10. 1990) eingesetzt hätte, wäre dann als Ergebnis der Beweisaufnahme sehr überraschend gewesen. Denn auf dem Spiel stand und steht das Selbstverständnis der Ruandischen Patriotischen Front und deren apodiktische Zuweisung sämtlicher Verantwortlichkeit für die mörderische Zuspitzung der Situation an die Adresse der Hutu-Regierung unter Juvénal Habyarimana. Diese Verantwortlichkeit hat das internationale Tribunal im Bagosora-Verfahren nicht gefunden, auch nicht in anderen Verfahren, in denen die Anklage auf eine vor den 6. April 1994 zu datierende Verschwörung zur Begehung eines Völkermords lautete.[126]

124 Zitiert nach ebenda, Abs. 2112.

125 Vgl. Musoni, »Bagosora Ruling Sparks Fury«.

126 Vgl. die Hinweise in *Prosecutor vs. Bagosora et al.* (Military I) (ICTR-98-41), Urteil vom 18. 12. 2008, Abs. 2089 f., 2110, unter https://unictr.irmct.org/en/cases/ictr-98-41 [3. 6. 2024].

Zwei Strafprozesse, zwei verschiedene Arten der Auseinandersetzung mit einer historischen Vergangenheit. Einmal war sie bestimmt durch die Person des Hauptangeklagten, dessen bürgerlich-distinguiertes Auftreten die Anklage in einem immer milderen Licht erscheinen ließ. Dass mit zustimmender Paraphe Tausende in den Tod geschickt worden waren, NSDAP- und SS-Mitgliedschaft frühzeitig erreicht und dem weiteren Aufstieg im NS-Staat förderlich waren – beides beinahe Kleinigkeiten angesichts eines Angeklagten, der sich als Opfer unglückseliger Zeitläufte zu gerieren wusste und dabei noch einflussreiche Fürsprecher hatte. Das Nürnberger Gericht konnte und wollte sich dieser Weichzeichnung nicht entziehen, es beugte sich dem Druck und akzeptierte, dass aus einem Verbrechen ein moralisch-politisches Versagen wurde, das nur begrenzt judiziabel schien. Ganz anders das Gericht in dem Prozess gegen den Hauptangeklagten Bagosora. Es behauptete sich gegen starken äußeren Druck, warb, indem es zwei unterschiedliche Interpretationen gegenüberstellte, für seine Sichtweise und wurde darin auch von der Rechtsmittelinstanz bestätigt. Nehmen wir dazu noch die über viele Seiten hinweg aufgelisteten Prozessdokumentationen, Beweismittel und Verfahrensmitschriften sowie die im Internet aufrufbaren Videoaufzeichnungen der einzelnen Prozesstage, so haben wir hier ein Beispiel für ein Völkerstrafrechtsverfahren, das den oben skizzierten Anforderungen an eine angemessene Berücksichtigung des historischen Umfelds der Tat gerecht wird.[127] Trotzdem wird es nicht jeden überzeugen, doch ist der Grund dafür nicht in fehlendem Informations- und Anschauungsmaterial zu suchen, sondern in der Unbelehrbarkeit der Zweifler. Es ist sehr schade, dass nach dem OLG Koblenz auch das OLG in Frankfurt am Main, vor dem ein weiterer Präzedenzfall aus dem Völkerstrafrecht verhandelt wurde (Vernichtung der Jesiden durch den Islamischen Staat), Sitzungsaufzeichnungen ebenfalls nicht zuließ, obwohl dies, noch einmal, seit 2017 rechtlich zulässig ist.[128]

---

127 Zur Dokumentation des Verfahrens vgl. https://ucr.irmct.org/scasedocs/case/ICTR-98-41#eng [3. 6. 2024].

128 Vgl. § 169 Abs. 2 Gerichtsverfassungsgesetz sowie zum Syrien-Fall: https://www.ecchr.eu/pressemitteilung/syrien-verfahren-koblenz-wissenschaftler-fordern-ton-aufzeichnung/ [3. 6. 2024].

Die beschleunigte Durchführung der Verfahren

Der Nürnberger Prozess gegen die Hauptkriegsverbrecher dauerte ein Jahr, von Oktober 1945 (Eröffnungssitzung in Berlin) bis Oktober 1946 (Urteilsverkündung in Nürnberg). Die zwölf Nachfolgeprozesse dauerten von wenigen Monaten (Milch-Prozess) bis zu eineinhalb Jahren (Wilhelmstraßen-Prozess). Vor dem IStGH dauerte einer der zuletzt beendeten Prozesse (Stand März 2024) fast auf den Monat genau zehn Jahre. Im Juli 2008 wurde Jean-Pierre Bemba an den IStGH überstellt, acht Jahre später, im Juni 2016, wurde er in erster Instanz verurteilt, noch einmal zwei Jahre später, im Juni 2018, wurde er in zweiter und letzter Instanz freigesprochen. Die Verbrechen, auf die sich die Anklage bezog, waren in den Jahren 2002 und 2003 begangen worden, sechzehn beziehungsweise fünfzehn Jahre vor dem endgültigen Verfahrensende. Der frühere Präsident der Republik Côte d'Ivoire, Laurent Gbagbo, wurde im November 2011 festgenommen, im Januar 2016 begann der Prozess, drei Jahre später wurde er freigesprochen, im März 2021 bestätigte die Rechtsmittelinstanz den Freispruch. Erneut dauerte ein Verfahren fast zehn Jahre. Die angeklagten Verbrechen waren 2010 und 2011 begangen worden. Ein ähnlicher Zeitabstand ist bei vielen Verfahren vor den internationalen Strafgerichtshöfen für das ehemalige Jugoslawien und für Ruanda festzustellen. Die Prozesse selbst dauerten durchweg deutlich länger als das längste Verfahren der Nürnberger Nachfolgeprozesse.

Für die Akzeptanz von Verfahren und Urteil ist das äußerst misslich. Das sahen ursprünglich auch die Väter und Mütter des Statuts von Rom so, die – noch in Unkenntnis der bevorstehenden langen Verfahrensdauer der Ad-hoc-Gerichte – von der Annahme ausgingen, das gesamte Verfahren vor dem IStGH (von der Überstellung des Angeklagten bis zum endgültigen Urteil) werde nicht ganz drei Jahre dauern, nämlich drei Monate für die Bestätigung der Anklage, sechs Monate für die Prozessvorbereitung, fünfzehn Monate für den Prozess und neun Monate für das Rechtsmittelverfahren.[129] Das Statut von Rom enthält deshalb die Bestimmung in Artikel 67, die gewissermaßen eine Mindestgarantie für den Angeklagten darstellt: »c) es muss ohne

129 Vgl. Schabas, »Article 67: Rights of the accused«, S. 1259.

unangemessene Verzögerung ein Urteil gegen ihn ergehen.« Nahezu wortgleiche Bestimmungen finden sich in den Statuten der Ad-hoc-Gerichte (Art. 20 bzw. 21). Dafür, dass die Realität eine völlig andere ist, mag der erste Grund die adversative Verfahrensweise vor internationalen Strafgerichtshöfen sein, die, aus dem Common Law stammend, Richtern eher eine Moderatorenrolle zuweist. Beweisanträge von Anklage und Verteidigung bedeuten zeitraubende Ermittlungen und Recherchen, denen sich das Gericht nicht verschließen kann. Weitere Gründe sind die oftmals verzögerte oder gänzlich verweigerte Kooperation von Staaten sowie die Verzögerungen, die mit der Entfernung des Gerichts zum Ort des verbrecherischen Geschehens zusammenhängen und sich beispielsweise in der Schwierigkeit äußern, die Distanz zu einer fremden Kultur zu überwinden.

Auf den ersten Blick überrascht daher, dass nationale Gerichte Völkerstrafverfahren in der Regel zügiger abschließen als internationale Gerichte. Bei Letzteren müsste eigentlich eine größere Spezialisierung, eine internationale Personalausstattung und das Gewicht einer von vielen Staaten oder gar dem Sicherheitsrat getragenen Institution eine höhere Kompetenz der Problemlösung zur Folge haben, wäre zu vermuten. Dem ist allem Anschein nach nicht so. Natürlich ist kein Fall wie der andere, und unvorhersehbare Verfahrenshemmnisse kann es immer geben. Das bislang längste Strafverfahren in Deutschland war das Verfahren gegen die Ruander Ignace Murwanashyaka und Straton Musoni vor dem Oberlandesgericht Stuttgart, in dem der Tatvorwurf auf Begehung von Kriegs- und Menschlichkeitsverbrechen lautete. Der Prozess dauerte nicht ganz viereinhalb Jahre, von Mai 2011 bis September 2015. Rechnete man die Untersuchungshaft für den Hauptangeklagten mit ein, hätte die Verfahrensdauer rund sechs Jahre betragen.[130] Immer noch kürzer als die meisten Verfahren vor internationalen Gerichtshöfen, aber doch deutlich länger als andere Verfahren vor bundesdeutschen Gerichten nach dem Völkerstrafgesetzbuch. Das Stuttgarter Verfahren, das erste Verfahren nach dem Inkrafttreten dieses Gesetzbuchs am 30. Juni 2002, zeigte wie unter einem Brennglas die zeitraubenden prozessualen Widrigkeiten, auf

130 Vgl. Lakotta, »Zu weit weg für die Wahrheit«.

die Staatsanwaltschaft, Gericht und Verteidigung gestoßen sind. Es begann mit dem Aufeinandertreffen verschiedener kultureller Welten im Gerichtssaal, als Zeuginnen und Zeugen mit ihren Vorstellungen von Zeit, Ort und ihres sozialen Umfelds auf deutsche Juristinnen und Juristen stießen, die präzise Antworten brauchten, auf Deutsch, gedolmetscht aus einer Sprache, die nicht zur indogermanischen Sprachfamilie gehört. Was in der Verbrechensermittlung noch ein solides Glied in der staatsanwaltlichen Beweiskette war, löste sich plötzlich in Widersprüchen auf. Es setzte sich fort mit dem schwierigen Tatkontext, nämlich einem andauernden kriegerischen Konflikt, in dem auch die andere, nicht angeklagte Seite offensichtlich Kriegsverbrechen beging. Die Folge waren Verdächtigungen politischer Parteilichkeit oder Blindheit seitens der Verteidigung an die Adresse der Anklage. Und immer wieder endete es bei den Vorschriften der deutschen Strafprozessordnung, die trotz Tausende Kilometer entfernter Tatorte Beachtung einforderten »wie bei einem Tankstellenüberfall in Ettlingen«.[131] Dass der Prozess gleichwohl nach gut viereinhalb Jahren beendet war, lag an einer deutlichen Reduzierung der Anklagepunkte. Elf von 16 musste die Bundesanwaltschaft fallen lassen. Einsatz von Kindersoldaten, Massenvergewaltigungen oder systematische Plünderungen – alles nicht aufzuklären unter den Bedingungen der räumlichen Distanz und deutscher Verfahrensvorschriften.[132]

Der Prozess von Stuttgart ist in seiner Dauer bislang die Ausnahme. In anderen Prozessen war der Kontext weniger umstritten, die Beweislage eindeutiger, wichtige Zeugen wohnten in Deutschland. Sind diese Voraussetzungen nicht gegeben, dauert es lang. Wahrscheinlich wäre das Stuttgarter Verfahren unauffällig in die Reihe der Verfahren einzuordnen gewesen, die wie die Verfahren vor dem IStGH eine lange Verfahrensdauer aufweisen, hätte die Anklage nicht die Anklagepunkte zurechtgestutzt im Hinblick darauf, was unter vertretbarem Aufwand beweisbar war oder nicht. Und trotzdem leitete der Senatsvorsitzende des Stuttgarter Gerichts die mündliche Urteilsbegründung noch mit den Worten ein »So geht es nicht« und resümierte

131 Ebenda; das Zitat findet sich bei Rittgerott, »Der Paragrafendschungel und der Krieg im Urwald«; Ritscher, »Die Ermittlungstätigkeit des Generalbundesanwalts zum Völkerstrafrecht: Herausforderungen und Chancen«, S. 231–234.

132 Vgl. Lakotta, »Zu weit weg für die Wahrheit«.

damit das frustrierende Missverhältnis zwischen einer für die Anwendung des nationalen Rechts konzipierten Strafprozessordnung und einem dichten Dschungel an Behauptungen und Gegenbehauptungen in einem Völkerstrafverfahren, das ein Geschehen aus dem weit entfernten Ausland zum Gegenstand hat.[133]

Abhilfe verspricht sich die Bundesanwaltschaft von sogenannten antizipierten Beweissicherungs- und Strukturermittlungsverfahren, die nicht mit der Tat einer bestimmten Person beginnen, sondern einen völkerstrafrechtlich bedeutsamen Gesamtkomplex ins Auge fassen, der *situation* im Statut von Rom vergleichbar. Vor einer Anklage in Deutschland sollen Sachverhalte erforscht und Beweise gefunden und gesichert werden. Wie auch immer dieser Prozess konkret auszugestalten ist – ob durch ergänzende Regelungen in der deutschen StPO oder Kodifizierung einer besonderen Völkerstrafprozessordnung (VStPO) –, die Kenntnis über das Geschehen in der Tatortregion ist von zentraler Bedeutung, nicht nur für die Bundesanwaltschaft, sondern für alle Prozessbeteiligten. Das Gericht muss durch umfassende Sachverständigeninformation in einen Wissensstand versetzt werden, ohne zeitraubende Verzögerungen ein Verständnis für Kultur und Lebensumstände in der Welt besitzen zu können, der Täter und Opfer entstammen. Gleiches muss für die Verteidigung gelten. Das vom Angeklagten präsentierte faktische Wissen um Tat und Tathintergründe sollte um die erfahrene Wirklichkeit vor Ort erweitert werden. Andernfalls ist die Gefahr von Missverständnissen, die zeitraubend aufgeklärt werden müssen, groß. Im Idealfall könnte das Gericht für eine begrenzte Zeit im Tatortland tagen.[134] Wegen der gemeinsamen Erfahrung wäre das wechselseitige Verstehen größer, vor dem geistigen Auge der Prozessbeteiligten tauchten Bilder auf, deren Aussagen leichter konsensfähig wären. Allerdings können dieser verfahrens-

---

133 Ebenda.

134 So in dem Strafverfahren gegen einen Ruander, das in Schweden seinen Anfang genommen hat. Vgl. »How Swedish Judge Thwarted Plot«, 2. 5. 2019, auf https://www.newtimes.co.rw/news/swedish-judge-thwarted-plot [3. 6. 2024]. Zu verweisen wäre hier auch auf das Verfahren gegen Gibril Massaquoi, einen ehemaligen Milizionär aus Sierra Leone, vor einem finnischen Gericht. Das Gericht verhandelte auch vier Monate in Liberia und Sierra Leone, vgl. https://www.justiceinfo.net/en/87010-liberia-massaquoi-trial-closes-in-finland.html?mc_cid=f8194b8038&mc_eid=d8e24e2ed0 [3. 6. 2024].

technische Idealfall und das Strukturermittlungsverfahren auch kontraproduktiv im Hinblick auf die Verfahrensdauer wirken. Wer mehr weiß, möchte mehr verhandelt wissen, wenn es, wie hier, um essenzielle Dinge geht.

Es wird wohl eine illusorische Hoffnung bleiben, dass Völkerstrafrechtsverfahren keine jahrelangen Verfahren sein sollen. Je größer der Befehls- oder Einflussbereich des Angeklagten war, desto umfassender die Ermittlungstätigkeit und die Beweisaufnahme, vor allem dann, wenn der zugrunde liegende Konflikt noch andauert und der Tatortstaat keine Kooperationsbereitschaft zeigt. Insofern wird es keinen merklichen zeitlichen Unterschied machen, ob ein Verfahren vor einem internationalen oder nationalen Gericht stattfindet. Bliebe noch die Möglichkeit, die Anklage auf bewiesene oder leicht beweisbare Taten zu beschränken. Das hieße jedoch, wie schon erwähnt, Sachverhalt und historisch relevantes Geschehen einzugrenzen, was die Akzeptanz des Verfahrens beeinträchtigen könnte. Ein Tatausschnitt ist eben nur ein Tatausschnitt, und schon in Nürnberg wurde beklagt, dass wegen der Systematik des Statuts vor Kriegsbeginn begangene Verbrechen gegen die Menschlichkeit nicht zur Verhandlung zugelassen waren.[135]

Nationale Rechtsordnungen wie auch Statute des Völkerstrafrechts halten bis heute an der Illusion von Verfahren mit Völkerstrafrechtsbezug, die in der Spanne zumindest einstelliger Jahreszahlen durchzuführen sind, fest. Durchweg wird dabei an den Angeklagten gedacht, der nicht zum Objekt einer Auseinandersetzung gemacht werden darf, die sich vom Thema individueller Schuld entfernt und sich in feinsten Verästelungen der Konfliktgenese verliert. Zum (mutmaßlichen) Täter gehören jedoch auch Opfer, die ebenfalls nicht in die Rolle eines Objekts gedrängt werden dürfen. Sie sind ein mindestens ebenbürtiger Grund für das Beschleunigungsgebot, da ihre Reaktion auf das Verfahren ein wichtiger Geltungsgrund für die internationale Strafjustiz überhaupt ist. »Justice delayed is justice denied« lautet eine rechtssoziologische Beobachtung unbekannter Herkunft, die auf die fatale Konsequenz einer verzögerten Rechtsanwendung

135 Vgl. Internationaler Militärgerichtshof Nürnberg, *Der Nürnberger Prozess gegen die Hauptkriegsverbrecher*, Bd. 1, S. 285 f.

für die Opfer verweist. Wer jahrelang auf die Feststellung eines Unrechts, das ihm widerfahren ist, warten muss, der – so er diesen Moment erlebt – wird sich nicht als Legitimationssubjekt des Strafverfahrens fühlen, eher als ein Objekt, das eine Funktion im Dienste einer höheren Gerechtigkeit zu erfüllen hatte. Wenn man sich dann noch vergegenwärtigt, dass bei Völkerrechtsverbrechen wenigen Tätern eine Vielzahl von Opfern gegenübersteht, lässt sich leicht ermessen, welche desaströsen Wirkungen eine jahrelange Verfahrensdauer auf die Opfer und die Bevölkerungsgruppe, der sie angehören, haben kann.[136] Neben individuell-psychischen Erkrankungen infolge sozialer Ausgrenzung (gerade in Fällen sexualisierter Gewalt) und ausbleibender (internationaler) politischer Anerkennung ist es besonders die ausbleibende finanzielle Hilfe, die das Leid der Opfer verlängert. Auf die gesellschaftliche Ebene übertragen können darüber hinaus neue Feindbilder entstehen oder sich alte verfestigen. Kurzum, eine überlange Verfahrensdauer hat mit hoher Wahrscheinlichkeit konkrete nachteilige Folgen für Strafverfahren, die glaubhafte Antworten auf die Vorgeschichte und den Verlauf der Begehung von Völkerrechtsverbrechen geben sollen.

Die Wahrung der Rechte von Angeklagten und Opfern

Ohne Täter und Opfer völkerrechtlicher Verbrechen kein Strafverfahren. Das ist eine schlichte Wahrheit, die nichtsdestoweniger Beachtung finden muss. Täter und Opfer sind die zentralen Personen des Verfahrens, sie sind zugleich Ausgangs- und Fluchtpunkt der Überlegungen zu Objektivität, historischer Einordnung, politischer Widerspruchsfreiheit und dem Gebot eines zügig durchgeführten Verfahrens. Sie sind nicht Statisten in einer ihrer Welt abgewandten

136 Eine Parallele zur überlangen Verfahrensdauer ist die erst mit großer Verspätung erfolgende Einsetzung des Gerichts. Als Beispiel kann hier das bereits angesprochene *Kosovo Specialist Chambers and Specialist Prosecutor's Office* herangezogen werden, ein Gericht, das 2015 geschaffen wurde und sich, zusammen mit der kosovarischen Justiz, mit Verbrechen befassen soll, die zwischen Januar 1998 und Dezember 2000 von Vertretern der späteren kosovarischen Staatsführung an Serben begangen worden waren, vgl. https://www.scp-ks.org/en/background [3. 6. 2024].

Veranstaltung, sie sind vielmehr diejenigen, die in der ihnen vom Gericht zugedachten Behandlung die Rezeption des Urteils entscheidend bestimmen. Den Rechten von Tätern und Opfern kommen daher, als den abschließenden Kriterien fünf und sechs im Katalog der Kriterien für möglichst glaubhafte Verfahren mit Völkerstrafrechtsbezug, eine besondere Bedeutung zu.

Die Rechte des Täters beziehungsweise, je nach Verfahrensstand, des Angeschuldigten oder Angeklagten, sind in nationalen Rechtsordnungen oder den Statuten der internationalen Gerichtshöfe enthalten. Sie gehen zurück auf völkerrechtliche Verpflichtungen, die über ihre Vereinbarung in Konventionen hinaus gewohnheitsrechtlichen Charakter erlangt haben.[137] Diesen Rechten ist gemein, dass sie dem Angeschuldigten oder Angeklagten rechtsstaatliche Verfahrensgarantien einräumen, die die umfassende Kenntnisnahme der gegen ihn erhobenen Vorwürfe und seine Verteidigung ermöglichen.

Die Rechte des Opfers und seiner Angehörigen waren bei den Adhoc-Gerichtshöfen in den jeweiligen Verfahrensordnungen geregelt, allerdings sehr unzureichend, wie immer wieder von Opferverbänden kritisiert wurde. Opfer und deren Familienangehörige, so die Kritik, würden auf die Funktion der Informationsbeschaffer im Prozess reduziert, überdies schutzlos einer unsensiblen, verletzenden Behandlung durch die Verteidigung des Angeklagten ausgesetzt und, nachdem sie ihre Funktion erfüllt hätten, mit ihrem Leid allein gelassen.[138] Das Statut von Rom hat daraus Konsequenzen gezogen. So lautet der erste Satz in Art. 68 Abs. 1: »Der Gerichtshof trifft geeignete Maßnahmen zum Schutz der Sicherheit, des körperlichen und seelischen Wohles, der Würde und der Privatsphäre der Opfer und Zeugen.« Sodann folgt in insgesamt sechs Absätzen die Nennung diverser Maßnahmen, die dem Schutzziel dienen sollen. Artikel 75 des Statuts spricht ausdrücklich von der Wiedergutmachung für die Opfer, die entweder auf Antrag oder aus eigener Initiative des Gerichts zu leisten ist. Und ein wirkliches Novum stellt die Regelung in Artikel 79 des Statuts dar, wonach »zugunsten der Opfer von Verbrechen, die der Gerichtsbarkeit des

137 Vgl. die justiziellen Grundrechte in Art. 9 des Internationalen Pakts über bürgerliche und politische Rechte von 1966 (1976 in Kraft getreten) oder in Art. 6 der Europäischen Menschenrechtskonvention von 1950 (1953 in Kraft getreten).

138 Für das Ruanda-Tribunal vgl. Hankel, *Ruanda*, S. 78.

Gerichtshofs unterliegen, und der Angehörigen der Opfer ein Treuhandfonds errichtet« wird. In diesen Fonds werden zum einen Gelder überwiesen, die der Verurteilte laut Anordnung des Gerichts als Wiedergutmachung zu leisten hat. Zum andern können Dritte freiwillig Beträge in den Fonds einzahlen. Das Geld des Treuhandfonds wird genutzt, um die Wiedergutmachungsanordnung des Gerichts umzusetzen, das heißt, zusammen mit Organisationen vor Ort werden für die Opfer möglichst sinnvolle Formen der Entschädigung in Geld erarbeitet und realisiert. Außerdem kann der Fonds schon vor einem Urteilsspruch den Opfern von Verbrechen, die in die Zuständigkeit des IStGH fallen, materielle Hilfe zur Verfügung stellen oder zu deren Gunsten Vorkehrungen treffen, die die physischen oder psychosozialen Folgen der Verbrechen lindern.[139]

In der Praxis erweist sich die Umsetzung der Hilfen jedoch häufig als schwierig. Dabei ist es gleich, ob die Wiedergutmachungsanordnung ihrer Rechtsnatur nach eine strafrechtliche Sanktion ist oder einen zivilrechtlichen Anspruch gewährt, denn in jedem Fall ist sie nach Art. 75 Abs. 6 des Statuts so umzusetzen, dass die Opfer die nach nationalem oder internationalem Recht ihnen zustehende größtmögliche Wiedergutmachung erhalten. Auch die Prinzipien, die das Gericht aufgestellt und mehrfach präzisiert hat, nehmen der Schwierigkeit in der Umsetzung nichts: Dass sich die Wiedergutmachungsanordnung an den Verurteilten richtet und dieser darin über seine finanzielle Haftung in Kenntnis gesetzt werden muss, dass die Wiedergutmachung sodann individuell und/oder kollektiv erfolgen kann, dass die entsprechende Anordnung zudem die Art der von den mittelbar oder unmittelbar Betroffenen erlittenen und vom Täter schuldhaft verursachten Schäden mitsamt der dafür geeigneten Formen der Wiedergutmachung bestimmen soll sowie dass schließlich diejenigen Opfer, die für eine Wiedergutmachung in Betracht kommen, namentlich benannt oder Kriterien für deren Auswahl festgelegt werden sollen,[140] alle diese Punkte und Ziele legen den Eindruck von Klarheit und Sicherheit nahe, der sich in der Realität indes nur in einem von bislang fünf Fällen eingestellt hat.

139 Vgl. https://www.trustfundforvictims.org/index.php/en/what-we-do [3. 6. 2024].

140 Zu den fünf Kriterien und den Erläuterungen dazu vgl. *Prosecutor vs. Thomas Lubanga Dyilo* (ICC-01/04-01/06-3129), Entscheidung vom 3. 3. 2015 (https://www.icc-cpi.int/Pages/record.aspx?docNo=ICC-01/04-01/06-3129 [3. 6. 2024]).

Ziehen wir als erstes und positives Beispiel den Fall des malischen Staatsangehörigen Al Mahdi heran. Im August 2017 beschloss der IStGH eine Wiedergutmachungsanordnung gegen Ahmad Al Faqi Al Mahdi, nachdem er 2016 zu einer neunjährigen Freiheitsstrafe wegen der Begehung von Kriegsverbrechen im Tatmodus des vorsätzlichen Angriffs auf religiös genutzte oder geschichtlich bedeutsame Gebäude verurteilt worden war. 2,7 Millionen Euro sollte Al Mahdi als Wiedergutmachung zahlen, die Zahl der Empfänger (Institutionen und Privatpersonen) gab das Gericht mit 139 an. Da Al Mahdi mittellos war, übertrug das Gericht dem Treuhandfonds die Leistung der Wiedergutmachung.[141] In einer späteren Entscheidung präzisierte es noch die Bedingungen für die Anonymisierung der anspruchsberechtigten Opfer und das Verfahren bei Beschwerden,[142] doch von einer zu langen Dauer bis zur Entschädigung der Opfer wird man nicht reden können. Zwischen der Festnahme des Angeklagten und der letzten Anordnung des Gerichts liegen drei Jahre, ein Zeitraum, der wohl nicht gegen das Empfinden einer tatsächlichen, weil relativ zeitnahen Entschädigung spricht. Voraussetzung dafür ist allerdings auch, dass die jeweilige Höhe der Entschädigung als angemessen empfunden wird, was, setzt man Entschädigungssumme und Zahl der Opfer in Relation und berücksichtigt noch lokale Faktoren (Arbeits- und Materialkosten zur Restaurierung beschädigter Gebäude), auf den ersten Blick nicht ausgeschlossen erscheint.

Damit kommen wir zum Beispiel der Entschädigungsanordnung im Fall Germain Katanga. Der Kongolese Germain Katanga wurde im Oktober 2007 verhaftet und in das Gerichtsgefängnis in Den Haag verbracht. 2014 verurteilte ihn der IStGH wegen Verbrechen gegen die Menschlichkeit und Kriegsverbrechen zu einer Freiheitsstrafe von zwölf Jahren, 2017 verpflichtete es ihn zur Leistung von Wiedergutmachung an die Opfer. 297 Opfer sollten eine symbolische Entschädigung von jeweils 250,00 US-Dollar erhalten, außerdem sollten Zahlungen für psychosoziale Behandlung, Bildung und den Aufbau kollektiv zu nutzender Infrastruktur fließen. Da Katanga mittellos war, übernahm der Treuhandfonds die Aufgabe der Entschädigung und präsentierte einen entsprechenden Plan, dessen Umsetzung mit 1,2 Millionen US-Dollar veranschlagt wurde. Im März 2018 wurde der Entschädigungs-

141 Vgl. https://www.icc-cpi.int/Pages/item.aspx?name=pr1329 [3. 6. 2024].
142 Vgl. https://www.icc-cpi.int/Pages/item.aspx?name=pr1363 [3. 6. 2024].

plan nach einer letztinstanzlichen Entscheidung rechtswirksam.[143] Somit liegen zwischen der Verhaftung des Täters und dem Beginn der Wiedergutmachungsleistungen beinahe elf Jahre, zwischen dem Tatgeschehen in dem ostkongolesischen Dorf Bogoro im Februar 2003 noch vier Jahre mehr. Eine wohl zu lange Zeit, um den Opfern das Gefühl der Wiedergutmachung zu vermitteln, zumal der verurteilte Täter zu diesem Zeitpunkt – die Untersuchungshaft wurde auf die Freiheitsstrafe angerechnet – schon zwei Jahre wieder in Freiheit war.[144] Auch dürften nicht alle Opfer den Moment der bescheidenen Geldzahlung erlebt haben. Obendrein werden Zahlungen mit kollektiver Zielsetzung von lokalen Ansprechpartnern und NGOs vorbereitet und begleitet gewesen sein, was den effektiv zur Verfügung gestellten Betrag weiter geschmälert haben dürfte. Die Ziele des Treuhandfonds, nämlich die Sicherheit, die Würde und das Wohlergehen der Opfer gewährleisten zu wollen, klingen vor diesem Hintergrund eher wie eine gefällige Verlautbarung denn wie eine ernsthafte Selbstverpflichtung.[145]

Aber ist eine geringe Entschädigung nicht besser als gar keine? Nicht unbedingt, wenn berücksichtigt wird, dass Entschädigungen, die nach langer Zeit geleistet werden, nicht mehr unmittelbar mit einem Verbrechen in Verbindung gebracht werden. Dieses ist im Laufe der Jahre in den Hintergrund getreten, seine Folgen verblassen, sich darauf als Entschädigungsempfänger zu berufen, birgt Konfliktstoff gegenüber denjenigen, die nicht zu den Opfern zählen und nicht bedacht werden. Es entsteht das Gefühl der Ungleichbehandlung, das im sozialen Verband (Dorf, Stadtviertel) den sozialen Frieden erheblich zu stören vermag.[146]

143 Vgl. https://www.icc-cpi.int/Pages/item.aspx?name=170726-tfv-pr [3. 6. 2024]; https://www.icc-cpi.int/Pages/item.aspx?name=pr1364&ln=fr [3. 6. 2024], (dort auch jeweils die Prozessgeschichte).

144 Vgl. https://www.icc-cpi.int/Pages/item.aspx?name=pr1364&ln=fr [3. 6. 2024].

145 »Throughout the Implementation Process, the Trust Fund's Priority Remains the Security, Dignity, and Well-being of the Victims«. Vgl. https://www.icc-cpi.int/Pages/item.aspx?name=170726-tfv-pr [3. 6. 2024].

146 Aus eigenem Erleben kann ich von Fällen in der Demokratischen Republik Kongo berichten, in denen Frauen, die nach fast zehn Jahren Entschädigungsleistungen erhalten haben, Ziel von Überfällen und sexualisierter Gewalt wurden. Die Täter stammten aus der Nachbarschaft, die leer ausgegangen war, jedoch in materiell gleich schlechten Verhältnissen lebte. Zu diesem Aspekt vgl. auch Vilmer, *Réparer l'Irréparable?*, S. 81–86, 172 f., 177.

Wie im Fall Germain Katanga erweist sich auch in den drei weiteren Fällen, in denen der IStGH bislang (Stand März 2024) Wiedergutmachungsanordnungen erlassen hat (Thomas Lubanga, Bosco Ntaganda und Dominik Ongwen), das Verfahren als quälend langsam und mit vielen Unsicherheiten gespickt. Von den beeindruckenden Entschädigungssummen in Höhe von 9,2 beziehungsweise 28,6 Millionen Euro (für die Opfer im Lubanga- beziehungsweise Ntaganda-Fall) ist, beinahe zwanzig Jahre nach den Verbrechen, noch so gut wie kein Euro an die Opfer geflossen (7500 sind es allein im Fall Ntaganda). Zum einen sind kongolesische Stellen und NGOs noch dabei, Bedarfe zu ermitteln, zum andern sind die Entschädigungsbeträge – beide Verurteilten sind anerkanntermaßen mittellos – längst noch nicht vollständig eingesammelt worden.[147] Mit großer Verwunderung fragt man sich auch, wie denn die Entschädigungssumme in Höhe von 52 429 000 Euro aufgebracht werden soll, die Opfer nach Beendigung des Ongwen-Verfahrens individuell und kollektiv erhalten sollen. Auch Dominik Ongwen ist heute mittellos. 2021 war er wegen Kriegsverbrechen und Verbrechen gegen die Menschlichkeit zu einer 25-jährigen Freiheitsstrafe verurteilt worden. Zwischen 2002 und 2005 hatte Ongwen, ein ehemaliger Kindersoldat in der ugandischen Rebellenarmee *Lord's Resistance Army*, der in dieser Armee bis zum Kommandeur aufgestiegen war, seinerseits Kindersoldaten zwangsweise rekrutieren lassen und in seinem Befehlsbereich die Begehung von Mord, Vergewaltigung, Folter und anderen Verbrechen zugelassen, gefördert oder diese Verbrechen teilweise auch selbst begangen. Mindestens 49 772 Opfer sollen die Folge seiner Taten sein, so das Gericht, nehme man dann noch die kollektiv gedachten Entschädigungssummen hinzu, komme man auf die Gesamtsumme zugunsten der Opfer von über 52 Millionen Euro. Zum Vergleich: Zwischen Juli 2021 und Juli 2022 erhielt der Treuhandfonds gut 5 Millionen Euro, für 2023 beantragte das Büro des Anklägers beim IStGH ein Gesamtbudget von 59 340 000 Euro.[148]

Immerhin besteht hier noch die Chance einer Entschädigung, könnte man mit einiger Resignation bemerken und sich fragen, wie denn der IStGH mit Opfern von Verbrechen verfährt, für die es keine

147 Vgl. https://www.icc-cpi.int/drc/lubanga und https://www.icc-cpi.int/drc/ntaganda [3. 6. 2024].

148 Vgl. Gaynor, »The Wild Reparations Order of the ICC«.

verurteilten Täter gibt. Jean-Pierre Bemba wurde nach zehnjähriger Verfahrensdauer freigesprochen. 5299 Opfer waren bis zum Ende der Verhandlung als *victims of the case* zugelassen worden, die mit Abstand umfassendste Opferbeteiligung vor dem IStGH.[149] Das Gericht erkannte an, dass den Opfern tatsächlich ein Schaden entstanden sei, sah sich infolge des Freispruchs wegen der Regelung in Art. 75 Abs. 2 des Rom-Statuts, der für eine Wiedergutmachungsanordnung einen Verurteilten voraussetzt, aber daran gehindert, eine solche Wiedergutmachungsanordnung anzusprechen. Opferstatus und tatsächlicher Schadenseintritt waren somit rein deklaratorischer Natur. Für die Opfer, denen die Anklagebehörde des Gerichts eine Verbindung zwischen Aussagebereitschaft und Entschädigung nahegelegt hatte, war das ein herber Schlag. Fast könnte man einen Akt des Zynismus annehmen, als das Gericht noch darauf verwies, die Opfer könnten alternativ über nationale Zivilverfahren oder Strafverfahren gegen die unmittelbaren Täter, gegen diejenigen aus der Menge der Täter also, die ihnen ihr Leid angetan hatten, Entschädigungen erstreiten.[150] Tausende Opfer vor Gerichten der Zentralafrikanischen Republik oder der Demokratischen Republik Kongo Klage einreichen zu sehen, zeugt jedenfalls von einer Distanz zu den Verhältnissen in beiden Staaten, die die frühere Rede von »Erster« und »Dritter Welt« anschaulich macht. Der Treuhandfonds, der durch ein Hilfsprogramm die Lücke zu füllen versprach, hat im September 2020 zusammen mit einer italienischen NGO ein zwölfmonatiges Programm physischer, psychologischer und materieller Hilfe begonnen. 250 000 Euro sollten dafür zur Verfügung stehen. Wie das Programm verlaufen ist und vor allem wie die für das Frühjahr 2021 angekündigten Folgeprogramme angesichts der Tausenden von Betroffenen umgesetzt worden sind, darüber gibt die Website des Treuhandfonds keine Auskunft (Stand März 2024).[151]

Festzuhalten bleibt somit: Vor dem IStGH ist die Opferbeteiligung mit hoher Sensibilität für die Belange der Opfer geregelt. Auch die Wiedergutmachung für Opfer folgt diesem Anspruch. Zwischen An-

149 Vgl. Redel, *Der Völkerstrafprozess in Deutschland und vor dem Internationalen Strafgerichtshof*, S. 126 f.

150 Ebenda, S. 197.

151 Ebenda sowie https://www.trustfundforvictims.org/en/locations/central-african-republic [3. 6. 2024].

spruch und Wirklichkeit besteht allerdings ein großes Gefälle. Und bei diesem Fazit bleibt es auch, wenn wir uns der Opferbeteiligung und Opferentschädigung vor nationalen und speziell deutschen Gerichten zuwenden. Vielleicht auch ist die Regelung dort nur realistischer, weil in sie das Wissen um die Begrenztheit extern gesteuerter einzelstaatlicher Betreuung und Hilfe eingeflossen ist, gerade dann, wenn es sich um Völkerstrafrechtsverbrechen mit gewöhnlich hoher Opferzahl und entfernt liegenden Tatorten handelt. In § 395 Abs. 1 StPO, der die Voraussetzung für die Nebenklage definiert, ist unter den Katalogstraftaten keine Tat nach dem deutschen Völkerstrafgesetzbuch (VStGB) genannt. Abs. 3 desselben Paragrafen, der die Nebenklage bei schwerwiegenden Folgen der Tat für das Opfer für zulässig erklärt, verweist auf Straftaten, deren Unrechtsgehalt allgemein niedriger ist als bei den Katalogstraftaten in Abs. 1.[152] Auch die seit Dezember 2019 durch § 397b StPO eröffnete Möglichkeit der gemeinschaftlichen Nebenklagevertretung dient zwar der Vereinfachung von Verfahren mit hohen Opferzahlen durch einen gemeinschaftlichen Rechtsbeistand, in der entsprechenden Drucksache des Bundestags ist jedoch kein Hinweis auf Völkerstrafrechtstaten enthalten.[153]

Allerdings räumt § 395 Abs. 2 StPO Personen, die in einem besonderen Näheverhältnis zum Opfer standen (Eltern, Kinder, Geschwister, Ehegatten oder Lebenspartner), das Recht zur Nebenklage ein. Voraussetzung ist, dass das Opfer durch eine rechtswidrige Tat getötet wurde. Ob der Gesetzgeber hier an die Opfer von Völkerrechtsverbrechen gedacht hat, mag dahinstehen (die Systematik des § 395 StPO spricht dagegen), Hinterbliebenen bei Völkerstraftaten bietet er bei Nachweis der haftungsbegründenden Kausalität im Rahmen des Adhäsionsverfahrens nach § 403 StPO jedenfalls einen Schadens-

152 So auch Redel, *Der Völkerstrafprozess in Deutschland und vor dem Internationalen Strafgerichtshof*, S. 122 f.

153 BT-Drs. 19/14747, Art. 1 Nr. 19, auf https://dejure.org/Drucksachen/Bundestag/BT-Drs._19/14747 [3. 6. 2024]. Die Absicht jedenfalls besteht weiterhin, die Stellung der Opfer von Völkerrechtsverbrechen durch diverse Maßnahmen (Beiordnung von Opferanwälten oder von psychosozialen Prozessbegleitern) zu verbessern. Vgl. Buschmann, »Lücken schließen« Laut Beschluss des Bundestags vom 6.6.2024 soll die Strafprozessordnung entsprechend geändert werden, https://www.bundestag.de/dokumente/textarchiv/2024/kw23-de-fortentwicklung-voelkerstrafrecht-1005822 [2.7.2024].

ersatzanspruch.[154] Liegt die haftungsbegründende Kausalität nicht in Deutschland, ist »Rom II«einschlägig.[155] So sprach das OLG Frankfurt am Main der Mutter eines versklavten jesidischen Mädchens, das laut Urteil vom 30. November 2021 einer Tatmodalität des Völkermords und einem Kriegsverbrechen mit Todesfolge zum Opfer gefallen war, eine Entschädigung von 50 000 Euro zu.[156] Nicht klar ist, wie die Summe aufgebracht werden kann, sollte der verurteilte irakische Täter mittellos sein. Einen Treuhandfonds gibt es im deutschen Recht nicht, und das Opferentschädigungsgesetz kommt wegen seines strengen Territorialitätsprinzips nicht zur Anwendung.[157]

Es ist wohl keine unzulässige Verkürzung, wenn man nach dem bisher Ausgeführten zur Auffassung gelangt, dass die Stellung des Opfers im Völkerstrafverfahren zwei einander widersprechende Seiten hat. Auf der einen Seite erfährt es die Genugtuung, dass das ihm widerfahrene Unrecht als ein solches anerkannt wird. Auf der anderen ist dieses Anerkenntnis von zweifelhaftem Wert. Sie kommt erst nach vielen Jahren und ist, sofern der Geschädigte diesen Moment noch erlebt, von einem bescheidenen materiellen Gewicht, das überdies noch durch das soziale oder politische Umfeld in seinem Heimatstaat geschmälert werden kann.

Wie sich der Faktor Zeit bei den Angeklagten auswirkt, habe ich eingangs bereits kurz angesprochen. Auch hier ist es keine unzulässige Verkürzung, von einem eklatanten Widerspruch zum Grundsatz des beschleunigten Verfahrens und großer Belastung der Unschuldsvermutung zu sprechen. Wuchtige Verbrechensbezeichnungen sollten nicht die jahrelange Untersuchungshaft rechtfertigen können, schon gar nicht in Einzelhaft.[158] Entgegen der Erwartung schmälert die

---

154 Vgl. Redel, *Der Völkerstrafprozess in Deutschland und vor dem Internationalen Strafgerichtshof*, S. 193 f.

155 »Rom II« steht für die Verordnung (EG) Nr. 864/2007 des Europäischen Parlaments und des Rates vom 11. Juli 2007 über das auf außervertragliche Schuldverhältnisse anzuwendende Recht. Der Anspruch gründet auf Art. 1 Abs. 1 Satz 1, Art. 3, Art. 4 Abs. 1 und 2 der Verordnung.

156 Vgl. https://rsw.beck.de/aktuell/daily/meldung/detail/olg-frankfurt-lebenslange-haft-in-kriegsverbrecherprozess-um-tod-kleiner-jesidin [3. 6. 2024].

157 Zum § 3a Abs. 1 Nr. 1 und 2 OEG siehe https://dejure.org/gesetze/OEG/3a.html [3. 6. 2024].

158 Ignace Murwanashyaka, Präsident einer ruandischen Miliz im Ostkongo (FDLR) und wegen Kriegsverbrechen und Verbrechen gegen die Menschlichkeit vor dem

Dimension der zu verhandelnden Verbrechen in der Praxis auch das Akteneinsichtsrecht der Verteidigung beziehungsweise des Angeklagten (§ 147 Abs. 1 StPO). Kommen dann noch die beschränkten Ermittlungsmöglichkeiten der Verteidigung hinzu – sie kann, anders als das Gericht oder die Staatsanwaltschaft, keine formellen Rechtshilfeersuchen stellen, sondern muss bei eigenen Ermittlungen im Ausland als Privatperson tätig werden –,[159] läuft die Waffengleichheit zwischen Anklage und Verteidigung Gefahr, zu einem rein dekorativen Verfahrensprinzip zu werden. Daran ändert auch nichts, dass in schwierigen Strafverfahren die Zahl der Pflichtverteidiger zwar begrenzt ist (§ 140 StPO), denn selbst ihre Erhöhung auf zwei oder drei bildet kaum ein personelles Gegengewicht zu den Möglichkeiten der Anklage, die sich in Deutschland auf eine Abteilung des Bundeskriminalamts und eine War Crimes Unit beim Generalbundesanwalt stützen kann.[160]

Deutlich besser stellt sich die Situation bei der internationalen Strafjustiz dar. Die Kanzlei des IStGH und insbesondere das unabhängige Office of Public Counsel for the Defence sollen die Zusicherung des Gerichts beglaubigen, dass der Grundsatz gilt »A strong defence is a vital component of a fair trial«.[161] Wird die Bedürftigkeit des Angeklagten festgestellt, können die Kosten der Verteidigung durch die Kanzlei übernommen werden. Die Kanzlei verfügt auch über eine Liste professioneller Ermittler (*professional investigators*), die bei Bedarf die Ermittlungen der Verteidigung unterstützen, sofern vorher die Unterstützung bewilligt wurde. Wegen des adversatorischen Charak-

---

OLG Stuttgart angeklagt, musste fast neuneinhalb Jahre Untersuchungshaft in Einzelhaft verbringen. Erst zwei Wochen vor seinem Tod wurde eine Lockerung der Haftbedingungen verfügt. Ein abschließendes Urteil gab es wegen des Todes des Angeklagten in dem Verfahren nicht. Vgl. Johnson, »Präsident der FDLR-Rebellen ist tot«.

159 Allerdings können die dafür aufgewendeten Kosten bei vorheriger Feststellung der Notwendigkeit durch das Gericht ersetzt werden. Entsprechende Anträge werden jedoch regelmäßig abgelehnt, weil die Gerichte davon ausgehen, dass die Rechte des Beschuldigten durch die objektiven Ermittlungen der Staatsanwaltschaft (§ 160 Abs. 2 StPO) gewahrt sind. Die Amtsaufklärungspflicht des Gerichts zu nutzen, um diesem weitere Ermittlungen aufzugeben (§ 244 Abs. 2 StPO), ist dann keine Alternative. Vgl. Redel, *Der Völkerstrafprozess in Deutschland und vor dem Internationalen Strafgerichtshof*, S. 130 f.; von Wistinghausen, »VStGB und Strafverfahren«, S. 203 f.

160 Vgl. von Wistinghausen, »VStGB und Strafverfahren«, S. 208 f.

161 Vgl. https://www.icc-cpi.int/about/defence [3. 6. 2024].

ters internationaler völkerstrafrechtlicher Verfahren ist aber von der Bewilligung grundsätzlich auszugehen. Nachdem zum Beispiel im Bemba-Verfahren die Vermögenswerte Jean-Pierre Bembas eingefroren worden waren, beantragte die Verteidigung regelmäßig entweder die Aufhebung der Sicherungsmaßnahmen oder die Übernahme der Verteidigungskosten durch die Kanzlei. Schließlich wurde der Verteidigung eine Summe von monatlich 30150 Euro zur Verfügung gestellt, um damit weitere Ermittlungen zu bestreiten. Sie machte insgesamt 34 Zeugen ausfindig und beschaffte größere Mengen an Beweismaterial zur Entlastung ihres Mandanten.[162]

Wird der Angeklagte freigesprochen, das Verfahren eingestellt oder die Eröffnung der Hauptverhandlung vom Gericht beziehungsweise der Vorverfahrenskammer abgelehnt, erhält er eine Haftentschädigung, die sich in Deutschland nach dem Gesetz über Entschädigung für Strafverfolgungsmaßnahmen (StrEG) bemisst. Eine Entschädigung für Vermögensschäden ist möglich, unabhängig davon beläuft sich der Entschädigungsbetrag für jeden angefangenen Tag der Haft auf 75 Euro (§7 Abs. 2 und 3 StrEG).[163] Vor dem IStGH richtet sich die Entschädigung des Freigesprochenen nach Artikel 85 des Statuts von Rom.[164] Art. 85 Abs. 1 spricht eine Entschädigung jeder Person zu, die unrechtmäßig festgenommen oder in Haft gehalten worden ist. Art. 85 Abs. 2 betrifft ein erfolgreiches Wiederaufnahmeverfahren und Abs. 3 Fälle, in denen es »zu einem schwerwiegenden und offenkundigen Fehlurteil gekommen ist«. Zu Art. 85 Abs. 1 und 3 hat der IStGH im Dezember 2015 erstmals entschieden, dass ein freisprechendes Urteil nicht automatisch bedeutet, dass zuvor die Festnahme oder Inhaftierung unrechtmäßig waren, genauso wenig wie es bedeutet, dass es in vorheriger Instanz zu einem eklatanten Fehlurteil gekommen sein muss.[165] Die zweite Entscheidung des Gerichts zu Artikel 85 betraf den Fall Bemba. Nach seinem letztinstanzlichen Freispruch hatte er eine Entschädigung in Höhe von 68,8 Millionen Euro verlangt, davon allein 42,4 Millionen

---

162 Einige Beweismittel waren allerdings gefälscht. Vgl. Redel, *Der Völkerstrafprozess in Deutschland und vor dem Internationalen Strafgerichtshof*, S. 131 f.

163 Vgl. https://www.gesetze-im-internet.de/streg/__7.html [3. 6. 2024].

164 Vgl. https://www.ijmonitor.org/2020/05/why-icc-judges-rejected-bembas-compensation-claim/ [3. 6. 2024].

165 Ebenda mit dem Verweis auf die Entschädigungsentscheidung im Fall *Prosecutor v. Mathieu Ngudjolo* (ICC-01/04-02/12) vom 16. 12. 2015.

Euro für angeblich erlittene Vermögensschäden. Im Mai 2020 lehnte das Gericht die Entschädigung in vollem Umfang ab. Ein Anspruch auf Art. 85 Abs. 3, auf dem Bemba seine Forderung gegründet hatte, stehe ihm nicht zu, weil der Lauf des Verfahrens und zuletzt der Freispruch gezeigt hätten, dass schwerwiegende und offenkundige Fehler zulasten des Angeklagten vermieden worden seien. Die Dauer des Verfahrens, so das Gericht, stehe zwar mit zehn Jahren von Prozessbeginn bis zum endgültigen Freispruch im Widerspruch zum Grundsatz eines zügig durchzuführenden Strafverfahrens, aber auch diese Verletzung des Fair-trial-Prinzips könne keine Entschädigungsforderung auslösen, da sie unterhalb der Schwelle liege, die Art. 85 Abs. 3 für schwere Fehler voraussetze, für Fehler nämlich, die mit Korruption, Parteilichkeit oder Manipulation von Beweismitteln gleichzusetzen seien. Es sei, meinte das Gericht abschließend, Jean-Pierre Bemba unbenommen, Ersatz für erlittene Vermögensschäden infolge von Beschlagnahmungen andernorts, und zwar an den Orten der Beschlagnahmung (in Belgien, Portugal oder der Demokratischen Republik Kongo), zu suchen.[166]

Abschließende Bemerkungen

Am 28. Dezember 2021 meldete die ruandische Nachrichtenagentur *Rwanda News Agency*, dass der Staat Niger acht Ruander ausgewiesen habe.[167] Bei den Ruandern handelte es sich um ehemalige Angeklagte des Internationalen Ad-hoc-Strafgerichtshofs von Arusha. Vier von ihnen waren freigesprochen, vier verurteilt worden. Der erste Freispruch betraf André Ntagurera, den Transportminister zur Zeit des Völkermords. Er war schon 2004 freigesprochen worden und lebte seitdem in einem *safe house* in Arusha. Der Zeitpunkt der anderen Freisprüche und Urteilsverbüßungen lag jeweils zwischen 2009 und 2014.

Der Residualmechanismus der Ad-hoc-Strafgerichtshöfe hatte erst im November 2021 mit dem nigrischen Staat eine Vereinbarung über den Aufenthalt der Ruander geschlossen. Der Vereinbarung war

---

166 Vgl. https://www.ijmonitor.org/2020/05/why-icc-judges-rejected-bembas-compensation-claim/ [3. 6. 2024].

167 Vgl. https://www.rnanews.com/huit-rwandais-expulses-du-niger/ [3. 6. 2024].

eine jahrelange erfolglose Suche nach einem Aufnahmestaat vorausgegangen. Selbst Staaten, in denen Ehefrauen und Kinder lebten, hatten eine Aufnahme abgelehnt. Jetzt sollten die acht Ruander innerhalb von sieben Tagen Niger verlassen, »aus diplomatischen Gründen«, wie es in dem Erlass hieß. Ruanda, das vom Residualmechanismus und vom nigrischen Staat über die geplante Aufnahme nicht informiert worden war, hatte interveniert und geltend gemacht, dass es unter den acht Ruandern Personen gebe, die sich in den vergangenen Jahrzehnten an subversiven, gegen Ruanda und die Sicherheit der Region gerichteten Aktivitäten beteiligt hätten.[168] Hocherfreut zeigte sich auch der Generalsekretär der ruandischen Opferorganisation Ibuka. Alle acht müssten sich nun in Ruanda ihrer Verantwortung stellen, denn dort sei der Völkermord geplant und umgesetzt worden, erklärte er.[169]

Bis heute (Stand März 2024) befinden sich die acht Ruander allerdings noch in Niger. Sie leben dort in einem Haus, das bewacht wird und das sie nicht verlassen dürfen.[170] Eine merkwürdige Entwicklung. Verbrechen, die die gesamte Menschheit betreffen, sind verhandelt worden. Anklagen haben sich als unbegründet erwiesen, oder Täter sind verurteilt worden und haben ihre Strafe verbüßt. Die Menschheit hat die Existenz wesentlicher Werte unter Beweis gestellt. Während der Beweisführung verhielt sie sich gegenüber denjenigen, die diese Werte massiv verletzt haben, so, wie es die Strafprozessordnung vorschreibt, also dem Bewusstsein um die Würde des Menschen verpflichtet, das auch üble Straftäter nicht ausschließt. Dann ist das Gerichtsverfahren abgeschlossen, und der Würdebegriff verflüchtigt sich offensichtlich. Es gibt keine Verfahrensordnung mehr, die den Umgang mit tatsächlichen oder vermeintlichen Werteverletzern, durch deren Untersuchungshaft oder Freiheitsstrafe Tat oder dringender Tatverdacht gesühnt wurde, regelt. Die weltumspannende Betroffenheit kennt, so hat es den Anschein, keine Verantwortung für Täter, deren Taten geahndet wurden, und auch nicht für Tatverdächtige, bei

---

168 Ebenda.

169 Vgl. https://information.tv5monde.com/afrique/niger-expulsions-de-huit-ex-dignitaires-hutu-rwandais-53260 [3. 6. 2024]. Art. 9 Abs. 1 des Statuts für das Ruanda-Tribunal verbietet allerdings eine erneute Anklage wegen derselben Handlung vor ruandischen Gerichten.

170 Vgl. »How the Eight ›Stateless‹ Live in Niger« (https://justiceinfo.net/en/112753-eight-stateless-ictr-niger.html [3. 6. 2024]).

denen sich der Tatverdacht als unbegründet herausgestellt hat. Wieder einmal liegt der Vorwurf, die internationale Strafgerichtsbarkeit sei ein (westliches) Elitenprojekt, nahe, denn die Verantwortungslosigkeit hier entspricht spiegelbildlich der Verantwortungslosigkeit gegenüber den Ansprüchen der Opfer von Völkerrechtsverbrechen, die abgelehnt oder dilatorisch oder realitätsfern behandelt werden.

In der extremen Variante mündet der Vorwurf in einer radikalen Ablehnung der internationalen Strafgerichtsbarkeit, weil sich in ihr Arroganz und Vermessenheit zu einem subtilen Herrschaftsmodell verbänden, das Schwache folgsam zu machen trachte. Solchen Begründungen der extremen Variante für ihren Vorwurf müssen wir allerdings nicht weiter folgen, denn ihre Vertreter werfen Steine aus dem Glashaus heraus. Ihnen gefällt die ganze Richtung nicht. Die Existenz eines rechtlichen Maßstabs, an dem auch eigenes Verhalten zu messen ist, ist ihnen ein Gräuel. Setzten sie sich durch, wäre das das Ende einer nach Objektivität strebenden Völkerstrafgerichtsbarkeit. Verfahren vor nationalen Gerichten gäbe es nur dann, wenn sie dem eigenen Machtverständnis dienlich wären (dazu mehr im folgenden Kapitel).

Sinnvoller ist es jedenfalls, dem Gedanken des zivilisatorischen Versuchs und Fortschritts zu folgen. Sich so zu entscheiden, könnte als konstruktive Variante bezeichnet werden, trotz zahlreicher unübersehbarer Schwächen, die ihr bislang innewohnen. Deren größte scheint mir zu sein, dass mutmaßliche Täter und Opfer sich allzu leicht in der Rolle von Statisten wiederfinden. Die Zeit, die Völkerstrafrechtsverfahren benötigen, um zu einem Urteil zu gelangen, ist zu lang, um ein Gefühl von Gerechtigkeit erwartbar zu machen. Nach Verfahrenskosten in Millionenhöhe erhalten die Opfer Entschädigungen, die selbst im lokalen Vergleich niedrig sind. Angeklagte, die freigesprochen wurden, erhalten wenig bis gar nichts, dafür haftet ihnen der Makel eines Verbrechensverdachts an, der die Rückkehr ins freie Leben unmöglich macht. Oder sie bauschten tatsächliche oder vermeintliche Defizite internationaler Strafverfolgung auf, um den Weg zu neuer Heldenverehrung zu bereiten.[171]

---

171 So z. B. im Fall Jean-Pierre Bemba, der weiterhin unangefochtener Vorsitzender der Partei MLC (Mouvement de Libération du Congo) ist und in Kinshasa auf meterhohen Plakaten gefeiert wird, vgl. Umande, »23 ans MLC«.

Komplementarität, zentrales Geltungsmerkmal der internationalen Strafjustiz, erhält dadurch eine Bedeutungserweiterung, die dem ursprünglichen Verständnis entgegensteht. Die Unfähigkeit der eigentlich zuständigen nationalen Justiz, das Verfahren durchzuführen (der zweite Grund für die Komplementarität, der Unwille eines Staates zur Strafverfolgung, ist nicht offen kommunizierbar), wird nicht etwa repariert, sie wird vielmehr in den internationalen Bereich verlängert. Politik wirft sich das Gewand des Rechts über und gibt sich als Recht aus. Und das Recht beteiligt sich bereitwillig an dieser Verkleidungsaktion. Wer vermag es so gesehen als Hirngespinst abzutun, dass eine defizitäre nationale Justiz, mit millionenschwerer Unterstützung der internationalen Gemeinschaft, nicht auch in die Lage versetzt werden könnte, Völkerstrafrechtsverfahren durchzuführen. Die semi-internationalen hybriden Gerichte weisen jedenfalls keine schlechtere Bilanz auf als der IStGH, bei welchem zudem die Frage ist, wie er vor diesem Hintergrund den zur Nachahmung einladenden *trickle-down*-Effekt hervorrufen soll.[172] Nationale, afrikanische NGOs und rechtsbemühte Justizbeamtinnen und -beamte in dortigen Rechtsordnungen könnten Mühe haben, eine Normverdeutlichung mittels der Aktivitäten der internationalen Strafjustiz zu erkennen und in konkrete Strafermittlungen münden zu lassen. In diesem Zusammenhang ist es auch mehr als nur eine Randnotiz, dass sich die Beschwörung der politischen Unabhängigkeit des IStGH (Ocampo 2007: »[T]here can be no political compromise on legality and accountability.« Bensouda 2012: »If politicians isolate the role of the Court [...] by not cooperating, the Court's effectiveness would be seriously hampered.«)[173] als Chimäre erwiesen hat. Völkerstrafrechtlich begründete und gerechtfertigte Forderungen scheinen nicht der Politik vorzugehen, die Politik geht dem Völkerstrafrecht vor, wie wohlbegründet seine Anwendbarkeit auch sein mag. Carla Del Ponte beklagte konkret Einflussversuche mächtiger Staaten, die ökonomisch oder geopolitisch motiviert gewesen seien. Ihr Fazit: »Ich bedauere, dass das Ruanda-Tribunal wegen ihnen nie wirklich unabhängig arbeiten und seine Pflicht gegenüber den Opfern der anderen Seite erfüllen konnte.«[174] Und mit einem weiteren Blick

172 Zu diesem Ziel genauer Clark, *Distant Justice,* S. 31 f.

173 Zitiert nach ebenda, S. 38 f.

174 Del Ponte, *Ich bin keine Heldin,* S. 85.

auf das Jugoslawien-Tribunal stellt sie fest: »Wir mussten erleben, wie internationale Organisationen, nationale Regierungen und Geheimdienste uns zu ihren eigenen Zwecken die Mitarbeit verweigerten. Wie Gelder gestrichen, Zeitpläne gestrafft und Listen von Angeklagten gekürzt wurden. Wie man Ermittlungen in bestimmte Richtungen – beispielsweise gegen die NATO – verlangsamte oder verhinderte. Und wie Regierungen, allen voran die USA, intervenierten und ihren Einfluss gegen uns geltend machten.«[175]

Konstruktiv denkt Carla Del Ponte gleichwohl. Die Tribunale seien Erfolge gewesen, schreibt sie auch, obschon die Tribunale weit hinter dem zurückgeblieben seien, was möglich gewesen wäre.[176] Die Folgerung, die daraus zu ziehen ist, lautet, sofern man ihrer konstruktiven Sicht beipflichtet: weitermachen, aber besser weitermachen. Wir befinden uns inmitten eines zivilisatorischen Versuchs, in dem Rückschläge unvermeidlich sind. Sie können allerdings in Ausmaß und Häufigkeit reduziert werden, wenn die Kriterien für eine erhöhte Glaubwürdigkeit ihres Agierens berücksichtigt würden. Dann wäre ein Fortschritt möglich, der die Bedeutung des zivilisatorischen Vorhabens nicht durch eitle Selbsttäuschung gefährdet. Für das moralisch Gute glaubhaft rechtlich einzutreten, bedarf, Hermann Lübbe sagte es, des klaren, selbstkritischen Blicks und entsprechenden Handelns.

Wie ich im Folgenden zeigen möchte, werden die Versuche, fernes Unrecht zu einem nahen zu machen, heute und in voraussehbarer Zukunft zusätzlich auf eine Art bedroht, die fundamentaler ist. Verglichen mit ihr ist die konstruktiv-kritische Sicht, mit der ich bisher Wege der Unrechtsreduzierung untersucht habe, zu begrenzt, weil sie gewissermaßen der vorherrschenden Eine-Welt-Vorstellung verpflichtet ist. Diese Welt muss jedoch, wie uns insbesondere Russlands Angriff auf die Ukraine drastisch vor Augen geführt hat, keinen Bestand haben. Außerdem kann sie in ihrer Widersprüchlichkeit so unter Druck geraten, dass der »internationale Belang« von Unrecht zu einer Phrase zu werden droht.

175 Ebenda, S. 86.
176 Ebenda, S. 132.

V Welche Perspektiven es gibt, wann mit dem Eintritt welcher Perspektive zu rechnen ist und welche Folgerungen daraus zu ziehen sind

Die Menschheitsgeschichte ist vor allem eine Geschichte der Gewalt. Zumindest ist das die Geschichte, die uns bekannter ist. Wenn wir mit dem Anthropologen Richard Wrangham weit in die Vergangenheit zurückgehen, befindet sich das Leben der Menschen seit über 200000 Jahren in einem Prozess der Selbstdomestizierung.[1] 12000 Generationen lang hätten die Menschen ihre Neigung zu *reaktiver* Aggression reduziert und in einem Zusammenspiel von prosozialem Verhalten, moralischer Urteilsfindung nach dem Beispiel anderer und der Furcht vor Normverstößen erkannt, dass die Kontrolle der Aggression auf eine Provokation oder Enttäuschung die menschliche Koexistenz zum Vorteil aller friedlicher mache.[2] Die auf diese Weise entstandene soziale Toleranz, so Wrangham, festige und erweitere sich durch die Bekämpfung der *aktiven* Aggression, die »rücksichtslos und kalt« sei, ein »Angriff mit dem Ziel einer äußeren und inneren Belohnung«.[3] Beispiele aus der Tierwelt, insbesondere aus dem gegensätzlichen sozialen Leben von Bonobos und Schimpansen, verdeutlichten den evolutionären Prozess der Einhegung aktiver Aggression, seine Parallelen und Unterschiede zur menschlichen Selbstdomestizierung, in der Aggression zunehmend geächtet werde, wenngleich nach wie vor eine »stark ausgeprägte Tendenz zu aktiver Aggression« bestehe.[4]

Manches in Wranghams Analyse der Differenzierung von aktiver und reaktiver Aggression bleibt unscharf. Die Beseitigung einer rea-

1 Wrangham, *Die Zähmung des Menschen*, S. 378.
2 Ebenda, S. 44, 379.
3 Ebenda, S. 46.
4 Ebenda, S. 377.

len oder vermeintlichen Bedrohung als typische Erscheinungsform der reaktiven Aggression erfolgt nicht unbedingt ohne den Gedanken der äußeren oder inneren Belohnung, rücksichtslos oder kalt kann die reaktive Aggression zudem auch sein. Doch ist das ein Einwand, der letztlich unerheblich ist. Wichtiger ist, dass Wrangham mithilfe der biologischen Anthropologie eine Entwicklung veranschaulicht, die für weitere Überlegungen fruchtbar zu machen ist. Dass sie phänomenologisch bekannt ist und daher banal wirkt, spricht nicht gegen ihre erneute Vergegenwärtigung, denn diese erlaubt es, die Bedeutung des noch jungen Versuchs, fernes Unrecht zu einem Thema zu machen und gegebenenfalls zu ahnden, noch genauer einzuordnen.

Im Kern geht es um das Auf und Ab im Leben der Menschen, das wir heute als ein menschenwürdiges bezeichnen würden. Erfolge und Misserfolge reihten sich aneinander, existenzielle Bedrängnisse wurden als unabänderlich hingenommen, als Unrecht verstanden oder als Auftrag zu ihrer dauerhaften Überwindung wahrgenommen. Der Blick in die Zukunft war von den Erfahrungen der Vergangenheit geprägt, in der Gegenwart wurden Entwicklungslinien gezogen, von denen man dachte, sie würden auch künftig Gültigkeit haben. Je nach Sichtweise fielen sie unterschiedlich aus. Schauen wir noch einmal weit zurück in die Vergangenheit: Wir wissen von Palästen der Minoer und Mykener auf Kreta und dem griechischen Festland, und sie sind für uns, Mitte des 2. Jahrtausends v. Chr., der Beginn der griechischen Geschichte. Doch die Minoer und Mykener sahen sich nicht als Teil einer »jungen« Kultur, sie wähnten sich am Ende eines langen Kontinuums, das weit in die vorgeschichtliche Zeit zurückreichte.[5] Ihre entwickelten Erinnerungskulturen und komplexen Sozialbeziehungen ließen Kämpfen um Machtbehauptung und Vorherrschaft einen breiten Raum, in denen Gewalt allgegenwärtig war und von heroischer Vergangenheit zeugte.[6] Mit der Ilias schrieb Homer kein historiografisches Werk,[7] doch in den Bezügen, die darin auf Krieger und kriegerische Ereignisse zu finden sind, tritt uns Gewalt als eine Konstante entgegen, die über den Status eines Mannes entschied. Knöcheltief im Blut der Feinde zu waten, Wehrlose abzuschlachten und den Gegner

5 Vgl. Price/Thonemann, *Die Geburt des klassischen Europa*, S. 30 f.

6 Ebenda, S. 31–55.

7 Ebenda, S. 52; Cline, *1177 v. Chr.*, S. 73–75.

mit Perfidie niederzumachen schuf einen heldenhaften Ruf. Das einzige Antidot gegen den Trieb, einander immer mehr Leid zuzufügen, schreibt Jan Philipp Reemtsma, sei Ermattung gewesen. Und bei den Opfern habe Duldsamkeit das Leid als ihr Los annehmen lassen.[8]

Mit dem römischen *ius gentium* sind völlig andere Vorstellungen verbunden. Es gilt als eine Frühform des Völkerrechts, das den Menschen im Römischen Reich Rechte zur Regelung wichtiger Lebensbereiche verlieh. Allerdings waren diese Rechte keine Persönlichkeitsrechte – sie waren den römischen Bürgern vorbehalten und gewohnheitsrechtlich sowie im *ius civile* geregelt –, sondern Rechte zur Klärung von Eigentumsfragen und Handelsbeziehungen. Das Leben eines Menschen an sich war unbedeutend, den Interessen und Zielen Mächtiger untergeordnet. Pompeius schilderte im Jahr 62 v. Chr. dem Senat, dass er in seinen Kriegen gegen die Seeräuber und mehrere östliche Königreiche insgesamt 1538 Städte und Festungen erobert und 12 183 000 Menschen vertrieben, unterworfen und getötet habe.[9] Jahre später präsentierte Cäsar dem Senat die Bilanz seines von 58 bis 50 v. Chr. geführten Kriegs in Gallien, in der er die Tötung von 1 192 000 Menschen verzeichnete; eine weitere Million sei versklavt worden.[10] Über die Eroberung feindlicher Städte berichtet ein Zeitgenosse, es sei »der römische Brauch« gewesen, zunächst alle Bewohnerinnen und Bewohner einer Stadt zu töten und nicht eher mit dem Plündern zu beginnen, bevor nicht ein entsprechendes Signal gegeben worden sei: »Sie tun dies, so denke ich, um Schrecken zu verbreiten, sodass man in Städten, die von den Römern erobert worden sind, oft nicht nur die Leichen von Menschen antrifft, sondern auch zerstückelte Hunde und die abgetrennten Gliedmaßen anderer Tiere […].«[11]

Wir können uns vorstellen, dass auch hier bis zur Ermattung gewütet wurde und dass die belagerte Bevölkerung wusste, was ihr nach dem Eindringen des Feindes in die Stadt bevorstand. So war es eben. Akte der Aggression mit Abertausenden von Opfern, immer wieder, wenn die Gelegenheit günstig war. Ob die Massaker während der Periode, die wir heute die »Völkerwanderung« nennen oder in den

8 Vgl. Reemtsma, *Helden und andere Probleme*, S. 118.
9 Maschek, *Die römischen Bürgerkriege*, S. 89.
10 Ebenda, S. 85.
11 Zitat ebenda, S. 35.

Kriegen Karls des Großen, die er zur Arrondierung seines Herrschaftsbereichs und zur Sicherung seiner Macht führte, der Wert eines Menschenlebens hing davon ab, welches Maß Herrscher und ihre Gefolgsleute ihm zu geben gewillt waren.[12] Zu ihrem Handeln berechtigte sie die eigene Weltsicht, die keine Rücksicht auf normative Bindungen nehmen musste. Ob solche Bindungen auf der Grundlage von Sitten und Gebräuchen gleichwohl bestanden, ist nicht mit Gewissheit zu sagen. Perioden des fehlenden Gegensatzes seien leere Blätter in der Geschichte, meinte Hegel und wir wissen, dass der Widerspruch gegen exzessive Massaker – so im Fall der Kritik Catos an den von Cäsar befohlenen Völkermord an den Usipetern und Tenkterern – ohne die erhoffte Wirkung geblieben ist. Gänzlich wirkungslos verpufft ist er allerdings nicht, denn der Widerspruch wurde in die Welt getragen, er wurde irgendwann erinnerlich und das Fundament für weiteren Widerspruch. Steven Pinker und Richard Wrangham erkannten darin Anzeichen für eine allgemeine Gewalt- oder Aggressionsreduzierung, und das Zusammenwirken von Normativität und Affekt führte in der Tat zu gesetzlichen Verboten menschenverachtender Gewalt. Umso größer war das Erschrecken, wenn in diesen Zeiten der »Erfindung des gewaltempfindlichen Gewissens«[13] überwunden Geglaubtes wieder auftrat. Auf das Schicksal Magdeburgs im Dreißigjährigen Krieg ist schon kurz hingewiesen worden. Als der kaiserliche Oberbefehlshaber Johann T'Serclaes von Tilly im Mai 1631 den Befehl zur Eroberung der Stadt Magdeburg gab, folgte ein Massaker an den etwa 25 000 Einwohnerinnen und Einwohnern der Stadt. 20 000 fanden in einer bis dahin für den Dreißigjährigen Krieg beispiellosen Gewaltorgie den Tod, und die Stadt wurde völlig zerstört. Tilly, dem wegen seiner demonstrativ katholisch-asketischen Lebensweise das Image

12 Von den vielen Beispielen in Meier, *Geschichte der Völkerwanderung*, sei hier nur der Hunneneinfall in Thrakien erwähnt, der so gewaltig gewesen sei, dass, so ein Augenzeuge, es nicht mehr möglich gewesen sei, den früheren Zustand wiederherzustellen. Morde, Gewaltexzesse, Folter und Vergewaltigung seien so zahlreich gewesen, dass über ihre Zahl nur spekuliert werden könne. Vgl., S. 419 f.; zu Karl dem Großen und seinen Kriegen z. B. gegen die Sachsen vgl. Fried, *Karl der Große*, S. 160 f.

13 Jan Philipp Reemtsma, der diesen Ausdruck in seinem Buch *Vertrauen und Gewalt* prägt (S. 233), bezieht ihn auf Shakespeare und seine Stellung »zwischen Renaissance und eigentlicher Moderne« (S. 234).

vom »Mönch im Harnisch« zu eigen gewesen war, haftete nun der Ruf des »Jungfrauenschänders« an.[14] »Magdeburgisieren« nannte man fortan die Vorgehensweise in den vielen Massakern, die in diesem Krieg noch folgten.[15] Vergewaltigung, Verstümmelung und Folter waren stets wiederkehrende Motive in den Berichten über jene Zeit, und vergegenwärtigt man sich die Gesamtzahl der Toten auf den diversen Kriegsschauplätzen im Heiligen Römischen Reich und die damit verbundenen sozialen Folgen weit über das Ende des Krieges hinaus, liegt die Annahme nicht fern, dass – um noch einmal die Hegel'sche Metapher zu bemühen – die Schrift auf den spärlich beschriebenen Blättern der Geschichte wieder verblasste.[16] Der Neuen Welt schenkte Hegel keine Beachtung, Francisco de Vitoria beschrieb die Blätter, die andere zu überschreiben versuchten. Zu Sklaverei und Folter ist hier das Nötige gesagt worden.

Die Versuche, zivilisatorischen Errungenschaften zum Durchbruch zu verhelfen und nicht durch intensiv nachhallende Gewaltereignisse überschatten zu lassen, erhielten einen entscheidenden Schub infolge von zwei Kriegen, die in Europa die menschliche und materielle Zerstörung auf ungeahnte Weise intensivierten. Nach dem Ersten Weltkrieg wurde der Völkerbund gegründet, nach dem Zweiten die Organisation der Vereinten Nationen. Die erste Staatenvereinigung scheiterte, weil sie als Teil des Versailler Friedensvertrags mit der umstrittenen Hypothek von dessen Bestimmungen belastet und Deutschland als Hauptkriegsverursacher zunächst ausgeschlossen war. Die USA sollten nie beitreten, die Sowjetunion erst 1934, als Deutschland und Japan schon wieder ausgetreten waren. Die Verpflichtung zur Abrüstung blieb Makulatur und die Streitschlichtung äußerst unvollkommen.[17] Den Frieden und die internationale Sicherheit konnte auch die UNO längst nicht im erhofften Maße bewahren. Auf die Gründe dafür muss nicht noch einmal eingegangen werden, wichtig ist ein anderer Aspekt, den ich schon kurz angesprochen habe:

---

14 Vgl. Münkler, *Der Dreißigjährige Krieg*, S. 473–485.

15 Ebenda, S. 485 (Hinweis auf die Folgen); Pantle, *Der Dreißigjährige Krieg*, S. 113.

16 20 % der Vorkriegsbevölkerung (5 Millionen Menschen) überlebten den Dreißigjährigen Krieg im Heiligen Römischen Reich nicht (inkl. Krankheiten), verglichen mit 5,3 % bzw. 6 % in Europa im Ersten und Zweiten Weltkrieg. Siehe dazu: Wilson, *Der Dreißigjährige Krieg*, S. 899.

17 Vgl. Hankel, *Die UNO*, S. 27 f.

Es wurden Institutionen gegründet, die nach Zweck und Ziel weltumspannend sein sollten. Drohendes oder bereits eingetretenes Unrecht galt als internationale Angelegenheit, deren friedliche Lösung als im Interesse aller liegend angenommen wurde. Das hat es vor dem Ersten Weltkrieg nicht gegeben. Verbrechen wurden auch danach begangen, und das bis dahin Unvorstellbarste beförderte die Gründung der UNO, organisatorisch und instrumentell differenzierter als der Völkerbund. »Wer redet heute noch von der Vernichtung der Armenier?«, soll Hitler gut eine Woche vor dem Angriff der Wehrmacht auf Polen gefragt haben.[18] Er hat sich geirrt und seine Handlanger mit ihm.

Obwohl angesichts zynischer, rechtsverachtender Machtpolitik, die es im Weltmaßstab immer wieder gab und gibt, Begriffe wie internationale Gemeinschaft oder Weltgemeinschaft heute leicht schal wirken, existiert diese Gemeinschaft und ist in den Werten, für die sie ausweislich der UN-Charta steht, eine Referenz. Allerdings: Die Geschichte lehrt uns die Erkenntnis, dass Schrecken der Vergangenheit sich wiederholen und, infolge des technischen Fortschritts, ein noch größeres Ausmaß als derzeit vorstellbar annehmen können. Die Gefahr einer nuklearen Apokalypse im russisch-ukrainischen Krieg ist beileibe nicht nur theoretischer Natur. Sie ist real und setzt vielerorts Ängste frei. Wie die Minoer und Mykener vor fast 4000 Jahren stehen wir auch heute nicht am Ende eines langen Kontinuums. Aber es gilt auch: In unserem Zeithorizont von zwei bis drei Generationen werden dank menschlicher Innovationskraft Lösungen für drängende Probleme der Gegenwart entwickelt werden. So wie auch in der Vergangenheit Lösungen gefunden wurden (beispielsweise zur Beendigung von Kriegen, zur Nahrungsmittelversorgung bei steigender Weltbevölkerung oder zur Armutsbekämpfung im subsaharischen Afrika). Daher ist vernünftigerweise zu vermuten, dass es auch Lösungen in aktuellen Kriegen, zur Minderung der Folgen des Klimawandels, zur Beseitigung von Umweltschäden oder für eine gerechtere (Handels) Politik mit dem Globalen Süden geben wird. Die entscheidende Frage wird sein, ob die Lösungen zur Beendigung von Kriegen akzeptiert werden und wir die Lösungen in den anderen Bereichen mögen werden.[19] Das Zivilisationsniveau, das wir erreicht haben, bietet die not-

18 Ermagan, »Wer spricht heute noch von der Vernichtung der Armenier?«.
19 Theurer, »Der alte Mann und das Mehr«.

wendigen Instrumente, um auf friedlichem Wege zu einem gemeinsamen Einverständnis zu gelangen. Das unterscheidet uns heute von unseren Vorfahren in früheren Zeiten. Der Umgang mit gewaltgeprägten Verwerfungen in diesem Prozess und die Antworten auf andere Konflikte, die bereits existieren oder künftig noch entstehen, werden zeigen, ob dieser Unterschied Bestand hat.

Die justizielle Auseinandersetzung mit Unrecht von internationalem Belang ist ein relativ neues Phänomen. Sie gründet auf gemeinsamen moralischen Werten und dem Verständnis, dass alle Menschen die elementaren Interessen an Frieden, Sicherheit und unbedrohter Existenz teilen und die Staaten, in denen sie leben, sich dieser Interessen im Sinne ihrer Bevölkerungen annehmen. Geschieht dies nicht, erweist sich das Eine-Welt-Axiom als Chimäre, kommen wir in einen Bereich, der noch weitere Gefährdungen bereithält. Aus der zivilisatorischen Aufwärtsbewegung könnte unversehens eine Abwärtsbewegung werden.

Die beiden gegensätzlichen Pole

Die möglichen Perspektiven in der Antwort auf ein Unrecht, das uns alle wegen seiner Dimension angehen müsste, bewegen sich zwischen zwei Endpunkten, die jeweils völlig unterschiedliche Positionen markieren. Der eine Endpunkt bildet den Abschluss einer Erfolgskurve, die 1998 in Rom begann und deren Überzeugungskraft sich immer weniger Staaten entziehen konnten. Internationale und nationale Gerichtsbarkeiten ergänzen sich, die Außenpolitiken der Staaten sind menschenrechtsbasiert, die Anfänge einer kosmopolitischen Ordnung werden gelebt. Der andere Endpunkt ist das genaue Gegenteil. Die Zustimmung zum Gedanken der Ahndung fernen Unrechts geht zurück, die Anwendung der internationalen Strafjustiz wird immer stärker als willkürlich empfunden, bis ein Zustand erreicht ist, der den Gedanken als utopisch in die Geschichte verbannt. Er bleibt in der Welt, aber nur als Erinnerung an ein Scheitern. Nur noch nationale Gerichtsbarkeiten, dem Zweckmäßigkeitskalkül ihrer Staaten unterworfen, befassen sich dann und wann, wenn es ihnen aus nationalen Gründen zupass kommt, mit dem Unrecht, das einmal als von »internationalem Belang« bezeichnet wurde.

Zunächst zur erstgenannten Entwicklung. Die *civitas maxima* war das Ideal des Rechtsphilosophen Hans Kelsen. Er skizzierte sie im Schlusskapitel seiner 1920 erschienen Monografie zur »Souveränität«. Die Völkerrechtsgemeinschaft werde im eigenen Interesse dem Völkerrecht den Primat vor dem staatlichen Recht einräumen, so im Kern Kelsens leidenschaftliches Bekenntnis zu einem pazifistischen Weltbild.[20] Folgerichtig bejahte er auch die Verantwortlichkeit des Einzelnen für völkerrechtliches Unrecht.[21] Ausgangspunkt von Kelsens Idee einer Völkerrechtsgemeinschaft ist denn auch die Judikative, die staatenübergreifend zuerst geschaffen werden müsste. Im Sinne seiner »Evolutionsthese« folgten danach die Legislative und zuletzt die Exekutive. Am Ende stünde kein Weltstaat – hier sah Kelsen, beginnend mit der Zusammensetzung eines Weltparlaments, unüberwindbare Umsetzungsprobleme –, sondern eine Konföderation von Staaten, die »Ständige Liga zur Aufrechterhaltung des Friedens«.[22] Dem Namen ist anzumerken, dass Kelsen seine Vorstellung während des Zweiten Weltkriegs konzipierte (1944 ist sie unter dem Titel *Peace through Law* erschienen), als der Völkerbund unwiederbringlich gescheitert war und eine Vision für einen künftigen, nunmehr andauernden Frieden gesucht wurde. Die *civitas maxima* sollte eine solche Vision sein, und die Ahndung schwerster Verbrechen durch eine internationale Instanz, die Ausdruck des Wertebekenntnisses der *civitas* wäre, gehörte notwendigerweise dazu.

Die Welt bekam keine Liga nach Kelsen'schem Verständnis, sie bekam die Vereinten Nationen. Und sie bekam keinen internationalen Strafgerichtshof, sie bekam den Internationalen Gerichtshof (IGH), dessen Zuständigkeit nicht für alle UN-Staaten obligatorisch sein sollte, sondern eine gesonderte Unterwerfungserklärung voraussetzte.[23] Diese Unterwerfungserklärung konnte zudem noch widerrufen werden, wenn der IGH eine Entscheidung fällte, die einer Partei nicht gefiel.[24] Vielleicht sah Kelsen diese Entwicklung voraus,

---

20 Vgl. Olechowski, *Hans Kelsen,* S. 346; Zolo, »Hans Kelsen: International Peace through International Law«.

21 Ebenda, S. 518.

22 Ebenda, S. 726 f.

23 Vgl. https://www.icj-cij.org/en/how-the-court-works [3. 6. 2024].

24 So verweigerten die USA 1984, nachdem der IGH eine Klage Nicaraguas zugelassen hatte, jede weitere Beteiligung an dem Verfahren, weil der IGH mit der

jedenfalls schien er gut fünfzehn Jahre nach der Gründung von UNO und IGH nicht mehr ganz so überzeugt von einem Primat des Völkerrechts.[25] Den Gedanken von einem monistischen Völkerrechtssystem hatte er gleichwohl stark gemacht. Jahrzehnte später griff ihn Jürgen Habermas auf und gründete darauf seine Theorie vom Übergang der internationalen zur kosmopolitischen Gemeinschaft.[26] Habermas: »Die Vereinten Nationen sollten als eine politisch verfasste Gemeinschaft von Staaten *und* Bürgern reorganisiert und gleichzeitig auf die Kernfunktion der Friedenssicherung und der globalen Durchsetzung der Menschenrechte beschränkt werden. Mit einer entsprechenden Reform des Sicherheitsrates und der Gerichtshöfe müssten sie zu einer effektiven und gleichmäßigen Wahrnehmung dieser beiden Aufgaben institutionell instandgesetzt werden.«[27]

Wie die einzelnen Reformschritte aussehen sollten, deutete Habermas nur an. Vorbild sei die Europäische Union, die als Ergebnis einer demokratischen Verrechtlichung des substanziellen Kerns staatlicher Gewalt den Weg weise in eine politische Weltordnung, in der die konkurrierenden Interessen von Bürgerinnen und Bürgern und Staaten Berücksichtigung fänden und zum Ausgleich gebracht würden. Bürger seien in diesem Zusammenhang zunächst Weltbürger und Staatsbürger, mittels einer immer umfassenderen Weltinnenpolitik entwickelten sich allerdings Letztere mehr und mehr auch zu Weltbürgern, miteinander verbunden durch verbindliche völkerrechtliche Mindeststandards in der Menschenrechtspolitik und der Friedenssicherung.[28] Foren dieser Entwicklung wären eine aus Repräsentanten der Bürger und Staaten bestehende Generalversammlung sowie ein von dieser kontrollierter Sicherheitsrat und globale Gerichte. Die

---

Klagezulassung seine Kompetenzen überschritten habe. Der zugrunde liegende Streit sei nicht rechtlicher Natur, sondern ein »inherently political problem«, vgl. https://www.nytimes.com/1985/01/19/world/text-of-us-statement-on-withdrawal-from-case-before-the-world-court.html [3. 6. 2024]. Zuletzt, im März 2022, verweigerte Russland im Rechtsstreit mit der Ukraine die Beteiligung am Verfahren.

25 Vgl. Olechowski, *Hans Kelsen*, S. 879.

26 »Im Anschluss an Hans Kelsens unitarisches Völkerrechtskonzept gehe ich von einer – in sich natürlich komplexen – Einheit einer globalen Rechtsordnung aus.« Zitiert nach Habermas, *Zur Verfassung Europas*, S. 86, Fn. 125,

27 Ebenda, S. 85.

28 Vgl. ebenda, S. 85–88.

beiden letztgenannten Organe müssten elementare Ordnungsfunktionen erfüllen, zu denen auch »die weltweite Kontrolle der staatlichen Durchsetzung der Menschenrechte sowie de[r] aktiv[e] Schutz der Bevölkerungen vor kriminellen Regierungen« gehöre.[29] Im Zuge dieser Kontroll- und Schutzaktivitäten und parallel zur Herausbildung eines Weltbürgertums würden sich auch die Staaten zunehmend als solidarische Mitglieder der internationalen Gemeinschaft verstehen. Ein gemeinsames Ethos entstünde, das Unrecht, massives und systematisches, nicht mehr toleriere. In Anlehnung an Kant schrieb Habermas über diesen zukünftigen Zustand: »Das Unrecht, das an einer *beliebigen* Person begangen wird, die Verletzung, die *irgendeiner* Person zugefügt wird, reizt unsere moralische Empfindlichkeit, stachelt uns zu moralischer Empörung oder Hilfsleistung an. Aus diesen Gefühlen speisen sich moralische Urteile, die, wenn nur die gegenseitige Perspektivenübernahme zu einer hinreichend dezentrierten Wahrnehmung des Konflikts und zur gleichmäßigen Berücksichtigung aller jeweils berührten Interessen führt, vernünftig begründet werden können.«[30] Argumente, die uns schon weiter oben begegnet sind, als es um die Verrechtlichung von Menschenrechten ging. Am Ende seien Menschenrechte Rechtsnormen, für deren Begründung, so Habermas, moralische Gründe ausreichten. Zwingendes Recht seien sie gleichwohl und darum liegt es, so können wir ergänzen, im elementaren Interesse der Weltgemeinschaft, ihre Verletzung zu ahnden. Ob auf internationaler oder, da solidarischer und verantwortlicher Teil der internationalen Gemeinschaft, auf der Ebene der einzelnen Staaten, die Einsicht ist vorhanden, dass ernsthafte Gefährdungen der für alle vorteilhaften Solidarität nicht hingenommen werden dürfen.

Völkerrecht als national definiertes Recht

Mit diesen Gedanken, die den ewigen Frieden im Sinne Kants zu einer realistischen Utopie machen, nun zur gegenteiligen Entwicklung, für die derartige Gedanken nichts weiter als eine weltfremde Träumerei sind und die darum beansprucht, Abbild realistischer und im Ergebnis auch künftig unabänderlicher Weltzustände zu sein. Um sogleich mit einer dezidierten Meinung zu beginnen: »Wir sollten nicht länger so

29 Ebenda, S. 88.
30 Ebenda, S. 91 (Hervorhebung im Original).

tun, als hätten Europäer und Amerikaner die gleiche Weltsicht oder als würden sie auch nur in der gleichen Welt leben. In der alles entscheidenden Frage der Macht – in der Frage nach der Wirksamkeit, der Ethik, der Erwünschtheit von Macht – gehen die amerikanischen und die europäischen Ansichten auseinander.«[31] Der Autor dieser Zeilen, der US-amerikanische Politologe Robert Kagan, schrieb sie 2003, als die neue Weltordnung vor allem in Europa noch mit einer immer stabiler werdenden internationalen Friedensordnung gleichgesetzt wurde. Europa verkörperte für ihn eine idealistische Sichtweise, verstärkt um ein Sendungsbewusstsein, das die Augen vor den Imperativen der Machtpolitik verschließt und naiverweise auf das Völkerrecht vertraut. »Wenn internationale Probleme nicht auf europäische Art beigelegt werden können, würde dies nicht bedeuten, dass Europa selbst womöglich auf lange Sicht keine tragfähige Lösung erreichen würde, mit all den furchtbaren Folgen, die sich daraus ergäben?«, fragte Kagan und schlug gleich den Bogen zur internationalen Strafjustiz, die dem gefährlichen Trugbild der Rechtsgleichheit zwischen den Staaten aufsitze und nicht verstehen wolle, dass um des Friedens und der Sicherheit willen rechtliche Grenzen bisweilen überschritten werden müssten. Kagan: »Dies ist eine der Ursachen dafür, dass die Europäer so unbeirrbar auf der universellen Geltung des Internationalen Strafgerichtshofs bestehen. Die Forderung der Vereinigten Staaten nach Immunität für ihre Staatsbürger, nach einer Sonderbehandlung für die Mächtigen, untergräbt das Prinzip, dem Europäer ja gerade Geltung verschaffen wollen – dass alle Staaten, starke und schwache, vor dem Gesetz gleich sind und die Gesetze einhalten müssen.«[32]

Henry Kissinger, einer der geistigen Väter Robert Kagans, spricht von einer »tyranny of judges«, die das internationale Staatensystem bedrohe, weil sie Staaten bevormunde und zu enge Fesseln auferlege.[33] Vertreter anderer Staaten von außen im Namen der Menschheit und Menschlichkeit strafrechtlich zur Verantwortung zu ziehen, ist seiner Meinung nach ein Irrweg, der den historischen und politischen Kontext politisch-militärischer Maßnahmen ignoriert. Parteilichkeit der Justiz sei die unvermeidbare Folge. Wenn internationale Strafjustiz,

---

31 Zitiert nach Kagan, *Macht und Ohnmacht*, S. 9.

32 Zitiert nach ebenda, S. 72.

33 Vgl. Kissinger, »The Pitfalls of Universal Jurisdiction«, S. 86.

dann allenfalls in Form von unter strenger Kontrolle des UN-Sicherheitsrats befindlichen Ad-hoc-Gerichten, keinesfalls in Gestalt eines ständigen internationalen Strafgerichtshofs.[34] Carlo Masala weist darauf hin, dass sich bei diesem Vorschlag und anderen ähnlichen Vorschlägen um das kaum verhüllte Postulat einer »Siegerjustiz« handelt, die »kleineren« Staaten aufgezwungen werde, während die mächtigen Staaten ungehindert ihre Machtpolitik betrieben.[35] Mit dem völkerrechtswidrigen Angriffskrieg gegen den Irak von 2003 oder dem Verhalten russischer Soldaten in der Ostukraine seit 2014 – der Ukrainekrieg hatte noch nicht begonnen – werde sich kein Tribunal befassen. Masalas Erklärung: »[I]n der internationalen Politik [streben] alle Staaten, aber insbesondere die großen, nach Macht. Auch wenn es manche Kommentatoren nicht wahrhaben wollen, gilt dies nicht nur für die ›bösen‹ Mächte wie Russland oder China, sondern ganz genauso für die ›Guten‹, für die westlichen Staaten. Das Zeitalter der Großmächtepolitik mit ihren Einflusszonen und Machtspielchen ist nicht vorbei, sosehr wir uns das auch wünschen mögen. Großmächte haben per se nichts gegen eine auf das Völkerrecht gestützte internationale Ordnung, solange diese primär anderen Fesseln anlegt.«[36]

Gänzlich ungeniert sprach dies bekanntermaßen John Bolton, der Sicherheitsberater des US-Präsidenten zur Zeit der Präsidentschaft von Donald Trump aus. Der IStGH sei nicht zur Strafverfolgung legitimiert, schon gar nicht gegen US-Amerikaner und ihre Verbündeten. Seine Existenz sei ein Irrläufer der Geschichte, der sich bereits erledigt habe.[37] Auch wenn die Biden-Administration die Sanktionsandrohungen gegen IStGH-Mitarbeiter zwischenzeitlich zurückgenommen hat, die Zustimmung zu einer ständigen internationalen Strafgerichtsbarkeit gilt in der US-amerikanischen Politik weiterhin als Schwächung der eigenen Machtposition. In diesem Sinne schreibt auch der chinesische Philosoph Tingyang Zhao, einer der bekanntesten Vertreter des gegenwärtigen politischen Denkens seines Landes: »Angelegenheiten, die essentielle Daseinsinteressen berühren, lassen keinen Raum für

34 Ebenda, S. 93–96.

35 Vgl. Masala, *Weltunordnung*, S. 62–65.

36 Zitiert nach Masala, *Weltunordnung*, S. 63.

37 Vgl. Bowkott/Holmes/Durkin, »John Bolton Threatens War Crimes Court with Sanctions in Virulent Attack«.

Verhandlung, gleichgültig wie rational der Diskurs geführt wird.«[38] Dass Russland und andere größere Staaten ähnlich denken, können wir als gesichert annehmen, sodass im politischen Denken aller weltpolitisch besonders relevanten Mächte ein Realismus vorherrscht, der strukturell von einem Konflikt im Verhältnis der Staaten zueinander ausgeht. Weltpolitik bedeutet danach das Sich-Behaupten in einem anarchischen System, in dem es keine übergeordnete, zur Beachtung von Recht verpflichtende Instanz gibt.[39] Maßstab sind das nationale Interesse, das militärische Potenzial und das dadurch bestimmte Verständnis von Völkerrecht.

Rechtsmoral versus Machtpolitik – wie es sich typischerweise bei Extremen verhält, sucht man vergeblich eine Verbindung zwischen beiden. Zwar kann es in zeitlicher Hinsicht eine Überschneidung geben, aber immer wird früher oder später die Feststellung einer Unvereinbarkeit getroffen werden. Machtpolitik in dem oben beschriebenen Sinne muss Völkerrecht ignorieren (und steht auch offen dazu oder interpretiert das eigene Verhalten zu einem angeblich völkerrechtskonformem um), wohingegen eine rechtsempfindliche Politik, die zu ihrer moralischen Verpflichtung steht, ungenierte, zunehmend zügellose Machtpolitik nur in einer Situation praktizieren dürfte, die einem staatlichen Notstand gleichkommt oder zumindest fundamentale Interessen eines Staates oder anderer Staaten nachhaltig zu beeinträchtigen droht. Das Bedrückende und immer wieder auch Erschreckende ist, wie schnell und konzentriert sich der Übergang zu regelloser Machtpolitik vollzieht. Es ist ganz offensichtlich einfacher, Rechte über Bord zu werfen als sie zu beachten und ihren Gehalt weiterzuentwickeln. Das eine Extrem ist viel eher erreicht als das andere. Und es überstrahlt Widerstände, bagatellisiert sie, indem es sie als zahnlos erscheinen lässt.[40]

38 Zitiert nach Zhao, *Alles unter dem Himmel*, S. 193.

39 Vgl. Masala, *Weltunordnung*, S. 16.

40 In der Nacht vom 21. auf den 22. 3. 2022 wurde ich im Rahmen eines Senderzusammenschlusses des ukrainischen Fernsehens (TV marathon in Ukraine) gebeten, Perspektiven der Strafverfolgung von Wladimir Putin zu skizzieren. Angesichts der zeitgleich stattfindenden Angriffe auf Kiew und andere ukrainische Städte sowie der bis dahin ungebrochenen Machtfülle Putins war der Eindruck der Enttäuschung (im Studio) und der Hilflosigkeit (bei mir) spürbar, als ich der russischen Aggression die möglichen Antworten des Rechts gegenüberstellte.

Zwischenlösungen und ihre Wahrscheinlichkeit

Die Weltsicht des Realismus, die einen permanenten Konfliktmodus zwischen den Staaten annimmt und auf staatliche Selbstbehauptung setzt, ist mit einer ständigen Strafgerichtsbarkeit, die einen weltumfassenden Anspruch hat, nicht vereinbar. Die *civitas maxima*, die auf dem Völkerrecht basiert und die in ihr lebenden Menschen zu Staats- und vor allem auch zu Weltbürgern machen will, ist von der Institution einer supranationalen Strafgerichtsbarkeit nicht zu trennen, setzt jedoch auf der Ebene der Bürgerinnen und Bürger und Staaten eine Einsicht voraus, von der unklar ist, wie und wann sie erreicht werden kann. Insofern kommt man um Zwischenlösungen nicht herum, genauer gesagt um Zwischenlösungen, die das eine – die machtbetonte, realistische Perspektive – verhindern und das andere – die menschenrechtfreundliche, kosmopolitische Perspektive – ermöglichen sollen. Oder die im Gegenteil für einen Zustand stehen können, der kein vorübergehender, sondern ein endgültiger ist. Die Entwicklung wiese dann allerdings mit großer Kraft in nur eine Richtung.

Variante 1: Der IStGH der Gegenwart

Die erste Zwischenlösung, der ich nachgehen möchte, ist die Institution des IStGH in ihrer gegenwärtigen Verfassung. Ich nenne sie eine Zwischenlösung, obwohl sie sich nach ihrem Gründungsvertrag, dem Statut von Rom, nicht als seine solche versteht. Alle Staaten sollen dem Statut beitreten, denn Straftaten von »internationalem Belang« machen, da sie das »Gewissen der Menschheit« betreffen, in ihrer Wirkung nicht an nationalen Grenzen halt. Damit wird der einzelne Mensch noch nicht zu einem Weltbürger, aber ein moralisch und rechtlich verbindendes Element ist vorhanden. Faktisch ist der IStGH jedoch eine Zwischenlösung, da die Zahl seiner Unterstützerstaaten stagniert und die größten Teile der Weltbevölkerung nicht seiner Jurisdiktion unterstehen. Die Wahrscheinlichkeit ist hoch, dass es bei diesem Zustand bleibt. Jedenfalls ist die Chance einer Entwicklung im ursprünglich angestrebten Sinn längst nicht so groß wie die Gefahr eines anhaltenden Bedeutungsverlustes. Selbst wenn die hier dargestellten Kriterien zur Erhöhung der Glaubwürdigkeit des Agierens der internationalen Strafgerichtsbarkeit beachtet würden – woran Zweifel bestehen können, denkt man nur an die doch sehr lange Wegstrecke zur Erreichung der Kriterien »Objektivität des Gerichts« und »tatsächliche Völkerrechtsfreundlichkeit beteiligter Staaten« –, wird die Gefahr präsent bleiben, dass der IStGH in eine sich zuspitzende Legitimationskrise gerät. Die Gründe dafür sind in Bereichen zu suchen, deren neues Konfliktpotenzial sich erst im universellen Anspruch einer internationalen Strafjustiz herausgestellt hat. Vier Bereiche sind zu unterscheiden:

a) Der Souveränitätsanspruch gilt für viele Staaten uneingeschränkt fort. Rechtlich können sie sich auf die UN-Charta berufen, in der der souveränen Gleichheit der Staaten eine besondere Bedeutung beigemessen wird (Art. 2 Nr. 1). Uneingeschränkt kann das Recht genau genommen nicht geltend gemacht werden, weil selbst mächtige Staaten in vertraglich abgesicherte Kooperationen mit anderen Staaten eintreten müssen, was gegenseitige Pflichten zur Folge hat.[41] Trotzdem ist die Souveränität ein oft wohlfeiles Argument, um eigene staatliche Interessen durchzusetzen, notfalls rabiat und ohne Rücksicht auf die Rechte anderer Staaten. In solchen Momenten erscheint der Geltungsanspruch des Völkerrechts, der auf Vorteilserwartungen aller Staaten und ihrer Bevölkerungen gründet, auf äußerst tönernen Füßen zu stehen. Wie umgehen mit einem Rechtsverstoß, der ein massiver Angriff auf das internationale Rechtssystem und vielleicht sogar ein Völkerrechtsverbrechen ist und in dessen Gefolge weitere Völkerrechtsverbrechen begangen werden? Was tun, wenn ein mächtiger Staat, atomwaffenbewehrt, sich derart von der sogenannten regelbasierten Außenpolitik verabschiedet, zugleich aber beteuert, nur in Verfolgung rechtmäßiger Ziele zu handeln, wie der Notwehr oder der Nothilfe?

Als Russland am 24. Februar 2022 die Ukraine überfiel, geschah genau das. Die Menschen im Osten der Ukraine, in den zwei unabhängigen Donbass-Republiken, befänden sich in einer Notwehrsituation, da sie ukrainischen Angriffen ausgesetzt seien. Den Widerstand der Menschen dort gelte es zu stärken, wie es auch die russischen Bevölkerungsteile der Ukraine zu schützen gelte gegen eine genozidale Vernichtungspolitik seitens der Staatsmacht, hieß es von offiziellen russischen Stellen.[42] Daran war, wie die Reaktion der eigentlich zu

41 Vgl. allgemein Herdegen, *Völkerrecht,* S. 11.

42 Vgl. Putin, »Unser Vorgehen dient der Selbstverteidigung«. Rede am 24. 2. 2022.

befreienden Bevölkerungsteile zeigte, bei Weitem nicht so viel wahr, dass es den Angriff auf die Ukraine hätte rechtfertigen können. Folglich stehen wir objektiv vor einem Aggressionsverbrechen, das allerdings nicht strafbar ist,[43] und wir haben eine Antwort zu finden auf die Menschlichkeits- und Kriegsverbrechen, die auf dem Hoheitsgebiet der Ukraine begangen worden sind.[44]

Aber wer ist »wir«? China, nicht Vertragspartei des Statuts von Rom und dem Gedanken einer internationalen Strafgerichtsbarkeit gegenüber sehr skeptisch, kritisiert Russlands Krieg nicht. Es handle sich um einen »Konflikt zwischen Russland und dem Westen auf ukrainischem Schlachtfeld«, so eine halboffizielle Meinung betont neutral. Obschon China sich bei den zwei UN-Abstimmungen, die Russlands Aggressionskrieg verurteilten, enthalten hat, zeigte der ostentative Schulterschluss zwischen China und Russland zum Auftakt der Olympischen Spiele kurz vor Beginn des Krieges, dass die Rede von einer »neue[n] Ära autoritärer Großmachtpolitik« keine Übertreibung sein muss.[45] Und in dieser Form der Politik, selbst wenn sie sich noch in Nuancen ändern sollte, wird eine internationale Strafjustiz keinen Platz haben. Das gilt im Übrigen auch dort, wo verbal eine Stufe tiefer von einer »ausbalancierten Weltordnung« gesprochen wird. Indien, das zweite geopolitische Schwergewicht in Asien, distanziert sich trotz des russischen Aggressionsverbrechens nicht von Russland und gibt damit zu verstehen, dass für seine Beteuerung, es bevorzuge die »Lösung des Konflikts durch Dialog und Diplomatie«, Opfer gebracht werden müssen.[46] Eines der Opfer wird die Anwendung des Völkerstrafrechts sein, dem Indien bislang ohnehin nichts abzugewinnen vermochte.

Offensichtlich gibt es Risse in der internationalen Staatenwelt, die aus europäischer Perspektive gerne als »wertebasiert« bezeichnet

---

43 Weil Russland nicht Vertragspartei des Statuts von Rom ist und mit seinem Veto einen Verweis der Angriffssituation an den IStGH durch den UN-Sicherheitsrat blockieren würde. Vgl. Brown u. a., »A Tribunal for Putin's War Crimes«.

44 Diese fallen in die Kompetenz des IStGH, weil die Ukraine ab 2014 in zwei Erklärungen die Zuständigkeit des IStGH für ihr Hoheitsgebiet anerkannt hat. Vgl. https://www.icc-cpi.int/Pages/item.aspx?name=20220228-prosecutor-statement-ukraine [3. 6. 2024].

45 Jeweils zitiert nach Böge/Gutschker, »Wie hält Xi es mit Moskaus Krieg?«.

46 Zur indischen Haltung vgl. »Lawrow lobt Indiens Haltung«, in: *FAZ*, 2. 4. 2022, S. 6.

wird.[47] Neu sind diese Risse nicht, doch dass sie eigentlich breite Spalten sind, ist inzwischen unübersehbar. Und Gerichte können diese Spalten nicht mehr überbrücken (helfen), weil der Bestand an gemeinsamen Werten und Interessen nicht durchweg tragfähig ist. So stieß die Möglichkeit, auf Weisung des IGH vorsorgliche Maßnahmen zur Verhinderung weiterer Kriegsgewalt in der Ukraine zu ergreifen, bei Russland und China auf Ablehnung.[48] Nicole Deitelhoff weist auf das Dilemma hin: Verständigung und Diskurs sind in realen Verhandlungssituationen nur sinnvoll denkbar, wenn das Einverständnis über elementare moralische Normen *immer schon* vorhanden gewesen ist.[49] Das klingt zunächst, als würde es nicht zum hier diskutierten Punkt der fehlenden justiziellen Ahndungsbereitschaft gehören, denn mit Überzeugung würden alle genannten Staaten darauf verweisen, dass systematisch und in großer Zahl begangene Taten wie Mord, Folter oder Vergewaltigung nicht straflos bleiben dürfen. Wird jedoch eine Bedrohungslage angenommen, wie es in Russland mit dem Verdacht der Vorbereitung eines Genozids an der russischen Minderheit in der Ukraine geschehen ist, stellt sich die Frage, mit welchen Argumenten welche Tatmodalität des Völkermords bewiesen werden soll. Ein rationalistisches Handlungskonzept setzte voraus, dass administrative Zwänge oder Beschränkungen im Gebrauch der Verkehrssprache nicht als genozidale Bedrohung wahrgenommen werden, dass also, anders formuliert, das Verständnis von Nation nicht ins extrem Nationalistische gesteigert wird. Bis zum »Karikaturenstreit«, den Deitelhoff als Beispiel für die kulturelle Fragmentierung der Sphäre des Globalen heranzieht, ist es dann nicht mehr weit.[50] In dem einen wie in dem anderen Fall wird demonstriert, wie gleichgültig es ist, ob die eigene

---

47 Vgl. von Bogdandy/Venzke, *In wessen Namen?*, S. 65. Mit Beginn der Amtszeit von Annalena Baerbock als Außenministerin 2021 ist der Begriff zu einem Schlüsselbegriff deutscher Außenpolitik geworden.

48 Der russische Richter und die chinesische Richterin schlossen sich dem Mehrheitsentscheid des IGH vom 16. 3. 2022 nicht an (13 : 2), Russland verweigerte die Teilnahme am Verfahren mit der Begründung, der IGH sei nicht zuständig, auf der Grundlage von Art. IX der Genozidkonvention über die Zulässigkeit der Anwendung von militärischer Gewalt zu entscheiden. Vgl. https://www.icj-cij.org/en/case/182 [3. 6. 2024].

49 Die Hervorhebung findet sich im Originaltext, vgl. Deitelhoff, *Überzeugung in der Politik*, S. 286.

50 Zum »Karikaturenstreit« als Beispiel vgl. ebenda.

Position rational zustimmungsfähig ist. Entscheidend ist nur die aus Sicht ihrer Urheber realistische Erwartung, dass das eigene Verhalten sowohl im Inland als auch im Ausland solidarisierungsfähig ist.

»Nur der, der kann, darf auch« lautete die prägnante Formel, die der Völkerrechtler Erich Kaufmann dem *civitas-maxima*-Ideal Kelsens entgegenhielt.[51] Spinnt man den ihr zugrunde liegenden Gedanken weiter, ist es unvermeidlich, gedanklich bei der Völkerrechtsleugnung zu landen. Wenn nur der Staat, der die tatsächliche Macht zu einer ihm gefälligen Handlungsweise hat, so auch berechtigterweise verfahren darf, setzt er zwangsläufig das dazugehörige Recht. Stimmen andere Staaten dieser Handlungsweise ausdrücklich oder konkludent zu, könnte sogar am Leitbild der Formel »Nur der, der kann, darf auch« partikulares Völkerrecht entstehen. Mit dem Völkerrecht, das auf Menschenrechten und deren Schutz basiert, hätte dieses fragile Recht aber nichts mehr gemein. Wie das Recht, das nach der realistischen Machttheorie auf Machtsicherung, nicht auf Schutz vor der Macht ausgerichtet ist und insofern die westliche Führungsmacht USA einschließt, wäre es unvereinbar mit der Existenz von Instanzen, die über strafrechtliche Sanktionsmacht verfügen. Souveränität ist bei Gelegenheit und somit als dauerpräsente Option in erster Linie machtpolitischer Voluntarismus. Hier eine andere Gleichsetzung zu erwarten, käme einem »kühnen Sprung ins Kontrafaktische« gleich.[52]

b) Sowenig souveräne Gleichheit »oben« existiert, wo es um Macht und Machtsicherung geht, so wenig existiert sie auf der anderen Seite des Spektrums, »unten«, wo Machtlosigkeit zur alltäglichen politischen Erfahrung gehört. Dieser Zustand ist struktureller Art, tiefverwurzelt und von daher schwer zu beseitigen. Die Folge dieser offenen, starken Einflüssen unterliegenden Souveränität ist im besten Fall Indifferenz gegenüber internationaler Strafgerichtsbarkeit, im erwartbaren normalen Fall offene Ablehnung oder eine Form der Zustimmung, die letztlich auch auf eine Ablehnung hinausläuft, weil sie den Gedanken der Strafgerichtsbarkeit instrumentell handhabt, ihn

---

51 Die Formel hatte Kaufmann in seiner 1911 erschienen Monografie »Das Wesen des Völkerrechts und die clausula rebus sic stantibus« entwickelt, vgl. Olechowski, *Hans Kelsen*, S. 345.

52 So Thomas E. Schmidt in seiner Kritik an Habermas, in: Schmidt, »Das Völkerrecht soll's richten«, S. 72.

wie in einem Schaufenster für die Betrachter der Weltöffentlichkeit nach vorne schiebt, um im Hintergrund Entgegengesetztes zu unternehmen.

Beginnen wir mit einem schon klassischen Beispiel für die Demonstration von Macht bei gleichzeitiger Zuweisung von Abhängigkeit und Machtlosigkeit, nämlich mit der Ermordung des kongolesischen Politikers Patrice Lumumba im Januar 1961. Er war Ministerpräsident der gerade unabhängig gewordenen Republik Kongo und praktizierte eigenen Aussagen zufolge eine Politik der »positiven Neutralität«, die weder gegen die Europäer noch kommunistisch sein sollte. Dennoch nahm ihn die westliche Welt, allen voran die frühere Kolonialmacht Belgien und die USA, als Steigbügelhalter des sowjetischen Imperialismus wahr. Von der Pflicht, »Lumumba unschädlich zu machen«, war vor seiner Ermordung in aller Offenheit die Rede. Ermordet wurde er schließlich von seinem innerkongolesischen Gegner, allerdings mit Wissen und Förderung Belgiens und der USA, sogar die UN-Führung in Gestalt des UN-Generalsekretärs Dag Hammarskjöld war involviert.[53] Danach gelangte mithilfe westlicher Geheimdienste Joseph-Désiré Mobutu an die Macht, ein treuer Parteigänger des Westens und auch zu eigenem Vorteil stets willig, den Zugriff auf die Bodenschätze des Kongos zuzulassen.

Thomas Sankara, der Vorsitzende des »Nationalrats der Revolution« (*Conseil national de la révolution*) in der vormals französischen Kolonie Obervolta, nun Burkina Faso, wäre ein weiteres Beispiel für die Korrektur einer aus westlicher Sicht gefährlichen Entwicklung. 1987 wurde er von Kontrahenten aus seiner revolutionären Bewegung ermordet, wahrscheinlich mit Billigung oder sogar Unterstützung westlicher Geheimdienste.[54]

Das Ruanda Paul Kagames, das uns schon mehrfach begegnet ist, wäre das letzte Beispiel. 2012 unterstützten Einheiten der ruandischen Armee eine Rebellenbewegung im Ostkongo, die sich M23 nannte. Stabilität und Frieden waren die offiziellen Ziele der Bewegung, doch dem tatsächlichen Geschehen nach ging es ihr vor allem um die Herrschaft über die rohstoffreichen Kivu-Provinzen, die mit Ruanda eine

---

53 Vgl. De Witte, *Regierungsauftrag Mord*, S. 9, 271–274.
54 Vgl. Dieterich, »Verurteilung 35 Jahre nach Mord an ›Afrikas Che Guevara‹«.

gemeinsame Grenze haben. Die lokale Bevölkerung und die kongolesische Armee widersetzten sich diesem Ansinnen. Die Folge war ein Ausbruch an Gewalt, wie er sich schon häufiger in der jüngsten kongolesischen Geschichte ereignet hat. Morde, Vergewaltigungen und Vertreibungen waren seine typischen Begleiterscheinungen, nun allerdings personell und materiell von ruandischer Seite unterstützt. Trotz unwiderlegbarer Beweise bestritt Ruanda vehement jegliche Beteiligung am Konflikt, sodass die USA und mehrere europäische Staaten ihre Hilfszahlungen einstellten. Nach kurzer Zeit lenkte Ruanda ein, nicht ohne sich heftig über die angebliche Verleumdungskampagne zu beklagen.[55] »Einige behandeln Ruanda so, als wären sie immer noch in der Zeit von Ruanda-Urundi oder Belgisch-Kongo, doch diese Zeit ist vorbei«, entrüstete sich Paul Kagame und gab damit den Ton der Argumentation vor.[56] Was mächtigere Staaten wie Großbritannien oder die USA im Irak praktiziert hätten, nämlich eine Intervention zum eigenen Schutz, sei Ruanda ganz offensichtlich nicht erlaubt. Dass Ruanda dadurch seine Intervention im Ostkongo implizit eingestand, war zweitrangig. Wichtiger war der anklagende Hinweis, dass es ein machtgestütztes Sonderrecht gebe, dem sich schwächere Staaten unterzuordnen hätten. Die souveräne Gleichheit der Staaten stehe nur auf dem Papier.

Ruanda ist dem Statut von Rom nicht beigetreten. Der 2003 getroffenen Vereinbarung mit den USA, im Falle der Strafverfolgung nicht mit dem IStGH zu kooperieren,[57] bedurfte es dazu nicht. Seit der Existenz des »neuen Ruanda« nach dem Völkermord von 1994 lehnt die Staatsführung die internationale Staatsgerichtsbarkeit ab, zunächst das Tribunal in Arusha, dann den IStGH. Zu teuer und ineffektiv seien sie, ein neokoloniales Instrument der Einmischung in innere Angelegenheiten.[58] In der AU fiel Ruandas Kritik auf fruchtbaren Boden. Die Immunitätsregelung für Staatsoberhäupter, von der hier bereits im Zusammenhang mit dem Protokoll von Malabo die Rede war, zeigt, wie verbreitet unter den AU-Mitgliedstaaten die

55 Vgl. zum Ganzen Hankel, *Ruanda*, S. 424–428.
56 Zitiert nach ebenda, S. 428.
57 Vgl. Human Rights Watch, »Bilateral Immunity Agreements« 20.6.2003, www.hrw.org/campaigns/icc/docs/bilateralagreements.pdf [3. 6. 2024].
58 Vgl. Hankel, *Ruanda*, S. 330–332.

Vorbehalte gegenüber den Kompetenzen des IStGH waren und sind.[59] Ruanda steht mit seiner Ablehnung nicht allein. Und die Argumente, die vonseiten afrikanischer Staaten in diesem Streit bemüht werden, können als Verstärker der ruandischen Kritik fungieren. Der IStGH sei ein überaus fragwürdiges Projekt, weil es infolge der hauptsächlichen Finanzierung durch die reichen Vertragsstaaten wenn nicht deren Interessen vertrete, so doch keinesfalls gegen deren Interessen handeln könne. Das erkläre, warum es bisher nur Verfahren gegen Afrikaner und keine gegen Nicht-Afrikaner gegeben habe. »There is no question that the African nations are hostile toward the ICC«, meinte 2018 eine südafrikanische Juristin.[60] Eine andere Beobachterin erkannte eine gewisse Infantilisierung Afrikas, die sie festmacht an der emotional überwältigenden Figur des Kindersoldaten: »[T]he sign of Africa has come to represent, in the international humanitarian imaginary, the sign of childhood. Exemplified by the child soldier, it holds the symbolism for the most oppressed and destitute aspects of humanity. It is through this context that the ICC draws its moral fortitude, its force of law.«[61]

Wie ist es vor diesem Hintergrund aber zu erklären, dass der afrikanische Kontinent der Kontinent ist, in dem die meisten Staaten dem Statut von Rom zugestimmt haben und damit dem IStGH beigetreten sind (33 der 54 afrikanischen Staaten, gegenüber beispielsweise 19 von mehr als 50 Staaten aus dem asiatisch-pazifischen Raum)?[62] Die Antwort ergibt sich aus dem Umstand, dass der Beitritt zum IStGH zwar die politische Dokumentation der Absicht ist, die Verbrechen des Statuts nicht zu begehen und widrigenfalls die komplementäre Strafkompetenz des Gerichts anzuerkennen, sich hinter dieser Absicht jedoch im konkreten Fall eine große Verachtung für menschenrechtliche Mindeststandards verbergen kann. Diese wird selbstverständlich

59 Vgl. Pillai, »The African Union«.

60 Vgl. https://cirs.qatar.georgetown.edu/event/international-criminal-court-colonial-institution/ [3. 6. 2024], dort auch das Zitat. Auf das zu diesem Zeitpunkt nicht absehbare Verfahren gegen Wladimir Putin und andere gehe ich weiter unten ein.

61 Zitiert nach Clarke, *Fictions of Justice*, S. 116.

62 Vgl. https://asp.icc-cpi.int/states-parties [3. 6. 2024]; 48 Staaten gibt es allein in Asien, vgl. https://www.worldometers.info/geography/how-many-countries-in-asia/ [3. 6. 2024].

nicht als eine solche geäußert, sondern in Worte der Zurückweisung oder Erklärung gekleidet, die zur Rechtfertigung sogar das Recht bemühen.[63] Mali zum Beispiel ist bereits im August 2000 dem IStGH beigetreten, das hält die aktuelle Militärregierung aber nicht davon ab, zur Bekämpfung des islamistischen Widerstands im Norden des Landes mit der berüchtigten Wagner-Gruppe, einer offiziösen russischen Söldner-Miliz, zu kooperieren. Die Zentralafrikanische Republik, im Oktober 2001 beigetreten, verhält sich ebenso. Massenhafte Verbrechen an der Zivilbevölkerung werden zu legalen Militäroperationen umgedeutet, auf Nachfragen Untersuchungen versprochen, die erfahrungsgemäß im Sande verlaufen.[64]

Jetzt ist gewiss nicht jedem afrikanischen Vertragsstaat ein potenzielles Verhalten wie das Malis oder der Zentralafrikanischen Republik zu unterstellen. Andererseits weisen subsaharische Staaten durchweg patrimoniale Strukturen auf, das heißt, ein schwaches Parlament steht einem starken Staatspräsidenten gegenüber, die Regierungsform ist autoritär, eine kritische Öffentlichkeit demzufolge, von ganz wenigen Ausnahmen abgesehen (Botswana, Südafrika, Ghana, Senegal), abwesend.[65] Resolutionen der AU gegen den IStGH zeigen überdies bei Forderungen, die aus dem Globalen Norden kommen, eine ausgeprägte innerafrikanische Solidarität. Es fällt dann leicht und stößt auf Anklang, internationale Strafgerichtsbarkeit als ein weißes Elitenprojekt darzustellen.[66]

Verstärkt wird diese Sichtweise noch durch zwei Faktoren, die objektiv ein Ungleichgewicht zwischen dem Globalen Norden und Süden unterstreichen. Beide Faktoren sind bekannt, verdienen es aber wegen

---

63 Vgl. Goldsmith/Posner, *The Limits of International Law*, S. 184.

64 Vgl. Akinwotu, »Russian Mercenaries and Mali Army Accused of Killing 300 Civilians«; Dörries/Heubl, »Putins Söldner mit der Lizenz zum Töten«. Eigentlich mehr als eine Fußnote ist in diesem Zusammenhang, dass es in der Zentralafrikanischen Republik seit 2015 einen Sonderstrafgerichtshof gibt, an dem nationale und internationale Richter tätig sind. In bestem Einvernehmen mit dem zentralafrikanischen Staat, der die Wagner-Massenkriminalität zulässt (der Sicherheitsberater des Staatspräsidenten ist bereits mit Sanktionen der EU und der USA belegt), verhandeln sie über die Begehung von Völkerrechtsverbrechen der Rebellenbewegung und sind offensichtlich in der Lage, den sich so auftuenden Widerspruch auszuhalten.

65 Vgl. https://freedomhouse.org/report/freedom-world [3. 6. 2024].

66 Vgl. Clarke, *Fictions of Justice*, S. 88.

ihrer Bedeutung hier gesondert genannt zu werden, da sie jeder für sich den menschenrechtlichen Universalitätsgedanken beschädigen. In Fortführung der Auflistung wäre das:

c) die ökonomische Ausbeutung des Globalen Südens und vor allem Afrikas durch Staaten, die in einer ökonomisch stärkeren Position sind. Deren starke Position speist sich aus einem großen Ungleichgewicht in der Handelsbilanz. Während vor allem Rohstoffe aus Afrika exportiert werden, werden in weit größerem Maße Waren aus Europa nach Afrika importiert. Trotz jahrelanger Versuche, das Defizit zu verringern, sind noch keine Lösungen gefunden worden. Immer noch ist das Verhältnis von einer ausgeprägten Asymmetrie gekennzeichnet, denn die Marktmacht des Nordens widersetzt sich einer nachhaltigen Korrektur, weil sie, so die Befürchtung, zu Umsatzverlusten und Gewinneinbußen führen würde. Vieles von diesem Missstand ist bekannt (hohe Zölle auf afrikanische Agrarprodukte, europäische Exporte von Milchpulver, Tomatenmark oder Geflügelprodukte zu Dumpingpreisen und daher zum Nachteil lokaler afrikanischer Erzeuger und Arbeitskräfte), Einzelheiten sind in einer Vielzahl von Publikationen nachzulesen und müssen hier, da sie Facetten desselben Problems betreffen, nicht dargestellt werden.[67] Aber ein Umstand verdient doch, hervorgehoben zu werden: Das deutliche ökonomische Ungleichgewicht wäre ohne die aktive Mithilfe afrikanischer Staatsführer nicht möglich. Kapitalflucht, Korruption, Nepotismus und der Ausverkauf ganzer Landstriche an ausländische Unternehmen, die Bodenschätze abbauen und im Gegenzug fragliche Infrastrukturprojekte finanzieren sollen, ruinieren Volkswirtschaften und erschweren Versuche, gegen die Bereicherungssucht einer kleinen Clique Änderungen durchzusetzen. Dass hier die innerafrikanische Solidarität eine Skandalisierung dieser paternalistischen Herrschaftsform verhindert und sich auch AU und regionale Zusammenschlüsse mit Kritik schwer tun, liegt allerdings auch an der Lebensweise des Globalen Nordens.

67 So z. B. bei Dieye, »Assessing Trade Relations Between Africa and Europe«; die Meinung der Welthungerhilfe findet sich hier: https://www.welthungerhilfe.de/welternaehrung/rubriken/entwicklungspolitik-agenda-2030/wettbewerbsnachteile-afrikanischer-agrarprodukte/, Informationen über die EU-Afrika-Partnerschaft hier https://ec.europa.eu/international-partnerships/africa-eu-partnership_en [3. 6. 2024].

Eine »imperiale« Lebensweise[68] im großen Stil stößt auf eine solche kleineren Ausmaßes, könnte man sagen. Hier wie dort basiert sie auf Ungleichheit und Macht und erleichtert ein Arrangement. Bis jetzt. Denn dieses Arrangement hat eine schnell größer werdende Störung erfahren. Sie steht für den zweiten Faktor, der das Ungleichgewicht zwischen dem Globalen Norden und Süden anschaulich macht, nämlich:

d) die Folgen des Klimawandels und die dadurch bewirkten oder beeinflussten Umweltzerstörungen. »Menschen in den kapitalistischen Gesellschaften des globalen Nordens verbrauchen im Durchschnitt deutlich mehr Ressourcen als etwa (semi)subsistent wirtschaftende Mitglieder von indigenen Gemeinschaften im globalen Süden.« Die anfallenden ökologischen Kosten würden externalisiert, zum Beispiel in Gestalt von CO_2, das bei der Herstellung der Konsumgüter für den globalen Norden emittiert und von den Ökosystemen der Südhalbkugel absorbiert werde oder sich in der Atmosphäre konzentriere und die Entstehung zerstörerischer Naturverhältnisse begünstige.[69] Die 54 Staaten Afrikas stellten (Stand März 2024) fünfzehn Prozent der Weltbevölkerung, trügen aber zu weniger als vier Prozent zur Erderwärmung durch CO_2 bei (China 32,9, die USA 12,6 und Indien 7 Prozent).[70] Im deutlich zweistelligen Bereich werde in den nächsten Jahrzehnten der Rückgang des BIP in Afrika infolge der Klimaveränderung liegen, so eine Studie. Starke Regenfälle und Unwetter würden häufiger, Abertausende von Häusern zerstört (im Mai 2023 in dem kleinen Ruanda: über 130 Tote, 5500 Häuser, 50 Schulen, 14 Straßen und Brücken zerstört, über 30000 Menschen mussten ihre Heimat verlassen[71]), landwirtschaftlich genutztes Land werde verwüstet oder, wenn es terrassenförmig angelegt sei, gänzlich zerstört, Straßen und Brücken würden unbrauchbar gemacht.[72]

---

68 Brand/Wissen, *Imperiale Lebensweise.*

69 Ebenda, S. 12; das Zitat steht auf S. 34.

70 Zu den globalen Anteilen vgl. https://de.statista.com/infografik/23383/anteil-der-laender-an-den-weltweiten-co2-emissionen/ [3. 6. 2024].

71 Vgl. https://www.rnanews.com/le-president-rwandais-felicite-les-dirigeants-et-amis-pour-leur-solidarite-apres-les-inondations/ [3. 6. 2024].

72 Vgl. Lakhani, »Climate Crisis Will Have Huge Impact on Africa's Economies, Study Says«. Die Studie wurde von der NGO Christian Aid in Auftrag gegeben.

Gewöhnlich nimmt die Öffentlichkeit im Globalen Norden davon keine Notiz. Meldungen erreichen uns nur, wenn über hohe Todeszahlen hinaus unsere wirtschaftlichen Interessen betroffen sind.[73] Doch Widerstand regt sich. Die Menschen in Afrika und auch Asien sind nicht länger bereit, die nicht von ihnen gemachte Umweltzerstörung als eine weitere Kalamität in ihrem zumutungsreichen Leben hinzunehmen. Sie fordern eine finanzielle Kompensation für die erlittenen Verluste, denn, so ein Diplomat: »Climate finance is not charity, it's climate justice.«[74]

Der Weg dorthin wird weit sein. Welcher Staat sich in welchem Umfang an der Herstellung der Klimagerechtigkeit beteiligen wird, ist noch nicht geklärt. Ein Fonds, dessen Einrichtung auf der Klimakonferenz COP27 im November 2022 beschlossen wurde, stößt auf Zurückhaltung seitens einiger Industriestaaten und Schwellenländer, die sich nicht in der Verantwortung sehen oder behaupten, Wachstum und Wohlstand für große Teile ihrer Bevölkerung erst noch generieren zu müssen (so zum Beispiel China).[75] Besser sind die Perspektiven für den »Globalen Schutzschirm gegen Klimarisiken«, der von den G7-Staaten und der sogenannten V20-Gruppe vulnerabler Staaten, die vom Klimawandel am stärksten betroffen sind, entwickelt wurde. Der Schutzschirm soll wie eine Versicherung funktionieren, wie eine Haftpflichtversicherung genauer gesagt, die bei einem Schadenseintritt zulasten eines Dritten an diesen zahlt.[76] Zu Beginn des Weltklimagipfels COP28 Ende 2023 in Dubai haben erste Staaten Zahlungen zugesagt. Wie es aussieht, ist der Schutzschirm nun arbeitsfähig.[77]

Ob Fonds oder Schutzschirm oder beides, das Ungleichgewicht zwischen den beiden Seiten wird wohl abzumildern, aber nicht zu beseitigen sein. Eingedunkelte Lebensperspektiven im Globalen Süden im Wissen darum, damit für unbeschwerte Existenzen im Globalen Norden zu sorgen, werden nicht oder nur sehr widerwillig zur Hinnahme der Folgen des Klimawandels führen. Umgekehrt stehen Industrie- und Schwellenländer unter dem Druck, den Lebensstandard

73 Vgl. Bröll, »Wiederaufbau nach Südafrikas Sintflut«.
74 Zitiert nach Lakhani, »Climate Crisis Will Have Huge Impact«.
75 Vgl. Harvey/Lakhani, »Rich Nations Relent on Climate Aid to Poor at Cop27«.
76 Vgl. Meier, »Eine Police für den Süden«.
77 Vgl. https://www.globalshield.org/[3.6.2024].

ihrer Bevölkerungen zumindest zu halten oder auf ein höheres, in urbanen Zentren bereits erreichtes Niveau zu bringen. Konfliktpotenzial ist also reichlich vorhanden. Rechnen wir noch den damit eng verwandten ökonomischen Faktor hinzu, der aus den gleichen Gründen seine Interessen behaupten wird, dürfte klar werden, dass eine gemeinsame Verständigung auf ein Ziel, das für Recht und Gerechtigkeit steht, ohne ein Einlenken der stärkeren Seite nicht möglich sein wird. Diese Seite aber macht bei sich bietender Gelegenheit besondere Souveränitätsrechte geltend und stößt dabei auf eine politische oder militärische Führung schwächerer Staaten, die daraus ihren Vorteil zu ziehen versuchen, indem sie sich ebenso verhalten. Solange dieser Zustand andauert, wird er ein Hindernis sein, eine größere Zustimmung zu Gerechtigkeitsansprüchen, wie sie die institutionalisierte internationale Strafgerichtsbarkeit verkörpert, zu erreichen.

Variante 2: Der Globale Süden wendet sich ab

Mit diesem wenig ermutigenden Fazit möchte ich zur nächsten Zwischenlösung übergehen, die sich noch weiter vom Ideal einer weltumspannenden Strafgerichtsbarkeit entfernt. Man könnte auch sagen, sie markiert Schritte auf dem Weg zum endgültigen Abschied. Es beginnt damit, dass Vertragsstaaten vom Rom-Statut zurücktreten und den IStGH verlassen.[78] Diesen Schritt haben Burundi (2017) und die Philippinen (2019) vollzogen, Kenia, Südafrika, Gambia und Sambia hatten ihn erwogen, sich dann aber für einen Verbleib entschieden. Den Entscheidungen Burundis und der Philippinen lagen nicht Akte eines fernen Unrechts zugrunde, aus ihrer Sicht war es angeblich nahes Unrecht, das Ermittlungen des IStGH ausgelöst hatte. Nahes Unrecht heißt hier Unrecht, das in beiden Staaten selbst, durch deren Staatsorgane, begangen worden sein soll. In Burundi waren es mutmaßliche Verbrechen gegen die Menschlichkeit (Mord, Entführung, Folter), zu denen es nach 2015, nachdem Staatspräsident Pierre Nkurunziza eine dritte Amtszeit angetreten hatte, gekommen war. In augenscheinlich systematischer und großangelegter Weise hatte sich die Staatsgewalt gegen Kritiker der dritten Amtszeit gerichtet, denen

---

78 Die Möglichkeit besteht nach Art. 127 des Statuts. Der Rücktritt wird ein Jahr nach der Notifikation an den UN-Generalsekretär wirksam.

wegen ihrer behaupteten Nähe zu Ruanda Hoch- und Landesverrat vorgeworfen wurde. Burundi wies die Beschuldigungen zurück und sah sich als erneutes Opfer einer Parteilichkeit des IStGH, der Völkerrechtsverbrechen allein in Afrika verorte.

Um mutmaßliche Verbrechen gegen die Menschlichkeit (vorsätzliche Tötung) ging es in erster Linie auch in Bezug auf die Philippinen. Vor allem während der Amtszeit von Rodrigo Duterte als (Vize)Bürgermeister einer Millionenstadt und dann Staatspräsident (2011–2015/2016–2022) seien im sogenannten »Krieg gegen die Drogen« Tausende von Menschen umgebracht worden. Die neue philippinische Regierung unter Ferdinand Marcos Jr. wies die Vorwürfe zurück und verwies auf eigene Ermittlungen. Eine Zusammenarbeit mit dem IStGH werde es nicht geben.[79]

Ob es tatsächlich weitere Ermittlungen oder sogar Anklagen gegen burundische und philippinische Politiker oder Militärs geben wird (bis zur Wirksamkeit des Rücktritts bleibt der IStGH zuständig, wenn die eigentlich berufene nationale Justiz inaktiv bleibt), mag dahinstehen. Zwei Staaten haben bereits den IStGH verlassen, andere mit dem Gedanken gespielt, das ist die Nachricht, die dem Selbstverständnis, das aus der Existenz des IStGH spricht, scharf entgegensteht. Es wäre keine Überraschung, würden künftig weitere Staaten vom Rom-Statut zurücktreten, weil sie sich zu Unrecht im Fokus von Ermittlungen wähnen. Obwohl sie dadurch die These von Goldsmith und Posner bekräftigen, dass die Anerkennung der internationalen Strafgerichtsbarkeit nicht einer Überzeugung entsprechen muss, sondern eine opportunistische Geste sein kann, werden sie selbst mit angemessener Empörung auf üble Machenschaften verweisen, die ihnen im nationalen Interesse keine Wahl lassen. Wollten sie dabei auf Vorbilder verweisen, fiele ihnen dieses leicht. Russland zog seine Unterschrift unter dem Rom-Statut zurück, nachdem der IStGH infolge der Annektierung der Krim Ermittlungen aufgenommen hatte, die USA – auch nach Beginn der Präsidentschaft Biden – übten zur Vermeidung von Ermittlungen wegen möglicher Kriegsverbrechen in Af-

79 Vgl. »Les Philippines se retirent de la Cour pénale internationale«, in: *Le Monde*, 18. 3. 2019; zur Kooperationsverweigerung vgl. https://www.reuters.com/world/asia-pacific/icc-prosecutor-authorized-reopen-philippines-drug-war-investigation-2023-01-26/ [3. 6. 2024].

ghanistan erfolgreich Druck auf die Anklagebehörde des IStGH aus, und Großbritannien hat es bis heute geschafft, den IStGH von einer näheren Befassung mit der britischen Kriegführung im Irak abzuhalten.[80]

Als es in einer Resolution der UN-Generalversammlung am 14. November 2022 darum ging, nicht nur Russlands Aggression gegen die Ukraine zu verurteilen, sondern in einem weiteren Schritt zu fordern, dass Russland für die massiven Verstöße gegen das humanitäre Völkerrecht und elementare Menschenrechte rechtlich zur Verantwortung gezogen werden solle und für die angerichteten Zerstörungen Schadenersatz leisten müsse, fiel die Zustimmung von vormals über 140 Staaten auf 94. Vierzehn Staaten stimmten dagegen, 73 enthielten sich, zwölf waren bei der Abstimmung abwesend.[81] Weniger als die Hälfte der in den UN organisierten 193 Staaten sprach sich dafür aus, Russland zur Verantwortung zu ziehen, dabei war im Resolutionsentwurf nicht einmal gefordert, russische Militärs oder Politiker individuell für die Völkerrechtsverstöße verantwortlich zu machen. Es ging um die Durchsetzung von Schadensersatz und mithin um eine Regelung, die zwischen Kriegführenden schon seit vielen Jahrhunderten gewohnheitsrechtlich anerkannt ist und 1907 in das Haager Abkommen über die Gesetze und Gebräuche des Landkriegs aufgenommen worden war (Art. 3). Es ging nicht um Strafbarkeit infolge kriminellen Handelns. Wäre dies die Forderung der Resolution gewesen, hätte es mit an Sicherheit grenzender Wahrscheinlichkeit eine noch geringere Zahl an Zustimmungen gegeben, dabei haben bei der Abstimmung im November 2022 bereits fast dreißig Staaten der 124, die Vertragspartei des Statuts von Rom sind, nicht für den auf Schadensersatz begrenzten Resolutionsentwurf gestimmt.

Was folgt daraus? Zunächst einmal: Die maximale Zustimmungszahl 124 ist eine sehr unsichere Zahl. Gelangen Vertragsstaaten zur Überzeugung, die Verfolgung konkreter Maßnahmen internationaler Strafjustiz könne zu ihrem Nachteil sein oder ihren Interessen wider-

---

80 Vgl. Walker/Bowcott, »Russia Withdraw Signature from International Criminal Court Statute«; Lüders, *Hybris am Hindukusch,* S. 178 f.; https://www.ecchr.eu/fall/kriegsverbrechen-britischer-truppen-im-irak/ [3. 6. 2024].

81 Vgl. https://en.wikipedia.org/wiki/United_Nations_General_Assembly_Resolution_ES-11/5 vom 14. 11. 2022 [3. 6. 2024].

sprechen, distanzieren sie sich ohne erkennbare Skrupel von dem Vorhaben. Dabei können sie sich auf einflussreiche Vorbilder berufen.

Sodann folgt daraus: Die Instrumentalisierung des Gedankens der internationalen Strafjustiz zu Zwecken, die dem zivilisatorischen Verständnis von Recht und Gerechtigkeit in einer nicht geringen Zahl von Staaten zuwiderlaufen, führt zu einer beschleunigten Erosion der internationalen Strafgerichtsbarkeit. Das ist als Feststellung natürlich nicht neu. Was der Konsequenz jedoch gewissermaßen eine besondere Dramatik verleiht, ist Folgendes: Der Unterschied zwischen der behaupteten Rechtsverfolgung einerseits und dem als tatsächlich angenommenen Rechtsinteresse andererseits ist so groß, dass er schlaglichtartig einen Missstand beleuchtet, der sich unvermeidlich wie ein roter Faden durch diese Untersuchung zieht. Das geforderte Sondertribunal für Putin und andere ist hierfür ein anschauliches Beispiel. Es wird gefordert, weil Putin und enge Mitarbeiter vom IStGH nicht für das Aggressionsverbrechen gegen die Ukraine, das sich am 24. Februar 2022 manifestierte, bestraft werden können. Das Statut von Rom steht dem entgegen. Auf Einzelheiten muss hier nicht eingegangen werden,[82] wichtiger ist die Idee eines Sondertribunals. Seine Etablierung wird auf zweierlei Art diskutiert. Wie schon 1942, als sich in St. James in London Vertreter von Exilregierungen der unter NS-Besatzungsherrschaft befindlichen Staaten zusammengefunden und in einer gemeinsamen Erklärung eine strafrechtliche Antwort auf die NS-Aggression gefordert hätten, so müssten heute die Staaten der Welt der bedrängten Ukraine zu Hilfe kommen und für eine Bestrafung derer eintreten, die mit dem Krieg Tod und Verderben in die Ukraine gebracht und die europäische Friedensordnung zerstört hätten. Die Erklärung von St. James habe gut drei Jahre später zum Londoner Abkommen und zum Nürnberger Prozess gegen die Hauptkriegsverbrecher geführt. Nach diesem Vorbild, so die Initiatoren der Idee, die beiden früheren britischen Premierminister Gordon Brown und John Major, wäre von den Staaten auch ein Sondertribunal einzurichten, das die eklatante Strafbarkeitslücke schlösse und Putin sowie dessen engste Mittäter zur Verantwortung ziehe.[83] Ein zweiter Vorschlag zur Schaffung eines Sondertribunals stützt sich auf die UN-Generalver-

---

82 Zum Hintergrund vgl. Hankel, *Putin vor Gericht?*, S. 48–50.
83 Ebenda, S. 84 f.

sammlung. Mit ihrem Votum ausgestattet solle der UN-Generalsekretär mit der Ukraine einen Vertrag schließen, in dem die Ukraine ihre gewohnheitsrechtlich bestehende Gerichtsbarkeit über das Verbrechen der Aggression einem internationalen Sondertribunal überträgt. Die über die nationalen Grenzen der Ukraine hinausreichenden materiell-rechtlichen Kompetenzen, wie sie notwendigerweise mit dem Aggressionsverbrechen verbunden sind, würden also durch das Votum der UN-Generalversammlung (zusätzlich) legitimiert und durch die Beteiligung einer internationalen Richterschaft bestätigt. Das Ergebnis wäre ein Tribunal, das eine Strafbarkeitslücke schlösse und durch die Einbindung von UN-Mitgliedsstaaten aus allen Weltregionen »so besonders eindrucksvoll zum Ausdruck [brächte], dass die Verfolgung des Verbrechens der Aggression die internationale Gemeinschaft als Ganzes berührt«.[84]

Lassen wir einmal die schwierige Frage beiseite, ob die zweite Variante eines Sondertribunals auch die Immunität Putins, seines Außen- und Verteidigungsministers aufzuheben vermag (die Frage stellt sich bei der ersten Variante infolge des rein staatlich-internationalen Akts der Errichtung nicht, sie wäre so zu beantworten wie im Londoner Abkommen 1945), die im Vorlauf viel größere wäre, wie denn die erhoffte oder behauptete internationale Legitimation eines solchen Tribunals zustande kommen soll. Nach gegenwärtigem Stand dürften weniger als die 94 Staaten, die der November-Resolution ihre Stimme gaben, der Sondertribunal-Idee zustimmen. Zu Recht mag man beklagen, dass viele getötete ukrainische Soldaten, viele Kollateralopfer und große Teile der zerstörten Infrastruktur vom Netz des Völkerstrafrechts nicht erfasst werden, weil sie, obschon eine direkte Folge des Angriffskriegs, nach den Regeln des humanitären Völkerrechts rechtmäßig waren. Als Kriegs- oder Menschlichkeitsverbrechen können sie daher nicht bestraft werden.[85] Es besteht in der Tat eine Strafbarkeitslücke, die jedoch, so dürfte die Argumentation der Skeptiker lauten, hingenommen werden könne, da genügend Beweise für andere, vom IStGH zu ahndende Völkerrechtsverbrechen vorlägen und die Möglichkeit der Schadensersatzforderung auch für die Fälle, die die Lücke ausmachten, nicht verschlossen sei. Vor allem werden

---

84 Vgl. Hobe/Kreß/Nußberger, »Gegen den Frieden« (dort auch das Zitat).
85 Ebenda.

sich die Verfechter der Sondertribunal-Idee entgegenhalten lassen müssen, dass sie nun, wo die Russische Föderation einen Krieg begonnen hat, eine große Geschäftigkeit an den Tag legen. Als die USA und weitere Willige 2003 den Krieg in den Irak trugen, war aus dem heutigen Lager der Verfechter eines Sondertribunals nichts zu hören. Es stimmt, die Strafbarkeit des Aggressionsverbrechens wurde erst Jahre nach Inkrafttreten des Statuts von Rom in das Statut aufgenommen, doch sollte nicht vergessen werden, dass die das Gewohnheitsrecht bekräftigende UN-Aggressionsresolution aus dem Jahr 1974 stammt. Das Recht, das heute die Grundlage eines Putin-Sondertribunals bilden soll, existierte folglich 2003 auch schon und wäre gegen George W. Bush und andere anwendbar gewesen. Das geschah nicht, ja es wurde nicht einmal ernsthaft erwogen. Was, versetzen wir uns in die Person eines Politikers aus Afrika oder Lateinamerika, soll diese von der aktuellen Forderung denken? Dass mit zweierlei Maß gemessen wird, gewiss nicht. Aber genau das wird sie denken und sich verwundert fragen, wie die Verfechter der Sondertribunal-Idee so geschichtsvergessen sein können und so unerschütterlich in ihrer Weltwahrnehmung, dass sie nicht einmal dieses Missverhältnis thematisieren und auf einen Lernprozess verweisen. Ja, unserer gedachten Person muss wieder einmal scheinen, dass die internationale Strafgerichtsbarkeit ein westliches Projekt ist, von arroganter Sorglosigkeit hinsichtlich der Akzeptanz ihrer Auffassungen. Was das für die Legitimation des Sondertribunals, ob durch Staatenkonferenz oder mit Unterstützung der UN-Generalversammlung etabliert, bedeutet, ist leicht vorstellbar.[86] Sie wird, wie schon erwähnt, nicht überzeugend groß sein, wobei aus naheliegenden Gründen die Schwelle für ein überzeugendes Votum bei 124, der Zahl der Vertragsstaaten des IStGH, veranschlagt werden müsste.

Eine ebenso große, wahrscheinlich noch größere Herausforderung für die internationale Strafgerichtsbarkeit wird der Angriff der Hamas auf Israel und der folgende Krieg gegen die Hamas im Gazastreifen sein. Der IStGH ermittelt gegen die Hamas wegen des Verdachts, Völkermordverbrechen, Verbrechen gegen die Menschlichkeit und Kriegsverbrechen begangen zu haben (der Tatvorwurf des Ter-

86 Vgl. Hankel, *Putin vor Gericht?*, S. 87; ähnlich Ambos, *Doppelmoral*, S. 30, 41–44.

rorismus fällt nach dem Römischen Statut nicht in seine Zuständigkeit, hier ist die israelische Justiz zuständig),[87] zugleich ermittelt er wegen des gleichen Tatverdachts auch gegen israelische Politiker und Militärs. Dass es zu Verurteilungen von Hamas-Terroristen und ihren Unterstützern kommen wird, kann als sicher gelten. Eine Rechtfertigung des Angriffs als einer bewaffneten Widerstandshandlung, wie sie tatsächlich da und dort anzutreffen ist,[88] stellte elementare moralische und rechtliche Werte auf den Kopf. Ob es aber Anklagen gegen israelische Politiker und Militärs geben wird, ist eine ganz andere Frage. Internationale Anklagen könnten sich allein schon deswegen erübrigen, weil die israelische Justiz selbst tätig werden wird. Der Ruf, ein demokratischer, liberaler Staat zu sein, könnte sich als Selbstverpflichtung erweisen. Sollte der Ruf infolge einer beschleunigten Militarisierung von Politik und Gesellschaft lädiert worden sein, ist allerdings auch nicht sicher, ob es tatsächlich zu internationalen Verfahren kommen wird. Einflussreiche Verbündete Israels tun sich schwer, die Möglichkeit anzuerkennen, dass auch von Israel Völkerrechtsverbrechen begangen worden sein können. Trotz der schrecklichen Bilanz im Gazakrieg werden vorsichtig »Verstöße gegen das Völkerrecht« moniert, eine konkrete völkerstrafrechtliche Perspektive wird als moralisch höchst anrüchig, geradezu abwegig präsentiert. Große Teile der Staatenwelt sehen das anders. Der verständnisvollen Nachsicht mit Israel stellen sie die Forderung nach einer Bestrafung israelischer Verantwortlicher gegenüber, und das mit einer Vehemenz, die das Urteil bereits vor Verfahrensbeginn feststehen lässt. Negative Auswirkungen auf das gegen Putin und andere gerichtete Strafverlangen, da von der »anderen Seite« geäußert, sind nicht auszuschließen.

Variante 3: Nicht mehr als ein neues Nürnberg

Erneut also ein wenig ermutigendes Fazit. Doch auf dem Abstieg von den Höhen international-strafrechtlicher Moral in die Niederungen ungenierter Machtpolitik gibt es noch eine dritte Zwischenlösung, die genauso genommen ein Endzustand wäre. Zu ihrer Illustration

---

87 Vgl. Eurojust, »Cumulative Prosecutions of Foreign Terrorist Fighters«, S. 6 f.

88 Vgl. Ermagan, »Butler über Hamas: ›Bewaffneter Widerstand‹«, sowie in Beiträgen des Senders *Al Jazeera*.

sei zunächst auf die Deformierung und lange nachhallende Beschädigung des Konzepts von der Schutzverantwortung eingegangen. Die gemeinsame und entschlossene Anwendung von Recht sollte die Responsibility to Protect ermöglichen, als *last resort* war selbst der Einsatz militärischer Gewalt Teil eines Unternehmens, das den betroffenen Bevölkerungen die Erfahrung von Gerechtigkeit verschaffen sollte (durch Schutz vor aggressiver [Staats]Gewalt und Bestrafung der dafür Verantwortlichen). Auf die von Station zu Station fragwürdiger werdende Karriere des Konzepts muss ich nicht mehr eingehen, wohl aber auf das abrupte Ende der internationalen Afghanistan-Mission im August 2021. Als sie im Herbst 2001 begann, galt sie der Bekämpfung des international wirkenden Terrorismus. Die Elemente der Schutzverantwortung, wie sie in dem Drei-Säulen-Modell miteinander korrelierend enthalten sind, kamen erst später hinzu, als offensichtlich wurde, dass der Neuaufbau des Landes ohne umfassende Einbeziehung der Afghaninnen und Afghanen scheitern würde. Ihre Herzen und Köpfe mussten angesprochen und überzeugt werden.

Das misslang. Doch da das Misslingen unter dem Druck politischer Sachzwänge und finanzieller Investitionen nicht thematisiert werden durfte, zog es sich über die Jahre dahin, bis sich die Ereignisse überschlugen. In nur wenigen Wochen brachen die Interventionsanstrengungen und ihre angeblich bereits erreichten Erfolge zusammen. Nichts blieb mehr von dem internationalen Versprechen, Afghanistan mithilfe seiner Bevölkerung zu einem offenen, freien Staat zu machen. Die entscheidenden Gründe dafür lassen sich benennen, auch ohne dass es eines Untersuchungsausschusses bedarf: die Parallelität von Krieg und Aufbaubemühungen, wodurch Letztere im Schatten des Ersteren standen und Hilfe als Teil feindlicher Unternehmungen gesehen wurde; die hohe Zahl von zivilen Kollateralopfern, die landesweit zunehmende Zweifel an der Intervention aufkommen ließen; die Unfähigkeit, Missstände zu korrigieren, weil diese nicht in das Bild des propagierten kontinuierlichen Interventionserfolgs passten; Ziele wurden als bereits erreichte Realität genommen. Mit anderen Worten, nichts blieb mehr von der internationalen Verantwortung für Afghanistan. Das Scheitern dort hängt wie ein Mühlstein am Konzept der Responsibility to Protect und zieht es, unter der beschleunigenden Wirkung von Fernsehbildern, die das moralische Versagen anschaulich machten, in die Tiefe staatlicher Egoismen und machtpolitischer

Blindheit. Da können auf Websites noch so sehr aktuelle Resolutionen des UN-Sicherheitsrats oder der UN-Generalversammlung aufgelistet werden,[89] die internationale Schutzverantwortung ist mit dem Fiasko von Afghanistan behaftet. Als Konzept ist sie zwar noch in der Welt, doch ist sie mit dem Makel des Scheiterns behaftet. Fassen wir die Folgen der Libyen-Intervention mit dem Versagen in Afghanistan zusammen, wird der Makel auf lange Zeit unauslöschlich sein. So lange jedenfalls, wie die hehren Ziele der Responsibility to Protect ohne energischen und hörbaren Protest derer, die es besser wissen, zur Camouflage nationaler Egoismen und Verantwortungslosigkeit gegenüber dem Völkerrecht missbraucht werden. Dass einzelne Elemente des Konzepts bis heute und somit ungeachtet der Erfahrung im August 2021 in Resolutionen aufgegriffen werden, ist leider kein hoffnungsvolles Zeichen. Davon abgesehen, dass diese Elemente auch in der UN-Charta zu finden sind, waren Bezugnahmen während der Periode des Niedergangs der Schutzverantwortung ein geläufiges Phänomen. Verhindert haben sie nichts. Umgekehrt könnte man sogar sagen, dass durch sie trügerische Erwartungen aufrechterhalten wurden (beispielsweise bei denen, die das Schicksal der Rohingya nicht gleichgültig ließ), Erwartungen, die wegen ihres unübersehbaren Widerspruchs mit der Realität ein rechtsmoralisches Versagen offenbarten, das Distanzierungen und Abkehr zusätzlich beförderte.

Warum ist darin die Illustration eines möglichen Szenarios für die internationale Strafjustiz zu sehen? Weil beide völkerrechtlichen Instrumente in engem Zusammenhang stehen. Die versuchte Verhinderung von Kriegsverbrechen, Verbrechen gegen die Menschlichkeit, ethnischer Säuberung und Völkermord ruft irgendwann das Völkerstrafrecht auf den Plan, sei es, um die Drohkulisse zu verstärken, sei es, um in Verfahren gegen Verantwortliche zu münden. Hinzu kommt, dass hier wie dort die moralische Fallhöhe beträchtlich ist. Die Verweigerung eines Engagements aus durchsichtigen Gründen schafft Ablehnung, und zwar eine rigorose, wenn die Enttäuschung groß ist. Dass sie, wenn sie staatlicherseits behauptet wird, nur ein Vorwand sein kann, nimmt dem Ganzen nicht die Gefahr, dass der Gedanke an eine permanente, weltumspannende Strafgerichtsbarkeit als illu-

89 So z. B. auf https://www.globalr2p.org/resources/ [3. 6. 2024].

sorisch oder heuchlerisch abgetan wird. Was dann bliebe, wäre eine internationale Strafjustiz für extreme Notfälle, so wie der Nürnberger Hauptkriegsverbrecherprozess eine Antwort auf den Zivilisationsbruch des Nationalsozialismus war. Käme es noch einmal zu einem Unrecht, dass mächtige wie weniger mächtige Staaten beträfe und so groß wäre, dass Rivalitäten in den Hintergrund rückten, wäre ein zweites Nürnberg die Folge, nur für dieses Unrecht und mit entsprechend limitierter Präzedenzfunktion. Ansonsten geschähe nichts. Auch Ad-hoc-Gerichte gäbe es nicht mehr, das Geschehen wäre nicht wichtig genug beziehungsweise wieder schlicht Politik. Ein Mann wie Baschar al-Assad, zum Inbegriff eines Kriegsverbrechers in der Funktion eines Staatsführers geworden, bliebe unbehelligt, worauf, das sei noch erwähnt, schon heute einiges hindeutet.[90] Die Arabische Liga, die 2011 die Mitgliedschaft der Assad-Regierung ausgesetzt hatte, hat im Mai 2023 die Rückkehr Syriens in die Liga beschlossen. Der Einsatz von Giftgas gegen Zivilistinnen und Zivilisten, mehr als 350 000 Tote, 14 Millionen Vertriebene, davon 6,8 Millionen im eigenen Land, vermochten den Beschluss nicht zu verhindern.[91]

Drei verschiedene Entwicklungen, die ich von ihrem Ergebnis her als Zwischenlösungen bezeichnet habe, obschon die letzte einem finalen Zustand gleichkommt. Doch sie kann ja noch verhindert werden, was den finalen Zustand zu einem vorübergehenden machen würde. Derzeit weisen alle drei skizzierten Entwicklungen auf Perspektiven hin, die von der anhaltenden oder sich verschärfenden Legitimationskrise der internationalen Strafjustiz bis hin zu ihrer Beschränkung auf einen Extremfall reichen. Internationale Strafgerichtsbarkeit wäre wieder da angelangt, wo sie zur Zeit des Kalten Kriegs war: im Stadium eines Gegenstands der Beschäftigung für einige wenige, die trotz aller realpolitischen Frustrationen auf bessere Zeiten hoffen.

Szenarien sich vorzustellen, in denen sich ein moralisch begründetes Weltrecht auflöst, ist offensichtlich einfacher, als dessen Siegeszug zu prognostizieren. Das liegt an den Zeitläuften, die sich bruchlos zu vergangenen Entwicklungen fügen und die Hoffnung dämpfen, dass

90 Vgl. Knipp/Schaer, »Syriens Machthaber Assad: Schrittweise Rückkehr auf die internationale Bühne?«.

91 Vgl. Riechau/Sadek, »Syrien darf zurück in die Arabische Liga«.

der vielbeschworene »Nürnberger Lernprozess«[92] zu seinem erwartbaren Ende findet. »Fernes Unrecht« bliebe fern, und die vergleichsweise wenigen Male, in denen es im Namen der Menschheit oder von Teilen von ihr zu einem nahen wurde, verblassten als ein nur vorübergehend erfolgreicher Versuch, an ein Vermächtnis anzuknüpfen. Und trotzdem: Nürnberg hat stattgefunden, und es sollte nicht nur einer einzigartigen Konstellation geschuldet sein. In Kenntnis der Abgründe, in die eine Gesellschaft geraten konnte, sollten Vorkehrungen getroffen werden. Dass sie nicht in erforderlicher Weise funktionierten und funktionieren, ist hier vielfach gezeigt worden. Aber es ist hier auch gezeigt worden, wie in der Völkerrechtsgeschichte auf Phasen des Fortschritts Phasen des Rückschritts folgten, die neuen Fortschritt nicht verhindern konnten, auch weil aus früheren Fehlern gelernt worden war. Man musste anders denken, nicht gänzlich neu, nur ein wenig, aber entscheidend anders.

Neue Anforderungen an Legitimation und Legalität

Ende März 2023 fand an der *Catholic University of America* eine Tagung statt, auf der in fachkundigem Kreis das Thema »The Nuremberg Principles: The Contemporary Challenges« behandelt werden sollte. Mitveranstalter der Konferenz in Washington/DC war das Bundesministerium der Justiz. Was unter zeitgenössischen Herausforderungen zu verstehen war, ergab sich zwangsläufig durch das vorherrschende Thema, das einen Rückbezug auf Nürnberg nahelegte. Der russische Angriffskrieg auf die Ukraine sollte im Lichte der Nürnberger Prinzipien bewertet werden, und das geschah auch mit großer Präzision. Auffallend war allerdings, dass es unter den Anwesenden (inklusive Fachpublikum ca. sechzig Personen) eine Zweiteilung gab. Die große Mehrheit sahen die USA in der ihr quasi natürlich zukommenden Rolle, die Strafverfolgung russischer Verantwortlicher für Kriegsbeginn und Kriegführung in führender Position zu betreiben. Eine Minderheit, vor allem westeuropäischer Herkunft, setzte dagegen auf den IStGH

92 Vgl. die Zusammenstellung von zeitgenössischen Eindrücken und Meinungen bei Radlmaier, *Der Nürnberger Lernprozess*, sowie das Vorwort von Radlmaier, ebenda, S. 9–17.

auch um den Preis der nicht möglichen Strafbarkeit wegen des Verbrechens des Angriffskrieges.

Auffallend war, wie unterschiedlich die Sichtweisen auf die Nürnberger Prinzipien waren. Ohne einen Hauch von Selbstzweifel schlugen die USA den Bogen von Nürnberg zu einem Sondertribunal für Putin. Die Versäumnisse von 1945, nämlich die russische Aggression vom Oktober 1939 und folgende Kriegsverbrechen wie das von Katyn im Namen des alliierten Zusammenhalts übergangen zu haben, gelte es wettzumachen. Noch einmal dürften Verbrechen eines diktatorischen Regimes nicht ohne eine deutliche Antwort des Rechts bleiben. Überflüssig darauf hinzuweisen, dass mögliche eigene Kriegsverbrechen (die Bombardierung deutscher Städte, die Atombombenabwürfe auf Hiroshima und Nagasaki) jenseits US-amerikanischer Vorstellung lagen.[93] Auch der mehr als glaubhafte Verdacht, dass die Koalitionen der Willigen in Afghanistan oder im Irak Kriegsverbrechen begangen haben könnten, war abwesend. Die gedankliche Verbindung zwischen Nürnberg 1945/46 und Russland 2022/23 war bruchlos, die Ad-hoc-Gerichte und der IStGH wurden nicht einmal erwähnt. Die Vertreterin des US-Justizministeriums, die auf der Konferenz die Unterstützung des Sondertribunal-Gedankens durch die USA bekannt gab, war stolz auf die erneute Führungsrolle ihres Landes. Skeptische bis ablehnende Stimmen zu dem geplanten Sondertribunal, die zu diesem Zeitpunkt schon deutlich aus Brasilien, Indien oder Südafrika zu vernehmen gewesen waren, wurden nicht einmal belächelt. Es schien sie nicht zu geben. Zuversicht qua moralischer, militärischer und politischer Überlegenheit prägte die Stimmung, kritische Meinungen wären deplaziert gewesen und wurden darum auch nur im kleinen (westeuropäischen) Kreis geäußert.

Dieselbe Einseitigkeit hinsichtlich des Geltungsanspruchs der Nürnberger Prinzipien scheint auch dort durch, wo außerhalb der USA ein Sondertribunal zur Ahndung des russischen Aggressionsverbrechens gefordert wird. Dass die Vorbehalte dagegen vor allem aus dem Globalen Süden groß sind, bedarf keiner erneuten Ausführung. Doch in ebendieser politischen Implikation werden sie im Norden gerne nicht wahrgenommen. Zwar heißt es in der bereits erwähnten

---

93 Zu diesem Thema bereits ausführlich Schabas, *Kein Frieden ohne Gerechtigkeit?*, S. 13–17, 38–43, 46–50.

Initiative dreier Kölner Völkerrechtler zur Schaffung eines Sondertribunals, das die Geschlossenheit der Weltgemeinschaft demonstrieren soll, einschränkend, dass die Schaffung des Tribunals »im globalen Süden als illegitimer Akt selektiver Völkerstrafrechtspflege empfunden werden [könne], solange sich westliche Staaten dagegen sperrten, das Verbrechen der Aggression im Statut des Internationalen Strafgerichtshofs ebenso ernst zu nehmen wie die übrigen Völkerstraftaten«.[94] Doch genau die fehlende Ernsthaftigkeit bei der Verfolgung von Völkerstrafrechtstaten westlicher Staaten ist das Problem. Sie erklärt, warum westliche Aggressionsverbrechen ebenfalls nicht im Fokus des IStGH zu finden waren. Warum auch sollte das eine geschehen, wenn das andere schon nicht geschieht? Aus einer unzutreffenden Behauptung lässt sich schlechterdings keine zwingende Konsequenz konstruieren.

Es ist ganz offensichtlich eine Sache, die Universalität elementarer Menschenrechte und ihren als *ultima ratio* auch (völker)strafrechtlichen Schutz zu fordern, wohingegen es eine ganz andere ist, diesen Schutz dort, wo es möglich ist und es die Annäherung an den universellen Anspruch gebietet, durchzusetzen. Wie sehr die Legitimation des Völkerstrafrechts darunter leidet, war beispielhaft im April 2023 festzustellen, als aus Südafrika erneut Stimmen laut wurden, die den Austritt des Landes aus dem IStGH ankündigten. Wenngleich kurze Zeit später die Ankündigung zurückgenommen wurde,[95] liegt der Angelegenheit natürlich kein Versehen zugrunde. Der für den Austritt angegebene Grund – die unfaire Behandlung einiger Länder durch den IStGH – ist als Argument nicht neu und fasst viele der Gründe zusammen, die gegen die bisherige Tätigkeit des IStGH in Stellung gebracht werden können. Dass darüber hinaus der so geäußerte Unrechtsvorwurf die Legalität des IStGH betrifft, indem er Zweifel weckt, ob mit schwindender Legitimität nicht auch die Legalität brüchig wird, ist unvermeidbar. Rechtsanwendung, die als Rechtswillkür empfunden wird, lässt keinen Raum für die Überzeugung von Legalität. Denn Legalität, die das Gesetz zur Quelle von Unrecht macht, verliert den Anspruch auf Beachtung. Den Extremfall dieses Geltungsverlusts hat Gustav Radbruch in seinem Aufsatz »Gesetzliches Unrecht

---

94 Hobe/Kreß/Nußberger, »Gegen den Frieden«.

95 Vgl. »South Africa's Withdrawal from ICC in Question«, *DW*, 26.4.2023.

und übergesetzliches Recht« beschrieben.[96] Auf das NS-Unrecht und dessen Förderung durch die deutsche Justiz rückblickend, kam er zu dem Schluss, dass der Positivismus mit seiner Überzeugung »Gesetz ist Gesetz« den deutschen Juristenstand gegen Gesetze willkürlichen und verbrecherischen Inhalts wehrlos gemacht habe. Über das »wehrlos gemacht« kann man mit guten Gründen streiten, nicht aber über die Folgerung, die er zieht, wenn er schreibt: »[Wo] Gerechtigkeit nicht einmal erstrebt wird, wo die Gleichheit, die den Kern der Gerechtigkeit ausmacht, bei der Setzung positiven Rechts bewußt verleugnet wurde, da ist das Gesetz nicht etwa nur ›unrichtiges Recht‹, vielmehr entbehrt es überhaupt der Rechtsnatur.«[97]

Wie gesagt, hier geht es um einen Extremfall. Doch auf dem Weg dahin gibt es Zwischenstationen, die mit Zweifeln an der Legalität infolge fehlender Gleichbehandlung beginnen und mit der Weigerung, manifestes legales Unrecht als Recht zu akzeptieren, enden. Und auch ist das Recht gleichermaßen betroffen, ganz gleich, ob es sich um einen Nationalstaat oder die internationale Gemeinschaft beziehungsweise Teile derselben handelt. Die Recht- und Gerechtigkeitssphäre ändert sich lediglich, und es bleibt dabei, dass hier wir dort Legitimität, die nachvollziehbar infrage gestellt wird, Legalität beschädigt, gerade dann, wenn die Legitimität so eindeutig moralisch bestimmt ist wie bei der Strafbarkeit von Völkerstrafrechtsverbrechen.

Ja, es stimmt, um einen hier bereits herausgestellten Hinweis aufzugreifen: Das institutionalisierte Völkerstrafrecht ist noch ein junges Phänomen. Wie auch das Recht der Menschenrechte und das humanitäre Völkerrecht ist das beide ergänzende Völkerstrafrecht ein Recht, in dem es ein weiter Weg von der vertraglichen oder rhetorischen Selbstverpflichtung (*commitment*) bis zur faktisch wirksamen Einhaltung seiner Normen (*compliance*) ist. Aber wie schon am Beispiel der Schutzverantwortung deutlich wurde, hat sich Fundamentales geändert, oder, was auf das Gleiche hinausläuft, Fundamentales hat sich in den Vordergrund geschoben und ist nicht mehr zu übersehen. Wenn man behauptet, wir befänden uns nach wie vor im Paradigmenwechsel zu einem kosmopolitischen Recht,[98] müsste hinzugefügt werden,

---

96 Radbruch, »Gesetzliches Unrecht und übergesetzliches Recht«.

97 Ebenda, S. 107.

98 So statt vieler Emmerich-Fritsche, *Vom Völkerrecht zum Weltrecht*, S. 1019.

dass der Wechsel mit deutlich verringertem Elan stattfindet. Selbst die Gefahr eines Scheiterns ist nicht ausgeschlossen, denn es gibt kein sinnvolles Alternativmodell.[99] Internationale Strafgerichtshöfe, die in entgegengesetzten politischen Systemen (liberal-demokratisch vs. illiberal-autoritär) existierten – so plant die russische Föderation ein eigenes, international unterstütztes Tribunal[100] –, widersprächen dem Verständnis einer auf dem Recht gründenden Weltgemeinschaft. Wie schon die Gründung der UNO als wichtiger Schritt in Richtung auf eine Weltfriedensordnung im Kant'schen Sinne verstanden werden kann, so wäre die völkerstrafrechtliche Gerichtsbarkeit als Vertiefung der nach Rechtsprinzipien organisierten Weltgemeinschaft zu verstehen. Diese Rechtsprinzipien zu negieren oder anders zu interpretieren und diesen Vorgang auf das materielle Völkerstrafrecht durchschlagen zu lassen, hieße, die Verbindungen zwischen den Staaten zu lockern und politischer Willkür, die objektiv bestehende Verbrechen hinwegdefiniert, den Weg zu bereiten. Es kann nur *ein* materielles Völkerstrafrecht und *ein* prozessuales Verfahren, die sich auf verschiedenen Ebenen (national, regional, international) ergänzen, geben. Eine Störung auf einer Ebene hätte Auswirkungen auf die anderen Ebenen.

Wenn nachfolgend neue Anforderungen an die Legalität und Legitimation der internationalen Strafgerichtsbarkeit formuliert werden, so bewegen sich die Vorschläge zum einen in dem Raum, der durch die oben entwickelten »glaubhaften Antworten« abgesteckt wurde. Zum andern gehen sie insofern darüber hinaus, als sie Perspektiven entgegenwirken wollen, die eine Agonie des justiziellen Einsatzes gegen Völkerrechtsverbrechen bedeuteten. Ich möchte mit dem Aspekt der Legalität beginnen. Um sie vor Beeinträchtigungen zu bewahren, müssten die gesetzlichen Grundlagen (Statut von Rom, Statute noch einzurichtender Ad-hoc-Gerichte, nationale Völkerstrafgesetzbücher beziehungsweise entsprechende strafgesetzliche Regelungen) um die folgenden Regelungen erweitert werden.

---

99 Zur wachsenden Skepsis selbst bei Habermas vgl. Felsch, *Der Philosoph*, S. 187 f.

100 Vgl. https://www.berliner-zeitung.de/news/russland-will-ukrainer-vor-eigenes-tribunal-stellen-li.250198 [3. 6. 2024].

Sechs weitere Vorschläge

Die *zeitliche Dauer* von Völkerstrafverfahren wird, wie ursprünglich vorgesehen, auf drei Jahre begrenzt. Allerdings soll die Begrenzung nicht die Vorermittlungen einschließen. Die Drei-Jahres-Frist soll mit dem offiziellen Beginn der Ermittlungen einsetzen und mit dem erstinstanzlichen Urteil enden. Das setzt gegebenenfalls voraus, dass sich die Anklage nicht auf alle in Betracht kommenden Anklagepunkte stützt, sondern pragmatisch vorgeht, das heißt solche Verbrechen zur Anklage bringt, für die die Beweislage günstig ist. Sollten sich nach der ersten Verurteilung noch weitere Völkerstraftaten beweisen lassen, könnte erneut Anklage erhoben werden, sofern dies für die Erfassung des vollständigen Geschehens unabdingbar ist. Da vom IStGH keine Abhilfe zu erwarten ist (alle seit 2010 unternommenen Versuche einer Verfahrensbeschleunigung verpufften wirkungslos),[101] wären die Vertragsstaaten des Statuts von Rom aufgerufen, eine entsprechende Regelung in das Statut einzufügen. Vor einigen Jahren hat der IStGH sogar selbst diesen Vorschlag gemacht, sich danach aber von jeder Eigenverpflichtung befreit gefühlt.[102]

Der nächste Vorschlag betrifft ebenfalls die Verfahrensdauer, denn eine große Zahl von Opferbeteiligungen (bis zu mehr als 6000)[103] verlängert den Prozess beträchtlich. Hier könnte eine Reduzierung erreicht werden, wenn Entschädigungsleistungen nicht mehr individuell oder nach Gruppenzugehörigkeit bezahlt würden, sondern ohne Ansehen der Person an die zuständige regionale Behörde zur Verbesserung der lokalen Infrastruktur. Wieder wären die Vertragsstaaten zur Intervention aufgerufen, nunmehr damit sie die *Tätigkeit des Treuhandfonds* so *revidierten,* dass die Entschädigungsgelder an eine Körperschaft im Tatortstaat überwiesen werden könnten. Auf diese Weise könnten beschämend geringe Zahlungen an individuelle Opfer

---

101 Vgl. die Auflistung der Maßnahmen und die ernüchternde Schlussfolgerung bei Gumpert und Nuzban, »Length of Proceedings at the International Court«, S. 576–587.

102 Anlass für diesen Vorschlag war der Antrag Jean-Pierre Bembas, in welchem er wegen überlanger Verfahrensdauer Schadenersatz verlangte. Der Antrag wurde, wie oben dargestellt, abgelehnt. Das Gericht, das die Vertragsstaaten in die Pflicht nehmen wollte, hatte vierzehn Monate für die ablehnende Entscheidung gebraucht. Vgl. ebenda, S. 559.

103 Ebenda, S. 568 f.

vermieden und Anstrengungen zur Verbesserung der Lebenssituation einer größeren Bevölkerungsgruppe eingeleitet werden. Vertragsstaaten, die eine Situation an den IStGH verwiesen haben und aus erkennbar innenpolitischem Kalkül heraus die internationale Strafjustiz für sich arbeiten lassen, müssten verpflichtet werden, Zug um Zug mit den Zahlungen des Treuhandfonds Zahlungen in gleicher Höhe zu leisten.

Drittens wären rechtliche Vorkehrungen zu schaffen, um *vor Beginn des Strafprozesses* den *Verbleib des Angeklagten oder Verurteilten nach einem Freispruch oder nach Verbüßung der Freiheitsstrafe* zu klären. Unter Vermittlung der UNO und Beteiligung des IStGH müsste mit einem Staat auf vertraglicher Basis bestimmt werden, wo der frühere Angeklagte sein weiteres Leben verbringen kann. Dabei ist darauf zu achten, dass Art. 20 Abs. 2 des Statuts von Rom (kein Verfahren vor einem anderen Gericht nach einem Freispruch oder einer Verurteilung durch den IStGH) nicht verletzt wird.

Viertens müssten die *Bestimmungen des Statuts zur Anklagebehörde geändert werden.* Schon vor mehr als zehn Jahren stellte William A. Schabas fest: »[Die] Abneigung gegen den Sicherheitsrat und das Fehlen einer akzeptablen institutionellen Alternative führten dazu, dass der Internationale Strafgerichtshof auf Ermessensentscheidungen des Chefanklägers oder der Chefanklägerin basiert, einer Einzelperson, die niemandem Rechenschaft ablegen muss. Sie hat anhand vager Kriterien wie der ›Schwere des Verbrechens‹ zu entscheiden, welchen Situationen und Einzelpersonen Aufmerksamkeit zu widmen ist [...].«[104] Besser wäre es, so Schabas, »die Klärung zentraler Fragen, insbesondere gegen wen Anklage zu erheben ist, einem *eindeutig politischen Gremium* zu überlassen«. Dies sei schon in Nürnberg und Tokio so gewesen, und auch bei den Tribunalen für das ehemalige Jugoslawien und Ruanda habe man den politischen Einfluss nicht übersehen können.[105] Wer wollte das ernsthaft bestreiten? Ein international besetztes politisches Gremium, das die Ermittlungen steuert und die Anklage vorbereitet, hätte den Vorteil der größeren Transparenz seiner Entscheidungen. Es könnte nicht das Recht zur Bemäntelung politischer Macht nutzen, mühsam nur die Abhängigkeit von machtpoliti-

104 Schabas, *Kein Frieden ohne Gerechtigkeit?*, S. 99.
105 Ebenda, S. 98 f.

schen Präferenzen kaschieren, sondern müsste versuchen, beides in Einklang zu bringen, ohne dabei das Recht zu beschädigen. Ein aktuelles Gegenbeispiel: Vor dem IStGH stehen derzeit Verhandlungen gegen Angeklagte aus der Zentralafrikanischen Republik an. Dasselbe Ziel verfolgt seit 2015 ein Sonderstrafgerichtshof, bestehend aus einheimischen und ausländischen Richterinnen und Richtern. Die Angeklagten beider Gerichte standen in bewaffneter Opposition zum gegenwärtigen Staatspräsidenten, dessen Armee eng mit der russischen Wagner-Gruppe kooperiert.[106] Das Ergebnis dieser Kooperation sind Massaker an der Zivilbevölkerung und die Ausplünderung des rohstoffreichen Landes.[107] Die Wagner-Gruppe ist zu einem Staat im Staate geworden. Es dürfte schwerfallen, den Menschen in der Zentralafrikanischen Republik unter den gegebenen Umständen Sinn und Zweck der internationalen Strafjustiz verständlich zu machen. Hier die Entscheidung eines internationalen Gremiums zu haben (im Idealfall: Nichtbefassung mit der Situation in der Zentralafrikanischen Republik beziehungsweise Anklage auch von Regierungsvertretern und ihr nahestehenden Militärs), eines Gremiums, das weniger politischen Pressionen oder Erwartungen ausgesetzt wäre als die Leiterin oder der Leiter der Anklagebehörde des IStGH oder eines Sonderstrafgerichtshofs, wäre ein Gewinn für den Gerechtigkeitsanspruch internationaler Strafjustiz. Dass die Mitglieder des Gremiums den Vertragsstaaten des Römischen Statuts angehören müssten, erhöhte zudem die Akzeptanz von Anklagen und nachfolgenden Gerichtsverfahren.

In diesen nachfolgenden Gerichtsverfahren müssten, fünftens, *Laienrichterinnen und -richter* zusätzlich zu den von der Versammlung der Vertragsstaaten berufenen Berufsrichterinnen und -richtern beteiligt sein. Die Existenz von Laienrichtern in Strafverfahren ist keine Besonderheit. Schöffen sind beispielsweise in deutschen Strafprozessen vertreten, in den USA und anderen Ländern entscheidet eine Jury über Schuld und Strafmaß des Angeklagten, und in Frankreich besteht das höchste Rechtsprechungsorgan in Verfassungsfragen, der *Conseil Constitutionnel,* aus Verwaltungsjuristinnen und -juristen und Vertreterinnen und Vertretern nicht juristischer Disziplinen. Fehlende

106 Vgl. Ehl, »More than Mercenaries: Russia's Wagner Group in Africa«, *DW*, 17.4.2023.
107 Vgl. HRW, »Central African Republic: Abuses by Russia-Linked Forces«.

justizielle Kompetenzen sind folglich kein Hindernis, zumal vor allem in Völkerstrafrechtsverfahren keine rechtsdogmatischen Aspekte im Vordergrund stehen. Nicht einmal justizrichterliche Erfahrung ist eine unabdingbare Voraussetzung, wie die Präsenz von Verwaltungsjuristinnen und -juristen in der internationalen Strafgerichtsbarkeit zeigt. Entscheidend sind, als Ergebnis eines umfassenden Bildungsprozesses, Menschenkenntnis und das Wissen um Gewaltdynamiken. Externe Erfahrung könnte hier von Vorteil sein. Der Gedanke der besonderen fachlichen Expertise ist dem Römischen Statut jedenfalls nicht fremd, dort ist er allerdings auf den juristischen Bereich beschränkt (Art. 36 Abs. 8 lit. b). Durch die Beteiligung von Laienrichterinnen und -richtern, die aus einem Pool von Historikern, Ökonomen, Politologen und Soziologen zu bestimmen wären, käme mehr länder- und konfliktspezifisches Fachwissen in die Verhandlungen, und externe Gutachten könnten besser und schneller eingeordnet werden. Die zuständige Kammer hätte einen direkteren Zugang zum Geschehen, das den Gegenstand des Verfahrens bildet, und erhöhte die Wahrscheinlichkeit eines glaubhaften Urteils, insbesondere dann, wenn auch die Verteidigung ein Vorschlagsrecht für die Wahl einer Laienrichterin oder eines Laienrichters hätte. Für diese gälten des Weiteren die gleichen Vorrechte und Immunitäten wie für die Berufsrichter, wie diese können sie auch ihres Amtes enthoben oder mit Disziplinarmaßnahmen belegt werden. Schließlich wäre ihnen wie auch den Berufsrichterinnen und -richtern das Recht des Rücktritts von ihrem Amt einzuräumen, wobei auf eine Fortzahlung der Bezüge für eine angemessene Zeit zu achten wäre. Dieses Recht kann bedeutsam werden, wenn die Anklagen aus Sicht der (Laien)Richterin oder des (Laien)Richters unübersehbar einer politischen Agenda folgen und sie die Unabhängigkeit der Richter (Art. 40 Abs. 1 Römisches Statut) gefährdet sehen. Konkret könnte ein solcher Fall eintreten, wenn, wie es die Chefanklägerin des Ruanda-Tribunals Carla Del Ponte erfahren musste, Staaten unmittelbar Einfluss nehmen auf die Auswahl der möglichen Angeklagten und es den Richtern somit verwehrt ist, in einem Sachverhalt Unrecht gleich zu behandeln. Denkbar ist, dass dann der individuelle moralische Antrieb, mit Judiz und Fachkenntnis Recht sprechen zu wollen, vor der offenkundigen Selektivität der Strafverfolgung den Kürzeren zieht und darum ein Rücktritt vom Amt des Richters als einzig gesichtswahrende Option erscheint.

Schließlich und sechstens wäre die *Amtszeit des Justizpersonals zu begrenzen*. Für Richterinnen und Richter ist das bereits der Fall (maximal zwölf Jahre, Art. 36 Abs. 9), für den Leiter der Anklagebehörde und die stellvertretenden Ankläger ebenso (neun Jahre, Art. 42 Abs. 4). Eine Wiederwahl ist jeweils nicht zulässig. Nicht betroffen von den bestehenden Regelungen der Amtszeitbegrenzung sind die vielen wissenschaftlichen Mitarbeiter oder Referentinnen, meist Juristinnen und Juristen, die für die Gerichtskammern, die Anklage oder die Kanzlei (in der Abteilung für Opfer und Zeugen) arbeiten. Zwar sind ihre Arbeitsverträge durchweg zeitlich befristet, doch werden sie gewöhnlich verlängert und können sogar übergehen in eine Richterstelle an einem internationalisierten Gericht. Dahinter liegen dann viele Jahre einer Justiztätigkeit, die auch immer die Arbeitsplatzsicherung im Blick haben musste. Man ist im Kosmos der internationalen Justiz zu Hause, nicht aber unbedingt in der Welt, die bedauerlicherweise die Fälle der eigenen Beschäftigung liefert. Weil Betriebsblindheit droht, wäre auch für diesen Personenkreis die Tätigkeit für den IStGH auf höchstens neun Jahre zu beschränken.

Versuch einer Quadratur des Kreises?

Wie Judith Shklar in ihrem Buch *Legalism* schrieb, bestehe das große Paradox des Vertrauens in legale Kodifizierungen darin, dass das Vertrauen eigentlich eine Ideologie sei »to inflexible to recognize the enormous potentialities of legalism as a creative policy, but exhausts itself in intoning traditional pities and principles which are incapable of realization«.[108] In der Tat: Man soll einen Teil nicht für das Ganze nehmen und erkennen, welche Perspektiven sich stellen, die nicht ins Reich der Illusionen zu verweisen sind. So ist es möglich, den Widerspruch zwischen legalistischer Blindheit und dem Potenzial kreativer Politik zumindest zu erahnen. Auf das Völkerstrafrecht bezogen wäre eine Rechtspolitik zu betreiben, die denkbare Zukunftsszenarien zur Kenntnis nähme und die Glaubwürdigkeit eigenen Agierens erhöhte. Dazu ist hier bereits das Erforderliche geschrieben worden. Die solcherart erhöhte Legitimation wirkte auf die Legalität zurück, die ihrerseits weiterer Legitimation den Weg bereitete. Zur Verdeutlichung

---

108 Shklar, *Legalism*, S. 112.

dieser Wechselbeziehung sprach der bereits erwähnte finnische Völkerrechtler Martti Koskenniemi von der »Grammatik des Völkerrechts«, die sich zwischen den Ur-Polen staatlicher Souveränität und völkerrechtlicher Normativität bewege. Koskenniemi: »[...] the grammar of international law splits each of these argumentative trajectories into further constrasting stands – fact/law; consent/justice – in which each polar opposite is read by reference to the other. The relevant ›fact‹ is that which ›law‹ identifies as such; the applicable ›law‹ is what emerges from the appropriate ›fact‹. The only ›just‹ base to hold States bound is the degree to which they have ›consented‹, while what ›consent‹ means is determined by what seems (contextually) ›just‹.«[109] Eine Kreisbewegung, die, was natürlich auch Koskenniemi sieht, zu jedem beliebigen Ergebnis führen kann.[110] Aber, so führt er dann weiter aus, es existiere immer auch ein »normative project«, Kennzeichen einer dem Völkerrecht innewohnenden Kraft zur normativen Präzisierung und Erweiterung, trotz aller terminologischen Unbestimmtheiten und Antagonismen.[111] Doch auch das ist eine eigentlich banale Feststellung, denn sie schützt nicht vor weiteren Kreisbewegungen und Hypokrisie. Das weiß wiederum auch Koskenniemi und sein Verweis auf eine Bemerkung des britischen Historikers Edward H. Carr, wonach sich als besonders ethisch dünkende historische Momente doch nur Momente waren, in denen »the whole ethical system was built on the sacrifice of the weaker brother«,[112] lässt sich als treffliche Kurzbeschreibung der vielen Widersprüche in der Geschichte des Völkerrechts und besonders des Völkerstrafrechts verstehen. Ein Lernprozess also, was auch nicht neu ist, aber in der prägnanten Formulierung vom »sacrifice of the weaker brother« die dunkle Seite dieses Prozesses anschaulich macht – und den Scheinwerfer auf die Legitimationsfrage richtet.

Was in ihren Fokus geraten müsste, ist hier schon explizit benannt worden und findet sich zum Teil auch bei Koskenniemi und einer Reihe weiterer Autorinnen und Autoren. Koskenniemi verweist vor allem auf den Nord-Süd-Gegensatz, der durch die völkerrechtliche Praxis trotz aller gegenteiligen Bekundungen fortbestehe. Wohlstand

109 Koskenniemi, *From Apology to Utopia*, S. 588 f.
110 Ebenda, S. 589.
111 Ebenda, S. 589–615.
112 Carr zitiert ebenda, S. 599.

und Frieden hier, Armut und Konflikte dort und ein UN-Sicherheitsrat, der allenfalls mit gehörigem Spott als »Temple of Justice« bezeichnet werden könne.[113] Andere gehen in ihrer Kritik in dieselbe Richtung, doch konzentrieren sie sich insbesondere auf die systematische Benachteiligung Afrikas und fassen beides unter das Rubrum *Third World Approaches to International Law* (TWAIL). Neben besonderen Schwerpunktsetzungen (Umwelt, Klima) weist TWAIL auch eine spezifisch völkerstrafrechtliche Komponente auf.[114] Deren Vertreter überhäufen das Völkerstrafrecht mit Kritik: Es sei, seit Nürnberg und Tokio, ein rein hegemoniales Projekt des Westens, das anwendbare Recht fördere Selektivität, von einem Universalismus seien Völkerstrafrecht und IStGH weit entfernt.[115] Der Vorwurf von Betrug und Verrat ist allgegenwärtig, von Verrat an Menschheitsidealen und Betrug an der Gutgläubigkeit großer Teile der Weltbevölkerung. Man meint, den unversöhnlichen Frantz Fanon zu hören: »The regime of international law is illegitimate. It is a predatory system that legitimizes, reproduces and sustains the plunder and subordination of the Third World by the West. Neither universality nor its promise of global order and stability make international law a just, equitable, and legitimate code of global governance for the Third World. [...] The broad dialectic of opposition to international law is defined and referred to as [...] TWAIL.«[116]

Man kann sich bekanntlich darüber streiten, ob der »schwache Bruder« immer ohne eigenes Zutun in einem Zustand der Schwäche gehalten wird. Nehmen wir gleichwohl alle Kritikpunkte, die die Legitimation des Völkerstrafrechts in seinem aktuellen Zustand betreffen, könnte das Nachdenken über ein Gerüst, das die Legitimation des Völkerstrafrechts stabilisiert, mit diesem Zitat beginnen: »[W]e want actors to follow the rules of international law not simply because they

113 Koskenniemi, *From Apology to Utopia*, S. 605 f.

114 Dazu grundlegend Appiagyei-Atua, »Ethical Dimensions of Third-World Approaches to International Law (TWAIL): A Critical Review«. Zum Völkerstrafrecht und TWAIL vgl. Kiyani, *Third World Approaches to International Criminal Law*, sowie die weiteren Aufsätze, die auf der folgenden Website aufgeführt sind: https://www.semanticscholar.org/paper/Third-World-Approaches-to-International-Criminal-Kiyani/f4840989abb36fdb1713e5199d1f6d496aac0403 [3. 6. 2024].

115 Ebenda, mit jeweils zahlreichen Nachweisen.

116 Makau Mutua zitiert nach Appiagyei-Atua, »Ethical Dimensions of Third-World Approaches to International Law (TWAIL)«, S. 214 f.; zu Frantz Fanon, mit vielen Auszügen aus seinen Schriften: Ciriez/Lamy, *Frantz Fanon*.

are law, but because they are just. (...) [O]ne might say that a just international law is also a legitimate one insofar as it gives good reasons to comply with it.«[117] Als richtiges, weil als gerecht empfundenes Recht, so der US-amerikanische Völkerrechtler Steven R. Ratner, werde es auch als legitim empfunden und halte darum viele gute Gründe zu seiner Beachtung bereit. Dazu bräuchte es allerdings Akteure, die gleiche Fälle gleich behandelten und ihre Machtposition nicht zur einseitigen Interessendurchsetzung missbrauchten. Diesem Beispiel folgend würden auch weniger mächtige Staaten das solcherart als legitim erkannte Recht beachten.

Aber welche Mittel gibt es, um zu diesem Ergebnis zu gelangen? Souveräne Staaten sind die wichtigsten Akteure des Völkerrechts, und wir haben gesehen, dass bei ihnen der Abstand zwischen solchen, für die Machtpolitik alternativlose Realpolitik ist, und solchen, die dieser die Achtung elementarer Menschenrechte überordnen, groß ist. Dass er nicht unüberbrückbar ist, glaubten die Väter und Mütter des Statuts von Rom und glauben derzeit gewiss auch die meisten Vertragsstaaten des IStGH. Nur wird die Schließung des Abstands nicht von heute auf morgen zu erreichen sein, doch sie muss, um den Eintritt desillusionierender Perspektiven abzuwenden, einen Fortschritt erkennen lassen. Eine Zeitlang mag man der »nicht-idealen« Theorie von John Rawls folgen und sich eingestehen, dass zur Erreichung des Ideals (das ferne Unrecht ist nahegerückt und die schwersten Menschenrechtsverletzungen sind effektiv von internationalem Belang) eben Zwischenschritte erforderlich sind, die mit dem normativen Ziel nicht vereinbar sind.[118] Aber wie weit reicht das Eingeständnis? Dass es Situationen gibt, in denen das normativ gebotene nicht durchsetzbar ist (denken wir nur an die rechtlich konsequenzlose Folterung und Ermordung des italienischen Doktoranden in Ägypten), ist leider eine Tatsache. Die meisten Situationen sind jedoch anderer Art, und sie sollten es auch sein. Schließlich geht es um schwerste Menschenrechtsverletzungen, systematisch und zielgerichtet begangen, die eigentlich keiner Abwägung zugänglich sind. Und dieses »eigentlich« ist,

117 Ratner, *The Thin Justice of International Law*, S. 4.

118 Vgl. Rawls, *Eine Theorie der Gerechtigkeit*, S. 277 f.; aufschlussreich dazu: Unger-Sirsch, »Utopie trifft Realismus: Rawls Konzeption idealer und nicht-idealer Theorie«.

da Ausdruck zwingenden Völkerrechts, so stark, dass Konzessionen, die nicht unvermeidliche Kompromisse und letztlich, nach Avishai Margalit, faule Kompromisse sind,[119] aus dem Repertoire staatlichen Handelns verbannt sein müssten. Sie machen nichts besser, versprechen kurzfristige Lösungen und stabilisieren oder ermutigen doch nur das Übel, das dem Völkerrecht radikal widerspricht.

Steven Ratner zufolge sind die zwei Säulen, die die Basis für ein gerechtes Völkerrecht bilden, die Wahrung des Friedens und die Achtung grundlegender Menschenrechte. An ihnen müssten sich alle völkerrechtlichen Regeln messen lassen, damit sie gerecht(fertigt) seien.[120] Im Konfliktfall zwischen beiden Säulen sprächen Gerechtigkeitsüberlegungen dafür, der Abwehr einer massiven Bedrohung elementarer Menschenrechte den Vorzug vor dem zwischenstaatlichen Gewaltverbot zu geben (so bei einer militärischen Intervention mit humanitären Zielen, die darum zulässig wäre).[121] Der völkerrechtliche Menschenrechtsschutz habe eine zunehmenden Bedeutung gewonnen, woraus zu folgern sei, dass der Schutz grundlegender Menschenrechte zu einem entscheidenden Kriterium in allen Bereichen des Völkerrechts werden müsse. Eine Norm – und, so ist gedanklich hinzuzufügen: ihre entsprechende Umsetzung – sei insbesondere gerecht(fertigt), wenn sie zur Förderung der Menschenrechte beitrüge. Auf diesem Wege gelange man zu einem *thicker standard of global justice.*[122]

Wie ein »Andicken« der dem Völkerrecht oft innewohnenden »dünnen« Gerechtigkeit weiter zu befördern wäre, hat Martti Koskenniemi in seinem Buch *The Gentle Civilizer of Nations* beschrieben. Nötig sei eine *culture of formalism.* Koskenniemi: »Even if formalism may no

119 Margalit, *Über Kompromisse und faule Kompromisse*, S. 10 f., 149.

120 Ratner, *The Thin Justice of International Law*, S. 64–83.

121 Ebenda, S. 292–307, 412.

122 Ebenda, S. 417 f. Während das humanitäre Völkerrecht einen größeren Schutz für die Zivilbevölkerung anstreben solle, bleibt Ratner beim Völkerstrafrecht sehr zurückhaltend. Merkwürdigerweise kommt er zu dem Ergebnis, dass hinsichtlich der Schwere der Verbrechen zu wenig Kohärenz bestehe (S. 413) und es daher zu früh sei, eine Stärkung der Menschenrechte durch das Völkerstrafrecht zu behaupten (S. 426). Die Zurückhaltung Ratners ist in unserem Zusammenhang allerdings zu vernachlässigen, da sie nicht das zur Erhöhung der Legitimation des Völkerstrafrechts erforderliche einzelstaatliche Verhalten betrifft.

longer be open as a jurisprudential doctrine of the black and white of legal validity (a position perhaps never represented by anyone), nothing has undermined formalism as a culture of resistance to power, a social practice of accountability, openness, and equality whose status cannot be reduced to the political positions of any one of the parties whose claims are treated within it. As such, it makes a claim for universality that may be able to resist the pull towards imperialism.«[123] Interessant ist der Hintergrund seiner Empfehlung: Das Völkerrecht sei von einzelstaatlichen Interessen instrumentalisiert worden, Pragmatiker und Apologeten der Macht bestimmten seinen Inhalt. Von den staatenübergreifenden Zukunftsprojekten, die die Völkerrechtswissenschaft in der zweiten Hälfte des 19. Jahrhunderts gepflegt habe, sei nach zwei Weltkriegen und einem Kalten Krieg so gut wie nichts übrig geblieben.[124] Um das Völkerrecht aus seinem sklerotischen Zustand zu befreien, müsse das Anknüpfen an frühere Ziele wie Weltfrieden oder Minderheitenschutz und die angestrebte Verwirklichung neuerer Ziele wie der Menschenrechtsschutz (kurz, das obige »normative project«) mit einem politischen Bewusstsein einhergehen, das formale Rechtsbindungen begründe und sich in ihrem Rahmen bewege. Und wenn der Rahmen verlassen werde, dann im Bewusstsein um den Einsatz, um den Wert des formalen Rechts, andererseits drohten Willkür und das Ende von Politik,[125] intellektuelle Kreisbewegungen und Hypokrisie eben.

Aber was bedeutet das alles, so mag man sich jetzt beinahe resigniert fragen, für die zu verbessernde Legitimation des Völkerstrafrechts? Sind nicht die Vorschläge, das Völkerrecht verbindlicher zu machen, ohnehin wie der Versuch einer Quadratur des Kreises, da an Adressaten gerichtet, die zugleich Verpflichtende und Verpflichtete sind? Der Regelungsgegenstand, um den es hier geht, die perspektivische Verhinderung großen menschlichen Leids, machte da keine Ausnahme. Jeder Staats- oder Armeeführer, weckte man ihn des Nachts, wüsste die wichtigsten Menschenrechte und Tabus der Kriegführung aufzusagen. Die 124 Staaten, die den IStGH anerkennen, haben damit ihre Absicht dokumentiert, diesem Wissen Taten folgen zu lassen,

123 Koskenniemi, *The Gentle Civilizer of Nations*, S. 500.
124 Zusammenfassend: ebenda, S. 502.
125 Ebenda, S. 508.

Barrieren aufzurichten für den Fall, dass das Wissen von politischen Entscheidungen beiseitegeschoben wird. 124 ist keine kleine Zahl, trotz nicht zu übersehender Erschütterungen im System des Römischen Statuts. Sie zu stabilisieren und zu erhöhen, setzte zuallererst voraus – ich wiederhole mich mit Absicht –, die Selektivität bei der Ahndung von Völkerrechtsverbrechen zu beenden, Fälle gleicher Schwere gleich zu behandeln und dort, wo dies wegen beharrlicher Obstruktion einer Macht nicht möglich ist, diesen Hinderungsgrund klar zu benennen, das heißt aufzuzeigen, in welchem Ausmaß rechtliche Verpflichtungen ignoriert werden. Eine internationale Ordnung, die an eine Vielzahl von transnationalen Werten glaubt, wird diesen mit einer defensiven Haltung nicht zur Durchsetzung verhelfen. Wenn sich deutsche Unternehmen wegen der großen und lukrativen Märkte in China zu dem bekannten »Eiertanz« genötigt sehen und letztlich doch die chinesischen Bedingungen akzeptieren, wenn sich Präsident Erdoğan trotz mutmaßlicher Völkerrechtsverbrechen an den Kurdinnen und Kurden mit seinen erpresserischen Vorstellungen vom Flüchtlingsdeal durchsetzt, wenn Rohstoffreichtum und unterstellte politische Wichtigkeit westliche Staaten eklatante Menschenrechtsverletzungen in der Zweiten und Dritten Welt nach pflichtschuldig anmutender Kritik hinnehmen lassen oder wenn Sanktionsmaßnahmen auch bei erwiesenen Verbrechen einer »unappetitliche[n] Doppelmoral« folgen (Boykott russischer Importe bei gleichzeitiger Abnahme russischer Exportgüter wie Öl und Gas),[126] so sind das alles Versuche, Stabilität zu wahren, denen die Unsicherheit über die eigenen Maßstäbe und über Aussichten bei deren Anwendung zugrunde liegt. Ausgeblendet wird, dass »die erzwungene Stabilität von heute auch zur dramatischen Instabilität von morgen werden kann«.[127] Zögern, nachgeben macht die andere Seite stärker. Noch eine weitere Stimme dazu: »Die Verfechter der liberalen Weltordnung müssen raus aus der politischen Defensive und mit offenem Visier eine kosmopolitische Weltanschauung vertreten.«[128]

---

126 Vgl. Hank, »Unser Geld für Putins Krieg«. Darin stellt er dar, warum die Angst vor Deindustrialisierung und Massenarbeitslosigkeit infolge eines Öl- und Gasembargos unbegründet war und von der Industrielobby geschürt wurde.

127 So Möllers, *Freiheitsgrade*, S. 242.

128 So Schäfer/Zürn, *Die demokratische Regression*, S. 218.

Mit der Betonung einer regelbasierten Außenpolitik oder einer Wertegemeinschaft, deren Teil man ist oder zu der die Zugehörigkeit anzustreben ist, ist es längst nicht getan. Dergleichen Aussagen klingen gut, sind leichthin zu machen, weil darin eine Selbstaufwertung mitschwingt, sie trüben aber den Blick für die Welt jenseits des eigenen Tellerrands. Der erforderliche Legitimationszuwachs für die internationale Strafgerichtsbarkeit wird nur zu bewerkstelligen sein, wenn die Vorteile nicht einseitig verteilt sind. Das klingt unspektakulär, hat aber weitreichende Folgen. Anzuerkennen wäre, dass es eine Zweite und Dritte Welt gibt, für deren Existenz die Erste Welt *auch* verantwortlich ist. Mit großen rechtlichen oder moralischen Begriffen zu operieren und zugleich manifest gegen sie zu verstoßen, macht die Welt nicht zu einem besseren Ort. Es ist eine kriminologische Plattitüde, dass üble soziale Bedingungen die Delinquenz fördern. Im supranationalen Maßstab ist es ebenso. Länder und Regionen, die zum Spielball externer (ökonomischer) Interessen werden, erleben Verelendung, eine Zunahme innergesellschaftlicher Konflikte und militärischer Gewaltbereitschaft.[129] Verantwortlichkeiten diffundieren im großen Maßstab, was aus Sicht externer Akteure die willkommene Konsequenz hat, den eigenen Anteil am entfernten Gewaltgeschehen nicht zur Kenntnis nehmen zu müssen. Kommt dann noch die Indifferenz gegenüber Verbrechen hinzu, die in direkter eigener Beteiligung begangen wurden, ist es um die Glaubwürdigkeit staatlicher Protagonisten des Völkerstrafrechts geschehen. Denn es geht um elementare Werte der Menschheit, die nicht teilbar sind. Sie dennoch zu teilen, schadet nicht nur dem Versuch, schlimmstes Unrecht zu verhüten, es tritt auch eine Banalisierung der Menschenrechtsidee ein. Universalistische Rhetorik gäbe es im Übermaß, doch die De-facto-Folgenlosigkeit führte zu Ernüchterung und Depolitisierung.[130]

Kleidete man das bisher Gesagte in Forderungen zur Erhöhung der Legitimation der internationalen Strafgerichtsbarkeit, so wäre – in Fortführung des eben absichtsvoll Wiederholten – allen voran die nächste, dass sich die Vertragsstaaten des Römischen Statuts stärker

129 Vgl. Schrader, »Gewaltsame Konflikte und Kriege – aktuelle Situation und Trends«.

130 So auch Möllers, *Freiheitsgrade*, S. 245.

als bisher des Umstands bewusst sein sollten, dass sie für sich und zugleich im Namen der Menschheit handeln. Sie sind nicht *die* Menschheit, sondern haben die legitimen Anliegen anderer Staaten, deren Bevölkerungen auch zur Menschheit gehören, zu berücksichtigen. Unrechtsregime dürften nicht gestärkt werden, Entwicklungszusammenarbeit und Handelsbeziehungen wären von der Achtung elementarer Menschenrechte abhängig zu machen. In der Völkerrechtswissenschaft, die das Völkerrechtsdenken maßgeblich beeinflusst (das ist die westeuropäische und US-amerikanische), müsste das Wissen darum größer werden, dass aus der Perspektive der südlichen Hemisphäre die internationale Strafgerichtsbarkeit Gefahr läuft, ein selbstreferenzielles Wohlfühlprojekt zu werden. Zentren der Völker(straf) rechtspraxis müssten auch im subsaharischen Afrika, in Asien oder Lateinamerika eingerichtet werden. Der Stadt Den Haag den Rang der Welthauptstadt des Friedensvölkerrechts zu belassen, wäre zudem auch wegen der niederländischen Kolonialzeit zu überdenken. Dort könnte die Rechtsmittelinstanz des IStGH ihren Platz haben sowie Kammern, deren Zuständigkeit (gegebenenfalls unter Zuhilfenahme von *Ad-litem*-Richtern) auf Tatorte in Europa beschränkt ist. Auf anderen Kontinenten wären andere Kammern einzurichten, die erstinstanzlich für dort begangene Völkerrechtsverbrechen zuständig sind. Neben der größeren kulturellen Nähe zum jeweiligen Tatgeschehen wäre auch die größere geografische Nähe eine Erleichterung für die Ermittlungen und somit hilfreich für deren Beschleunigung.

Kurzum und an einem Beispiel demonstriert: Wollte man alle diese Punkte herunterbrechen auf die Situation einer nicht aus der Luft gegriffenen Alltagserfahrung, so müsste im Idealfall die Antwort auf die Frage eines Menschen aus einem Land Afrikas, Asiens oder Lateinamerikas, was denn zur Ahndung von Völkerrechtsverbrechen geschehe, in denen mächtige Staaten und/oder einer ihrer Bündnispartner verwickelt seien, lauten: Sie würden verfolgt, ohne Ansehen des betroffenen Staates. Bei der Bewertung der Schwere des Verbrechens (und damit der Eröffnung der Zuständigkeit des IStGH) werde auch berücksichtigt, inwieweit dessen Ahndung für den innergesellschaftlichen Frieden im Tatortstaat von Bedeutung sei.

An die Adresse der Fragenden wäre allerdings auch hinzuzufügen, dass Korruption, Nepotismus und Autoritarismus/Diktatur Staaten zerstören, die eben auch darum zum Schauplatz von Verbrechen werden. TWAIL müsste insofern seinen Horizont erweitern. Nicht in allen Fällen ist das Bild vom schwachen Bruder, auf dessen Kosten der stärkere eine rechtlich gestützte Ethik betreibt, ein zutreffendes Bild. Nichtsdestoweniger ist es zunächst am Stärkeren, Anstrengungen zu unternehmen, um die eigene Ernsthaftigkeit bei der Beachtung elementarer ethischer Grundsätze unter Beweis zu stellen. Dazu gibt es keine Alternative, wenn ein zivilisatorisches Projekt wie die internationale Strafgerichtsbarkeit weltweit Wirklichkeit werden soll – und muss, damit sie unangreifbar wird.

VI Schluss

1964 schrieb Judith Shklar im Rückblick auf den Nürnberger Prozess gegen die Hauptkriegsverbrecher: »If the [Nuremberg] Trial had been part of an established legal order, it might have been a legal precedent, for better or worse. [But] the Trial was not, and could not be, a precedent, except by way of vague analogy, for the future. The danger to future statesmen and military officers comes not from the Trial, but from the sort of war that brought it about. It is ideological war fought to the bitter end by both sides that makes the elimination of the defeated leaders inevitable. This conditions both the manner the war is pursued and its consequences. The leaders of nations defeated in future wars will be lucky if they get a trial as fair as that at Nuremberg, indeed if they get any trial at all. It is not the Trial itself that is the dangerous precedent but Nazism, and the total war and politics it brought to Europe.«[1]

2023 gab der ehemalige US-Außenminister Henry Kissinger der Wochenzeitung *Die Zeit* ein Interview aus Anlass seines bevorstehenden hundertsten Geburtstags am 27. Mai. Darin findet sich die folgende Passage: »*ZEIT*: Der Internationale Strafgerichtshof in Den Haag hat einen Haftbefehl gegen Präsident Putin wegen möglicher Kriegsverbrechen erlassen. *Kissinger*: Putin vor Gericht? Besser nicht! *Zeit*: Warum nicht? *Kissinger*: Weil es unmöglich ist, oder sehr viel schwieriger, einen Krieg zu begrenzen, wenn man den Ausgang des Krieges mit dem persönlichen Schicksal eines politischen Führers verknüpft. Was Putin tut, ist illegal und falsch, und ich will sein Handeln

1 Shklar, *Legalism*, S. 160 f.

nicht rechtfertigen. Aber wir müssen alles dafür tun, dass eine Ausweitung des Krieges verhindert wird. Und es muss für die Zeit nach dem Ende des Krieges sichergestellt werden, dass die Feindseligkeiten nicht unbegrenzt weitergehen. Das politische Ziel des Westens muss sein, die Beziehungen zwischen Europa und Russland neu aufzubauen, sobald die militärische Sicherheit der Ukraine erreicht ist.«[2]

Wenige Wochen später, aber auch aus Anlass eines bevorstehenden Geburtstags, gab der bald 95-Jährige frühere Hamburger Bürgermeister und Bundesminister Klaus von Dohnanyi der Deutschen Presse-Agentur ebenfalls ein Interview. In einer paraphrasierenden und teilweise zitierenden Fassung berichtete die *Süddeutsche Zeitung* darüber: »Der Klimawandel sei die wahre Bedrohung, ›nicht Putin‹, sagte von Dohnanyi, [...]. Russlands Präsident Wladimir Putin habe nie die Absicht gehabt, Europa anzugreifen. ›Er wollte nur die Ukraine nicht in der Nato und diese nicht an seiner Grenze haben. Darüber wollte er verhandeln, aber der Westen war dazu nicht bereit.‹ Deshalb trage der Westen eine Mitverantwortung. Er sei auch dagegen, Putin als Kriegsverbrecher zu bezeichnen. ›Ich würde Präsident Bush ja auch nicht zum Kriegsverbrecher erklären und vor Gericht stellen, obwohl er ohne Zweifel einen noch folgenreicheren Krieg im Irak geführt hat, mit sehr viel mehr Toten und ohne jeden Grund, wie wir alle heute wissen‹, sagte er. Auch der Haftbefehl gegen Putin sei ›unbedacht und unklug‹. ›Soll denn Moskau zukünftig der einzige Ort sein, wo man mit Putin verhandeln kann?‹«[3]

Halten wir fest: Judith Shklar, lebte sie noch, wäre sie die jüngste der drei Genannten (sie wurde im September 1928 geboren), sieht in Nürnberg keinen Präzedenzfall. Es ist der Vernichtungskrieg gewesen, der Nürnberg zur Folge hatte. Der eigentliche Präzedenzfall ist, dass es den Vernichtungskrieg geben konnte. Henry Kissinger setzt auf eine politische Lösung, nicht auf das Völkerstrafrecht, weil es die Suche nach einer solchen erschwert. Und Klaus von Dohnanyi ist generell gegen die Zuweisung von Kriegsverbrechen, weil sie nicht dem Wesen von Politik entspricht und die Optionen beschränkt.

---

2 »Wenn die Staatsmänner weise wären ...«, in: *Die Zeit*, 25. 5. 2023, S. 2.

3 »Von Dohnanyi kritisiert SPD und Bund für Ukraine-Politik«, in: *SZ*, 17. 6. 2023.

Es ist schon merkwürdig. Drei Menschen, bei denen man allein aufgrund ihrer Lebenserfahrung annehmen müsste, dass sie den Unterschied zwischen Recht und Unrecht genau kennen, vertrauen nicht auf das Recht, das sich Staaten als Reaktion auf großes Unrecht gegeben haben. Man sucht nach einer Erklärung und stößt dabei auf einen bekannten Deutschen, der sich wie folgt geäußert hat: »Allerdings ist die öffentliche Meinung nur zu sehr geneigt, politische Verhältnisse und Ereignisse in der Weise von privatrechtlichen und privaten überhaupt aufzufassen und unter anderem zu verlangen, daß bei Konflikten zwischen Staaten der Sieger sich mit dem Moralkodex in der Hand über den Besiegten zu Gericht setze und ihn für das, was er gegen ihn, und womöglich auch für das, was er gegen andere begangen, zur Strafe ziehe. Ein solches Verlangen ist aber völlig ungerechtfertigt; es stellen heißt die Natur politischer Dinge, unter die die Begriffe Strafe, Lohn und Rache nicht gehören, gänzlich mißverstehen, ihm entsprechen hieße das Wesen der Politik fälschen.«[4]

Als Otto von Bismarck, der künftige Reichskanzler, im September 1870 mit diesen Worten einen Artikel der *Nationalzeitung* kommentierte, in dem die rücksichtsvolle Behandlung Napoleons III. moniert worden war, wusste er sich in Übereinstimmung mit einer allgemeinen Rechtsüberzeugung in Europa. »In amnestia substancia pacis« lautete die Lehre seit dem Westfälischen Frieden,[5] und sie war immer noch stärker als die im zeitlichen Umfeld des deutsch-französischen Kriegs unternommenen Versuche von Gustave Moynier vom Roten Kreuz und anderen Autoren des »Manuel of the Laws of War«, dem Kriegsrechtsverstoß ein Gesicht zu geben, indem die Täter vor Gericht gestellt würden. Der Erste und weitaus mehr der Zweite Weltkrieg machten Schluss mit dem Verständnis anonymer Kriegsgewalt, wiesen ihr und der sie begleitenden Vernichtungsaktionen Namen von Personen zu, die sich nach dem Völkerstrafrecht verantworten mussten.

Bismarck konnte das nicht vorhersehen, Kissinger und von Dohnanyi können es rückblickend erkennen, tun es jedoch als unbeachtlich ab. Wenn Judith Shklar Nürnberg an den Vernichtungskrieg

4 Zitiert nach Busch, *Tagebuchblätter*, Bd. 1, S. 202 f. (https://archive.org/details/tagebuchblttero1buscuoft [3. 6. 2024]).

5 Vgl. Fisch, *Krieg und Frieden im Friedensvertrag*, S. 103 f., 112 f.

knüpft und es für sie daher als Präzedenzfall ausscheidet (eine siegreiche, auf Vernichtung sinnende Macht wird mit den Besiegten nicht nach dem Nürnberger Beispiel verfahren; eine liberale Macht wird keinen Vernichtungskrieg führen), stand ihr ein stalinistisches oder gleichermaßen gefährliches poststalinistisches Regime vor Augen.[6] Dass liberale Demokratien eine im NS-Maßstab auf Vernichtung sinnende Macht besiegen und dazu auf das Nürnberger Modell zurückgreifen könnten, erschien ihr offensichtlich als ein unwahrscheinliches Szenario, so weit entfernt von der Realität wie ein Nürnberger Vermächtnis diesseits auf totaler Vernichtung sinnender Gewalt. Allerdings schrieb sie die zitierten Sätze 1964, der Hauptkriegsverbrecherprozess lag nicht einmal zwanzig Jahre zurück, und der sowjetische Kommunismus schien solide und weiter auf dem Vormarsch. Sehr gut möglich also, dass der kleine Hoffnungsschimmer hinsichtlich einer Folgepraxis von Nürnberg, der aus »except by way of vague analogy« herauszulesen ist, uns ein erweitertes Bild von Shklars Meinung vermittelt. Bedenken wir dann noch, was sie Jahre später, 1989, über den »Liberalismus der Furcht« geschrieben hat (»Der Liberalismus hat nur ein einziges übergeordnetes Ziel – diejenigen politischen Bedingungen zu sichern, die für die Ausübung persönlicher Freiheit notwendig sind«),[7] dürfen wir mit größerer Gewissheit davon ausgehen, dass sie heute dem Gedanken einer internationalen Strafgerichtsbarkeit nicht abgeneigt wäre. Wer die aufklärerische Überzeugung teilt, »dass Grausamkeit ein absolut Böses ist« und dieses Böse immer noch in der Welt sieht,[8] wird sich Vorkehrungen gegenüber nicht versperren, die den Eintritt dieses Bösen verhindern wollen. Nichts anderes ist eines der Hauptziele der internationalen Strafjustiz.

Doch bleibt ein Aspekt, der leicht zu übersehen ist, weil Grausamkeit auch ohne ihn möglich ist. Im Zitat von Judith Shklar ist er zentral, denn ohne den NS-Vernichtungskrieg und den alliierten Sieg hätte es Nürnberg nicht gegeben. Was ist, wenn zur Durchführung eines Strafverfahrens erst ein »normaler« Krieg gewonnen werden muss? Kein Vernichtungskrieg, sondern ein Krieg, in dem die unterlegene Seite nachweislich Kriegsverbrechen begangen hat (und die siegreiche

6 So auch Moyn, »Judith Shklar versus the International Criminal Court«.
7 Shklar, *Der Liberalismus der Furcht*, S. 26.
8 Ebenda, S. 31 f.

nicht oder längst nicht in dem Ausmaß, sodass deren Ahndung nicht vordringlich thematisiert werden muss)?

Henry Kissinger und Klaus von Dohnanyi und viele andere mit ihnen würden mit der Antwort wohl nicht zögern: In einer solchen Situation sei für das Völkerstrafrecht kein Platz. Es verlängere den Krieg und erschwere eine Friedensordnung. Diese Antwort ist nicht neu. Sie wurde bereits beim Streit um den »gerechten Krieg« gegeben, und ihre spätere Verwendung bringt diejenigen, die sie geben, unweigerlich in eine intellektuelle Nachbarschaft mit einem höchst umstrittenen Staats- und Völkerrechtler, der das Deutsche Reich nach dem Ersten Weltkrieg im Würgegriff alliierter Gerechtigkeitsvorstellungen sah.[9] Er sprach von einer »Totalität der Feindschaft aus einem allmählich total werdenden Krieg«, die einen Friedenvertrag durch ein »Verdammungsurteil der Sieger über die Besiegten« ersetze.[10]

Das Gespenst der Totalität half der solcherart begründeten Antwort erwiesenermaßen nicht weiter. Anzunehmen ist, dass es auch bei den Argumenten der Völkerstrafrechts-Gegner nicht weiterhelfen wird. Es ist zuerst eine Frage des Blickwinkels, ob von einer erschwerten Friedensordnung oder einem Verdammungsurteil gesprochen werden konnte. Sie setzt voraus, dass die von Ordnung oder Urteil Betroffenen einen politischen und moralischen Anspruch haben, auf andere Weise behandelt zu werden, dass die ihnen zugedachte Behandlung folglich zu Recht als falsch und ungerecht empfunden werden kann. Im Deutschen Reich entstand das Gefühl der Demütigung durch den Versailler Friedensvertrag, und man kann diesem Gefühl mit guten Gründen eine gewisse Berechtigung zuerkennen (ausschließliche deutsche Kriegsschuld mit allen daraus folgenden ökonomischen Lasten und geografischen Verlusten, keine Beteiligung der deutschen Emissäre an den Friedensverhandlungen, Ausschluss Deutschlands aus der völkerrechtlichen Organisation der Nachkriegsordnung),[11] nicht aber der späteren Nutzung dieses Gefühls zur Herausbildung eines aggressiven Militarismus, der weit über eine militärische Revision Versailles' hinausging. Völkerrechtlich gab Carl Schmitt hier die Rich-

9 Vgl. Schmitt, »Die Wendung zum diskriminierenden Kriegsbegriff« [1937/38], S. 519; ders., »Über das Verhältnis der Begriffe Krieg und Feind« [1938], S. 598.

10 Schmitt, »Über das Verhältnis der Begriffe Krieg und Feind« [1938], S. 598.

11 Vgl. Conze, *Die große Illusion*, S. 355–382.

tung vor, in wohlgesetzten akademischen Termini, aber nicht weniger aggressiv. Aus dem nachvollziehbaren Blickwinkel heraus entwickelte sich so eine Radikalisierung, die sich in der Antizipation der gedachten Reaktion der Gegenseite (von der man mit Schmitt annahm, sie behaupte perfiderweise ihre völkerrechtliche Rechtfertigung) immer weiter entgrenzte.

Russland rechtfertigte den Krieg mit der angestrebten Mitgliedschaft der Ukraine in der NATO und der damit verbundenen Gefährdung von Russlands Sicherheit sowie mit der Verfolgung der russischen Minderheit im Südosten der Ukraine. Beiden Gründen wird man, bedenkt man umgekehrt das Sicherheitsinteresse der NATO und besonders der USA, nicht jede Berechtigung absprechen können, zumal auch NATO wie USA in der Vergangenheit ihre Interessen mit militärischer Gewalt durchgesetzt haben (Kosovo, Irak). Darauf hinzuweisen war folglich eine Konstante in der russischen politischen Rhetorik.[12] Selbst der Vorwurf, in der Ukraine gebe es, wie die Geschichte zeige, eine Sympathie für die NS-Ideologie, wie er im Vorfeld des Kriegsbeginns geäußert wurde, entbehrt nicht jeglicher Berechtigung. Fotos oder Filmaufnahmen von Wehrmachtssoldaten, die im Sommer 1941 in der Ukraine als Befreier begrüßt wurden, sind leicht zu finden,[13] und in dem Stalingrad-Buch von Wassili Grossman ist ukrainische Kollaboration ein mehrmals wiederkehrendes Thema.[14] Was dann jedoch am und nach dem 24. Februar 2022 mit diesen Rechtfertigungen geschah, wie schnell sie ins schrill-apodiktische kippten und auf der Gegenseite das absolut Böse auszumachen glaubten (Putin zufolge diene der »militärische Spezialeinsatz« dem Schutz der von Genozid bedrohten Menschen in der Ukraine und der Entmilitarisierung und Entnazifizierung der »kleinen Nazis«[15]), ließ erkennen, dass nicht das Schicksal der Menschen in der Ukraine das eigentliche Anliegen der russischen Führung war, sondern ein imperialer Anspruch verwirklicht werden sollte, so groß, dass die Entgrenzung militärischer Gewalt immer neue Stufen erreichen konnte.

---

12 Vgl. von Fritsch, *Zeitenwende*, S. 58–65, 70–78.

13 Vgl. https://www.dhm.de/lemo/bestand/objekt/begruessung-der-deutschen-truppen-in-der-ukraine-1941.html [3. 6. 2024].

14 Vgl. Grossman, *Stalingrad*, S. 352, 370, 492.

15 Putin, »Unser Vorgehen dient der Selbstverteidigung«, S. 146.

Nach den russischen Kriegszielen zu urteilen, wie sie nicht nur verkündet, sondern mit der Annexion von vier ukrainischen Gebieten (fünfzehn Prozent des Staatsgebiets) faktisch demonstriert wurden, wird der Krieg aus russischer Sicht zu Ende sein, wenn die Kriegsziele erreicht sind. Der Verzicht auf die Strafdrohung des Völkerstrafrechts wird daran nichts ändern. Höbe man die Haftbefehle auf, gäbe es keinen öffentlich verkündeten (Teil)Verzicht auf die Annexionen und einen Rückzug des russischen Militärs. Das kann man mit hoher Plausibilität nach derzeitigem Stand sagen, ohne in den überlauten Chor der vielen Expertinnen und Experten einzustimmen.

Des Weiteren wird man sagen können, dass der Verzicht auf die Anwendung des Völkerstrafrechts einer Kapitulation des Rechts gleichkäme. Ein Teil der Weltbevölkerung, ihre Regierungen und weltweit agierende NGOs sprechen sich seit dem 24. Februar 2022 für eine Bestrafung Putins und anderer Verantwortlicher aus, sie sind, mit anderen Worten, »zu human geworden«, um den Krieg in der Ukraine lediglich bedauernd hinzunehmen. Sie fordern strafrechtliche Konsequenzen, machen das Recht in vielen Veröffentlichungen und Erklärungen stark und bringen Ermittlungen auf den Weg, die Beweise sichern sollen. Hier zu fordern, alle Bemühungen einzustellen, das bisher rechtlich und moralisch Geglaubte als einen Irrtum anzuerkennen, wäre das Ende der internationalen Strafgerichtsbarkeit. Namentlich Henry Kissinger sähe sich bestätigt, für den die Begriffe Politiker und Kriegsverbrecher mit großer Selbstverständlichkeit nicht zusammengehen können, und wenn ausnahmsweise doch, dann nach eigener beziehungsweise US-amerikanischer Definition, die der langjährig praktizierten Leitlinie folgt, sich keinesfalls einer fremden »richterlichen Tyrannei« auszusetzen. Eigene Kriegsverbrechen verschwänden einfach oder würden sich im juristischen Dickicht der Notwehr oder Prävention oder Präemption dauerhaft verbergen.[16]

Dennoch bleibt es ein Fakt: Ein Krieg gegen eine Atommacht muss gewonnen werden, oder die Machtverhältnisse müssen sich so ändern, dass nach dem Vorbild Slobodan Milošević eine Überstellung von

16 Mit diesem Argument verteidigt sich Henry Kissinger gegen den Vorwurf, mit der Bombardierung des neutralen Kambodscha während des Vietnamkriegs den Krieg dorthin gebracht und ein Kriegsverbrechen begangen zu haben. Vgl. »Wenn die Staatsmänner weise wären ...«, in: *Die Zeit*, 25. 5. 2023, S. 3.

Wladimir Putin an das Gericht in Den Haag möglich ist. Diesen Satz zu schreiben und sich dabei vorzustellen, was der Preis sein wird, der entrichtet werden muss, damit er Wirklichkeit wird, weckt ein Gefühl der Beklommenheit. Das Völkerstrafrecht als ein Recht mit universellem Anspruch lässt gleichwohl keinen Ausweg. Bisher betraf seine Anwendung nur schwache Staaten, die aus Gründen der internen Machtkonsolidierung oder auf Druck des Auslands Verdächtige an die internationale Strafjustiz überstellten. Wo es sonst noch hätte zur Anwendung gebracht werden können – man denke an die Kriege oder gewaltsamen Auseinandersetzungen im Mittleren oder Nahen Osten –, geschah nichts. Aus der Sicht des Rechts ist das kein Grund, deshalb in vergleichbar schwierigen Fällen auf seine Durchsetzung zu verzichten. Dass aus Unrecht kein Recht folgt, ist ein anerkannter Rechtssatz (*ex iniuria ius non oritur*), ein Fundament des Geltungsanspruchs von Recht, dem das Prinzip der Gleichheit, die es im Unrecht nicht gibt, entspricht. Es zu ignorieren, führt zur Erosion des Rechts, es wird zum Spielball politischer Opportunitäten, gemessen an seinem Geltungszweck verliert es den Charakter von Recht, allenfalls wäre es regional begrenztes Recht. Von dem Gründungsideal des IStGH bliebe nichts mehr übrig. Nationale Gerichte spielten die Rolle des Ausputzers, mit geringer werdender Akzeptanz.

Also muss das Recht zur Anwendung gebracht, die Strafdrohung des Völkerstrafrechts weiterhin bekannt gemacht werden in der Hoffnung, potenzielle Völkerrechtsstraftäter abzuschrecken. Und da das Recht Gleiches gleich behandeln muss, richtet es sich selbstverständlich auch an die Ukraine. UN-Berichte über getötete Zivilistinnen und Zivilisten und insbesondere Kinder enthalten Zahlen, die zwar zu Lasten Russlands um ein Mehrfaches höher sind als die der Ukraine, letztere aber dadurch nicht zu einer Belanglosigkeit werden lassen.[17] Allerdings könnten beide Kriegsparteien darauf verweisen, dass Doppelwirkungslehre und Verhältnismäßigkeitsprinzip nicht jede Tötung von Zivilistinnen und Zivilisten verbieten.

Im Krieg Israels gegen die Hamas im Gazastreifen wird das Argument der in den Grenzen der Verhältnismäßigkeit zulässigen Doppel-

17 Vgl. https://www.ohchr.org/en/news/2023/06/ukraine-civilian-casualty-update-19-june-2023 [3. 6. 2024] sowie https://www.reuters.com/world/un-adds-russia-list-shame-killing-children-ukraine-2023-06-22/ [3. 6. 2024].

wirkung wieder vorgebracht werden. Ob auf Seiten der Hamas, kann jedoch als ausgeschlossen gelten, denn mit dem Angriff vom 7. Oktober 2023 setzte sie auf größtmöglichen Terror. Das befreit Israel allerdings nicht von dessen Beachtung (zumindest so lange nicht die Existenz des Staates ernsthaft auf dem Spiel steht). Auch wenn Israel nicht dem Ersten Zusatzprotokoll zu den Genfer Konventionen von 1949 beigetreten ist, wird es doch, da es sich inzwischen um Völkergewohnheitsrecht handelt, das Verbot übermäßigen zivilen Schadens beachten müssen. »[I]n keinem Verhältnis zum erwartbaren konkreten und unmittelbaren militärischen Vorteil« darf der Schaden laut Zusatzprotokoll stehen (Art. 51 Abs. 5 b); Art. 57 Abs. 2 a) iii), und das Römische Statut schiebt das Verbot noch weiter hinaus, indem es verlangt, dass der Schaden »eindeutig in keinem Verhältnis zu dem insgesamt erwarteten konkreten und unmittelbaren militärischen Vorteile stehen« darf (Art. 8 Abs. 2 b) iv). Einen festen Maßstab dafür, wann diese Grenze überschritten ist, gibt es nicht. Dass die Grenzen weit zu ziehen sind, legt der jeweilige Wortlaut nahe. Doch damit nicht genug. Die derart ausgeweitete Verhältnismäßigkeit kann der Befehlsgeber nur überschreiten, wenn er vorsätzlich gehandelt hat, wenn für ihn »damit zu rechnen« war (Erstes Zusatzprotokoll) beziehungsweise »Kenntnis« darüber vorlag (Römisches Statut), dass der Angriff (die Selbstverteidigungshandlung) die exzessive Unverhältnismäßigkeit aufweisen würde und er trotzdem den Befehl erteilt hat.

Das ist beileibe keine gute Ausgangslage für Zivilistinnen und Zivilisten, die am Kampfgeschehen völlig unbeteiligt sind. Es bleibt nur darauf zu pochen, dass für die Staaten der Begriff »humanitäres Völkerrecht« kein Euphemismus, keine semantische Täuschung sein darf. Seit den Haager Konventionen ist bekannt, dass das Ziel nicht alle Mittel rechtfertigt, dass insbesondere die unbeteiligte Zivilbevölkerung nicht das Ziel von Angriffen sein darf. Der Preis dafür wäre ein Rückfall in das zur Entgrenzung neigende Recht des Stärkeren und Rechtlosigkeit für die Schwächeren oder auch nur Skrupulöseren.

Die internationale Strafjustiz ist sich dessen sehr wohl bewusst. Im März 2024 erließ der IStGH zwei Haftbefehle gegen russische Offiziere wegen der Beschießung ukrainischer Stromversorgungseinrichtungen, vorsätzliche Angriffe auf zivile Objekte und ein Kriegsverbrechen nach Art. 8 Abs. 2 b) ii) des Römischen Statuts. Beide Haftbefehle gründen außerdem auch darauf, dass die Abwägung zwischen militärischem Vorteil und zivilem Schaden in einer Reihe von Fällen einen solchen hervorgebracht habe, der eindeutig und daher vorsätzlich »clearly excessive« im Verhältnis zum angenommenen militärischen Vorteil gewesen sei.[18]

Haben wir uns also ganz konkret in dem Versuch, fernes Unrecht ahnden zu wollen, eine kleine Stufe weiter auf das Ziel zubewegt? Ja, eine sehr kleine, denn noch stehen die beiden Offiziere, zu erwartende weitere Angeklagte wie auch Putin und seine Mitangeklagten nicht vor Gericht, und mehr als die Feststellung mutmaßlichen Unrechts ist nicht erreicht. Und es gab sogleich auch eine Stimme der Ernüchterung, ebenfalls vom März 2024. Auf einem Staatsbesuch in Washington beklagt die südafrikanische Außenministerin, dass Israel entgegen der Anordnung des IGH vom Januar desselben Jahres nichts unternommen habe, um die überaus angespannte humanitäre Situation im Gazastreifen zu lindern. Die westliche Welt nehme das augenscheinlich einfach hin. Das sei eine Einladung an andere Staaten, sich künftig ebenso zu verhalten. Mit der Gewissheit, gehört zu werden, hatte sie sodann die folgende Botschaft an die afrikanische Welt: »Der IGH ist nicht respektiert worden. Und an dem Tag, an dem ein Afrikaner ihn nicht respektiert, hoffe ich, dass man diesem Politiker nicht sagen wird: ›Hören Sie mal zu, Sie haben hier Grenzen überschritten. Weil Sie Afrikaner sind, erwarten wir von Ihnen, dass Sie gehorchen‹.«[19]

Inzwischen (Mai 2024) wissen wir, dass es – wieder einmal – so einfach nicht ist. Der IGH bleibt mit dem Fall befasst, anders als Israel es sich erhofft, und die Anklagebehörde des IStGH hat den Erlass von Haftbefehlen beantragt, nicht nur gegen drei Hamas-Führer, sondern auch gegen zwei höchstrangige israelische Politiker. Niemand steht über dem Gesetz, auch in der westlichen Welt nicht. Ob auch das zu einfach gedacht ist, werden wir sehen.

In seiner Studie *Reine Rechtslehre*, die 1934 erschienen ist, bezeichnete Hans Kelsen das Völkerrecht als eine noch »primitive Rechtsord-

18 Vgl. Pressemitteilung vom 5. 3. 2024 (https://www.icc-cpi.int/news/situation-ukraine-icc-judges-issue-arrest-warrants-against-sergei-ivanovich-kobylash-and [3. 6. 2024]).

19 »La Guerre menée par Israël dans la bande Gaza remet en cause la Cour internationale de justice, selon l'Afrique du Sud«, in: *Le Monde Afrique*, 20. 3. 2024.

nung«. Es stünde erst am Anfang einer Entwicklung, die die einzelstaatliche Rechtsordnung bereits zurückgelegt habe. 1960 wiederholte er seine Meinung.[20] Der kosmopolitische Weg zu einer *civitas maxima* würde lang sein. Ginge es nach den politischen Realisten, wäre sie nie zu erreichen und ohnehin ein irriges Ziel. Dann bliebe in der Tat nur noch die von Jürgen Habermas resigniert konstatierte Rolle des »hellenistischen Schriftstellers«, der für die Nachgeborenen die Erinnerung an die »uneingelösten Versprechen seiner untergehenden Kultur« bewahrt.[21] Doch auch vermeintlich »weise Staatsmänner« müssen zur Kenntnis nehmen, dass es im Völkerrecht zivilisatorische Fortschritte gegeben hat, die Kelsen selbst noch in einer ferneren Zukunft verortete. Der effektive Schutz von elementaren Menschenrechten ist eine völkerrechtliche Realität und bereits in Teilen der Welt eine internationale und nationale Praxis.

Wenn sich trotzdem Skepsis oder regelrechte Besorgnis einschleichen, rührt dies von dem verbreiteten, oft begründeten und ebenso oft diffusen Gefühl her, dass in der Vergangenheit etwas falsch gelaufen ist und die Probleme der Zukunft groß sind, nicht allein wegen multilateral eingegangener Verpflichtungen, die plötzlich inopportun erscheinen. »Zeitenwende« ist der Begriff, auf den das Gefühl zuläuft. Zugleich steht er für Entschlossenheit, die Herausforderungen der Zukunft anzugehen. Und diese Herausforderungen werden nicht nur sicherheitspolitischer Art sein, sondern das Leben der Menschheit insgesamt betreffen. Wie wir auf fernes Unrecht reagieren, wird Teil dieser Herausforderungen sein. Wir sind, so hat es den Anschein, inmitten eines neuen zivilisatorischen Versuchs. Darum ist zu hoffen, dass sich zur Entschlossenheit der Zeitenwende die Einsicht gesellt, dass das Völkerstrafrecht mit zunehmender Dringlichkeit *eine* Welt voraussetzt, wenn es eine Zukunft haben soll. Mehr ist dazu hier nun nicht mehr zu sagen.

20 Kelsen, *Reine Rechtslehre,* S. 131. Näher dazu Dreier, *Hans Kelsen zur Einführung,* S. 171.

21 Vgl. Felsch, *Der Philosoph,* S. 188.

Literatur

Adekunle, Adedeji, »Integrity and Independence: Common Standards and Uneven Cost of Implementation«, in: Morten Bergsmo/Viviane E. Dittrich (Hg.), *Integrity in International Justice,* Brüssel 2020, S. 1095–1115.

Ahlbrecht, Heiko, *Geschichte der völkerrechtlichen Strafgerichtsbarkeit im 20. Jahrhundert. Unter besonderer Berücksichtigung der völkerrechtlichen Straftatbestände und der Bemühungen um einen Ständigen Internationalen Strafgerichtshof,* Baden-Baden 1999.

Akçam, Taner, *Armenien und der Völkermord. Die Istanbuler Prozesse und die türkische Nationalbewegung,* Hamburg 1996.

Akinwotu, Emmanuel, »Russian Mercenaries and Mali Army Accused of Killing 300 Civilians«, in: *The Guardian,* 5. 4. 2022 (https://www.theguardian.com/world/2022/apr/05/russian-mercenaries-and-mali-army-accused-of-killing-300-civilians [3. 6. 2024]).

Almond, Mark, »Dayton und die Neugestaltung Bosnien-Herzegowinas«, in: Dunja Melčić (Hg.), *Der Jugoslawien-Krieg. Handbuch zu Vorgeschichte, Verlauf und Konsequenzen,* 2. Auflage, Wiesbaden 2007, S. 439–445.

Ambos, Kai, *Internationales Strafrecht. Strafanwendungsrecht, Völkerstrafrecht, Europäisches Strafrecht, Rechtshilfe,* 5. Auflage, München 2018.

Ders., *Doppelmoral. Der Westen und die Ukraine,* Frankfurt am Main 2022.

Appiagyei-Atua, Kwadwo, »Ethical Dimensions of Third-World Approaches to International Law (TWAIL): A Critical Review«, in: *African Journal of Legal Studies,* 8 (2015), S. 209–235, https://brill.com/view/journals/ajls/8/3-4/article-p209_2.xml?language=en [3. 6. 2024].

Arendt, Hannah, *Eichmann in Jerusalem. Ein Bericht von der Banalität des Bösen,* 8. Auflage, München 1992.

Auswärtiges Amt (Hg.), 14. Bericht der Bundesregierung über ihre Menschenrechtspolitik, Berlin 2020, unter https://www.auswaertiges-amt.de/de/aussenpolitik/themen/menschenrechte/menschenrechtsbericht/2422186 [3. 6. 2024].

Barth, Boris, *Genozid. Völkermord im 20. Jahrhundert. Geschichte – Theorien – Kontroversen*, München 2006.

Barthe, Christoph, *Joint Criminal Enterprise (JCE). Ein (originär) völkerstrafrechtliches Haftungsmodell mit Zukunft?*, Berlin 2009.

Bassiouni, M. Cherif, »Das ›Vermächtnis‹ von Nürnberg: eine historische Bewertung fünfzig Jahre danach«, in: Gerd Hankel/Gerhard Stuby (Hg.), *Strafgerichte gegen Menschheitsverbrechen. Zum Völkerstrafrecht 50 Jahre nach den Nürnberger Prozessen*, Hamburg 1995, S. 15–38.

Baumstieger, Moritz/Schlötzer, Christiane, »Wir haben die Tore geöffnet«, in: *Süddeutsche Zeitung*, 1. 3. 2020 (https://www.sueddeutsche.de/politik/tuerkei-eu-grenzoeffnung-1.4827068?referrer=push [3. 6. 2024]).

Bergsmo, Morten/Harhoff, Frederik, »Article 42: The Office of the Prosecutor«, in: Otto Triffterer, *Commentary on the Rome Statute of the International Criminal Court*, 2. Auflage, München 2008, S. 971–979.

Ders., »Revisiting Integrity in International Justice«, in: FICHL Policy Brief Cases, Nr. 93 (2018).

Ders./Dittrich, Viviane (Hg.), *Integrity in International Justice*, Brüssel 2020.

Bessel, Richard, *Violence. A Modern Obsession*, London u. a. 2016.

Blam, Wolfgang, »Völkermord als ›modernes‹ Politikinstrument«, in: Hildegard Schürings (Hg.), *Ein Volk verlässt sein Land*, Köln 1994, S. 75–89.

Bliefernetz, Olga, *Delightful Horror. Zur Wirkungsgeschichte einer ästhetischen Kategorie in der Kunst um 1800*, 2014, https://www.grin.com/document/386616 [3. 6. 2024].

Bluntschli, Johann Caspar, *Das moderne Völkerrecht der civilisirten Staten als Rechtsbuch dargestellt*, 3. Auflage, Nördlingen 1878.

Bock, Stefanie, »Zurechnung im Völkerstrafrecht«, in: *Zeitschrift für Internationale Strafrechtsdogmatik*, 7–8 (2017), S. 410–427 (http://www.zis-online.com/index.php?sektion=2&language=ger [3. 6. 2024]).

Bogdandy, Armin von/Venzke, Ingo, *In wessen Namen? Internationale Gerichte in Zeiten globalen Regierens*, Berlin 2014.

Böge, Friederike/Gutschker, Thomas, »Wie hält Xi es mit Moskaus Krieg?«, in: *Frankfurter Allgemeine Zeitung*, 2. 4. 2022, S. 2.

Bogner, Daniel, »Unvermischt und ungetrennt. Überlegungen zur notwendigen Einheit von rechtlicher, politischer und ethisch-moralischer Dimension der Menschenrechte«, in: Sarah Jäger/Stefan Oeter (Hg.), *Menschenrechte und humanitäres Völkerrecht – eine Verhältnisbestimmung*, Wiesbaden 2019, S. 103–135.

Boltanski, Luc, *La Souffrance à distance*, Paris 2007.

Borchmeyer, Dieter, »Goethe«, in: Etienne François/Hagen Schulze, *Deutsche Erinnerungsorte*, München 2005, S. 69–88.

Bothe, Michael, »Friedenssicherung und Kriegsrecht«, in: Wolfgang Graf Vitzthum (Hg.), *Völkerrecht*, 4. Auflage, Berlin 2007, S. 637–725.

Bowkott, Owen/Holmes, Oliver/Durkin, Erin, »John Bolton Threatens War Crimes Court with Sanctions in Virulent Attack«, in: *The Guardian*, 10. 9. 2018 (https://www.theguardian.com/us-news/2018/sep/10/john-bolton-castigate-icc-washington-speech [3. 6. 2024]).

Brady, Kate, »Germany's reluctance to speak out against China«, *Deutsche Welle*, 7. 7. 2020 (https://www.dw.com/en/germanys-reluctance-to-speak-out-against-china/a-54079606 [3. 6. 2024]).

Brand, Ulrich/Wissen, Markus, *Imperiale Lebensweise. Zur Ausbeutung von Mensch und Natur im globalen Kapitalismus*, 5. Auflage, München 2017.

Brandes, Detlef/Sundhausen, Holm/Troebst, Stefan (Hg.), *Lexikon der Vertreibungen. Deportation, Zwangsaussiedlung und ethnische Säuberung im Europa des 20. Jahrhunderts*, Wien u. a. 2010.

Brodersen, Kei Hannah, »Post mortem. Wie das Jugoslawientribunal auch nach seiner Schließung noch Recht auf dem Balkan schafft«, in: *Internationale Politik und Gesellschaft*, 12. 1. 2018 (https://www.ipg-journal.de/regionen/europa/artikel/post-mortem-2530/ [3. 6. 2024]).

Bröll, Claudia, »Wiederaufbau nach Südafrikas Sintflut«, in: *Frankfurter Allgemeine Zeitung*, 20. 4. 2022, S. 6.

Brown, Gordon/Major, John/Rudd, Kevin/Turnbull, Malcolm, »A Tribunal for Putin's War Crimes«, 22. 3. 2022 (https://www.project-syndicate.org/commentary/tribunal-putin-war-crimes-by-gordon-brown-et-al-2022-03 [3. 6. 2024]).

Bueno, Olivia, »Deterrence in Sudan: The Limits of a Lonely Court«, in: Jennifer Schense/Linda Carter (Hg.), *Two Steps Forward, One Step Back: The Deterrent Effect of International Criminal Tribunals*, Brüssel 2017, S. 291–328.

Burens, Laura, »Plea Bargaining in International Criminal Tribunals. The End of Truth-Seeking in International Courts?«, in: *Zeitschrift für Internationale Strafrechtsdogmatik*, 7–8/2013, S. 322–333.

Burgdorff, Stefan/Habbe, Christian (Hg.), *Als Feuer vom Himmel fiel. Der Bombenkrieg in Deutschland*, München 2005.

Burke, Jason, »Congolese Warlord Sentenced over Witness Bribing in Hague Court First«, in: *The Guardian*, 22. 3. 2017 (https://www.theguardian.com/world/2017/mar/22/jean-pierre-bemba-jailed-bribing-witnesses-congolese-war-crimes [3. 6. 2024]).

Busch, Moritz, *Tagebuchblätter*, Bd. 1, Leipzig 1902 (https://archive.org/details/tagebuchbltter01buscuoft [3. 6. 2024]).

Buschmann, Marco, »Lücken schließen. Das Urverbrechen bestrafen und den Strafprozess in Völkermordfällen ändern«, in: *Frankfurter Allgemeine Zeitung*, 23. 2. 2023, S. 6.

Caesar, Gaius Iulius, *De bello Gallico / Der Gallische Krieg* (übersetzt und hrsg. von Marieluise Deißmann), Stuttgart 2020.

Canfora, Luciano, *Caesar. Der demokratische Diktator. Eine Biographie,* München 2001.

Castle, Stephen, »Bosnian Leader was Suspected of War Crimes«, in: *Independent,* 21. 9. 2015 (https://www.independent.co.uk/news/world/europe/bosnian-leader-was-suspected-of-war-crimes-92647.html [3. 6. 2024]).

Cattin, David Donat/Verpile, Melissa, »Integrity and the Preservation of Independence in International Criminal Justice«, in: Morten Bergsmo/Viviane E. Dittrich (Hg.), *Integrity in International Justice,* Brüssel 2020, S. 1079–1094.

Ciriez, Frédéric/Lamy, Romain, *Frantz Fanon,* Hamburg 2021.

Civikov, Germinal, *Der Milošević-Prozess. Bericht eines Beobachters,* Wien 2006.

Clark, Phil, *Distant Justice. The Impact of the International Criminal Court on African Politics,* Cambridge 2018.

Clark, Ramsey, *Wüstensturm. US-Kriegsverbrechen am Golf,* Göttingen 1993.

Clarke, Kamari Maxine, *Fictions of Justice. The International Criminal Court and the Challenge of Legal Pluralism in Sub-Saharan Africa,* New York 2009.

Cline, Eric H., *1177 v. Chr. Der erste Untergang der Zivilisation,* Darmstadt 2021.

Conze, Eckart, *Die große Illusion. Versailles 1919 und die Neuordnung der Welt,* München 2018.

Cruvellier, Thierry, *Le Tribunal des vaincus? Un Nuremberg pour le Rwanda?,* Paris 2006.

Daase, Christopher, »Die Legalisierung der Legitimität – Zur Kritik der Schutzverantwortung als emerging norm«, in: *Die Friedens-Warte,* 88 (2013), S. 41–62.

Dallaire, Roméo, *Handschlag mit dem Teufel. Die Mitschuld der Weltgemeinschaft am Völkermord in Ruanda,* Frankfurt am Main 2005.

De Witte, Ludo, *Regierungsauftrag Mord. Der Tod Lumumbas und die Kongo-Krise,* Leipzig 2001.

Deitelhoff, Nicole, *Überzeugung in der Politik. Grundzüge einer Diskurstheorie internationalen Regierens,* Frankfurt am Main 2006.

Dies., »Scheitert die Norm der Schutzverantwortung? Der Streit um Normbegründung und Normanwendung der R2P«, in: *Die Frieden-Warte,* 88 (2013), S. 17–39.

Del Ponte, Carla (mit Chuck Sudetic), *Im Namen der Anklage. Meine Jagd auf Kriegsverbrecher und die Suche nach Gerechtigkeit,* Frankfurt am Main 2009.

Dies., *Ich bin keine Heldin. Mein langer Kampf für Gerechtigkeit,* Frankfurt am Main 2021.

»Der Golfkrieg 1991«, in: *Frankfurter Allgemeine Zeitung* (https://www.faz.net/aktuell/politik/irak-der-golfkrieg-1991-116582.html [3. 6. 2024]).

Der Nürnberger Lernprozess. Von Kriegsverbrechern und Starreportern, zusammengestellt und eingeleitet von Steffen Radlmeier, Frankfurt am Main 2001.

Dérens, Jean-Arnault/Geslin, Laurent, »La Justice est-elle possible au Kosovo?«, in: *Le Monde diplomatique*, 12/2020, S. 6.

Deschênes, Jules/Staker, Christopher, »Article 40: Independence of the judges, Article 41: Excusing and disqualification of judges«, in: Otto Triffterer, *Commentary on the Rome Statute of the International Criminal Court*, 2. Auflage, München 2008, S. 961–974.

Dewitz, Clivia von, *Südafrika*. Teilband 8 der Schriftenreihe »Strafrecht in Reaktion auf Systemunrecht«, hrsg. von Albin Eser/Ulrich Sieber/Jörg Arnold, Berlin 2005.

Dieterich, Johannes, »Verurteilung 35 Jahre nach Mord an ›Afrikas Che Guevara‹«, in: *Der Standard*, 8. 4. 2022 (https://www.derstandard.at/story/2000134779672/verurteilung-35-jahre-nach-mord-an-afrikas-che-guevara [3. 6. 2024]).

Dietrich, Rainer, *Psycholinguistik*, 2. Auflage, Stuttgart und Weimar 2007.

Dieye, Cheikh Tidiane, »Assessing Trade Relations Between Africa and Europe«, 22. 11. 2021 (https://afripoli.org/assessing-trade-relations-between-africa-and-europe [3. 6. 2024]).

Dorin, Alexander, *Srebrenica. Die Geschichte eines salonfähigen Rassismus*, Berlin 2010.

Dörries, Bernd/Heubl, Ben, »Putins Söldner mit der Lizenz zum Töten«, in: *Süddeutsche Zeitung*, 29. 12. 2022, S. 3.

Dreier, Horst, *Hans Kelsen zur Einführung*, Hamburg 2023.

Dunant, Henry, *Eine Erinnerung an Solferino*, Basel 1863, https://books.google.de/books?id=h4QSJBpo3GwC&printsec=frontcover&hl=de&source=gbs_ge_summary_r&cad=0#v=onepage&q&f=false [3. 6. 2024].

Dworkin, Ronald, *Gerechtigkeit für Igel*, Berlin 2012.

Eckel, Jan, »Wie sich die Welt nicht erklären lässt«, in: *Frankfurter Allgemeine Zeitung*, 10. 7. 2018, S. 1.

Eckermann, Johann Peter, *Gespräche mit Goethe in den letzten Jahren seines Lebens* [1836], Frankfurt am Main 1981.

Ehl, David, »More than Mercenaries: Russia's Wagner Group in Africa«, 17. 4. 2023 (https://www.dw.com/en/more-than-mercenaries-russias-wagner-group-in-africa/a-64822234 [3. 6. 2024]).

Ehrhardt, Christoph, »Moskaus zynisches Spiel«, in: *Frankfurter Allgemeine Zeitung*, 9. 7. 2020, S. 5.

Eichhorn, Moritz, »Kabalen iranischer Art«, in: *Frankfurter Allgemeine Sonntagszeitung*, 21. 1. 2018, S. 8.

Elias, Norbert, *Über den Prozeß der Zivilisation. Soziogenetische und psychogenetische Untersuchungen*. Erster Band: *Wandlungen des Verhaltens in den westlichen Oberschichten des Abendlandes*, 32. Auflage [1939], Berlin 2020.

Emmerich-Fritsche, Angelika, *Vom Völkerrecht zum Weltrecht*, Berlin 2007.

Engl, Lieselotte und Theo, »Das ›Requerimiento‹: Vom ›gerechten Krieg‹ gegen die Indios«, in: Rainer Beck (Hg.), *1492. Die Welt zur Zeit des Kolumbus. Ein Lesebuch*, München 1992, S. 207–212.

Ermagan, Ninve, »Wer spricht heute noch von der Vernichtung der Armenier?«, in: *Cicero*, 24. 4. 2021 (https://www.cicero.de/innenpolitik/jahrestags-des-genozids-wer-redet-heute-noch-von-der-vernichtung-der-armenier [3. 6. 2024]).

Dies., »Butler über Hamas: ›Bewaffneter Widerstand‹«, in: *zdf heute* 8. 3. 2024 (https://www.zdf.de/nachrichten/politik/ausland/us-feministin-judith-butler-terror-hamas-israel-100.html [3. 6. 2024]).

Eurojust, »Cumulative Prosecutions of Foreign Terrorist Fighters«, in: dies., *Supporting judicial authorities in the fight against Core International Crimes*, 19. 5. 2020, S. 6 f. (https://www.eurojust.europa.eu/publication/supporting-judicial-authorities-fight-against-core-international-crimes-factsheet [3. 6. 2024]).

European Center for Constitutional and Human Rights, *Das Al-Khatib-Verfahren in Koblenz. Eine Dokumentation*, Berlin 2021, https://www.ecchr.eu/fileadmin/flipbooks/al-khatib/de/#132 [3. 6. 2024].

Felsch, Philipp, *Der Philosoph. Habermas und wir*, Berlin 2024.

Fink, Matthias, *Srebrenica. Chronologie eines Völkermords oder Was geschah mit Mirnes Osmanović*, Hamburg 2015.

Fisch, Jörg, *Krieg und Frieden im Friedensvertrag. Eine universalgeschichtliche Studie über Grundlagen und Formelemente des Friedensschlusses*, Stuttgart 1979.

Fischer, Gottfried/Riedesser, Peter, *Lehrbuch der Psychotraumatologie*, 3. Auflage, München 2003.

Fischer, Thomas, *Über das Strafen. Recht und Sicherheit in der demokratischen Gesellschaft*, München 2018.

Freud, Sigmund, *Gesammelte Werke. Chronologisch geordnet.* 10. Bd.: *Werke aus den Jahren 1913–1917*, 5. Auflage, Frankfurt am Main 1969.

Ders., »Warum Krieg?«, in: ders., *Das Lesebuch. Schriften aus vier Jahrzehnten*, Frankfurt am Main 2006, S. 437–453.

Fried, Johannes, *Karl der Große. Gewalt und Glaube. Eine Biographie*, 3. Auflage, München 2014.

Fritsch, Rüdiger von, *Zeitenwende. Putins Krieg und die Folgen*, Berlin 2022.

Gaynor, Lucy, »The Wild Reparations Order of the ICC«, in: *Justiceinfo.net*, 29. 2. 2024 (https://www.justiceinfo.net/en/128948-wild-reparations-order-icc.html?mc_cid=9fa8c0a910&mc_eid=d8e24e2ed0 [3. 6. 2024]).

Geinitz, Christian, »Die Luft in China wird dünner«, in: *Frankfurter Allgemeine Zeitung*, 8. 6. 2022, S. 18.

Geyer, Michael, »Die Welt als Ereignis. Vorauseilende Moderne(n) und nachholende Erfahrungen«, in: *Mittelweg 36*, April/Mai 2020, S. 81–103.

Glanville, Luke, »The Responsibility to Protect beyond Borders in the Law of Nature and Nations«, in: *The European Journal of International Law*, 28 (2018), S. 1069–1095.

Goethe, Johann Wolfgang, *Faust. Der Tragödie erster Teil*, Stuttgart 1984 (Reclam-Ausgabe).

Goldsmith, Jack L./Posner, Eric A., *The Limits of International Law*, Oxford 2005.

Goldstone, Richard J., »Prosecutorial Language, Integrity and Independence«, in: Morten Bergsmo/Viviane E. Dittrich (Hg.), *Integrity in International Justice*, Brüssel 2020, S. 1065–1078.

Goltermann, Svenja, *Opfer. Die Wahrnehmung von Krieg und Gewalt in der Moderne*, Frankfurt am Main 2017.

Dies., »Gewaltwahrnehmung. Für eine andere Geschichte der Gewalt im 20. Jahrhundert«, in: *Mittelweg 36*, April/Mai 2020, S. 23–46.

Graefrath, Bernhard, »Jugoslawien und die internationale Strafgerichtsbarkeit«, in: Gerd Hankel/Gerhard Stuby, *Strafgerichte gegen Menschheitsverbrechen. Zum Völkerstrafrecht 50 Jahre nach den Nürnberger Prozessen*, Hamburg 1995, S. 295–324.

Gromes, Thorsten/Dembinski, Matthias, *Bestandsaufnahme der humanitären militärischen Interventionen zwischen 1947 und 2005, HSFK-Report 2/2013*, Frankfurt am Main 2013, https://www.hsfk.de/publikationen/publikationssuche/publikation/bestandsaufnahme-der-humanitaeren-militaerischen-interventionen-zwischen-1947-und-2005 [3. 6. 2024].

Grossman, Wassili, *Stalingrad*, Berlin 2021.

Gumpert, Benjamin/Nuzban, Yulia, »Length of Proceedings at the International Court: Context, Latest Developments and Proposed Steps to Address the Issue«, in: Alexander Heintze/Viviane E. Dittrich (Hg.), *The Past, Present and Future of the International Criminal Court*, Brüssel 2021, S. 553–587.

Gutschker, Thomas, »Neues Sanktionsregime«, in: *Frankfurter Allgemeine Zeitung*, 5. 12. 2020, S. 6.

Habermas, Jürgen, *Zur Verfassung Europas. Ein Essay*, Berlin 2011.

Ders., *Auch eine Geschichte der Philosophie*, Band 1: *Die okzidentale Konstellation von Glauben und Wissen;* Band 2: *Spuren des Diskurses über Glauben und Wissen*, 3. Auflage, Berlin 2019.

»Haft im Seniorenheim«, in: *Frankfurter Allgemeine Zeitung*, 16. 12. 2019, S. 5.

Hank, Rainer, »Unser Geld für Putins Krieg. Die Russland-Sanktionen waren halbherzig. Die Industrielobby hat sich durchgesetzt«, in: *Frankfurter Allgemeine Sonntagszeitung*, 22. 1. 2023, S. 18.

Hankel, Gerd, *Die Leipziger Prozesse. Deutsche Kriegsverbrechen und ihre strafrechtliche Verfolgung nach dem Ersten Weltkrieg*, Hamburg 2003.

Ders., *Die UNO. Idee und Wirklichkeit*, Hamburg 2006.

Ders., »Friedenskonferenzen/Friedensverträge«, in: Hans J. Gießmann/Bernhard Rinke (Hg.), *Handbuch Frieden*, Wiesbaden 2011, S. 171–179.

Ders., *Das Tötungsverbot im Krieg. Ein Interventionsversuch*, Hamburg 2011.

Ders., »Humanitäre Intervention: Zur Karriere eines Konzepts«, in: Bernd Greiner/Tim B. Müller/Klaas Voß (Hg.), *Erbe des Kalten Krieges* (Studien zum Kalten Krieg, Bd. 6), Hamburg 2013, S. 227–243.

Ders., *Ruanda. Leben und Neuaufbau nach dem Völkermord. Wie Geschichte gemacht und zur offiziellen Wahrheit wird*, Springe 2016.

Ders., »›So geht es nicht!‹ Ein Stuttgarter Oberlandesgericht wendet das Völkerstrafrecht im Osten des Kongo an«, in: *Mittelweg 36*, 6/2016, S. 113–123.

Ders., *Das Dilemma. »Entwicklungshilfe« in Afrika. Ein Erfahrungsbericht*, Springe 2020.

Ders., »The Versailles Treaty and the Idea of Prosecuting Wars of Aggression«, in: Stefanie Bock/Eckart Conze (Hg.), *Rethinking the Crime of Aggression. International and Interdisciplinary Perspectives*, Den Haag 2022, S. 121–138.

Ders., *Putin vor Gericht? Möglichkeiten und Grenzen internationaler Strafjustiz*, Springe 2022.

Ders., *Ruanda 1994 bis heute. Vom Vorhof der Hölle zum Modell für Afrika – Wahrheit und Schein in Ruanda*, Springe 2024.

Harvey, Fiona/Lakhani, Nina, »Rich Nations Relent on Climate Aid to Poor at Cop27«, in: *The Guardian*, 19. 11. 2022 (https://www.theguardian.com/environment/2022/nov/19/cop27-divisions-and-splits-threaten-deal-to-tackle-climate-crisis [3. 6. 2024]).

Hein, Christoph, »Eine Lektion für die ganze Welt«, in: *Frankfurter Allgemeine Zeitung*, 5. 12. 2020, S. 20.

Heintschel von Heinegg, Wolff, »Einseitige Rechtsakte«, in: Knut Ipsen, *Völkerrecht*, 5. Auflage, München 2004, S. 234–242.

Herdegen, Matthias, *Völkerrecht*, 16. Auflage, München 2017.

Hinton, Alexander Laban, *The Justice Facade. Trials of Transition in Cambodia*, Oxford 2018.

Hobe, Stefan/Kreß, Claus/Nußberger, Angelika, »Gegen den Frieden. Aggression bestrafen! – Eine Schwachstelle des Völkerstrafrechts muss beseitigt werden«, in: *Frankfurter Allgemeine Zeitung*, 12. 1. 2023, S. 6.

Hofmann, Tessa, »Versuch einer Annäherung an A. Martikjans Leidensgeschichte«, in: Arshaluys Mardigian, *... meine Seele sterben lassen, damit mein Körper weiterleben kann. Ein Zeitzeugenbericht vom Völkermord an den Armeniern 1915/16*, Springe 2020, S. 181–235.

»Hohe Strafen in der Türkei verhängt«, in: *Frankfurter Allgemeine Zeitung*, 27. 11. 2020, S. 1.

Honeyman, Victoria, »Tony Blair und der Zweite Irakkrieg«, in: Jürgen Peter Schmied (Hg.), *Kriegerische Tauben. Liberale und linksliberale Interventionisten vom 19. Jahrhundert bis in die Gegenwart*, Göttingen 2019, S. 159–176.

Hosfeld, Rolf, *Operation Nemesis. Die Türkei, Deutschland und der Völkermord an den Armeniern*, Köln 2005.

Ders., »Ein Völkermordprozess wider Willen«, in: ders. (Hg.), *Johannes Lepsius – Eine deutsche Ausnahme. Der Völkermord an den Armeniern, Humanitarismus und Menschenrechte*, Göttingen 2013, S. 248–257.

Ders., *Tod in der Wüste. Der Völkermord an den Armeniern*, München 2015.

»How Swedish Judge Thwarted Plot by Rwandan Dissidents to Subvert Justice«, 2. 5. 2019, in: *The New Times* (https://www.newtimes.co.rw/news/swedish-judge-thwarted-plot [3. 6. 2024]).

Hrdličková, Ivana/Plevin, Adrian M., »Judicial Independance and Accountability at International Criminal Courts and Tribunals«, in: Morten Bergsmo/Viviane E. Dittrich (Hg.), *Integrity in International Justice*, Brüssel 2020, S. 1027–1064.

Huhle, Rainer, »Vom schwierigen Umgang mit ›Verbrechen gegen die Menschheit‹« in: Nürnberger Menschenrechtszentrum, *Nürnberg und danach*, Nürnberger Menschenrechtszentrum Februar 2009, S. 1–28, https://www.menschenrechte.org/publikationen-2/ [3. 6. 2024].

Human Rights Watch, »International Criminal Court Prosecutor Elected«, 12. 2. 2021, (https://www.hrw.org/news/2021/02/12/international-criminal-court-prosecutor-elected [3. 6. 2024]).

Dass., »Central African Republic: Abuses by Russia-Linked Forces«, 3. 5. 2022 (https://www.hrw.org/news/2022/05/03/central-african-republic-abuses-russia-linked-forces [3. 6. 2024]).

»Ich bin zutiefst beunruhigt« (der internationale Strafrichter Christoph Flügge im Interview), in: *Die Zeit*, 24. 1. 2019, S. 12.

Ignatieff, Michael, *Die Zivilisierung des Krieges. Ethnische Konflikte, Menschenrechte, Medien*, Hamburg 2000.

Independent Expert Review of the International Criminal Court and the Rome Statute System, *Final Report*, 30. 9. 2020 (https://asp.icc-cpi.int/en_menus/asp/Review-Court/Pages/default.aspx [3. 6. 2024]).

International Commission on Intervention and State Sovereignty (Hg.), *The Responsibility to Protect*, Ottawa 2001 (https://www.idrc.ca/en/book/responsibility-protect-report-international-commission-intervention-and-state-sovereignty [3. 6. 2024]).

Internationaler Militärgerichtshof Nürnberg, *Der Nürnberger Prozess gegen die Hauptkriegsverbrecher vom 14. November 1945 – 1. Oktober 1946*, Band 1 und 2, Nürnberg 1947; Band 23, Nürnberg 1949.

Ivanković, Željko/Melčić, Dunja, »Der bosniakisch-kroatische ›Krieg im Kriege‹«, in: Dunja Melčić (Hg.), *Der Jugoslawien-Krieg. Handbuch zu Vorgeschichte, Verlauf und Konsequenzen*, 2. Auflage, Wiesbaden 2007, S. 415–438.

Jäger, Herbert, *Makrokriminalität. Studien zur Kriminologie kollektiver Gewalt*, Frankfurt am Main 1989.

Ders., »Makroverbrechen als Gegenstand des Völkerstrafrechts. Kriminalpolitisch-kriminologische Aspekte«, in: Gerd Hankel/Gerhard Stuby, *Strafgerichte gegen Menschheitsverbrechen. Zum Völkerstrafrecht 50 Jahre nach den Nürnberger Prozessen*, Hamburg 1995, S. 325–354.

Joas, Hans, *Die Sakralität der Person. Eine neue Genealogie der Menschenrechte*, Berlin 2011.

Johnson, Dominic, »Präsident der FDLR-Rebellen ist tot«, in: *taz*, 17. 4. 2019 (https://taz.de/Nach-neun-Jahren-Haft-in-Deutschland/!5589026/ [3. 6. 2024]).

Ders., »Schlecht versorgt und geschützt«, in: *taz*, 14. 6. 2023 (https://taz.de/Miliz-toetet-Kriegsvertriebene-in-Kongo/!5937618/ [3. 6. 2024]).

Jørgensen, Nina H. B., »Genocide as a Fact of Common Knowledge«, in: *The International and Comparative Law Quarterly*, 4/2007, S. 885–898

Joyce, Daniel, »The Historical Function of International Criminal Trials: Rethinking International Criminal Law«, in: *Nordic Journal of International Law*, 73/2004, S. 461–484.

Kagan, Robert, *Macht und Ohnmacht. Amerika und Europa in der neuen Weltordnung*, München 2004.

Kaleck, Wolfgang, *Mit zweierlei Maß. Der Westen und das Völkerstrafrecht*, Berlin 2012.

Kant, Immanuel, *Sämtliche Werke*, Akademie-Ausgabe, Berlin 1902 ff., auch: http://kant.korpora.org/ [3. 6. 2024].

Ders., *Was heißt: sich im Denken orientieren*, in: Werke in sechs Bänden, Bd. III, Darmstadt 1964.

Ders., *Zum ewigen Frieden. Ein philosophischer Entwurf*, Stuttgart 1984.

Keegan, John, *Das Antlitz des Krieges. Die Schlachten von Azincourt 1415, Waterloo 1815 und an der Somme 1916*, Frankfurt am Main 1991.

Keilberth, Mirco, »Europas neuer Lieblings-Diktator Sisi«, in: *taz*, 17. 3. 2024 (https://taz.de/EU-Aegypten-Abkommen/!5998616/ [3. 6. 2024]).

Kelsen, Hans, *Reine Rechtslehre*, Leipzig/Wien 1934.

Kempner, Robert M. W., »Vor sechzig Jahren vor einem deutschen Schwurgericht. Der Völkermord an den Armeniern«, in: *Recht und Politik*, 3 (1980), S. 167–169.

Ders. (in Zusammenarbeit mit Jörg Friedrich), *Ankläger einer Epoche. Lebenserinnerungen*, Frankfurt am Main/Berlin 1986.

Kersten, Mark, »Acquitted by Law, Prosecuted by Propaganda«, 31. 3. 2014 (https://justiceinconflict.org/2014/03/31/acquitted-by-law-prosecuted-by-propaganda/ [3. 6. 2024]).

Kiernan, Ben, *Blood and Soil. A World History of Genocide and Extermination from Sparta to Darfur*, New Haven 2007.

Kirchhof, Gregor, »Das Bundesverfassungsgericht«, in: Jörg Menzel / Tobias Pierlings / Jeannine Hoffmann (Hg.), *Völkerrechtsprechung. Ausgewählte Entscheidungen zum Völkerrecht in Retrospektive,* Tübingen 2005, S. 59–69.

Kirsch, Stefan, »Vom eingeschränkten Nutzen strafrechtlicher Urteile für die Historiographie: Ein Beitrag zum Zustandekommen des ersten deutschen Urteils wegen Völkermordes in Ruanda«, in: Martin Böse u. a. (Hg.), *Justice without borders: essays in honour of Wolfgang Schomburg,* Leiden/Bosten 2018, S. 248–265.

Kissinger, Henry A., »The Pitfalls of Universal Jurisdiction«, in: *Foreign Affairs,* Juli/August 2001, S. 86–96.

Kiyani, Asad G., »Third World Approaches to International Criminal Law«, 2015 (https://www.semanticscholar.org/paper/Third-World-Approaches-to-International-Criminal-Kiyani/f4840989abb36fdb1713e5199d1f6d496aac0403 [3. 6. 2024]).

Klatt, Christian, »Mali. Kriege und Konflikte«, Bundeszentrale für politische Bildung, 5. 11. 2020.

Klose, Fabian, *»In the Cause of Humanity«. Eine Geschichte der humanitären Intervention im langen 19. Jahrhundert,* Göttingen 2019.

Knaus, Gerald, *Welche Grenzen brauchen wir? Zwischen Empathie und Angst – Flucht, Migration und die Zukunft von Asyl,* München 2020.

Knipp, Kersten/Schaer, Cathrin, »Syriens Machthaber Assad: Schrittweise Rückkehr auf die internationale Bühne?«, in: *Focus online,* 11. 1. 2023 (https://www.focus.de/politik/ausland/tuerkei-spielt-grosse-rolle-syriens-machthaber-assad-schrittweise-rueckkehr-auf-die-internationale-buehne_id_182711170.html [3. 6. 2024]).

Kolb, Robert, »The Protection of the Individual in Times of War and Peace«, in: Bardo Fassbender/Anne Peters (Hg.), *The Oxford Handbook of the History of International Law,* Oxford 2012, S. 317–327.

Koskenniemi, Martti, »Between Impunity and Show Trials«, in: *Max Planck Yearbook of United Nations Law,* 6/2002, S. 1–35.

Ders., *The Gentle Civilizer of Nations. The Rise and Fall of International Law 1870–1960,* Cambridge 2002.

Ders., *From Apology to Utopia. The Structure of International Legal Argument,* Cambridge (UK) 2005.

Krijnen, Christian, »Wert«, in: Marcus Düwell/Cristoph Hübbenthal/Micha H. Werner (Hg.), *Handbuch Ethik,* 3. Auflage, Stuttgart und Weimar 2011, S. 548–553.

Krüger, Paul-Anton, »Die Bundesrepublik weist 40 russische Diplomaten aus«, in: *Süddeutsche Zeitung,* 4. 4. 2022 (https://www.sueddeutsche.de/politik/bundesregierung-russische-diplomaten-ausweisung-1.5560782 [3. 6. 2024]).

Kuhbandner, Christof, *Der Einfluss von Emotionen auf das abrufinduzierte Vergessen*, Regensburg 2007, https://epub.uni-regensburg.de/10578/1/Dissertation_Kuhbandner.pdf [3. 6. 2024].

Kühl, Kristian, »Recht und Moral«, in: Marcus Düwell/Christoph Hübenthal/Micha H. Werner (Hg.), *Handbuch Ethik*, 3. Auflage, Stuttgart und Weimar 2011, S. 486–493.

La Documentation Internationale, *La Paix de Versailles*, Paris 1930.

Lacher, Wolfram, »Libyen«, Bundeszentrale für politische Bildung, 16. 12. 2020, https://www.bpb.de/internationales/weltweit/innerstaatliche-konflikte/54649/libyen [3. 6. 2024].

»La Guerre menée par Israël dans la bande Gaza remet en cause la Cour internationale de justice, selon l'Afrique du Sud«, in: *Le Monde Afrique*, 20. 3. 2024 (https://www.lemonde.fr/afrique/article/2024/03/20/la-guerre-menee-par-israel-remet-en-cause-la-cour-internationale-de-justice-selon-l-afrique-du-sud_6223035_3212.html?lmd_medium=al&lmd_campaign=envoye-par-appli&lmd_creation=ios&lmd_source=default [3. 6. 2024]).

Lakhani, Nina, »Climate Crisis Will Have Huge Impact on Africa's Economies, Study Says«, in: *The Guardian*, 9. 11. 2022 (https://www.theguardian.com/world/2022/nov/09/climate-crisis-huge-impact-africa-economies-study-says [3. 6. 2024]).

Lakotta, Beate, »Zu weit weg für die Wahrheit«, in: *Spiegel online*, 28. 9. 2015 (https://www.spiegel.de/politik/deutschland/ruanda-prozess-zu-weit-weg-fuer-die-wahrheit-a-1055142.html [3. 6. 2024]).

Langewiesche, Dieter, *Der gewaltsame Lehrer. Europas Kriege in der Moderne*, München 2019.

Lawrence, *The Principles of International Law*, 4. Auflage, Boston 1910.

»Lawrow lobt Indiens Haltung«, in: *Frankfurter Allgemeine Zeitung*, 2. 4. 2022, S. 6.

Lemkin, Raphael, *Axis Rule in Occupied Europe. Laws of Occupation, Analysis of Government, Proposals for Redress*, 2. Auflage, Clark/New Jersey 2008.

»Les Philippines se retirent de la Cour pénale internationale«, in: *Le Monde*, 18. 3. 2019 (https://www.lemonde.fr/international/article/2019/03/18/les-philippines-se-retirent-de-la-cour-penale-internationale-qui-enquete-sur-leur-president-rodrigo-duterte_5437654_3210.html [3. 6. 2024]).

Lingsma, Tjitske, »How Ocampogate Harms the International Criminal Court«,30. 11. 2017 ((https://www.grojil.eu/blog2/2017/11/30/how-ocampogate-harms-the-international-criminal-court [3. 6. 2024]).

Lübbe, Hermann, *Politischer Moralismus. Der Triumph der Gesinnung über die Urteilskraft*, Berlin 2019.

Lüders, Michael, *Hybris am Hindukusch. Wie der Westen in Afghanistan scheiterte*, München 2022.

Lyons, Beth S., »The Treatment of the ICTR Acquitted: The ›Achilles Heel‹ of International Criminal Justice«, 19. 12. 2020 (https://iadllaw.org/2020/12/the-treatment-of-the-ictr-acquitted-the-achilles-heel-of-international-criminal-justice/ [3. 6. 2024]).

Magnus, Dorothea, »Verfolgung und Anklage nach deutschem Recht: wie weit zulässig und geboten?«, in: Jan Christoph Bublitz u. a. (Hg.), *Recht – Philosophie – Literatur. Festschrift für Reinhard Merkel zum 70. Geburtstag,* Berlin 2020, S. 1375 – 1393.
Maguire, Peter, *Law and War. An American Story,* New York 2001.
Mann, Golo, *Friedrich von Gentz. Gegenspieler Napoleons – Vordenker Europas* [1947], Frankfurt am Main 2011.
Margalit, Avishai, *Über Kompromisse und faule Kompromisse,* Berlin 2011.
Martens, Michael, »Feiern mit den Barden des Hasses«, in: *Frankfurter Allgemeine Zeitung,* 21. 7. 2018, S. 10.
Ders., »Mauer des Schweigens«, in: *Frankfurter Allgemeine Zeitung,* 26. 6. 2020, S. 3.
Ders., »Ausgeklügelte Grausamkeit«, in: *Frankfurter Allgemeine Zeitung,* 7. 11. 2020, S. 10.
Ders., »Friedenssicherung durch gute Müllabfuhr«, in: *Frankfurter Allgemeine Zeitung,* 14. 12. 2020, S. 6.
Ders., »Ein Partner der NATO in Den Haag vor Gericht«, in: *Frankfurter Allgemeine Zeitung,* 3. 4. 2024, S. 5.
Masala, Carlo, *Weltunordnung. Die globalen Krisen und das Versagen des Westens,* München 2016.
Maschek, Dominik, *Die römischen Bürgerkriege. Archäologie und Geschichte einer Krisenzeit,* Darmstadt 2018.
Maupas, Stéphanie, »La CPI survivra-t-elle au fiasco du procès Gbagbo?«, in: *Le Monde,* 23. 1. 2019 (https://www.lemonde.fr/afrique/article/2019/01/23/la-cpi-survivra-t-elle-au-fiasco-du-proces-gbagbo_5413490_3212.html [3. 6. 2024]).
Meier, Christian, *Caesar,* 2. Auflage, München 2018.
Ders, »Aus dem Land gejagt. Die Wahlen in Tansania haben den autoritären Präsidenten Magufuli gestärkt – vorerst«, in: *Frankfurter Allgemeine Zeitung,* 28. 11. 2020, S. 8.
Ders., »Eine Police für den Süden«, in: *Frankfurter Allgemeine Zeitung,* 14. 11. 2022, S. 6.
Meier, Mischa, *Geschichte der Völkerwanderung. Europa, Asien und Afrika vom 3. bis zum 8. Jahrhundert n. Chr.,* 3. Auflage, München 2020.
Meiler, Oliver, »Ungesühntes Martyrium«, in: *Süddeutsche Zeitung,* 2. 12. 2020 (https://www.sueddeutsche.de/politik/aegypten-ungesuehntes-martyrium-1.5134985 [3. 6. 2024]).

Mensching, Christian, »Supreme Court (Kanada) v. 1990 – Regina v. Keegstra«, in: Jörg Menzel/Tobias Pierlings/Jeannine Hoffmann (Hg.), *Völkerrechtsprechung. Ausgewählte Entscheidungen zum Völkerrecht in Retrospektive,* Tübingen 2005, S. 234–240.

Merkel, Reinhard, »Legitimation der Rechtspflege«, in: Florian Jeßberger/Julia Geneuss (Hg.), *Zehn Jahre Völkerstrafgesetzbuch. Bilanz und Perspektiven eines »deutschen Völkerstrafgesetzbuchs«,* S. 45–63.

Milanović, Marko, »The Impact of the ICTY on the Former Yugoslavia: An Anticipatory Postmortem«, in: *The American Journal of International Law,* Bd. 110, Nr. 2 (April 2016), S. 233–259.

Möllers, Christoph, *Die Möglichkeit der Normen. Über eine Praxis jenseits von Moralität und Kausalität,* Berlin 2015.

Ders., *Freiheitsgrade. Elemente einer moralischen politischen Mechanik,* 3. Auflage, Berlin 2021.

Moyn, Samuel, »Judith Shklar versus the International Criminal Court«, in: *Humanity,* 3 (213), S. 473–500.

Mugisha, Ivan R., »UN Anti-Torture Team Cancels Rwanda Visit, Again«, in: *The East African,* 16. 7. 2018 (https://www.theeastafrican.co.ke/tea/news/east-africa/un-anti-torture-team-cancels-rwanda-visit-again-1398378 [3. 6. 2024]).

Müller, Reinhard, »Der Geist von Den Haag«, in: *Frankfurter Allgemeine Zeitung,* 22. 12. 2017, S. 1.

Münkler, Herfried, *Der Dreißigjährige Krieg. Europäische Katastrophe, deutsches Trauma 1618–1648,* Berlin 2017.

Ders., *Welt in Aufruhr. Die Ordnung der Mächte im 21. Jahrhundert,* Berlin 2023.

Musoni, Edwin, »Bagosora Ruling Sparks Fury«, in: *The New Times,* 15. 12. 2011 (https://www.newtimes.co.rw/article/64902/National/bagosora-ruling-sparks-fury [3. 6. 2024]).

Nerlich, Volker, »Entwicklung und Perspektiven internationaler und internationalisierter Strafgerichtsbarkeit«, in: Gerd Hankel (Hg.), *Die Macht und das Recht. Beiträge zum Völkerrecht und Völkerstrafrecht am Beginn des 21. Jahrhunderts,* Hamburg 2008, S. 50–96.

Neumahr, Uwe, *Das Schloss der Schriftsteller. Nürnberg '46, Treffen am Abgrund,* 1.–4. Auflage, München 2023.

Neumann, Utfried, »Strafrechtliche Grundlagenprobleme der ›Übergangsjustiz‹«, in: *Zeitschrift für Internationale Strafrechtsdogmatik,* 7–8 (2017), S. 382–390 (http://www.zis-online.com/index.php?sektion=2&language=ger).

Neureiter, Katharina, »Where it all Began – Tracing the Birth of the ICC«, https://justiceinconflict.org/2013/01/10/where-it-all-began-tracing-the-birth-of-the-icc/ [3. 6. 2024].

Ntirenganya, Emmanuel, »Parliament Dissolves FARG, Three Other Commissions«, in: *The New Times,* 1. 10. 2021, S. 1 (https://www.newtimes.co.rw/news/parliament-dissolves-farg-three-other-commissions [3. 6. 2024]).

»Obama warnt vor Spaltung der Welt«, in: *Frankfurter Allgemeine Zeitung,* 21. 9. 2016, S. 2.

Oeter, Stefan, »Völkerrechtliche Rahmenbedingungen und die Staatengemeinschaft«, in: Dunja Melčić (Hg.), *Der Jugoslawien-Krieg. Handbuch zu Vorgeschichte, Verlauf und Konsequenzen,* 2. Auflage, Wiesbaden 2007, S. 485–502.

Olechowski, Thomas, *Hans Kelsen. Biographie eines Rechtswissenschaftlers,* Tübingen 2020.

Open Society Justice Initiative, »Performance and Perception: The Impact of the Extraordinary Chambers in the Court of Cambodia«, Februar 2016, https://www.justiceinitiative.org/publications/performance-and-perception-impact-extraordinary-chambers-court-cambodia [3. 6. 2024].

Oppenheim, Lassa, *International Law,* Bd. 2: *War and Neutrality,* London/New York/Bombay 1906.

Ders., *International Law, Bd. 2: War and Neutrality,* 3. Auflage, New York u. a. 1921.

Ostendorf, Heribert, »Die – widersprüchlichen – Auswirkungen der Nürnberger Prozesse auf die westdeutsche Justiz«, in: Gerd Hankel/Gerhard Stuby (Hg.), *Strafgerichte gegen Menschheitsverbrechen. Zum Völkerstrafrecht 50 Jahre nach den Nürnberger Prozessen,* Hamburg 1995, S. 73–97.

Osterhammel, Jürgen, *Die Verwandlung der Welt. Eine Geschichte des 19. Jahrhunderts,* 4. Auflage, München 2009.

Ostermann, Dietmar, »Im Namen der Freiheit. Es sind nicht nur die konservativen Gralshüter in Washington, die den ICC bekämpfen«, in: *Frankfurter Rundschau,* 4. 7. 2002, S. 7.

Paech, Norman/Stuby, Gerhard, *Völkerrecht und Machtpolitik in den internationalen Beziehungen,* Hamburg 2001.

Palin, Michael, *Erebus. One Ship, Two Epic Voyages, and the Greatest Naval Mystery of All Time,* Vancouver/Berkeley 2018.

Pantle, Christian, *Der Dreißigjährige Krieg. Als Deutschland in Flammen stand,* Berlin 2017.

Parmar, Sharanjeet, »Dissuasive or Disappointing? Measuring the Deterrent Effect of the International Criminal Court in the Democratic Republic of the Congo«, in: Jennifer Schense/Linda Carter (Hg.), *Two Steps Forward, One Step Back: The Deterrent Effect of International Criminal Tribunals,* Brüssel 2017, S. 231–261.

Paul, Gerhard, *Bilder des Krieges, Krieg der Bilder. Die Visualisierung des modernen Krieges,* Paderborn u. a. 2004.

Paulus, Andreas, *Die internationale Gemeinschaft im Völkerrecht. Eine Untersuchung zur Entwicklung des Völkerrechts im Zeitalter der Globalisierung*, München 2001.
Payk, Marcus M., *Frieden durch Recht? Der Aufstieg des modernen Völkerrechts und der Friedensschluss nach dem Ersten Weltkrieg*, Berlin/Boston 2018.
Peters, Anne, *Jenseits der Menschenrechte. Die Rechtsstellung des Individuums im Völkerrecht*, Tübingen 2018.
Pillai, Priya, »The African Union, the International Criminal Court, and the International Court of Justice: At the Fault Lines of International Accountability«, in: *American Society of International Law-Insights*, 22. 8. 2018 (https://www.asil.org/insights/volume/22/issue/10/african-union-international-criminal-court-and-international-court [3. 6. 2024]).
Ping, Jean, »African Union Role in the Libyan Crisis«, in: *African Union Monitor*, Nr. 563, 15. 12. 2001 (http://www.pambazuka.net/en/category.php/aumonitor/78691 [3. 6. 2024]).
Pinker, Steven, *Gewalt. Eine neue Geschichte der Menschheit*, Frankfurt am Main 2011.
Ders., *Aufklärung jetzt. Für Vernunft, Wissenschaft, Humanismus und Fortschritt. Eine Verteidigung*, 3. Auflage, Frankfurt am Main 2018.
Pöppmann, Dirk, »Im Schatten Weizsäckers? Auswärtiges Amt und SS im Wilhelmstraßen-Prozess«, in: Kim C. Priemel/Alexa Stiller (Hg.), *NMT. Die Nürnberger Militärtribunale zwischen Geschichte, Gerechtigkeit und Rechtsschöpfung*, Hamburg 2013, S. 320–352.
Price, Simon/Thonemann, Peter, *Die Geburt des klassischen Europa. Eine Geschichte der Antike von Troja bis Augustinus*, Darmstadt 2018.
Prunier, Gérard, *The Rwanda Crisis. History of a Genocide*, London 1995.
Ders., *From Genocide to Continental War. The »Congolese« Conflict and the Crisis in Contemporary Africa*, London 2009.
Putin, Vladimir, »Unser Vorgehen dient der Selbstverteidigung«, in: *osteuropa*, 1–3 (2022), S. 141–148.

Radbruch, Gustav, »Gesetzliches Unrecht und übergesetzliches Recht«, in: *Süddeutsche-Juristenzeitung*, 5/1946, S. 105–108.
Radlmaier, Steffen, »Vorwort«, in: ders., *Der Nürnberger Lernprozess. Von Kriegsverbrechern und Starreportern*, Frankfurt am Main 2001, S. 9–17.
Ratner, Steven R., *The Thin Justice of International Law. A Moral Reckoning of the Law of Nations*, Oxford 2017.
Rawls, John, *Eine Theorie der Gerechtigkeit*, 23. Auflage, Frankfurt am Main 2021.
Re, David, »Some Reflections on Integrity in International Justice«, in: Morten Bergsmo/Viviane E. Dittrich (Hg.), *Integrity in International Justice*, Brüssel 2020, S. 1125–1139.
Redel, Simon, *Der Völkerstrafprozess in Deutschland und vor dem Internationalen Strafgerichtshof. Ein Vergleich des ersten in Deutschland abgeschlossenen Verfah-*

rens mit dem Prozess gegen den ehemaligen Vizepräsidenten der DR Kongo Bemba Gombo vor dem Internationalen Strafgerichtshof in Den Haag, Berlin 2021.

Reemtsma, Jan Philipp, »Die Gewalt spricht nicht. Zum Verhältnis von Macht und Gewalt«, in: *Mittelweg* 36, April/Mai 2000, S. 4–23.

Ders./Hassemer, Winfried, *Verbrechensopfer. Gesetz und Gerechtigkeit*, München 2002.

Ders., »Zäsuren zum Bösen – Zäsuren zum Guten«, in: Klaus-Dieter Henke (Hg.), *Tödliche Medizin im Nationalsozialismus. Von der Rassenhygiene zum Massenmord*, Köln u. a. 2008, S. 259–268.

Ders., *Vertrauen und Gewalt. Versuch über eine besondere Konstellation der Moderne*, Hamburg 2008.

Ders., *Helden und andere Probleme. Essays*, Göttingen 2020.

Reichel, Peter, »Der Nationalsozialismus vor Gericht und die Rückkehr zum Rechtsstaat«, in: Peter Reichel/Harald Schmid/Peter Steinbach (Hg.), *Der Nationalsozialismus – Die Zweite Geschichte. Überwindung – Deutung – Erinnerung*, München 2009, S. 22–61.

»Rekord-Waffenexporte aus Deutschland in die Türkei«, in: *Süddeutsche Zeitung*, 17. 10. 2019 (https://www.sueddeutsche.de/politik/tuerkei-deutschland-waffenexporte-2019-1.4644309 [3. 6. 2024]).

Richter, Nicolas, »Grenzen der Wahrheit«, in: *Süddeutsche Zeitung*, 18. 6. 2008, S. 8.

Riechau, Cindy/Sadek, Johannes, »Syrien darf zurück in die Arabische Liga«, in: *Weser Kurier*, 8. 5. 2023, S. 5.

Rigaux, François, »Internationale Tribunale nach den Nürnberger Prozessen«, in: Gerd Hankel/Gerhard Stuby (Hg.), *Strafgerichte gegen Menschheitsverbrechen. Zum Völkerstrafrecht 50 Jahre nach den Nürnberger Prozessen*, Hamburg 1995, S. 142–168.

Ritscher, Christian, »Die Ermittlungstätigkeit des Generalbundesanwalts zum Völkerstrafrecht: Herausforderungen und Chancen«, in: Christoph Safferling/Stefan Kirsch (Hg.), *Völkerstrafrechtspolitik. Praxis des Völkerstrafrechts*, Berlin/Heidelberg 2014, S. 223–235.

Ritter, Henning, *Nahes und fernes Unglück. Versuch über das Mitleid*, München 2004.

Rittgerott, Mathias, »Der Paragrafendschungel und der Krieg im Urwald«, in: *Stuttgarter Nachrichten*, 28. 1. 2014 (https://www.stuttgarter-zeitung.de/inhalt.ruanda-prozess-in-stuttgart-lost-in-translation-page1.e9c055f2-bf86-4cae-b28f-db2ee027e423.html [3. 6. 2024]).

Roger, Benjamin/Soumaré, Marième, »Has Gbagbo's Acquittal Tarnished the Tenure of Outgoing ICC Prosecutor Bensouda?«, in: *The Africa Report*, 20. 4. 2021 (https://www.theafricareport.com/80993/has-gbagbos-acquittal-tarnished-the-tenure-of-outgoing-icc-prosecutor-bensouda/ [3. 6. 2024]).

Roht-Arriaza, Naomi, »After Amnesties are Gone: Latin American National Courts and the New Contours of the Fight against Impunity«, in: *Human Rights Quarterly,* 37 (2015), S. 341–382.
Roth, Gerhard, *Aus Sicht des Gehirns,* Frankfurt am Main 2003.
»Rückschritte, wohin man sieht«, in: *Frankfurter Allgemeine Zeitung,* 3. 12. 2020, S. 4.
Ruzibiza, Abdul Joshua, *Rwanda. L'histoire secrète,* Paris 2005.

Safferling, Christoph/Melčić, Dunja, »Das Kriegsverbrechertribunal in Den Haag – Rechtsgrundlagen und Entwicklung«, in: Dunja Melčić (Hg.), *Der Jugoslawien-Krieg. Handbuch zu Vorgeschichte, Verlauf und Konsequenzen,* 2. Auflage, Wiesbaden 2007, S. 503–516.
Ders./Kirsch, Stefan, »Völkerstrafrechtspolitik«, in: dies. (Hg.), *Völkerstrafrechtspolitik. Die Praxis des Völkerstrafrechts,* Heidelberg u. a. 2014, S. 1–8.
Sapolsky, Robert, *Gewalt und Mitgefühl. Die Biologie des menschlichen Verhaltens,* München 2017.
Saussure, Ferdinand de, *Grundfragen der allgemeinen Sprachwissenschaft. Eine Auswahl,* Stuttgart 2016.
Schabas, William A., *Genozid im Völkerrecht,* Hamburg 2003.
Ders., »Article 67: Rights of the Accused«, in: Otto Triffterer, *Commentary on the Rome Statute of the International Criminal Court,* 2. Auflage, München 2008, S. 1247–1274.
Ders., *Kein Frieden ohne Gerechtigkeit? Die Rolle der internationalen Strafjustiz,* Hamburg 2013.
Ders., *The Trial of the Kaiser,* Oxford 2018.
Schäfer, Armin/Zürn, Michael, *Die demokratische Regression. Die politischen Ursachen es autoritären Populismus,* Berlin 2021.
Schauer, Markus, *Der Gallische Krieg. Geschichte und Täuschung in Caesars Meisterwerk,* München 2016.
Schefczyk, Michael, *Verantwortung für historisches Unrecht,* Berlin/New York 2012.
Schense, Jennifer/Carter, Linda, »Findings and Recommendations«, in: dies. (Hg.), *Two Steps Forward, One Step Back: The Deterrent Effect of International Criminal Tribunals,* Brüssel 2017, S. 427–458.
Schiller, Anna, »Alle, die er festnahm, waren unschuldig«, in: *Frankfurter Allgemeine Zeitung,* 1. 2. 2022, S. 3.
Schimmel, Constanze, *Transitional Justice im Kontext. Zur Genese eines Forschungsgebietes im Spannungsfeld von Wissenschaft, Praxis und Rechtsprechung,* Berlin 2016.
Schley, Fridolin, *Die Verteidigung,* Berlin 2021.
Schmid, Evelyne, »Möglichkeiten und Grenzen des Völkerstrafrechts als Instrument gegen die illegale Ausbeutung von natürlichen Ressourcen und Landraub«, in: *Zeitschrift für Friedens- und Konfliktforschung,* 1/2017, S. 129–148.

Schmidt, Thomas E., »Das Völkerrecht soll's richten. Wie Jürgen Habermas den gespaltenen Westen therapiert«, in: *Merkur,* 1/2005, S. 70–75.
Schmitt, Carl, »Die Wendung zum diskriminierenden Kriegsbegriff« [1937/38] und »Über das Verhältnis der Begriffe Krieg und Feind« [1938], in: ders., *Frieden oder Pazifismus. Arbeiten zum Völkerrecht und zur internationalen Politik 1924–1978,* hrsg. und mit einem Vorwort und Anmerkungen versehen von Günter Maschke, S. 519–597, 598–611.
Schnädelbach, Herbert, »Rationalität«, in: Marcus Düwell/Cristoph Hübbenthal/Micha H. Werner (Hg.), *Handbuch Ethik,* 3. Auflage, Stuttgart und Weimar 2011, S. 480–486.
Schrader, Lutz, »Gewaltsame Konflikte und Kriege – aktuelle Situation und Trends«, in: *bpb,* 14. 11. 2022 (https://www.bpb.de/themen/kriege-konflikte/dossier-kriege-konflikte/54569/gewaltsame-konflikte-und-kriege-aktuelle-situation-und-trends/#node-content-title-3 [3. 6. 2024]).
Seibt, Gustav, *Goethes Autorität. Aufsätze und Reden,* Springe 2013.
»Serbia arrests seven over 1995 Srebrenica massacre«, in: *BBC News,* 8. 3. 2015 (https://www.bbc.com/news/world-europe-31937796 [3. 6. 2024]).
Shklar, Judith N., *Legalism. Law, Morals, and Political Trials,* Cambridge (Mass.) 1964.
Dies., *Der Liberalismus der Furcht,* Berlin 2013.
Simonitsch, Pierre, »Welt des Rechts«, in: *Frankfurter Rundschau,* 20. 7. 1998, S. 3.
Simons, Marlise, »In The Hague's Lofty Judicial Halls, Judges Wrangle Over Pay«, in: *The New York Times,* 20. 1. 2019 (https://www.nytimes.com/2019/01/20/world/europe/hague-judges-pay.html [3. 6. 2024]).
Smith, David, »EU Partially Freezes Aid to Rwanda«, in: *The Guardian,* 27. 9. 2012 (https://www.theguardian.com/world/2012/sep/27/eu-partially-freezes-aid-to-rwanda [3. 6. 2024]).
Somé, Kounkinè Augustin, »The Deterrence Effect of the International Criminal Court in Côte d'Ivoire«, in: Jennifer Schense/Linda Carter (Hg.), *Two Steps Forward, One Step Back: The Deterrent Effect of International Criminal Tribunals,* Brüssel 2017, S. 373–399.
»South Africa's withdrawal from ICC in question«, in: *Deutsche Welle* 26. 4. 2023 (https://www.dw.com/en/south-africas-withdrawal-from-icc-in-question/a-65434508 [3. 6. 2024]).
Sponeck, Hans-C. Graf, *Ein anderer Krieg. Das Sanktionsregime der UNO im Irak,* Hamburg 2005.
Staker, Christopher, »Integrity and the Inevitable Political Exposure of International Criminal Justice«, in: Morten Bergsmo/Viviane E. Dittrich (Hg.), *Integrity in International Justice,* Brüssel 2020, S. 1117–1124.
Steinbach, Peter, »Der Nürnberger Prozeß gegen die Hauptkriegsverbrecher«, in: Gerd R. Ueberschär (Hg.), *Der Nationalsozialismus vor Gericht. Die alliierten Prozesse gegen Kriegsverbrecher und Soldaten 1943–1952,* Frankfurt am Main 1999, S. 32–44.

Steiner, Eduard, »Das sind die Waffen im neuen Kalten Krieg«, in: *Die Welt,* 5. 8. 2019 (https://www.welt.de/print/die_welt/wirtschaft/article197977899/Das-sind-die-Waffen-im-neuen-Kalten-Krieg.html [3. 6. 2024]).

Stolleis, Michael, »Der Historiker als Richter – der Richter als Historiker«, in: Norbert Frei/Dirk van Laak/Michael Stolleis (Hg.), *Geschichte vor Gericht. Historiker, Richter und die Suche nach Gerechtigkeit,* München 2000, S. 173–182.

Ders., *Nahes Unrecht, fernes Recht. Zur Juristischen Zeitgeschichte im 20. Jahrhundert,* Göttingen 2014.

Strizek, Helmut, *Der Internationale Strafgerichtshof für Ruanda in Arusha / Tansania. Eine politisch-historische Bilanz,* Frankfurt am Main 2015.

Süß, Dietmar (Hg.), *Deutschland im Luftkrieg. Geschichte und Erinnerung,* München 2007.

Swatek-Evenstein, Mark, *Geschichte der »Humanitären Intervention«,* Baden-Baden 2008.

Swoboda, Sabine, »Didaktische Dimensionen internationaler Strafverfahren – dargestellt am Beispiel der UN ad hoc-Tribunale«, in: *Zeitschrift für Internationale Strafrechtsdogmatik* (2/2010), S. 100–115.

Taylor, Telford, *Die Nürnberger Prozesse. Hintergründe, Analysen und Erkenntnisse aus heutiger Sicht,* München 2001.

Theurer, Marcus, »Der alte Mann und das Mehr«, in: *Frankfurter Allgemeine Sonntagszeitung,* 27. 2. 2022, S. 24.

Thukydides, *Der Peloponnesische Krieg,* Stuttgart 2000.

Todorov, Tzvetan, *Die Eroberung Amerikas. Das Problem des Anderen,* Frankfurt am Main 1985.

Ders., *Les Morales de l'Histoire,* Paris 1991.

Tomuschat, Christian, »Die Arbeit der ILC im Bereich des materiellen Völkerstrafrechts«, in: Gerd Hankel/Gerhard Stuby (Hg.), *Strafgerichte gegen Menschheitsverbrechen. Zum Völkerstrafrecht 50 Jahre nach den Nürnberger Prozessen,* Hamburg 1995, S. 270–294.

Trentmann, Frank, *Aufbruch des Gewissens. Eine Geschichte der Deutschen von 1942 bis heute,* Frankfurt am Main 2023.

Umande, Jeanric, »23 ans MLC: Bemba décline le Programme de son parti basé sur le concept démocratie-développement«, in: *Ouragan,* 30. 9. 2021 (https://ouragan.cd/2021/09/23-ans-mlc-bemba-decline-le-programme-de-son-parti-base-sur-le-concept-democratie-developpement/ [3. 6. 2024]).

Unger-Sirsch, Jürgen, »Utopie trifft Realismus: Rawls' Konzeption idealer und nicht-idealer Theorie«, 27. 10. 2021 (https://www.theorieblog.de/index.php/2021/10/utopie-trifft-realismus-rawls-konzeption-idealer-und-nicht-idealer-theorie/ [3. 6. 2024]).

United Nations, *Implementing the Responsibility to Protect*, https://www.un.org/ruleoflaw/blog/document/report-of-the-secretary-general-implementing-the-responsibility-to-protect/ [3. 6. 2024].

Verdross, Alfred/Simma, Bruno, *Universelles Völkerrecht. Theorie und Praxis*, 3. Auflage, Berlin 2010.

Verseck, Keno, »Der Schlächter ist schuldig, verarbeitet ist nichts«, *Spiegel online*, 22. 11. 2017 (https://www.spiegel.de/politik/ausland/ratko-mladic-der-schlaechter-ist-schuldig-verarbeitet-ist-nichts-a-1179813.html [3. 6. 2024]).

Ders., »Kroatien trauert – um einen Kriegsverbrecher«, *Spiegel online*, 30. 11. 2017 (https://www.spiegel.de/politik/ausland/slobodan-praljak-kroatien-wuerdigt-den-kriegsverbrecher-nach-selbstmord-a-1181117.html [3. 6. 2024]).

Vest, Hans, *Völkerrechtsverbrecher verfolgen. Ein abgestuftes Mehrebenenmodell systematischer Tatherrschaft*, Bern u. a. 2011.

Vieweg, Klaus, *Hegel. Der Philosoph der Freiheit. Biographie*, München 2019.

Vilmer, Jean-Baptiste Jeangène, *Réparer l'Irréparable? Les Réparations aux victimes devant la Cour Pénale Internationale*, Vendôme 2009.

Vismann, Cornelia, *Medien der Rechtsprechung*, Frankfurt am Main 2011.

Vitzthum, Wolfgang Graf, »Begriff, Geschichte und Rechtsquellen des Völkerrechts«, in: ders. (Hg.), *Völkerrecht*, 4. Auflage, Berlin 2007, S. 1–79.

»Von Dohnanyi kritisiert SPD und Bund für Ukraine-Politik«, in: *Süddeutsche Zeitung*, 17. 6. 2023 (https://www.sueddeutsche.de/panorama/leute-hamburg-von-dohnanyi-kritisiert-spd-und-bund-fuer-ukraine-politik-dpa.urn-newsml-dpa-com-20090101-230617-99-87871 [3. 6. 2024]).

von Lingen, Kerstin, *»Crimes against Humanity«. Eine Ideengeschichte der Zivilisierung von Kriegsgewalt 1864–1945*, Paderborn u. a. 2018.

von Liszt, Franz, *Das Völkerrecht, systematisch dargestellt*, Berlin 1915.

Walker, Shaun/Bowcott, Owen, »Russia Withdraw Signature from International Criminal Court Statute«, in: *The Guardian*, 16. 11. 2016 (https://www.theguardian.com/world/2016/nov/16/russia-withdraws-signature-from-international-criminal-court-statute [3. 6. 2024]).

Wamhof, Georg, »Gerichtskultur und NS-Vergangenheit. Performativität – Narrativität – Medialität«, in: ders. (Hg.), *Das Gericht als Tribunal oder: Wie der NS-Vergangenheit der Prozess gemacht wurde*, Göttingen 2009, S. 9–37.

Weinke, Annette, *Die Nürnberger Prozesse*, München 2006.

Dies., *Gewalt, Geschichte, Gerechtigkeit. Transnationale Debatten über deutsche Staatsverbrechen im 20. Jahrhundert*, Göttingen 2016.

»Wenn die Staatsmänner weise wären ...« (Interview mit Henry Kissinger), in: *Die Zeit*, 25. 5. 2023, S. 2.

Werle, Gerhard, *Völkerstrafrecht*, 2. Auflage, Tübingen 2007.

Wheaton, Henry, *Elements of International Law with a Sketch of the History of the Science*, Bd. I, London 1836.

Wieland, Günther, »Die Nürnberger Prinzipien im Spiegel von Gesetzgebung und Spruchpraxis sozialistischer Staaten«, in: Gerd Hankel/Gerhard Stuby (Hg.), *Strafgerichte gegen Menschheitsverbrechen. Zum Völkerstrafrecht 50 Jahre nach den Nürnberger Prozessen*, Hamburg 1995, S. 98–123.

Will, Wolfgang, *Athen oder Sparta. Eine Geschichte des Peloponnesischen Krieges*, München 2019.

Williams, Sharon A./Schabas, William A., »Article 17: Issues of Admissibility«, in: Otto Triffterer, *Commentary on the Rome Statute of the International Criminal Court*, 2. Auflage, S. 605–625.

Wilson, Peter H., *Der Dreißigjährige Krieg. Eine europäische Tragödie*, Darmstadt 2017.

Wistinghausen, Natalie von, »VStGB und Strafverfahren: Beweisaufnahme und Angeklagtenrechts«, in: Christoph Safferling/Stefan Kirsch (Hg.), *Völkerstrafrechtspolitik. Praxis des Völkerstrafrechts*, Berlin/Heidelberg 2014, S. 199–210.

Wolfrum, Edgar, *Die geglückte Demokratie. Geschichte der Bundesrepublik Deutschland von den Anfängen bis zur Gegenwart*, Stuttgart 2006.

Wrangham, Richard, *Die Zähmung des Menschen. Warum Gewalt uns friedlicher gemacht hat. Eine neue Geschichte der Menschwerdung*, München 2019.

Zamoyski, Adam, *1812. Napoleons Feldzug in Russland*, München 2012.

Zgonjanin, Andrej, *Der Umgang mit Kriegsverbrechen im ehemaligen Jugoslawien 1991–1999*, Wien 2018.

Zhao, Tingyang, *Alles unter dem Himmel. Vergangenheit und Zukunft der Weltordnung*, 2. Auflage, Berlin 2020.

Ziebura, Gilbert, »Golfkrieg, ›neue Weltordnung‹ und die Folgen für Deutschland«, in: *Aus Politik und Zeitgeschichte*, B 7–8/1991, S. 129–149.

Zimmer, Dieter E., *So kommt der Mensch zur Sprache. Über Spracherwerb, Sprachentstehung, Sprache & Denken*, Zürich 1986.

Zimmermann, Hubert, *Militärische Missionen. Rechtfertigungen bewaffneter Auslandseinsätze in Geschichte und Gegenwart*, Hamburg 2023.

Zolo, Danilo, »Hans Kelsen: International Peace through International Law«, in: *European Journal of International Law*, 9 (1998), S. 306–324.